Der Therapeutenautomat!? Vom Mut zur eigenen Wahrheit

Über die Autoren:

Ildiko Haring, Jahrgang 1938, ist seit über 40 Jahren als psychologische Beraterin und Therapeutin in Salzburg tätig. Sie floh 1957 aus Ungarn nach Österreich. Nach Ausbildungen zur Tanz- und Bewegungstherapeutin und u.a. in Transaktionsanalyse und Gruppendynamik, war sie erst in der Psychiatrie in Salzburg und schließlich in eigener Praxis tätig. Als ihre wichtigste Ausbildung sieht sie aber ihre eigene Depression, sowie die Erfahrungen mit ihren Klienten.

Heidi Schmidt, Jahrgang 1973, hat an der Wirtschaftsuniversität Wien studiert und arbeitet seit 25 Jahren als Beraterin in der Organisations- und Personalentwicklung, viele Jahre davon im Gesundheitswesen. Sie ist systemischer Coach, Mediatorin und Trainerin und seit 2018 auch in eigener Praxis in Salzburg tätig. *www.heidischmidt.at*

Mehr Informationen finden Sie unter *www.therapeutenautomat.at*

DER THERAPEUTEN AUTOMAT!?

Vom Mut zur eigenen Wahrheit

Ildiko Haring & Heidi Schmidt

Bibliografische Information der Deutschen Nationalbibliothek: Die Deutsche Nationalbibliothek verzeichnet diese Publikation in der Deutschen Nationalbibliografie; detaillierte bibliografische Daten sind im Internet über dnb.dnb.de abrufbar.

Herstellung und Verlag:	BoD – Books on Demand, Norderstedt
ISBN	978-3-7526-7498-9
Gestaltung:	Cover: Renate Wohlfart, Portraitfotos: Andreas Hechenberger
Layout/Satz:	Heidi Schmidt via www.buchlayout.info

Wir danken allen herzlich, die zum Gelingen dieses Buches beigetragen haben!

Widmungen

Für meine geliebte Tochter Nina (Ildiko)

Für meine liebsten Männer Thomas und Karl (Heidi)

Ein Therapeutenautomat!?

bin auf
Urlaub

Inhaltsverzeichnis

„Man sollte wirklich leben und nicht nur so tun als ob!"

Ildiko

0 Vorworte

„Ich will sogar umstritten sein. Ich habe beschlossen, lieber nicht harmlos zu sein, wenn man sowieso über mich redet!"
Ildiko

Vorwort & Gebrauchsanweisung - Ildiko Haring

Warum dieses Buch?

Es gibt viele Bücher über Psychologie. Viele Meinungen und Widerlegungen von Meinungen. So viele Untersuchungen und Gegenuntersuchungen. Heutzutage wird jeder „Mäusekot" untersucht.

Hat dieses Buch zu schreiben und zu lesen einen Sinn? Und wenn ja, welchen? Der Sinn ist, dass diese Psychologie (Psycho-logie), die im Buch beschrieben und vertreten wird, eine persönliche, watschen-einfache Psychologie ist, die jeder kann. Das Buch ist trotzdem kein „Selbsthilfebuch", weil ich überzeugt bin, dass man für alle wichtigen Dinge im Leben Menschen braucht. Deshalb bin ich eine Beziehungsfanatikerin!

Warum? Beziehungsfähigkeit ist Freiheit. Freiheitsfähigkeit zeigt sich in Beziehungen und nicht in der Einsamkeit als Eremit oder allein auf der Bergspitze. Ich sehe meine Aufgabe darin, mit meinen Klienten echte Beziehungen einzugehen, ihnen wirklich zu begegnen und sie durch diese – hoffentlich – heilsame, wenn auch manchmal ärgerliche Beziehung zu sich nach Hause zu führen. Dazu muss ich bei mir sein. Mein Zuhause und den Weg kennen.

Dieses Therapiekonzept werden manche vielleicht verrückt finden, aber das macht nichts. Es ist neu und revolutionär, eine Therapieform anzubieten, die man „weiblich" nennen kann, auch wenn sie für Männer und Frauen gedacht ist und wirkt. Meistens betreue ich sogar mehr Männer.

Ist es ein Wagnis überhaupt so zu denken und nicht gleich in die Abwertung hinunter zu rutschen? Was sind die Unterschiede?

- Erstens, dass sich diese Therapie nicht automatisch an männlich-intellektuellen Kriterien, sondern am gerade entstehenden **Gefühl seitens des Therapeuten und des Klienten** orientiert!
- Zweitens, dass man den **Sinn von „Verrücktheit" und „Verrückung" versteht und achtet**! Denn darin steckt die Kreativität und Klugheit des Klienten! Tiere sterben unter jenen Umständen, wie sie viele Menschen erfahren. Menschen sterben nicht, sondern sie „verrücken" sich und erfinden eine irreale Realität. Ich habe Menschen bei meiner Arbeit in der Psychiatrie vielfach bewundert, als sie mich in ihre echten Störungen hineinschauen ließen.
- Drittens, dass die **„therapeutische Distanz"** dringend verändert gehört. Die Therapiesituation wird verfälscht durch einen distanzierten Blickwinkel („Waran-Blick"). Ein persönliches „In-die-Nähe-Rücken" der eigenen Position ist unerlässlich. Sonst ist dieser Beruf krankmachend, auch für den Therapeuten.

Doch wie schützt man sich als Therapeut, wenn nicht durch Distanz? Mit der **Wahrheit**! Was nimmt man „wahr", nicht nur beim Klienten, sondern auch bei sich. Mit der eigenen „Ganzheit", nicht nur intellektuell, sondern auch körperlich, emotional und geistig. Das erfordert Mut und Vertrauen in menschliche Beziehungen, aber dann lebt man durchgehend und nicht nur in der Freizeit!

Um Therapeut zu werden, braucht man viele Ausbildungen und Bestätigungen. Das ist auch gut. Psychotherapeuten arbeiten schwer, nicht nur Asphaltierer und Soldaten beim Katastropheneinsatz. Das heißt aber nicht, dass jemand dadurch die Fähigkeit erwirbt, einen anderen Menschen an der Hand zu nehmen und wirklich zu berühren. Ob diese Fähigkeit da ist, zeigt sich erst in der Realität.

Die Frage ist, wer ist der Therapeut?! Ich rüttle hier an der Therapeuten-Identität! Sie gehört erst wirklich aufgedeckt und – ent-deckt, anstatt sie im großen alten Wintermantel von Freud zu verstecken.

- Ist der Therapeut ein Automat, wo man seitlich das Geld hineinsteckt und man vorne therapiert oder gar geheilt wird?
- Oder ist er ein Mensch? Und wenn ja, was für einer?

- Wie groß ist er wirklich? Und wie klein?
- Kann er mit seinen eigenen Schwächen wirklich umgehen, oder will er mir nur zeigen, wie ich es tun soll?!
- Wie echt ist er? Was ist seine Stärke? Und seine Schwäche?
- Ist er ein sexueller Mensch? Oder asexuell? Kann man ihm nahe sein?
- Und wie ist seine menschliche und politische Gesinnung?
- Ist er verlogen? Betrügt er mich?
- Sieht er mich überhaupt?
- Darf ich ihn wirklich sehen, wahr-nehmen und damit konfrontieren, was ich sehe?! Kritisieren und eventuell sogar hassen?
- Oder vernichte ich mit meiner Ehrlichkeit meine Heilungschancen?

Das sind meine Fragen, schon ein Leben lang. Für mich und für andere „Menschen-Arbeiter".

Meine ersten Therapie-Einsätze habe ich mit vier Jahren gemacht. Wenn meine Mutter getobt hat, habe ich sie an der Hand genommen und sie zu ihrem Bett geführt. „Leg dich nieder, Mama", habe ich gesagt. Sie lag dann stöhnend da und ich legte meine Hand auf ihre Stirn.

Ist das wichtig? Ja. Das ist die Grundlage meiner therapeutischen Identität.

Warum ein Buch wie dieses auch noch notwendig ist? Weil das was hier drin-steht, gelebte Alltags-Psychologie ist!

∘ ∘ ∘

Die Gebrauchsanweisung ist kurz:

Sie können dieses Buch auch von hinten lesen, oder nur die Fotos anschauen, oder nur die Märchen und Gedichte lesen, oder bitte weglegen, oder verschlingen und lieben, oder in die Ecke schmeißen.

Es wirkt trotzdem auf ihr Gemüt.

Motivation & Struktur - Heidi Schmidt

Warum dieses Buch?

Alles begann für mich mit einem Ende. Dem Ende einer Beziehung „für die Ewigkeit" und damit meiner Heile-Familie-Illusion. Nach einer kräftezehrenden Trauerphase habe ich für mich entschieden: Ich will stärker daraus hervorgehen und nach mir selbst suchen. Ich hatte mich irgendwie verloren.

Ich erinnere mich an meine Kindheit und Jugend. Ich war glücklich, voller Tatendrang und Lust aufs Leben. Die ganze Welt stand mir scheinbar offen. Sie erschien zwar groß, aber doch beherrschbar, beinflussbar. Das war naiv, aber gut so.

Mit über 40 bin ich in der Lebensmitte und man wird immer öfter mit den schwer verdaulichen Seiten des Lebens konfrontiert, mit Tod, Trennung und Krankheit. Viele in meinem Umfeld kämpfen mit Burnout, Panikattacken und Depressionen. Uns alle treiben dieselben Fragen an: Wir haben viel erreicht, haben die Erwartungen (von wem eigentlich genau?) erfüllt: z. B. gute Ausbildung, guter Job, ein schönes Zuhause, Familie. Eigentlich ist doch alles gut? Doch die eigene Endlichkeit lugt am Horizont hervor. Man wird die Welt also doch nicht ganz aus den Angeln reißen? Was ist der Sinn des eigenen Lebens? Bin ich okay wie ich bin? Lebe ich mein Leben? Wer bin ich wirklich?

In dieser Phase der Neuorientierung habe ich Ildiko als Therapeutin und Menschen kennengelernt, die mir beigebracht hat, mich ehrlich mit mir auseinander zu setzen, mich zu entdecken, herzlich aggressiv für mich einzustehen, Oberflächlichkeit aufzudecken und wahrhaftige Beziehungen zu leben. Also „einfach" Ich zu sein. Auch wenn das nicht immer der bequeme Weg ist und mich manchmal immer noch verängstigt.

Aus dieser Erfahrung heraus war es ein Herzensprojekt für mich, dieses Buch mit ihr zu schreiben, damit auch andere von ihrem Wissen, ihrem Mut und ihrer unkonventionellen Art profitieren können. Es ist ein Buch über ihr Leben und Arbeiten und meine Beziehung und Entwicklung mit ihr. Wir zeigen darin beide sehr viel von uns. In unserem Dialog spiegelt sich auch ihre Art zu arbeiten: eine Begegnung zwischen zwei Menschen. Ergänzt wird der Dialog durch inspirierende Poesie, Geschichten und persönliche Gedanken von uns beiden.

Das Buch ist voller Herausforderungen und Denkanstöße, klar und doch schräg. Ganz so wie auch Ildiko und ihre Arbeitsweise und so wie auch ich. Ich habe meine eigene ursprüngliche Buntheit erst wiederentdecken müssen – ein Lernerfolg nach Jahrzehnten des sehr erfolgreichen Entsprechens.

Dieses Buch soll Menschen bei ihrer Weiterentwicklung unterstützen, Zielrichtungen, Wege und Inspiration geben für die wichtigen Fragen im Leben: Wie war ich ursprünglich als Mensch angelegt und wer bin ich heute? Wer will ich sein und wo will ich hin? Ich habe bei diesem Buch sehr viel gelernt – über Ildiko und ihre Arbeit und insbesondere über mich selbst. Ich habe meine eigene Größe gesucht und (wieder)gefunden.

Bevor es losgeht, noch eine Information zur Struktur dieses bunten Buches:

Die Einleitung stellt klar, warum Therapeutenautomaten weder für den Therapeuten noch für den Klienten sinnvoll sind. Darauf folgen die spirituellen Grundlagen von Ildikos therapeutischer Identität und wie ihre Biografie ihr Leben und Arbeiten beeinflusst hat.

Anschließend geht es um ihre besondere Art zu arbeiten, die methodenlose Methode der Begegnung. In diesen Kapiteln wird deutlich, was in den einzelnen Phasen einer Therapie angestrebt wird, wie eine Vision vom Menschen heilen kann, wie wichtig Wahrheit und Inszenierung dabei ist und wie in einer Psychospiel-Gruppe das Ich-Sein geübt werden kann.

Die letzten Kapitel zur Liebe, zum Menschsein und zu den Möglichkeiten einer Transformation zeigen schließlich, was wirklich wichtig ist und worauf die Entwicklung abzielt. Es ist die Vision eines besseren Lebens.

Im Anhang findet sich noch eine Auswahl von Übungen, die unterstreichen, wie Spielen und Inszenieren uns zu uns selbst bringt.

1 Einleitung

„Meiner Meinung nach basieren alle psychischen Störungen auf
Nichtbeziehung. Und jetzt sitzt da ein Therapeut und geht wie-
der keine Beziehung mit dem Menschen ein.
Das kann nicht wirklich helfen!"
Ildiko

Heidi

Der Buchtitel fordert heraus. Was soll das sein, ein Therapeutenautomat? Eine Maschine, die funktioniert, wenn man Geld hineinsteckt? Wie ein Kaugummiautomat: Man bekommt zu jeder Zeit was man will? Zufriedenheit, Selbstbewusstsein und ein erfülltes Leben?

Zu Beginn meiner inneren Entwicklungsreise habe ich mir wahrscheinlich so etwas wie einen Therapeutenautomaten gewünscht, bequem und angenehm. Man zahlt, redet und dann geht es einem besser. Aber Ildiko arbeitet und lebt als Mensch und nicht als Therapeutenautomat. Sie war als Person präsent, unbequem, hat mich konfrontiert und nicht lockergelassen. Natürlich tut es weh, wenn Gefühle auftauchen, die man bis dahin verdrängt hat oder wenn man an einem blinden Fleck erwischt wird.

Warum ich trotzdem geblieben bin? Ich spürte, dass mir etwas fehlt, was Ildiko hat und was ich lernen wollte: Authentizität, Selbstbewusstsein und herzliche Aggression. Und ich habe ihr tiefes menschliches Interesse und ihre Liebe gespürt und wusste, dass ich mit ihr trotz aller Konfrontation beschützt bin und wachsen kann.

Therapeutenautomat trifft Scheinklient?

Heidi: Was ist ein Therapeutenautomat und bist du einer?

Ildiko: Ein Therapeutenautomat funktioniert immer. Ich sollte wahrscheinlich einer sein. Das wird öfter von mir erwartet, aber ich erfülle diesen Wunsch nicht. Viele Klienten wollen zum Beispiel überhaupt nicht wissen, wer ich bin! Das erstaunt mich, ich könnte also auch ein Automat sein. Solange ich so funktioniere, wie man sich das vorstellt. Ich persönlich würde niemals einen Satz zu jemandem sagen, ohne herausfinden zu wollen, wer der Mensch ist, welche Person ich vor mir habe. Besonders in so einer wichtigen und persönlichen Angelegenheit wie einer Therapie empört mich dieses Desinteresse an der Person. Das durchbreche ich auch, soweit es geht, indem ich gleich zeige, wie ich bin. Damit und mit meiner Erscheinung fordere ich bewusst heraus.

Therapie ist eine Kunst und nicht jeder will und kann ein Künstler werden. Aber ich würde jedem gerne beibringen, als Mensch sein eigenes menschliches Instrument gebrauchen zu können. Ich sehe auch, dass persönliche Kommunikation das lebenswichtigste Instrument für uns Menschen ist. Persönliche Kommunikation ist, dass man **wirklich über sich redet und wirkliche Fragen stellt**. Daran merkt man, dass man sich für den anderen Menschen interessiert und dass man nicht einfach irgendwelche Plattitüden von sich gibt und damit zufrieden ist.

Heidi: Was erwarten die Menschen in der Therapie eigentlich vom Therapeuten?

Ildiko: Manche Klienten erwarten sehr viel von ihm, zum Beispiel, dass alles anders werden soll, nur sie selbst wollen sich nicht ändern! Das ist unmöglich. Ich fühle oft, dass man von mir verlangt zu zaubern: Alles soll möglich sein (und es soll möglichst nichts kosten)! Wenn ich als Klient z. B. keine Grenzen habe, und nichts einhalten kann, soll der Therapeut trotzdem nachsichtig sein, mir alles beibringen, damit ich mich locker abgrenzen und alles lernen kann. Und wie bitte soll das gehen? Es ist nur möglich, wenn der Therapeut klare, aber flexible (persönliche) Grenzen hat und diese halten kann, auch in emotionalen Stürmen seitens des Klienten.

Heidi: Haben andere Therapeuten keine Probleme damit, ein Automat zu sein?

Ildiko: Wenn das jemand behauptet, kann es nur gespielt sein! Als ich noch in der Psychiatrie gearbeitet habe, war ich sehr viel in Therapeutenkreisen unterwegs. Ich habe bisher keinen Therapeuten kennengelernt, der damit keine Probleme hatte. Es ist niemals echt, keine Probleme zu haben, in einem Beruf, wo es um Probleme geht! Es würde auch niemand zugeben, ein Therapeutenautomat zu sein. Aber ich kann dir ein Beispiel nennen. Ein Jahr lang bin ich selbst zu einem mir nahestehenden Therapeuten gegangen. Ich wollte mit ihm ein schwieriges altes Problem bearbeiten. Er hat mir gut helfen können, aber er hat mir gesagt, dass er acht Stunden täglich arbeitet und DANN lebt! Das ist sehr schwierig. Ich kann mir das nicht vorstellen. Wir leben doch, wenn wir arbeiten und „Therapie machen" sehr intensiv und gut. Für ihn war das anders. Aber ich würde da sterben! Vielleicht ist er im Laufe der Jahre ja irgendwo „verstorben" und hat es nicht gemerkt! Wenn man ein Therapeuten-VOLL-Automat wird, stirbt man. (lacht)

Eines der wichtigsten ursprünglichen Gesetze der Psychotherapie war, dass man – altmodisch ausgedrückt – als Leinwand funktioniert und nicht persönlich da ist. Ich halte das für krank. Da macht man sich und den Klienten krank. **Meiner Meinung nach basieren alle psychischen Störungen auf Nichtbeziehung,** d. h. wenn die Eltern oder wer auch immer, die Erzieher oder Bezugspersonen, keine wirkliche Beziehung mit den Kindern eingegangen sind. **Und jetzt sitzt da ein Therapeut und geht wieder keine Beziehung mit dem Menschen ein! Das kann nicht wirklich helfen!** Man wiederholt gemeinsam und mühsam die ganze Prozedur und meint, man könnte damit gesund werden?

Heidi: Wir haben einmal überlegt unser Buch mit „Ein Psychothriller der anderen Art" zu untertiteln. Was würde es denn zu einem Psychothriller machen? Ein Therapeut, der nicht lebt? Ein Klient, der hereingelegt wird?

Ildiko: Also erstens die Spannung, zweitens die blutige Ehrlichkeit und drittens, dass entweder du mein Opfer bist oder ich dein Opfer. Und dass wir das gar nicht wissen – das ist das Spannende dabei! Dieses Buch soll nicht langweilig sein. Auch meine Art zu arbeiten besteht aus dem **Bestreben, dass**

es niemandem im Laufe der Therapie langweilig sein sollte, weder dem Klienten noch mir. Ich möchte schließlich leben!

Heidi: Das klingt, als wäre das eine Art Kompass für dich?

Ildiko: Ja. Wenn mir langweilig ist, bin ich nicht richtig da. Es ist wichtig, dass man wirklich lebendig ist, während man arbeitet. Die Therapie ist keine tote Materie von wiederholten Sätzen und Routinefragen über die Vergangenheit! Ich hasse Routine. Ich finde jeder Mensch macht seine eigene Therapie, es gibt keine zwei gleichen Verläufe. Ich merke auch, wenn dem Klienten langweilig wird. Ich frage oft „Ist Ihnen langweilig, sind Sie jetzt eingeschlafen…?" Wenn er es verneint, denke ich mir, entweder er lügt oder wir gehen in die falsche Richtung. Aber ich sage auch: „Mir wird jetzt langsam langweilig und ich weiß nicht warum, wissen Sie es?" Langeweile ist Depression! Ein depressiver Mensch ist einfach nicht richtig da.

Ich möchte auch, dass es mir in den Therapiestunden gut geht. Ich opfere nicht eine Stunde meines Lebens für die paar Euros oder für Menschen, die nicht wirklich leben wollen! Wenn das jemandem nicht gefällt, geht er eben. Es kommen andere, die leben wollen. Ich suche mir schon aus, mit wem ich Stunden, Tage, Jahre lebe. Wobei ich auch versuche menschenfreundlich zu sein (lacht)!

Heidi: Was zeichnet für dich einen Therapeuten aus?

Ildiko: Ein Therapeut besteht für mich aus einem „Thera" und einem „Peut". (lacht) Der „Peut" ist jemand, der nicht in Beziehung geht, nicht mit sich und nicht mit dem Klienten. Der „Peut" ist nur mit der Aufgabe in Beziehung. Ein „Peut" ist die Vorstellung eines unendlich guten, klugen, höheren Menschen, der alles kann und unerreichbar ist. Und wenn die Therapie zu Ende ist, meint der Klient, dass es möglich ist auch so perfekt und nicht menschlich zu sein, wie der Peut! Wenn nicht, dann ist der Klient meistens enttäuscht. Dann ist seine Vorstellung nicht wahr geworden. Das geht sehr tief. Denn jedes Kind stellt sich vor, dass es identisch mit einem Elternteil ist und möchte so sein wie er. Die Beziehung zwischen Therapeut und Klient hat in dieser Vorstellung viel heilsame Wertigkeit. Ich lasse diese Fantasien zu und pflege sie, weil es um ein wertvolles Gut geht – aus der Kindheit und Persönlichkeit.

Meine Art zu arbeiten ist keine „Psychotherapie". Mein wichtigstes Instrument ist die Be-ziehung – sie ist unerlässlich für wesentliche Veränderungen, da alles Gute und Schlechte im Leben in Beziehungen passiert. Aufgrund einer lebendigen Beziehung mit mir als Therapeuten, lernt der Klient Projektionen zu entkräften. Im Gegensatz zur ursprünglichen Psychotherapie: dort muss der Klient oftmals mit sich selbst auskommen (Abstinenz). Das ist für mich ein Unterschied.

> *Heidi: Dafür müssen die Klienten aber einen realen Menschen sehen und mit ihm in eine echte Beziehung/Auseinandersetzung gehen können, wie mit dir. Ich verstehe, dass eine Therapeuten-Illusion nicht dabei hilft, sondern zu enttäuschenden, übersteigerten Erwartungen führt. Und woher kommt diese Trennung in „Thera" und „peut"?*

Ildiko: Das ist ein Blödsinn, den ich mir ausgedacht habe, weil es so schön plakativ ist. Blödsinn ist so wichtig: Man lacht und merkt sich etwas. Wenn man etwas hochtheoretisch erzählt, merkt es sich kein Mensch. Deshalb war ich auch eine ziemlich gute Journalistin, weil ich unerbittlich blöd war, blöde Fragen gestellt und insistiert habe.

Der andere Anteil, der „Thera" ist etwas Kreatives und Wichtiges. Das ist sozusagen die gute, echte Hälfte des Therapeuten. Diese „hohe" Seite von einem Therapeuten bedeutet, dass er fähig und bereit ist, sich als Mensch anderen zuzuwenden. Selbst wenn er dafür Geld kassiert, ist diese Fähigkeit unbezahlbar. Die Unterscheidung ist mir wichtig, weil es sicher in jedem Menschen und auch in jedem Therapeuten diesen nicht so hohen Anteil gibt, der mittelmäßig, dumm, böse, schlecht und gewöhnlich ist. Dieser Anteil ist auch real und sollte daher nicht verdrängt, sondern genutzt werden. Das heißt, jeder Therapeut hat ein „Thera" und ein „Peut" in sich. Und wenn man das nicht voneinander trennt und nicht nur als „Peut" arbeitet, was es leider auch gibt, dann ist das schon mal gut! (lacht)

Ein Fachbuch ohne Fach

Heidi: Was ist dieses Buch für dich als Therapeutin?

Ildiko: Für mich war von Beginn an die Frage, ob es überhaupt sinnvoll ist, so ein Buch zu schreiben. Natürlich gibt es einen Teil in mir, der sagt: „Selbstverständlich ist das sinnvoll." Weil es unorthodox ist und weil solche Bücher im Allgemeinen nicht geschrieben werden. Ich möchte, dass dieses Buch ein Fachbuch ist, aber ohne den Anspruch wissenschaftlich zu sein! **Ein Fachbuch, es gibt nur kein Fach!** (lacht) Ich finde es macht uns zu, wenn wir uns zu stark auf Ausdrücke und Theorien konzentrieren – wie das oft in wissenschaftlicher Literatur der Fall ist! Das ist keine wirkliche Hilfe. Die Hilfe muss viel großflächiger sein und das beinhaltet direktes Erleben – wie bei Spielen und Übungen.

Heidi: In diesem Buch stehen daher deine Erkenntnisse aus 40 Jahren Erfahrung im Mittelpunkt. Du hast manches bereits empirisch erkannt, bevor es durch wissenschaftliche Studien bestätigt wurde. Durch dieses Buch wird man deine Arbeitsweise als Therapeutin besser verstehen können.

Ildiko: Manchmal macht es mich unzufrieden, wenn Klienten nicht verstehen, was mein Beitrag ist! Aber dann wiederum ist da etwas, das ich Gott zurückgeben möchte – in Frieden. Selbst wenn die Klienten manchmal zornig auf mich sind, obwohl sie sich erfolgreich mit mir entwickeln.

Ich selbst profitiere ebenfalls sehr viel von der Therapie-Arbeit. Ich werde fortschreitend gesünder, obwohl ich älter werde. Therapiearbeit geht tief. Dabei wird auch bei mir alles bewegt. Arbeit soll nicht krank machen! Sie soll einem gut tun. Sie soll einen erneuern und nicht verbrauchen. In dieser Arbeit lebe ich und bin an meiner eigenen kreativen Entwicklung dran, mit jedem Klienten. Manchmal müsste ICH zahlen! Dieses Buch ist auch Therapiearbeit – für dich und für mich. Ich muss mich darin mit mir und meiner Arbeit auseinandersetzen, alles hinterfragen. Und du kommst zu einem zentralen Punkt in deiner Therapie: deine eigene Größe zu sehen und in der Auseinandersetzung mit mir dazu zu stehen. Du hast viel Mut bewiesen, dieses Buch zu beginnen und noch mehr, es jetzt mit deiner neuen Größe zu beenden.

Unsere Beziehung ist das Wichtigste in diesem Buch. Wie soll ich sonst Therapie beschreiben, ohne unsere Beziehung zu beschreiben? Wir beide sind hier gleichbedeutend. Das führt zum Kern, **denn nur Beziehung hilft**. Ich glaube in Wirklichkeit nur an Beziehungen. Auch zu mir selbst. Aber die meisten Menschen, schauen in einen dreckigen Spiegel, wenn sie mit sich in Beziehung gehen! Ich muss für sie einen besseren Spiegel bereit haben! Im Spiegel, der hier bei mir hängt, lernt jemand sich wirklich selbst anzusehen. Viele sagen nur: „Mein Bauch ist zu groß!" oder so. Jeder sagt zuerst das Schlechte, die Fehler. Ich versuche zuerst einmal die Person zu sehen, mit ihr gemeinsam. Ich sehe jemanden mit seinen Gefühlen und seinem Drama – z. B. an seiner Haltung. Wie hast du das zu Beginn erlebt?

Heidi: Ich bin ja zu dir gekommen, weil ich etwas nicht Konformes gesucht habe. Mir war klar, wo ich mich entwickeln möchte. Nach meiner Trennung war ich sehr verunsichert, ob ich okay bin.

Ildiko: „Unsicher" bedeutet „sehr sensibel" für mich. Ich habe gefühlt, dass du keinen Ruhepunkt in dir hast. Ich hätte dich gerne in den Arm genommen, aber ich wusste, dass das nicht möglich ist. Dass du bei mir bleibst, hätte ich damals gar nicht gedacht. Und schon gar nicht, dass wir ein Buch miteinander schreiben! Ich wollte dich auf keinen Fall mit einer Umarmung verschrecken, obwohl das vielleicht das Richtige gewesen wäre. Es war mein erster Impuls! Statt der Umarmung habe ich angefangen dich zu bombardieren, weil ich gemerkt habe, dass du nach dem Grund suchst, was an dir nicht gut ist. Ich habe mir gedacht, so haben wir eine Chance wirklich in Beziehung zu sein. Darüber bin ich jetzt sehr froh.

Heidi: Das klingt paradox, jemanden der verunsichert ist, auch noch zu bombardieren. Bestätigt ihn das nicht und zieht er sich dann nicht noch mehr zurück und fühlt sich klein? (Oder ist es eine Möglichkeit, die Selbstheilungskräfte der Seele – über die Aggression und das Eintreten für sich selbst - zu aktivieren?)

Ildiko: Ja. Ich glaube, dass Aggression nicht die einzige, aber eine sehr gute Möglichkeit ist, wenn sie mit Liebe passiert. So kommt man schnell zu Kraft! Du hast viel Kraft gehabt, und ich habe dich dabei auch innerlich gehalten.

Heidi: Zu Beginn habe ich immer versucht, dir zu entsprechen, brav zu sein.

Ildiko: Das „Bravsein des Klienten" macht mich verrückt! Dafür habe ich dich verfolgt, weil ich gewusst habe, dass du das nicht bist. Du kommst ja gerade deswegen zu mir, um nicht mehr brav zu sein und um endlich (wieder) auf die Welt kommen zu dürfen. Dass du sein kannst bzw. werden kannst, wie du bist. Und es ist uns wohl gelungen! (lacht) Du bist jetzt mutig und neugierig. Ich frage mich immer noch, wieso du dich traust, mich all diese Dinge zu fragen und die halbbewussten Geheimnisse meiner Art zu arbeiten zu erforschen. Das beeindruckt mich und überzeugt mich von dir, aber auch von dieser Methode. Und unsere Beziehung ist nicht zu Ende, das gefällt mir auch. Wir liegen uns vielleicht manchmal in den Haaren und streiten, aber ich glaube, beim Lesen dieses Buches werden viele Leute lachen, sich amüsieren und Augen machen! Ein schöner Traum – wir schreiben einen Bestseller! (lacht)

Heidi: Ich finde, ich habe durch deine Art zu arbeiten zu mir gefunden. Deshalb möchte ich, dass diese Entwicklung weitergeht und auch andere von deinen Ideen und Methoden profitieren. Außerdem möchte ich verstehen, was dich zu der Therapeutin gemacht hat, die du bist.

Ildiko: Ich will nicht einfach aus meinem Leben erzählen. Es überfordert mich auch. Ich möchte das nur, wenn es zu meiner Arbeit passt. Das menschliche Dasein ist eben kein „Lebenslauf", keine Auflistung! Es ist nicht zu beschreiben, es ist zu erleben, zu begehen, zu erfahren. Genauso kannst du auch eine Beziehung nie wirklich beschreiben, so wie unsere Beziehung, die jetzt in dem Moment neu geworden ist!

Wir haben meiner Meinung nach etwas zu sagen. Das genügt, wir müssen nicht alles beschreiben. In diesem Buch sprechen wir über die „Ildiko Schule" (lacht) und lachen auch darüber. Denn diese Dinge sind sehr diffizil und zerbrechlich. Man kann sie kaum greifen. Wie Therapie funktioniert, was genau hilft, weiß man bis zum heutigen Tag nicht wirklich, trotz aller Untersuchungen und Therapieformen. Was aber bestätigt werden konnte, ist die Wirkung der Beziehung! Therapie ist wirklich, als würde man Schmetterlinge einfangen wollen. Die Frage ist natürlich: Soll ich die Schmetterlinge überhaupt fangen? Oder soll ich sie fliegen lassen, wie sie wollen? Sind sie so glücklich, wie sie sind? **Es ist die Frage, ob es das Ziel ist, dass alle Menschen glücklich sein müssen.** Man sollte die Schmetterlinge nur kennenlernen wollen und sie nicht einfangen und zu Tode erklären!

Heidi: Mir fällt dieses Reflektieren über meine eigene Entwicklung manchmal schwer.

Ildiko: Mir auch. Das fordert mich. Gott sei Dank! Was ich über mich erzähle, muss etwas von meiner Arbeit illustrieren. Sonst langweilt mich meine eigene Geschichte. Das Spannendste für mich und an mir ist sicher meine Arbeit. Ich als Mensch finde mich unspektakulär. Ich bin ja jeden Tag mit mir zusammen. Jeden Tag das gleiche Gesicht im Spiegel.

Jetzt bin ich über 80 und habe mich mit meinem eigenen Spiegelbild abgefunden. Das war harte Arbeit. Ich habe den Menschen, den ich jetzt im Spiegel sehe, nicht gekannt! Alter ist mir nicht genug Erklärung. Ich sehe mich in der Früh, begegne meinem Gesicht und sage zu mir: „Hallo alte Frau!" Ich versuche diesen Menschen, den ich nicht kenne, zu lieben. Das hat sich tatsächlich geändert, weil ich in den letzten sechs Jahren, seit mein Mann nach einem Schlaganfall gelähmt war, überhaupt keine Begegnungen mit mir hatte. Nur mit ihm und durch ihn mit mir. Jetzt lerne ich mich neu kennen, wie alt ich geworden bin, wie ich aussehe. Diese alte Frau, die mich ansieht, berührt mich, ich mag sie. Schon als Kind war sie ziemlich tapfer. Sie war wild, mutig und versuchte alle zum Lachen zu bringen! Weil ihre Mutter nie gelacht hat.

Heidi: Das berührt mich, wenn du solche Dinge von dir erzählst. Du bist stark, ehrlich, direkt, aber liebevoll!

Ildiko: Ich versuche es, und es gelingt mir nicht immer! Jetzt habe ich Tränen in den Augen, weil ich deine Liebe fühle. Das alles kann ich nur erzählen, weil wir gut verbunden sind. So ist Beziehung. So werden wir immer gesünder!

Den Menschen sehen!

Heidi: Warum und wann sollte man aus deiner Sicht an sich arbeiten?

Ildiko: Wenn ich merke, dass sich etwas, was ich nicht will, in meinem Leben wiederholt und ich es nicht verändern kann. Muster in meinem Verhalten oder Reaktionen von anderen, die ich nicht billigen kann. Oder wenn ich meine Pläne im Äußeren (Job, Tätigkeiten) oder im Inneren (meine Veränderungen, Beziehungen, Liebe) nicht erfüllen kann.

Als Therapeut sieht man in den Menschen jene Aufgaben, denen sie sich nicht stellen, was sie aber dringend brauchen würden. Ich sehe das, wenn ich Menschen treffe. Ich spreche Menschen auch darauf an, wenn man ins Gespräch kommt. Die Reaktionen sind meistens interessiert. Ich habe noch nie eine Zurückweisung erlebt. Ich falle ja auch nicht mit der Tür ins Haus, aber ich biete schon etwas Direktes, Anziehendes an: Ich sehe, was dieser Mensch brauchen könnte, damit es ihm besser geht. Z. B. an seiner Körperhaltung, an seiner Art der Sprache, des Lachens, wie jemand sich in einem Gespräch unterordnet, verstellt oder wegwirft, statt sich wirklich zu nähern. Aber ich spreche auch Gutes und Schönes an.

Die meisten Menschen fühlen sich nicht wirklich gesehen. Aber es ist dringend notwendig, seine Identität überhaupt erkennen zu können. Wenn die Eltern das nicht gemacht haben, es in die falsche Richtung gegangen ist – mit Zurechtweisungen, Schimpfen, ewigem Korrigieren usw. – dann fühlen sich die Kinder nicht gesehen. Um Selbstvertrauen zu entwickeln, um eine wirkliche Identität zu bilden, wäre das aber sehr notwendig!

Heidi: Und wie beginnst du dann eine Therapie?

Ildiko: Die Therapie beginnt mit der ersten Begegnung oder dem ersten Telefonat mit jemandem. Ich höre genau, wie jemand schon am Telefon redet, wie er reagiert und fange damit zu arbeiten an. Ich sage dann: „Ich weiß nicht, ob wir miteinander arbeiten können, wir sollten es einmal versuchen!" Das ist die erste Portion Therapie.

Die zweite kommt dann bei der ersten Begegnung, denn ich versuche mich von Beginn an so zu benehmen, wie ich wirklich bin. Ich mache die Tür auf und beobachte die Augen der Klienten, wenn sie mich sehen. Man hat ja verschiedene Erwartungen, wie ein Therapeut aussieht. Wenn ich Überraschung im Gesicht sehe, reagiert jemand auf meine ganze Person. Das ist ein gutes Zeichen. Ich lache dann und frage: „Haben Sie einen Schrecken bekommen?" Und wenn da jemand ehrlich ist oder auch lacht, dann weiß ich, dass ich arbeiten kann. Wenn nicht, dann frage ich, ob ich vielleicht nicht den Vorstellungen entspreche. Das muss auch nicht sein, ich möchte nicht entsprechen. Wenn jemand versucht in den ersten Stunden brav zu sein, dann bin ich bewusst nicht brav. Entweder hält das jemand aus oder eben nicht, dann können wir nicht arbeiten. Wir müssen einander wahrnehmen. Ich benehme mich daher so, dass jemand sehen kann, was ihn erwartet. Obwohl ich nett bin. (lacht)

Heidi: Ich kannte dich ja schon von Freunden und von einem Theaterstück, das ich gesehen hatte. Insofern war ich nicht überrascht über deine Erscheinung, als du mir als große, schlanke, geschminkte Frau mit wilden langen Haaren gegenübergetreten bist. Vielleicht war ich ein bisschen eingeschüchtert und aufgeregt.

Ist sie eine Hexe?

Ildiko: Ich will keine Hexe sein und bin auch keine, auch wenn ich gewisse Eigenschaften im Spirituellen habe, wofür man mich früher vielleicht verbrannt hätte. (lacht) Aber ich möchte das trotzdem in meinem Aussehen, in meinem Repertoire zum Ausdruck bringen. Ich finde, wir haben alle Hexenfantasien – Männer wie Frauen. **Wir haben eine Furcht vor Größe, Individualität, Verrücktheit und Außergewöhnlichem.** Eine therapeutische Begegnung ist außergewöhnlich. Sie kann schwierig, aber auch wunderbar beglückend sein, aber sie ist nicht im sogenannten „Normbereich". Und irgendwie möchte ich das in meiner ersten Begegnung vertreten, um zu sehen, ob jemand damit umgehen kann. Es ist immer sehr spannend wie eine Therapie beginnt und ob jemand mit dieser Mischung, die ich anbiete, etwas anfangen kann.

Im Herbst bekomme ich viele Anrufe, denn viele Menschen suchen eine Möglichkeit, eine Therapie anzufangen. Wenn sie anrufen, fragen sie: „Haben Sie Zeit? Vielleicht könnten Sie mich noch aufnehmen?" Das berührt mich immer sehr. Dann sage ich: „Ich habe Zeit, ich habe immer Zeit, wenn mir etwas wichtig ist." Damit fängt die Therapie bereits an. Ich glaube, es tut uns allen gut, „Ich habe Zeit!" zu sagen und zu hören: **Ich habe irgendwann einmal in meinem Leben beschlossen, mich FÜR die Zeit zu entscheiden.** Das Leben ist sehr lang. Wir haben unendlich viel Zeit!

Heidi: Warum machst du eigentlich immer noch Therapie?

Ildiko: Du meinst, weil ich schon so alt bin? (lacht) **Es ist mein Beitrag zum Frieden in dieser Welt.** Das ist mein Antikriegsbeitrag.

Ich habe als Kind gelernt mit Soldaten zu kommunizieren, um Gewehre abzuwenden. Ich habe mehrmals Vergewaltigungsversuche überstanden. In meinem Leben habe ich Mut beweisen müssen. Durch die Schwierigkeiten in meiner Kindheit und später habe ich gelernt mit jedem zu reden, mich erkenntlich zu machen und zu zeigen, dass ich nur friedliche Absichten habe! Es hat mir geholfen, Menschen zum Lachen zu bringen (das war meine weiße Fahne), Menschen von ihren Gewalttaten abzubringen und viele Dinge zum Guten zu wenden, weil ich zu kommunizieren gelernt habe. Genau das mache ich in der Therapie und es erstaunt mich jedes Mal, dass das Ganze wirklich funktioniert! Meine Arbeit ist Kommunikation.

In manchen Therapiestunden üben wir das mit einer spannend Übung: Der Mörder und der Kakao. Die Frage ist, was machen wir beide jetzt, wenn ein Mörder hereinkommt!? Und dann exerzieren wir durch, was dem Klienten einfällt und was mir dazu einfällt, was eventuell zum Ziel führen könnte, nämlich am Leben zu bleiben. Kann es helfen ihm Kakao anzubieten und ihn damit friedlich zu stimmen: „Leider habe ich sonst nichts da, aber vielleicht möchten Sie einen Kakao trinken?". Das Kommunizieren in dieser Situation, das Aufzeigen, diese Art Eingriff in sein Leben und in seine Absichten können vielfach zum Erfolg führen. Nur leider gibt es an anderen Tatorten keinen Kakao und niemand kommuniziert.

In meinem eigenen Leben habe ich das auch geübt. Ich habe einmal einen ganzen Zug in der Nacht zwischen München und Wien aufgehalten. Ich hatte keinen gültigen Pass bei mir, weil ich den bei den Behörden zum Verlängern eingereicht hatte. Aber meine kleine Mutter kam in dieser Nacht aus Ungarn nach Wien und konnte nicht Deutsch. Ich musste sie also dort abholen, ob mit oder ohne Pass! Ich habe dann draußen vor dem Zug ganz laut meine Geschichte erzählt, bis alle aus den Fenstern gehangen sind und gewusst haben, was los ist. Ich war ungefähr 20 und habe laut geweint, gerufen und mit dem Zollbeamten geredet. Dann haben die Leute angefangen, ihn zu überzeugen oder ihn anzugreifen: „Lassen sie sie durch. Sie werden sie doch nicht aufhalten!" Und es ist wirklich gelungen. Er hat mir in der Nacht ein vorläufiges Dokument ausgestellt und ich konnte fahren und meine verlorene Mutter abholen. Er hatte keine Wahl. Das war ein Beispiel, wo ich gelernt habe, wie Kommunikation funktioniert, wenn man sie genügend nutzt. Ich glaube es funktioniert dann, wenn man fähig ist, spontan aus dem eigenen Herzen zu sprechen, besonders in gefährlichen Situationen! Man muss spüren lernen.

Therapie ist einfach, dass man lernt …
- **zu fühlen, was man fühlt,**
- **zu denken, was man denkt**
- **und sich selbst wahrzunehmen**
- **und das Wichtigste: den Mut zu haben sich auszudrücken.**

2 Entwicklung der therapeutischen Identität

„Therapie ist mein Beitrag zum Frieden in dieser Welt."
Ildiko

Heidi

Ildikos Biografie ist auch im geschichtlichen Kontext spannend und macht deutlich, wie und warum sie sich zu der Therapeutin entwickelt hat, die sie ist.

1938 wurde sie in eine wohlhabende ungarische Familie geboren, mit einem halbjüdischen Vater, einer depressiven Schauspieler-Mutter und einer Großmutter, die den Nazis nahe stand. Ildiko war ständig todkrank und niemand rechnete damit, dass sie alt werden würde.

Im 2. Weltkrieg erlebte sie als Kind die Bedrohung durch die Nationalsozialisten wegen ihrer jüdischen Vorfahren. In der Nachkriegszeit wurde die Familie wiederum als Angehörige des bürgerlichen Mittelstands durch die Russen bedroht und ihr Haus besetzt. Als 16-jährige Schülerin organisierte sie eine Demonstration gegen die russische Besetzung und bei der ungarischen Revolution 1956 holte sie als Sanitäterin Verletzte aus dem Kugelhagel. Ihre Mitwirkung an den Demonstrationen und dem Aufstand wurde bald bei der Polizei bekannt, worauf Ildiko unter Lebensgefahr alleine nach Österreich fliehen musste. Die Veröffentlichung ihres Tagebuchs in einer Flüchtlingszeitung in Wien führte dazu, dass sie als junge Frau vor der UNO sprach.

Ildiko war schon immer eine eigenwillige Frau mit der besonderen Not, sie selbst sein zu müssen, damit zu konfrontieren und letztlich zu heilen.

Von Helden und Non-Konformität

Heidi: Ich finde, in deiner Arbeit sieht man, dass du ein großes Interesse an und Wohlwollen gegenüber Menschen hast.

Ildiko: Ich habe mich zu meiner Überraschung zu einem sehr menschenfreundlichen Menschen entwickelt. Obwohl ich provokant, frech und hart bin, bin ich dabei wohlwollend und menschenfreundlich. Das erstaunt mich selbst!

Heidi: Was hat dich diesbezüglich besonders beeinflusst?

Ildiko: Ich hatte vier große soziale Erlebnisse (lacht):

Das erste schrecklich-wunderbare Sozialerlebnis war der Krieg, wo ich als Vierjährige gemerkt habe, was ich tun muss, damit die Dinge besser werden. Es war mein erstes Therapie-Erlebnis.

Das zweite war die ungarische Revolution, während der ich die ärgsten Seiten von Gewalt und Blut erlebt habe. Dabei durfte ich die Solidarität von Menschen untereinander sehen und spüren, die möglich wird, wenn es Katastrophen gibt. Das war eine unglaubliche Erfahrung und Erkenntnis. Aber man kann nicht immer Krieg führen oder Revolutionen machen, damit wir uns ordentlich benehmen lernen! (lacht) Ich bin froh, dass ich diese Fähigkeit zu Begeisterung und Solidarität als 15-Jährige am eigenen Leib erfahren habe.

Das dritte war die Arbeit in der Nervenklinik. Dort haben mich die menschlichen Begegnungen berührt. Ich habe dort ja zu arbeiten begonnen, weil ich endgültig erfahren wollte, ob ich verrückt bin oder nicht. Oder ob ich einen Gehirntumor habe, weil ich so anders denke. Jetzt weiß ich es und in der Therapie bin ich sehr verständlich und gar nicht verrückt. (lacht) Es war eine sehr tiefe Begegnung mit Menschen und ich habe sehr viel Achtung vor sogenannten Verrücktheiten gewonnen. Denn das sind Mechanismen, die ein Mensch im letzten Eck des Lebens für sich selbst gefunden hat, um zu überleben oder sich zu verstecken.

Das vierte war dann die Zeit unseres Lebensberatungszentrums „Panama" – wo ich alle drei Erlebnisse einfließen lassen konnte. Dort haben mir Menschen beigestanden, die ein tiefes Verständnis hatten, weil sie selbst viel gelitten haben. Ich vergesse so etwas niemandem, heute sind es Freunde von mir. Mein Mann ist schon gegangen, er hat das meiste für mich getan (außer meiner Tochter und meinen Eltern).

Früher habe ich mich über vieles geärgert – z. B. wie Politik gemacht wird oder über offensichtliche Lügen im Allgemeinen! Mir fallen Dinge in der Zeitung auf, über die ich laut lache. Leider sind es allzu oft sehr ernst gemeinte Dinge. Nun ja, ich bin eben als Mensch nicht sehr konform, und das aus guten Gründen. Mein Leben war einfach anders, ich hatte keine Zeit konform zu sein und ich bin sehr froh darüber! Wenn ich versuche konform zu sein, langweile ich mich oder es langweilt sich der Klient. Es geht nichts weiter.

Heidi: Ich bin auch froh, dass du nicht konform bist (lacht), aber wie hat sich das entwickelt?

Ildiko: Ich glaube, meine erste non-konforme Sache war meine Geburt. Den Erzählungen nach hat mir die Hebamme einen Klaps gegeben und ich habe nicht geschrien, sondern gelacht. Der Arzt meinte dann, dass das auch als Lebenszeichen gilt! (lacht)

In meinem Leben waren immer nur die originellen, persönlichen Möglichkeiten hilfreich. Ich bin im Krieg aufgewachsen und musste schon als Kind wirksam sein und in das Geschehen von Erwachsenen eingreifen. Als ich vier Jahre alt war, musste ich zum Beispiel singen, als die russischen Soldaten mit Maschinengewehren in unsere Küche stürmten. Diese Gewehre waren ungefähr in meiner Kopfhöhe. Ich habe erst jetzt in meinem Alter wahrgenommen, wie viel Angst ich hatte! Wenn ich ein Gefühl immer verdrängen musste, dann war es die Angst! Und ich dachte noch, dass ich ein besonderer Mensch bin! (lacht) Nun habe ich gesungen, laut, auf Russisch, mit hoher Kinderstimme und die für mich ungewöhnliche Reaktion war, dass die Russen ihre Gewehre weggeschmissen und mich in die Luft gehoben haben. Sie haben geweint, gelacht und mit mir getanzt und wir wurden nicht evakuiert. Sie saßen dann mit meinem Vater am Tisch, und ich saß auf ihren Knien, stundenlang. Ich bin sogar eingeschlafen und habe mir wohl in die Hose gepinkelt, weil sie mich nicht ausgelassen haben. Eigentlich war ich eine Geisel und habe gelacht, immer gelacht, weil ich gemerkt habe, dass das eine Interaktion eines Kindes ist, die alle mögen.

Heidi: Das war offenbar auch eine zentrale Erkenntnis aus meiner Kindheit.

Ildiko: Wunderbar, deswegen sitzen wir zusammen und haben die Hoffnung ein gutes Buch zu machen.

Die Russen haben sich zwar bei uns einquartiert, aber wir durften auch bleiben. Ich glaubte natürlich, weil ich dieses russische Lied gesungen habe: „Wolga Wolga matyj radnaja"! Das hat mir ein am ganzen Körper verbrannter junger russischer Soldat beigebracht, der in unserem Wohnzimmer einquartiert war. Er war von oben bis unten bandagiert. Nur sein 16-jähriges Gesicht war intakt. Er hat immer auf Russisch gerufen, dass ich zu ihm kommen soll, dass ich bleiben und mich hinsetzen soll! Aber er hat so wahnsinnig gestunken. Zu unserem Schlafzimmer mussten wir immer durch dieses Zimmer, unseren „Salon", laufen. Ich habe meine Nase zugehalten und lief jeden Tag mehrmals an ihm vorbei. Er hat jedes Mal gerufen und gebettelt – mit diesem jungen, eiförmigen Gesicht. Eines Tages nahm ich meinen kleinen Schemel und setzte mich hin. Das war auch eine bewusste Interaktion von mir, sprich: Ich habe mich überwunden. Und er hat mir dieses Lied beigebracht, was uns vielleicht später das Leben gerettet hat. Auf jeden Fall hat es uns sieben Mal vor der Evakuierung bewahrt. Sie sind eingezogen, aber haben uns geduldet.

Heidi: Aber war dieses Singen nicht konform? Du hast dich doch angepasst, um etwas zu erreichen?

Ildiko: Konform? Kind-konform wäre es gewesen, die lange Nase zu zeigen und davonzulaufen, so wie meine Schwester. Sie war älter als ich und mochte die Russen nicht, so wie wir alle. Ich habe mich aber nicht meinem Alter entsprechend verhalten. Wenn du so willst, war ich nicht normal und daher nicht konform. Ich habe wahrgenommen, um was es geht und was die „richtigen" Schritte sind. Das hat mich wohl frühzeitig zum Therapeuten gemacht. Ich habe sehr schnell in den schwierigen Kriegssituationen erfasst, was helfen würde und habe versucht das so auszuführen, um mein Ziel zu erreichen.

Eine persönliche Erinnerung aus 1942, als Ildiko 4 Jahre alt war:

Da ist das Klavier   Ildiko

... da ist das Klavier... da ist das Klavier... da ist das Klavier... ich sitze darunter

ich muss flechten... ich muss flechten... ich muss... rot gelb... blau... Papierteppich...

Papierteppich... flechten... dann gelb... dann rot... dann blau... immer weiterflechten!

... sssssssssssssssssss!... Krrach!... Bumm... sssssssssss!

Niemand ist da... Mutter ist mit dem Baby schon im anderen Haus... weit weg.

Meine Schwester übersiedelt mit dem Vater in unser großes Bett, wo wir alle schlafen werden. Sie hat unsere rosa Flauschdecke am Kopf, weil es so kalt ist... die Decke, die ich auch immer haben will... es ist kalt... sie geht neben dem Vater und hält mit einer Hand das Bett am Schubkarren... ihre Hand ist klein, hat keine Handschuhe an... früher hatten wir immer Handschuhe an, bevor der Krieg angefangen hat, und keine rosa Decke am Kopf, sondern Mützen.

... ich muss husten... hust... husten... das Zimmer voll husten...

das Zimmer ist voller Staub... alles ist weiß... ich sehe nichts mehr... ich kann den gelben Streifen nicht finden am Boden... meine Hand zittert... ich muss einfach flechten hier unten... bis jemand kommt...

... sie schießen wieder...

ich schreie nicht nach meiner Mutter

Oh... aua! Die Ohren... muss die Ohren zuhalten

Ich kann nicht mehr flechten... liege am Boden... etwas hat mich hingeworfen... die Fenster zittern... klirren... sie fallen ins Zimmer... alles kracht.

Das Klavier über mir macht dooooooooooong!

Sie haben gesagt: Wenn es kracht, setz dich unters Klavier. Wenn alles zusammenfällt, das Klavier steht und dir passiert nichts.

Die Russen schießen auf Hühner, aber das ist nicht so laut, sie schießen auf Hühner und lachen laut im Hof! Da gibt es aber nicht so viel Staub.

Etwas pfeift ganz hoch, ich finde meinen gelben Streifen nicht mehr.

Es muss eine Bombe gewesen sein... alles ist ganz weiß und kalt, es gibt keine Fenster mehr.

Ich suche meinen Streifen, aber traue mich nicht raus unterm Klavier.

Einmal fiel schon eine Bombe vor dem Haus auf die Straße... da war nicht ich allein zu Hause, sondern die Resi! Wir haben sie mitten im Zimmer gefunden unter den weißen Federn... es rieselte auf sie weiß herunter wie Schnee„ wir haben geglaubt, sie ist tot... sie hat irgendetwas im Zimmer mit der Tuchent gemacht, und der Druck hat die Tuchent zerrissen... der Resi hat das alles nichts gemacht... sie war sowieso taub.

Aber mir macht das was... und es kracht schon wieder so laut... ich will nicht taub werden, wie die Resi... ich kann nämlich schön Klavier spielen... ich spiele japanische Sonnenuntergänge am Klavier... mein Papa sagt das.

... und ich muss jetzt irgendwie... irgend-wie... weiter flechten... egal wie... ohne gelb halt... blau... rot...

Wann kommen endlich mein Papa und meine Schwester!? Ich weine nie! Ich schaue nur ganz böse, wenn ich traurig bin. Das gefällt mir besser.

Alle weinen, meine Mutter, die Resi, die Maja, meine Freundin Susi, die ein rotes Samtkleid hat... ich nicht - ich habe kein rotes Samtkleid, und ich weine nicht... ich nicht...

Ich glaube ich schaue jetzt sehr böse.

Oh! ... mein Papa kommt... ich rühre mich nicht... ich flechte weiter...

Was machst du denn da!? - er schreit, ist rot im Gesicht, er ist zu mir gelaufen...

Ich flechte - sage ich und schaue streng.

Er zieht mich unterm Klavier hervor...„Das hast du gut gemacht!",„Du lebst ja!"

Ja, eine Bombe, eine Bombe im Hof bei uns...Oh, die armen Hühner...

„Willst Du das Loch sehen?" - er drückt mich, trägt mich hinaus aus den Trümmern das Loch anzuschauen ... meine Schwester mit der rosa Decke am Kopf ist bei Mama geblieben

das Haus ist leer... nur Staub drinnen und das Klavier...

„Wir haben nichts mehr" - sagen sie, und weinen und schauen komisch.

Das Loch im Hof... riesig... am Rand weißer Schnee... blöd schaut das aus...

Ich hab ein Loch in meinen braunen Strümpfen am Knie... ich muss es zuhalten... kleine Löcher kann ich zuhalten.

Ildiko: Nicht konform sein, bedeutet auch nicht bequem sein. In meinem Leben war einfach keine Bequemlichkeit möglich, ich KONNTE nicht konform gehen. Es war mir auch langweilig. Ich wollte immer erreichen, dass es mir gut geht und anderen - in meiner Familie - mit mir zusammen. Ich habe mich dafür zuständig gefühlt!

Ich habe auch geglaubt, dass ich mein Vater bin, wenn er nicht da war! Er war kein Soldat, weil er Tuberkulose hatte. Er war Halbjude, was ich damals nicht gewusst, aber wohl gespürt habe. Wir waren in ständiger Lebensgefahr, abgeführt und vergast zu werden. Wir versteckten uns mit falschen Papieren am Land – mit einem falschen katholischen Taufschein für meinen Opa, der Jude war. Ein Priester hatte ihn uns ausgestellt. Dieser Priester ist zum Beispiel ein Held in meinem Leben. In meinem Leben wimmelt es übrigens nur so von Helden! Vielleicht werde ich noch davon erzählen, denn ich habe ganz viele Helden kennengelernt.

Ich selbst wollte kein Held sein, aber die Heiligen und ihre Werte haben mir als Kind gut gefallen. Ich ging am Anfang in eine Nonnenschule und es erschien mir der einzige verlockende Beruf, eine Heilige zu werden! Ich glaube es ist mir nicht gelungen (lacht), denn ich war eben nicht fähig mich konform zu verhalten, egal wo ich war. Es kam und kommt jeden Tag mehrmals ein Moment, wo ich ganz etwas anderes tue, als vernünftig oder entsprechend wäre. Und das macht mich wach, lustig und ich bilde mir ein, auch jung und schön! **Ich finde Menschen die intensiv leben einfach schön.**

Heidi: Du hast dich also als Kind zuständig für deine Familie gefühlt?

Ildiko: Ja, wenn mein Vater nicht da war, habe ich mich für das Glück und Wohlergehen der Familie verantwortlich gefühlt, mit vier, fünf Jahren schon. Und er war oft nicht da. Ich finde er war bestimmt der größte Held meines Lebens. Ich möchte jetzt noch so sein wie er. Natürlich bin ich das nicht und das ist auch gut so. (lacht) Aber ich finde er hat wunderbare Eigenschaften gehabt und die habe ich versucht nachzuleben.

Er war unglaublich bescheiden, was ich leider nicht bin. Er hatte sehr gütige, sehr sanfte blaue Augen. Er war immer ruhig und er hat immer die Wahrheit gesagt. Egal wie gefährlich das war. Ich glaube die Kommunikation von ULDA

– meiner Erfindung und Benennung, wann eine gute Kommunikation stattfindet – habe ich von ihm abgeschaut! Er konnte sogar in schweren politischen Situationen alles so mitteilen, dass er nicht eingesperrt wurde. Er war glaubwürdig, er war höflich, er war nett, sogar zu seinen Peinigern, die ihn z. B. geohrfeigt haben. Er hatte die Größe, auch mit ihnen ruhig weiter zu reden. Und er war überhaupt nicht aggressiv. Nur die Wahrheit selbst war sozusagen aggressiv. Die hat er auf eine Art verpackt, dass die Leute ihm geglaubt oder ihn für verrückt gehalten haben (z. B. bei der ungarischen Geheimpolizei)! Das glaubt man von mir auch öfters! (lacht) Das könnte also eine gute Gemeinsamkeit sein.

Er ist zum Beispiel nach dem Krieg in kommunistischen Versammlungen aufgestanden, wo über alles was heilig und positiv war nur geschimpft wurde, und hat die historischen Umstände erklärt, und dass man an der Wahrheit nichts ändern kann. Man müsse sich daher auch nicht aufregen. Dann hat er sich gesetzt und wurde nicht festgenommen, weil man geglaubt hat, dass so jemand nur verrückt sein kann! Einmal kam er in der Früh von einem Verhör zurück nach Hause, bei dem er geohrfeigt worden war (er hat nicht viel davon erzählt). Man hatte ihn in der Nacht mitgenommen. Mein Vater war immer sehr elegant, sehr sauber. Er hatte immer ein weißes Taschentuch in seiner Sakko-Tasche. Als er zurückkam, war kein Taschentuch mehr da und er war staubig und müde. Wir hatten befürchtet, dass er nie mehr zurückkommt! Wir haben ihn gefragt, was sie mit ihm gemacht haben. Er hat gesagt: „Ich habe ihnen einfach gesagt, wie die Dinge wirklich sind!" Er war mein Held.

Er hat mir auch das Tanzen beigebracht. Als meine Schwester und ich knapp zehn Jahre waren, hat er eine Platte aufgelegt, uns einfach gepackt und mit uns getanzt. Er hat uns die Schritte gezeigt und war dabei sehr vergnügt. Er hat auch jeden Tag Radio gehört – natürlich verbotene Sender und gesagt: „Ihr werdet sehen, die Engländer werden kommen."

Heidi: *Ist er eigentlich mit geflohen?*

Ildiko: Nein, er hat mir die Flucht bezahlt. Das war in meiner Erinnerung das einzige Mal, dass er unserer Mutter wirklich widersprochen hat. Meine Mutter wollte nicht, dass ich fliehe – aus egoistischen Gründen. Sie sagte:

„Ich besuche dich lieber im Gefängnis, als dass ich dich nie wiedersehe!" Mein Vater hat die Fluchthelfer bezahlt, sonst hätte man mich eingesperrt.

Ich war 16 und sagte auch immer die Wahrheit – in der Schule und bei Demonstrationen, die 1956 dann schon sehr häufig waren. Und ich habe aus meiner Schule einen Aufmarsch für alle Gymnasiasten in Budapest organisiert. Ich hatte viele Freunde, die ich per Telefon aus den Unterrichtsstunden holen ließ (mit verstellter Stimme, als wäre ich die Schulbehörde), um zu vereinbaren, dass wir Schüler bei dieser großen Demonstration der Studenten mitmarschieren. Das wurde später aktenkundig und man hat mich zu Hause gesucht, um mich zu verhaften. Aber ich habe gewusst, ich komme nie wieder raus, wenn man mich einsperrt, denn ich konnte nicht die Klappe halten. Ich war immer frech und ich wusste, ich würde so lange und so böse widersprechen, dass sie mich wahrscheinlich vergewaltigen und totschlagen würden. Ich würde das nicht überleben. Das hat auch mein Vater gewusst und er sagte mir: „Du musst fliehen!"

Das war damals schon sehr schwierig. Es hat auch einiges an Geld gekostet, denn die Grenze war, bis auf ein kleines Eck, schon überall mit Stacheldraht geschlossen und die Russen haben mit Hunden patrouilliert. Außerdem war fast alles vermint – man hat nicht genau gewusst, ob man durchkommt oder nicht. Trotzdem war klar, dass ich es zumindest versuchen muss, bevor ich im Gefängnis draufgehe!

Es ist komisch für mich, das zu erzählen. Ich bin nicht geübt darin. Es laufen gleich innere Filme aus meiner Kindheit und aus meinem Leben ab – ich muss das sehr deutlich dosieren, damit es mir nicht zu viel wird und ich anfange durchzudrehen. Aber jetzt will ich dir die Wahrheit sagen. Findest du das überhaupt interessant?

Heidi: Natürlich, das ist sehr spannend, weil es zeigt was dich alles beeinflusst hat! Es ist berührend für mich, wenn du erzählst, wie sich die Erkenntnisse entwickelt haben, die du lebst und weitergibst!

Ildiko: Ja, es ist meine Überzeugung, dass wir Menschen etwas Wunderbares sind, aber auch ganz große Schweinehunde. **Das Schwein in uns ist präsent und gehört auch verstanden**, mitgenommen, mitgelebt, anstatt dass wir uns als Engel verkaufen und auf irgendwelchen psychologischen Flügeln schwingen! Das kann ich nicht leiden. Oft kommt mir das Grauen, wenn ich solche einseitig positiven Bücher (mit esoterisch-psychologischer Vogelperspektive) lese. (Es gibt genug davon und ich lese sie nicht wirklich, sondern schaue nur hinein). Ich denke mir, diese Leute sollten einmal in die Nervenklinik gehen, sich umschauen und den Menschen zuhören, die dort sind, damit sie herunterkommen. Was ist mit all diesen Leuten? Wenn all das funktioniert und man nur Wünsche ans Universum zu schicken braucht, sich nur positiv benehmen muss und dann erfüllt sich alles! Was ist dann mit dem Rest der Welt, die egal wie positiv sie denken und was sie sich wünschen, ein furchtbares Leben und vielleicht nichts zu Fressen haben!? Aber bei all dem, war mir auch immer wichtig, die humorvolle Seite zu sehen und zu bewahren. Je ärger das Leben ist, umso mehr müssen die Leute tanzen und lachen. Das sehen wir z. B. in Brasilien oder Afrika.

Heidi: Und es ist wahrscheinlich auch ein guter Mechanismus zu lachen, um zu überleben.

Ildiko: Ja. In Ungarn, in der Revolutionszeit, habe ich das kennengelernt, dass die Menschen immer Witze erfunden haben. Jeden Tag gab es neue Witze, die man sich schon in der Straßenbahn erzählt hat. Auf diese Tages-witze hat sich schon jeder gefreut. Das kommunistische Regime war nichts Freundliches und Tolles. Die Menschen haben das Lachen gebraucht. Sie wollten sich austauschen, lachen und miteinander sozial sein.

Heidi: Aber ist es nicht genau das, was die positiv-psychologischen Bücher meinen? Dass Jammern über das eigene Schicksal nichts hilft bzw. schadet. Dass die Sicht auf das Positive und eine gewisse Leichtigkeit erhalten werden muss, um zu überleben?

Ildiko: Wenn es eine eingebildete Leichtigkeit ist, geht sie auf Kosten der Wahrheit. Das führt in den Abgrund! Sehr viele Menschen bekommen heutzutage Schuldgefühle, weil sie nicht positiv denken!

Frech, stark und unbeschützt

Heidi: Ich danke dir, dass du hier so offen bist in deinem Wissen und deinen eigenen persönlichen Erfahrungen. Du gibst damit sehr viel von dir preis!

Ildiko: Ich habe keinen Dünkel. Ich bin mir wichtig, d. h. wie ich mich selbst erlebe, aber nicht wie mich andere sehen, was andere von mir halten. Entweder es spürt und versteht mich jemand oder nicht

Ich glaube, ich werde in meiner Arbeit und durch meine Arbeit genug gesehen. Ich fühle mich wahrgenommen und ich nehme mich selbst wahr. Das ist viel. Ich brauche es nicht, dass mich andere als groß, gut, oder interessant ansehen. **Ich bin nicht eingebildet,** obwohl es manchmal vielleicht so aussieht, **sondern mir selbst-bewusst. Ich bin einfach fähig auch mich selbst, meine guten und negativen Seiten wahrzunehmen.**

Ich habe nicht gewusst, wie es später einmal wird. Früher bin ich als hübsch und sexy wahrgenommen worden. Darauf habe ich auch Wert gelegt, weil ich damit auf der sicheren Seite im Leben war. Ich habe bemerkt, dass ich dazugehöre, wenn Leute mich so wahrnehmen, dann bin ich sozusagen in Ordnung. Ich habe mich gefragt, wie es sein wird, wenn ich nicht mehr sexy und gutaussehend bin – wie jetzt.

Heidi: Für dein Alter bist du es aber auch jetzt!

Ildiko: Ha-ha! Danke! (lacht) Aber das ist dann etwas ganz Anderes und besser! Mich beruhigt es, dass ich mich manchmal wirklich wahrgenommen fühle, auch auf der Straße. Jetzt hat es nichts mehr mit meinem Äußeren zu tun, ich bin über 80, und es ist trotzdem so. Das gibt mir das Gefühl, dass ich da bin. Vielleicht war der Grund dafür früher auch nicht (nur) weil ich sexy war, aber das habe ich damals nicht gewusst.

Ich habe immer versucht mich kleiner zu machen und zu verstecken. Sexy anziehen ja, aber im Grunde war das ein Versteck. Ich habe mich eigentlich als geistiger Mensch gesehen, aber gedacht, dass ich so nicht überlebe, dass es keine „normale" Form von mir gibt. Die Tarnung, die ich kreiert habe, war daher „hübsch und sexy". Und ich glaube, es geht vielen Frauen so. Ich dachte, dass mich niemand akzeptieren wird, wenn ich zeige, wie es mir wirklich geht und was ich wirklich denke.

Heidi: Ich kenne dieses Gefühl der Unsicherheit, ob ich so wie ich bin richtig bin. Es ist offenbar für viele ein Entwicklungsauftrag fürs Leben und auch beruhigend, dass es auch dir so gegangen ist. Du hättest eben auch eine Therapie gebraucht!

Ildiko: Ja klar. Schön wäre es gewesen...

Ich hatte keine brauchbare Lebensform für meine echte Person. Ich habe mich teilweise heilig, heilend, heldenhaft, teilweise verrückt, herausfordernd, kämpferisch gefühlt. Ich habe mich immer und überall „für die Wahrheit" oder wenn andere Menschen in Gefahr waren angelegt. Ich dachte allein deshalb überlebe ich nicht. Denn man kann sich nicht immer dagegenstellen und aus einem höheren ethischen Zusammenhang heraus aufzeigen, was die anderen nicht richtig machen. Vom Gefühl her war ich Freiheitskämpferin (oder eben nicht normal).

Angefangen hat das, als ich geflüchtet bin. Die UNO Kommission in Wien hat ungarische Flüchtlinge aus verschiedenen Schichten und Altersgruppen angehört, um herauszufinden, wie und was wirklich passiert war. Und wie manche andere, habe auch ich gehofft, dass das Bedeutung hat. Das hatte es aber natürlich nicht, leider. Ich war ca. 16/17 Jahre alt, kam aus der ungarischen Revolution und habe mich vollkommen aus jeglicher Normalität herausgeschält gefühlt. Ich habe blutige Demonstrationen erlebt. Neben mir sind Kinder und junge Leute plötzlich tot umgefallen, weil die Polizei vom oberen Stockwerk in einen Aufmarsch geschossen hat. Ich habe es kaum fassen können.

Dann wollte ich mich auf die Seite der Revolutionäre schlagen und schießen lernen. Ein Soldat hat versucht mir das beizubringen. Wir standen vor einer Mauer, er hat mir das Gewehr gegeben und ich habe immer danebengeschossen. Wir übten ungefähr eine Stunde, dann sagte er zu mir: „Du kannst es nicht, lass es bleiben. Geh zu den Sanitätern und nicht zu den Aktiven." Ich habe das beherzigt. Sanitäter zu sein hat bedeutet, dass man in großen Bussen mit weißen Rot-Kreuz-Fahnen im Kugelhagel in die Straßen hineingefahren ist, in denen gekämpft wurde. Auf der einen Seite waren die Russen, auf der anderen die Ungarn. Wir fuhren mit diesem Rot-Kreuz-Bus in ein Kampfgebiet, um die Verletzten und Toten herauszuholen. Wir standen alle in weißen Mänteln im Bus, sprangen heraus, wenn sie das Schießen kurz eingestellt haben und sammelten alle Verletzten ein – Russen wie Ungarn. Ich kann mich noch erinnern, als wir einmal einen Russen auf die Bahre gelegt haben, der noch gesprochen hat, aber dessen Gehirn schon halb draußen war. Das Gehirn ist schon ein unglaubliches Organ.

Das war meine Tätigkeit über Wochen, mit ca. 16 Jahren. Geschlafen haben wir in einem Krankenhaus auf Krankentragen und die waren oft blutig. Ich vergesse nicht, wie ich einmal todmüde nach zwölf Stunden Dienst auf so eine Liege gesunken bin, und wie ein Bär geschlafen habe.

Ich habe ein Tagebuch geschrieben und es auf meiner Flucht nach Österreich mitgenommen. Es wurde dann in einer ungarischen Flüchtlingszeitung in Wien publiziert, die in verschiedene Sprachen übersetzt wurde. Das war der Grund, warum sie mich zur UNO geladen haben. Sie wollten dieses Mädchen sehen und anhören. Ich habe ausgesagt und war wieder einmal wahnsinnig frech. Ich kann mich erinnern, dass ich versucht habe, die alten Männer dort fertig zu machen, weil sie so dumme Fragen gestellt haben. Sie hatten keine Ahnung, was sich in Ungarn abgespielt hat und was diese Revolution für die Leute dort bedeutet hat. Ich war so wütend.

Es wurde alles protokolliert und sie haben mir gesagt, dass sie mir helfen wollen und ich in jedes Land fahren kann, in das ich will, sozusagen als „Ehrenflüchtling". Das war damals wegen der Flüchtlingsquoten schon nicht mehr möglich. Aber ich wollte nicht in ein anderes Land, ich wollte in Österreich bleiben, Matura machen und fertig. Diese alten Knacker dort haben mich sofort geliebt. Ich war natürlich ein Küken, mit kurzen Haaren, und ein bisschen wahnsinnig mit all dem, was ich mitgemacht hatte. Bis dahin hatte ich nur Dinge von der Caritas bekommen, und ich war glücklich und stolz darauf – z. B. auf einen schrecklich gelben Pullover. Sie haben mich natürlich armselig gefunden und wollten mir etwas schenken! Ich war empört darüber und habe alles zurückgewiesen – auch einen dicken Pelzmantel, und es war kalt. Wer möchte schon von der UNO einen Pelzmantel?

Ich habe mich gefragt: „Was ist das für eine Welt?" Natürlich ist mir diese Welt damals korrupt und wahnsinnig vorgekommen. Nur damit du verstehst, wie ich so kritisch geworden bin. Und ich hatte natürlich immer die Klappe offen. Immer wieder war es in meinem Leben so: Wenn ich jemandem wie denen vertraut habe, bin ich enttäuscht worden. Aber vielleicht macht jeder diese Erfahrung.

Heidi: *Was hätten Sie deiner Meinung nach tun sollen?*

Ildiko: In Ungarn einmarschieren! UNO-Soldaten schicken.

Ich habe vom Leben viel Negatives serviert bekommen. Es war nie möglich nur Positives zu erfahren, angefangen mit dem Krieg. Natürlich war sehr positiv, dass ich überlebt habe und nicht erschossen worden bin. (lacht) Glück im Unglück sozusagen. Nicht wie z. B. die Hühner im Hof, die die Russen aus Langeweile erschossen haben.

Immer hatte ich dieses Glück im Leben, dass ich unter unglücklichen Umständen etwas Wichtiges tun konnte – für mich oder für andere. Und dass ich diese große Kraft, die in schlechten Situationen wie Revolution oder Krieg in uns Menschen zu Tage tritt, kennengelernt habe. Ich möchte das nicht missen. Ich habe erkannt, was für eine Kraft in uns wohnt und was wir oft für einen Blödsinn damit machen.

Und zugleich war ich ein verlorenes Flüchtlingskind. Total allein hier, ohne Eltern. Ich habe erst langsam gelernt mich zu orientieren. Ich konnte anfangs auch nicht Deutsch.

Heidi: *Was ist es, dass Menschen – wie die Herren bei der UNO – an diesem Wilden, Aufmüpfigen, Echten anzieht. Ist es von sich aus anziehend oder ist es Neid aufgrund des eigenen Mangels?*

Ildiko: Ich weiß es nicht. Wenn ich darüber nachdenke, dann glaube ich, dass meine Therapiespiele wie z. B. „Jäger und Beute" eben von dieser Lebenserfahrung kommen. Ich wollte nicht Beute oder Opfer sein, nicht arm, weinend und darüber trauernd, dass die Welt nicht gut ist. Ich wollte etwas machen!!!

Und ich habe die Niederungen des Lebens gesucht, um zu sehen, wie man dort leben kann. Ich wollte erforschen, welche Lebensformen es gibt.

Mit 19 Jahren habe ich in München gelebt. Ich war Reporterin beim Radio „Free Europe" und habe sehr gut verdient. Ich habe ausprobiert, wie man leben kann. Ich bin allein in die besten Restaurants gegangen – furchtbar schön hergerichtet mit Hut und Stöckelschuhen (leider habe ich kein Foto von mir, es war wohl zum Brüllen) und habe mich dort bedienen lassen. Und natürlich haben die Kellner gesehen, was für ein unerfahrenes Wesen ich bin und waren nett zu mir. „Ich habe keinen Lieblingswein, können sie mir etwas empfehlen?" „Chauteauneuf du Pape.", sagte der alte Kellner. Dann war das eben ab dem Zeitpunkt mein Lieblingswein und ich habe weiter damit angegeben.

Ich gehörte eine Zeitlang komischerweise zur reichen Schickeria-Jugend in München. Die haben studiert oder auch nicht, haben viel getrunken und mich überallhin mitgenommen. Und das wahrscheinlich Gute daran war, dass ich immer wieder erfahren habe: Das ist es nicht! So kann ich auch nicht leben! Meine Frage war: Was ist das Leben überhaupt? Wie macht man das? Wie lebt man?

   Heidi: Du warst auf der Suche.

Ildiko: Suche? Ja, unerbittlich und verzweifelt. Ich habe alles probiert, was mir möglich war. Mein Unterbewusstsein oder Gott haben mich gefordert. Ich habe als Reporterin in Wien Kontakt zu allen Schichten gesucht – z. B. auch zu Huren in Telefon-Cafes. Ich habe mich überhaupt nicht gefürchtet. Ich wollte alles erleben. Und natürlich war ich immer wieder in Gefahr. Ich habe mich immer in diesen Gefahrenbereichen bewegt, vielleicht weil ich das gewohnt war von klein auf. Ich habe mit dem Feuer gespielt. Ich wollte überall allein hingehen, wollte keine Begleitung und das Leben so erleben und nicht nur beschützt sein. Das ist übrigens mein Grundtrauma: nie beschützt sein und mich bewusst ausliefern, um zu schauen, ob ich überlebe!

   Heidi: Hat es in deiner Arbeit als Therapeutin Momente gegeben, die für dich besonders eindrucksvoll waren, wo etwas besonders gut funktioniert hat oder auch etwas gar nicht funktioniert hat?

Ildiko: Es hat das alles gegeben. Wenn etwas nicht funktioniert, dann geht jemand. Ich arbeite nicht länger, wenn ich oder der Klient das Gefühl haben, dass die Begegnung nicht gelingt. Ausflüchte benütze ich selten.

Außergewöhnliche Stunden und Situationen gibt es unzählige. Ich habe früher alle Leute genommen, die mir arm, bedürftig oder wichtig vorgekommen sind. Ich hatte viele psychiatrische Patienten, die mir nachgegangen sind, nachdem ich die Klinik verlassen hatte. Zu der Zeit war ich völlig unentschlossen, ob und wie ich weiterarbeiten soll. Ich war sehr erschöpft und wusste nicht, ob ich wirklich weiter therapeutisch arbeiten möchte und kann.

Bewegt dazu haben mich dann psychiatrische Patienten, mit denen ich in der Klinik in Verbindung war. Sie standen plötzlich vor meiner Türe und ich habe sie reingelassen, weil ich nicht anders konnte. In diesem Rahmen, in meiner eigenen Wohnung mit diesen Patienten zu arbeiten war nicht einfach – eben auch mit Männern, die manchmal bedrohlich waren. Teilweise habe ich mich gefürchtet, auch vor sexueller Belästigung. Einmal habe ich erlebt, dass mich ein starker Mann aufgehoben hat und ich nicht wusste, ob er mich irgendwohin an die Wand schmeißt. Er hat mich durchs ganze Zimmer getragen und ich hatte Höllenangst. Dann hat er mich sanft auf den Boden gesetzt. Ich habe mich wie in einem King-Kong-Film gefühlt. Es ist gut ausgegangen.

Eine meiner ärgsten Erfahrungen war, dass jemand in einer Stunde der 3. Therapiephase (Beziehungsarbeit) gesagt hat, er befasst sich laufend mit dem Gedanken mir Schmerzen zuzufügen und eigentlich möchte er mir mit Glasscherben meine Haut aufritzen. Ich wollte nicht kneifen und bin nicht davongelaufen, weil es sehr wichtig für ihn war. Der Klient lag dabei unter einer Decke (männlich, 40, 3 Kinder, verheiratet).

Wir haben uns auseinandergesetzt. Ich habe ihm nach zwei Stunden gesagt, wie es mir wirklich gegangen ist. Dass es unheimlich war und dass ich wütend geworden bin und ihn gern angespuckt hätte. Und dass er lieber mit seiner Wut rauskommen sollte, als sich unter der Decke zu verstecken und blöde Fantasien über mich zu entwickeln. Er war unter der Decke, weil er sich geschämt hat. Wir haben gemeinsam die sadistischen Bilder übersetzt. Dahinter steckte seine dominante Mutter. Er hatte Schwierigkeiten auch mit der eigenen starken Frau. Ich glaube danach ging es ihm ganz gut. Seine Frau hat sich von ihm scheiden lassen.

Ich kann sagen, alle Erfahrungen waren interessant, ob es etwas gebracht hat oder nicht. Ich habe dabei gelernt und die Übungen weiterentwickelt. Ich habe selbst die Rollen gespielt – z. B. bei Märchenspielen – die ich in der Transaktionsanalyse gelernt habe. Ich habe ja viele verschiedene Ausbildungen gemacht. Wenn ich eine Methode kennengelernt habe, habe ich sie mit eigenen Ideen versehen und damit weitergearbeitet.

3   Spiritualität: Gottes Werk und Beitrag

„Die größte Sünde für mich ist, unpersönlich zu sein!"
Ildiko

Heidi

Ich habe eine durchaus kindlich-naive Vorstellung von Gott und ich will mich nicht mit den Abgründen des Lebens – insbesondere dem Tod beschäftigen. Auch aus meiner persönlichen Geschichte heraus.

Gerade deshalb war es aber notwendig mich mit dem Tod – der Unabänderlichkeit, meiner Angst davor und der Ohnmacht auseinanderzusetzen, die ich z. B. beim Tod meines Vaters empfunden habe. Besonders in der Gruppe bin ich dem Tod persönlich im Psychospiel mehrfach gegenübergestanden und habe mit ihm gekämpft, geschimpft, gesprochen. Ein Heilungspunkt war, als mir einmal geantwortet wurde: „Aber ich will ja gar nichts von dir, orientier dich doch am Leben!"

Ich habe mich manchmal vom Leben (oder von Gott?) „verarscht" gefühlt, denn ich hatte unbewusst die (Kontroll-)Illusion, dass das Leben gut ist, wenn man sich nur stark genug bemüht, man arbeitet, alles beachtet und optimiert. Wenn man den Tod sozusagen austrickst. Aber das ist natürlich unmöglich! Ildiko hat es einmal plakativ ausgedrückt mit **„Das Leben ist zu 50 Prozent Scheiße. Damit müssen wir umgehen lernen."**

Die Übungen und Spiele insbesondere in der Gruppe haben mir sehr geholfen, mich meiner Angst zu stellen, ohne mich schwach zu fühlen. Ich kann das Schlechte nicht austricksen, aber ich kann mich meinen Gefühlen stellen, statt davon zu laufen und mich schwach zu fühlen. Zu Tode gefürchtet ist schließlich auch gestorben.

Gottes Plan

Heidi: Du hast viel in deinem Leben erlebt und bist ein spiritueller Mensch. Glaubst du eigentlich an Gott?

Ildiko: Ja, Ildiko glaubt an Gott. Ich weiß nicht, ob er gut ist, oder „lieb". Nein „lieb" ist er sicher nicht. Aber es gibt jemanden, den und der Ildiko liebt. Das ist Gott, den ich mir schon ein Leben lang wünsche.

Die meisten Dinge in meinem Leben sind gut ausgegangen. Daher sage ich, dass Gott immer in meinem Leben dabei ist. Wer auch immer Gott ist, wir wissen es nicht. Auch in den Therapien. Er ist allerdings zur Hälfte dafür verantwortlich, was in einer Therapie passiert. So sehe ich das. Das ist das „nicht Vorhersehbare", was gut werden kann.

Im Therapiezusammenhang meine ich, dass Richtung Himmel immer die Tür offen ist. (Das klingt ganz geschwollen!). Von dort kommt ganz viel Energie, ganz viel Unerwartetes, ganz viel Hilfe und ich kann es nicht wissen und berechnen oder mit irgendwelchen professionellen Griffen versuchen, Gott in die Therapie herbei zu zaubern. Er kommt von selbst oder er kommt nicht.

Als Kind bin ich nur mit diesem Bild, mit diesem Glauben an Gott zurechtgekommen. Das, was ich bei den Menschen erlebt habe, hat mir nicht genügt und hat auch den Sinn des Lebens, meines Lebens nicht erklärt. Ich weiß nicht, ob man sich diesen Gott aus sich und aus seinen Wünschen und Fähigkeiten heraus erschafft, damit man an etwas glauben kann, oder ob es diesen übergeordneten Gott wirklich für jeden gibt? Möglicherweise ist es ein beidseitiger Prozess, wie eine Therapie. Es gibt eine Kraft, die man „Gott" nennen und zu sich holen kann, wie man es gerade braucht!

Ich habe ein Dankgebet für mich entwickelt:

Danksagung an Gott   Ildiko

Danke lieber Gott, für deine watschende Hand, die immer da ist!!!

Unsere Urahnen haben sich Gott geschaffen, wenn das Gewitter gekommen ist, wenn ein Vulkan ausgebrochen ist, wenn es keine Nahrung gab. Es ist meine Überzeugung, dass der Mensch dann glauben MUSSTE und sich den Glauben aus sich heraus geschaffen hat. So hat er überlebt, und ich auch.

Ich glaube, dass Gott vielleicht so etwas wie ein Mosaikbild ist, das im Ganzen für uns nicht sichtbar ist. Wir haben alle ein paar Steine und wir fangen an, sie wie ein Puzzle zusammenzusetzen. Wenn alle Menschen ihren Teil einsetzen, dann haben wir vielleicht ein ganz wunderbares, großes Bild. In diesem Schaffen ist eine Begegnung, ich stelle mir vor, dass man hier Gott begegnet. Man begegnet sich, den anderen oder Gott und das ist furchtbar aufregend!

Ich habe die Schöpfungsgeschichte etwas abgewandelt:

Schöpfungsmythos: Ildiko

Erklärungsversuch, warum die Welt so unvollkommen (beschissen) ist

Am siebten Tag als Gott mit der Schöpfung fertig war, sah er alles im Spiegel seines göttlichen Bewusstseins an. Er hatte sich das alles viel schöner vorgestellt. Er hatte sieben Tage und sieben Nächte gearbeitet. Manches sogar mit seinen Händen geformt – z. B. kleine Herzen, kleine Gehirne, manchmal auch Hände. Es war zu viel Materie überall, die er geschaffen hatte, weil er das Spielen mit der Materie und mit dem Geist liebte. Doch das Ergebnis war nicht zufriedenstellend.

Er dachte, wenn der Mensch erwacht, schaut es dann besser aus. Er erweckte den Menschen und sah ihm zu. Er sah, wie der Mensch sinnlos herumrannte.

„Irgendwo fehlt ein Gedanke!", dachte er. Er dachte nach und bekam eine große Wut. Er schlug mit seiner Faust mitten in den Spiegel hinein, der sein Bewusstsein war – und zertrümmerte ihn in Milliarden und Abermilliarden Stücke. Alles flog herum, es war ein Splitterhagel. Und dann kam der Gedanke:

Jeder Splitter gehört einem Menschen! Er gab jedem von uns, ohne dass wir es wussten, ein Stückchen von seinem Spiegelbild! Mit dem Gedanken, dass wir dieses Riesenpuzzle der Schöpfung zusammentragen.

Jeder einzelne von uns hat ein Stück von diesem Spiegel! Stellt euch das vor! Und wir müssen einander finden, mit dem passenden Splitter in uns, dann kann neu, durch uns, erst die ganze Welt wirklich entstehen.

Jeder Mensch hat also so einen Splitter in sich. Durch die Beziehungen setzen wir immer mehr und mehr zusammen. Bis wir gemeinsam sehen, wer Gott ist. Dann ist er auch froh.

So etwas wie dieses Märchen entsteht aus einer Eingebung aus meinem Unterbewusstsein: **Welche Aufgabe hat jeder von uns? Warum ist es so wichtig, dass Menschen zusammenkommen? Weil wir eigentlich an einem Bild arbeiten. An einem Menschenbild – wie es sein sollte. Das ist Gottes Spiegelbild.**

Heidi: Das Mosaik ist eine schöne Vorstellung, weil es auch die anderen Menschen miteinschließt. Ich habe mir eigentlich ein sehr kindliches Bild von einem guten Gott bewahrt. Er ist so etwas wie eine positive Energie für mich, die wir alle in uns haben.

Ildiko: Das passt auch zu diesem Märchen. Es gibt in uns – vielleicht in den Mitochondrien - **einen kleinen Plan über uns.** Vielleicht ist das das Göttliche. Und ich meine, dass man dem eigenen Leben Sinn geben muss. Das Leben allein hat meiner Meinung nach noch keinen Sinn, nur die Person gibt seinem Leben den Sinn. Das ist ein schöpferischer Prozess. Deswegen habe ich Übungen wie die mit der Statue gerne.

Heidi: Viktor Frankl meint auch, dass der Mensch seinem Leben aktiv Sinn geben muss, und dass er ihn auch selbst findet.

Ildiko: Ich habe Frankl auch gelesen und ich bin von manchen seiner Ansätze begeistert. Es ist ein wunderbares Werk, das er uns zurückgelassen hat. Obwohl er in seinem Leben die furchtbarsten Dinge erlitten hat und mit Gewalt konfrontiert wurde, hat er trotzdem Gott gesehen! Das ist eine unglaubliche Geschichte! Frankl war ein Licht-Träger.

Das bringt mich zu einer Abstufung, die ich in Bezug zum Licht gefunden habe – nämlich wie wir mit dem Licht umgehen. Ich kann das nur so sagen, wie ich es empfinde: Es gibt das Licht! Und es gibt das Licht für uns alle – körperlich und auch im übertragenen Sinn.

Es gibt Menschen, **die Licht in diese Welt bringen**. Zum Beispiel Buddha, Jesus, einfach Größen, die geistiges Licht in die Welt gebracht haben.

Dann gibt es welche, die das **Licht tragen** – das ist zum Beispiel Gandhi, Martin Luther King oder Nelson Mandela. Das sind bestimmte Persönlichkeiten, wo man das Gefühl hat, dass sie voran gehen und viele andere gehen nach und haben dann Licht.

Dann gibt es die **Licht-Vermittler**. Das wären zum Beispiel Therapeuten, Priester, gewisse Ärzte.

Dann gibt es solche, die **Licht verwalten**. (lacht) Man sieht schon, das geht jetzt nach unten! Das wären zum Beispiel Juristen, Beamte, Politiker.

Und dann gibt es welche, und das gibt es auch schon z. B. unter den Juristen (lacht), das sind **Licht-Verbraucher**. Das ist ein gewisses Charaktermerkmal, nicht der Beruf! Man merkt, dieser Mensch verbraucht Licht, auch von mir. Das ist oft mühsam, wenn man mit jemandem zusammen ist, bei dem man spürt, wie er Licht abzieht. Man ist nachher erschöpft.

Und dann gibt es **Licht-Vernichter**. Das sind zum Beispiel Mörder oder Terroristen oder infame Politiker, Betrüger und so weiter.

Wenn ich in den Medien Gesichter von manchen Politikern sehe, denke ich: „Sie sagen nicht die Wahrheit, haben kein eigenes Gesicht und geben nichts her!" Viele sind nicht verbunden mit sich selbst. Diese Entwicklung ist spannend, und es ist nicht wirklich in unserer Hand, denn sonst wären Politiker wie Trump nicht möglich. Der ist eindeutig ein Licht-Vernichter an einer unglaublich verantwortungsvollen Position.

Heidi: Das Thema Licht-Vernichter bringt uns zur Frage, was „schlecht" oder „böse" ist. Gibt es für dich einen strafenden Gott? Was für ein Bild hast du von ihm?

Ildiko: In meinen Gedanken ist Gott „auf gleicher Ebene" mit mir. Natürlich ist das auch ein Spiel. Ich habe die Vorstellung, Gott sitzt mit mir am Boden. Ich habe nicht die Vorstellung von einem Gott, der oben ist und ein dreieckiges Auge hat, auch nicht dass er mir von oben zuschaut. „Mein Gott" sitzt mit mir in einem dreckigen, weißen langen Hemd am Boden. (lacht) Das dreckige Hemd ist wichtig. Mir gefallen die Bilder, auf denen Jesus in einem langen weißen Hemd zu sehen ist. Mein Gottesbild ist stark von Jesus geprägt, auch dieses am Boden Sitzen wahrscheinlich. Alle anderen Dinge, die ich gehört habe, haben mir zu viel Angst gemacht: wie, was, wo Gott ist, was er tut und dass er mich sieht. Ich habe mir gedacht, ja, er kann mich sehen, aber er soll mit mir da sein, am Boden!

Da gibt es noch etwas: Das Gesicht von meinem Gott ändert sich ungefähr alle vier Jahre bzw. wird es ausgewechselt, so wie in der Politik vielleicht (lacht). Das mache ich nicht bewusst, aber doch ein bisschen. Lange Zeit war Peter Ustinov das Gesicht meines Gottes. Und es sind dann auch verschiedene Schauspieler oder wichtige Gesichter von mir eingesetzt worden, auf den Körper, der im dreckigen Hemd dasitzt. Er ist gar nicht schön und nicht schlank, eher dicklich, sehr vernünftig, sehr mir zugewandt und sehr ehrlich, er lügt nicht. Das ist wichtig an meinem Gott, dass er nicht lügt und nicht schön ist!

Ich bin zu diesem Bild von Gott eigentlich durch eine alte Geschichte rund um die Erstkommunion gekommen. Dabei habe ich für mich erfahren, was Sünde ist. Das war entscheidend für mein ganzes Leben. Damals waren noch Nonnen in Ungarn, aber nicht mehr lange. Ich bin natürlich in so eine wunderbare Nonnen-Schule gegangen, mit Uniformen und allem Trara und war dort nicht glücklich. In der ersten Klasse war ich noch am Land in der Schule, wo wir uns während des Krieges versteckt hatten. Dort war ich ein Jemand. Ich bin unter den Bauernkindern herausgestochen. Aber dann kam ich zu den Nonnen und war gar nichts. Ich war unbekannt, und ich bekam gleich das Gefühl nicht in Ordnung zu sein! Vielleicht weil meine Strümpfe immer heruntergerutscht sind. Ich weiß nicht warum, es war peinlich! Außerdem hatte ich lange, dichte Locken. Diese Haare haben zwar alle bewundert und ich hatte sie auch sehr gerne, aber sie waren eben nicht ordentlich. Es waren keine Zöpfe. Die Strümpfe und meine Haare waren etwas Unbraves an mir.

Nun kam die Erstkommunion und in der ersten Vorbereitungsstunde sagte die Nonne: „Ihr habt alle die Erbsünde, das wisst ihr ja." Und ich habe aufgezeigt, bin aufgestanden und habe gesagt: „Ich habe die Erbsünde nicht!". Die

Nonne schrie auf und sagte: „Das ist Häresie (Ketzerei)!" Und ich dachte mir nur, schon wieder so ein Blödsinn. Sie fragte mich zum Glück noch warum und ich antwortete: „Weil ich den Apfel im Paradies nie genommen hätte. Ich mag keine Äpfel, aber ich liebe Erdbeeren. Mit Erdbeeren wäre es anders gewesen." Die Nonne war erbost. Ich musste herauskommen, mich vorne auf den Betschemel hinknien und vor der ganzen Klasse laut „Vater Unser" beten. Wie von Donner gerührt habe ich mich hingekniet und das Vater Unser vom ersten bis zum letzten Wort durchgeschrien. So konnte ich mir helfen. Die Kinder waren erschrocken über meine unglaubliche Ungezogenheit. Ich glaube, die Schwester auch.

Da fing in mir etwas an zu fragen: Was ist Sünde und was ist eigentlich schlecht? Ich habe nicht mit meinen Eltern darüber geredet, sondern habe nachgedacht, wer das wirklich wissen könnte. Dann ist mir ein Priester in der Innenstadt von Budapest eingefallen, den ich einmal reden gehört hatte, als ich mit den Eltern in der Messe war. Ich hatte damals zwar nichts verstanden, aber ich wusste, dass er die Wahrheit sagt. Also wollte ich zu ihm, um herauszufinden, was die Sünde ist.

Nach der Schule bin ich kleines Mädchen allein mit dem Bus in die Innenstadt zu dieser Kirche gefahren und habe nach dem kleinen Pfarrer mit dem runden Kopf und den weißen Haaren gefragt. Er hieß Pater Marcellus und als ich bei ihm klopfte, fürchtete ich mich aus unerklärlichen Gründen überhaupt nicht. Pater Marcellus hat erst niemanden gesehen, als er die Tür aufmachte (lacht), weil ich so klein war. Er war sehr freundlich und hat mich gefragt, wie ich heiße und was ich möchte. Ich habe gesagt: „Ich heiße Ildiko, aber ich möchte nicht so heißen, denn ich habe keinen Schutzheiligen. Ich möchte lieber Agnes heißen." Er hat mich hereingebeten, mich in einen großen Leder-Fauteuil gesetzt und mir ein Zuckerl angeboten. Dann habe ich ihm gesagt, dass ich wissen möchte was die Sünde ist. „Aha.", sagte er: „Das kann ich dir ganz einfach sagen. Kannst du nächste Woche genau um diese Zeit wiederkommen?" Ich habe das bejaht. „Gut, dann sage ich dir, dass du bis zum nächsten Mal nicht an einen weißen Elefanten denken darfst. Machst du das?" Ich war einverstanden. Ich bin gegangen und schon beim Verabschieden in der Türe habe ich an den weißen Elefanten denken müssen. Oh weh! Eine Woche lang litt ich Höllenqualen. Ich habe nur an den weißen Elefanten gedacht. (lacht) Als ich wieder zu ihm kam, sagte er: „Agnes komm herein." – dass er sich an meinen Namen erinnert hat, habe ich ihm schon hoch angerechnet – „Na, hast du nicht an den weißen Elefanten gedacht?" Ich antwortete: „Doch, die ganze Zeit!". „Gut Agnes, dann sage ich dir, dass das die Sünde ist! Willst du noch ein Zuckerl?" Ich bin gegangen und war total erleichtert. Ich habe da etwas aus tiefster Seele verstanden, was mir niemand mit Worten hätte erklären können. Die Sünde hängt davon ab, was einem verboten wird. Egal was.

Heidi: Das zeigt, wie schwachsinnig das ist, denn es hängt ja von dem ab, der es verbietet.

Ildiko: Ja genau. Und diesen „Schwachsinn" hat der Leiter eines Priesterseminars für mich aufgedeckt! Ich war erleichtert, beruhigt und bin nach Hause gefahren. Da habe ich mich entschieden, für die erste Beichte Sünden zu erfinden. Ich hatte keine Sorgen mehr, denn was eine „echte Sünde" war, das war demnach egal. Es war wichtig, dass ich Sünden hatte. Für die Erstkommunion habe ich alles schön zusammengeschrieben und dann gebeichtet. Ich habe nicht mehr gelitten. Mit dieser Erkenntnis bin ich auch, wenn ich „gesündigt" hatte, in aller Ruhe zur Kommunion gegangen, ich habe innerlich mit Jesus in der Kirche gesprochen und er hat immer gesagt: „Macht nichts, geh einfach zur Kommunion." Dann war es kein Problem mehr. Mit dieser Einstellung bin ich mit Gott zusammen. Er ist mit mir gemeinsam auf dem Boden. So konnte ich ihn auch lieben und fragen, weil er mir nah war und nicht irgendwo mit unverstandenen Geschichten und Wörtern über mir im Himmel. Ich bin diesem Priester ewig dankbar, dass er mich von diesem fürchterlichen Gefühl befreit hat, sündig zu sein, ohne zu wissen, was das ist und warum.

Heidi: So war es dir auch möglich eine echte Beziehung zu Gott zu entwickeln, oder? Denn all diese Gebote und Regeln sind ja letztlich von Menschen geschrieben.

Ildiko: Ja, weil sie nicht Bewusstsein-erweitert sind, nicht gütig! Die Leute, die sie gemacht haben, haben nicht verstanden, dass manche Menschen einfach nicht anders können! Wenn wir etwas falsch machen, dann können wir nicht anders. Es ist völlig unsinnig, jemanden dafür zu verfolgen. Wenn jemand zu mir in Therapie kommt und ich fange an ihm zu beweisen, wie falsch er etwas macht, dann habe ich wirklich ein Zerwürfnis mit ihm und er kommt mit sich selbst schwer weiter.

Dich liebe Heidi habe ich zwar verfolgt, aber für Dinge, für die dich niemand jemals verfolgt hat, weil niemand gesehen hat, dass das eigentlich nicht zu dir passt. Dass du auch lachst, wenn du leidest oder dich fürchtest. Für diese Dinge habe ich dich dann nachhaltig verfolgt. Ich glaube mit genug Liebe, denn sonst würden wir nicht miteinander an diesem Buch sitzen.

Heidi: Ich verfolge mich auch manchmal unnötig selbst. Für „Sünden", die ich mir selbst definiert habe – also weiße Elefanten. Das gewöhne ich mir gerade ab!

Ildiko: Apropos Sünden! Später, mit 25, als ich schwer depressiv war, habe ich mit dem Gedanken gespielt beichten zu gehen. Zu der Zeit war ich schon lange nicht mehr in der Kirche gewesen und hatte nur auf meine Art gebetet und meine Religiosität mit Gott und anderen Menschen gelebt. Aber dann war ich so verzweifelt und habe gehofft, dass mir vielleicht jemand helfen kann, wenn ich kirchlich beichte. Dann habe ich eine Nacht lang meine Sünden zusammengeschrieben. In der Früh habe ich dann gesehen, dass ich gar nicht beichten gehen kann. Denn die Dinge, die man beichten muss, waren mit dem, was ich als Sünde gesehen habe, unvereinbar. Ich habe erkannt, dass der Priester entweder lachen würde, wenn er Humor hat, oder einfach etwas murmeln würde, aber es wäre nicht echt. Meine echten Sünden kann ich niemandem mehr beichten. Mit denen muss ich selbst fertig werden.

Heidi: Warum? Weil sie zu wenig „tragisch" waren?

Ildiko: Ich sage dir, was für mich die größte Sünde ist. **Die größte Sünde für mich ist, unpersönlich zu sein.** Das kann man nicht beichten, das interessiert keinen Priester.

Das ist meine Erfahrung mit den weißen Elefanten und mit Gott. Diese Geschichte war mir sehr wichtig! Die Erkenntnis, dass die echten Sünden, die jeder als Person hat, sehr unterschiedlich sind. Es hat überhaupt keinen Sinn irgendwelche Dinge schlecht zu finden oder Gebote runter zu beten, die nicht persönlich sind und die nichts mit einem selbst zu tun haben.

Heidi: Ich finde, das passt auch gut zu dem, was du immer in der Therapie sagst. Wie wichtig es für einen selbst ist, echt zu sein. Auch wenn es die Außenwelt gar nicht interessiert oder bemerkt oder es für sie anders sogar bequemer ist.

Ildiko: Ich finde das sündig, wenn man nicht lebt, wenn man nicht sich selbst lebt!

Heidi: Und wenn uns Gott „geschaffen" hat, könnte ich mir vorstellen, dass er das auch so sieht! (lacht)

Ildiko: Ja, „mein" Gott im dreckigen Hemd sieht das auf jeden Fall so (lacht). Und ob es noch einen anderen gibt, das weiß ich nicht. Es gibt ein All, es gibt Energie, es gibt alles Mögliche. Als Kind habe ich es immer so gesehen, dass es jemanden gibt, der am Abend kommt und die Sterne an den Himmel heftet. Vielleicht ist das Gott. Ich bin in Sicherheit mit diesem kleinen menschengroßen Gott, der mir zuhört und mir zugewandt ist.

Natürlich hat mein Vater ein paar dieser Züge gehabt, sodass ich gespürt habe, dass ich bei ihm nichts falsch mache. Meine Eltern standen hinter mir, meine Mutter vielleicht weniger und manchmal schwankend, aber bei meinem Vater war ganz klar, dass er hinter mir steht und mich gut findet.

Heidi: Das Gefühl habe ich auch mit meinem Partner. Mit meinem Vater hatte ich das leider nicht immer.

Ildiko: Hauptsache, man trifft einen solchen Menschen irgendwann. Dann fühlt man, was Gott für eine Bedeutung hat, oder wofür man ihn braucht!

Bei sich sein!

Heidi: Wofür brauchst du Gott?

Ildiko: Man braucht Gott sicher nicht dafür, dass man immer den Himmel oder die Berge bewundert. Ich bewundere das sowieso, aber irgendwann interessiert mich das nicht mehr, weil mir die Auseinandersetzung in meinem Inneren wichtiger ist, in mir und mit anderen. Und da können mir die Berge oder andere Länder gestohlen bleiben. Reisen ist wunderschön, aber innen reisen ist es auch. Ich habe das Reisen nie so gebraucht. Ich war natürlich da und dort, sogar eine Zeit lang beruflich als Reporterin. Ich habe mir gedacht, auch wenn ich verreise, bin ich nur in meinem Wintermantel. Das ist so, egal was ich dort mache. Ich habe gespürt, meine Persönlichkeit ziehe ich nicht aus, die behalte ich. Egal ob ich mit dem Flugzeug tausende Kilometer verreist bin, ich steige dort aus und bin der gleiche Mensch. Viele erleben das nicht so. Sie haben ein anderes Gefühl – vielleicht auch von sich selbst – wenn sie reisen. Das wird das Reizvolle daran sein, aber ich habe das nicht! Vielleicht auch weil ich geflüchtet bin. Es hat schon wichtige Erfahrungen mit „Weggehen" in meinem Leben gegeben. **Meine Erfahrung war, dass ich überall der gleiche Mensch bin, und das war irgendwie enttäuschend, aber auch beruhigend.**

Heidi: Hättest du manchmal auch gerne etwas Anderes (als Dich) erlebt?

Ildiko: Ich habe gedacht, vielleicht erlebe ich etwas Anderes, aber irgendwann habe ich kapiert, dass ich nur erleben kann, was ich eben erlebe, ich bin immer dabei. Ich brauche nicht auf etwas zu warten.

Heidi: Man kann von sich selbst auch nicht Urlaub nehmen.

Ildiko: Eben, das ist es. Ich habe mir gedacht, wenn das so ist, dann kann ich auch da bleiben. Vielleicht bin ich auch verdorben. Vielleicht hat mich mein Leben in einer Art so geformt. Darüber reden wir ja auch in diesem Buch. Es wird ja auch nicht jeder Therapeut. Ich kann genießen, dass es mich einfach gibt! Es ist egal, wie die Sonne aussieht. Es ist die gleiche Sonne. Oder ich schaue den Mond an und denke mir, das ist der gleiche Mond, der überall sichtbar ist.

Heidi: Heißt das, dass du so viel in dir selbst findest, dass du dir selbst bis zu einem gewissen Grad auch genügst. Vielleicht ist das das Zentrale?

Ildiko: Ja, vielleicht. Ich MUSSTE mir genügen, sagen wir einmal so! Abwechslung schaffen für sich in sich ist möglich. Ich kann mich sehr gut unterhalten und über meine eigenen Witze lachen (lacht). Der einzige Mensch, der sonst immer über meine Witze gelacht hat, war mein Mann. Es war herrlich, weil er über alle dummen Witze gelacht hat, die ich meistens noch kurz vorm Einschlafen produziert habe. Er hat immer gemeint: „Das bedeutet, dass du bald einschläfst." Niemand fand das sonst witzig, aber es hat genügt, dass er es tat.

Heidi: Das passt auch gut zu dem, was du bezüglich des Zelebrierens von Dingen wie z. B. zu Weihnachten sagst: Mit diesen Äußerlichkeiten lenkt man sich vom wirklichen Kontakt und dem wirklichen Bei-sich-Sein ab. Wobei ich das mit dem Baum und dem Essen und allem schön finde.

Ildiko: Das ist ja auch schön! Feiern und Ablenkung auch! Um Gottes willen, jetzt komm ich mir vor wie ein Weihnachts-Muffel! Aber zu Weihnachten bin ich auch nur ich! Mein Leben war immer gespickt von solchen Erlebnissen, wo ich auf mich zählen musste. Ich musste auf mich zurückgreifen und letztendlich auf den am Boden sitzenden Gott. Der bleibt mir, der beruhigt mich, der sagt mir, dass es okay ist wie ich bin.

Heidi: Als Kind hast du ja sehr mit Krankheit, mit deinem Körper – letztendlich ums Überleben – gekämpft. Dabei musstest du auch auf dich aufpassen und auf dich zählen...

Ildiko: Ja, ich sehe meine Allergie als eine geistige Regelung in meinem Leben. Ich nenne das „Allergie", weil das heutzutage alle Leute verstehen. Damals vor und nach dem Krieg hat das niemand gekannt. Es ist eine heftige Reaktion auf gewisse Lebensmittel, praktisch auf alles Tierische. Ich bin damit als Kind sehr oft mit 40 Fieber im Krankenhaus gelandet, ich habe Lungenentzündungen und unheimliche, todesbedrohliche Zustände bekommen. Das hat keiner verstanden und ich am allerwenigsten. Ich war sogar eine der Ersten in Ungarn, die bei einem Fieberanfall im Krankenhaus das neue und wertvolle Penizillin bekommen hat. Das Tragische und zugleich Komödiantische daran war, dass ich, kaum fieberfrei, wieder die gute, stärkende Hühnersuppe bekam und ich sofort wieder 40 Fieber hatte. Das ging immer so weiter, es war zum Verzweifeln.

Dann mit 25 habe ich etwas entdeckt. Nach einer Gallenblasen-Attacke, bei der ich wieder einmal mit Blaulicht ins Krankenhaus eingeliefert worden bin, habe ich dort notgedrungen nichts gegessen und gefastet und alle Symptome waren verschwunden. Der Arzt war erstaunt und hat gesagt: „Wie ist das möglich, ich habe mich schon so gefreut, Sie zu operieren." (lacht) Ein richtiger Trottel von einem Arzt, aber lustig. Er hat mich tagelang sekkiert. Ich war nämlich nicht ansprechbar und er wollte sehen, ob ich reagiere. Er hat mir die Zunge herausgestreckt, mir die lange Nase gezeigt usw. Nach dem dritten Tag habe ich ihm dann auch die Zunge gezeigt und er war froh und hat gelacht.

Dann habe ich herausgefunden, dass es gewisse Lebensmittel sind, die einen Fieberanfall bei mir auslösen! Ich habe angefangen ins Reformhaus zu gehen und nur noch Getreide und mir damals ganz fremde Sachen zu essen. Ich musste auf eine einfache, vegane Ernährung, die auch heute propagiert wird, umstellen. Diese schrecklichen, fiebrigen Symptome waren damit weg. Ich hätte sonst meinen Körper nicht ausgehalten und hätte vielleicht nicht überlebt.

Im Fieberzustand wollte ich gern und oft sterben, man kann dazu auch Halluzinationen sagen. Als Kind habe ich eine erste mir bewusste Nahtod-Erfahrung gemacht, bei der ich außerhalb meines Körpers war und sozusagen zum Sterben gegangen bin. Es war ein so wunderbares Gefühl, als ich auf großen Wolkenstufen nach oben gestiegen bin. Dann sagte jemand zu mir: „Nein, du musst zurück, du musst noch leben." Und ich war verzweifelt. Dieses Erlebnis habe ich nicht vergessen. Ich fühle seitdem, dass ich irgendwo ein Zuhause habe. Irgendwo anders und dort ist es gut und schön. Der Tod hat für mich dadurch keinen Schrecken mehr, sondern ich habe eher eine große Sehnsucht nach diesem anderen Zuhause (und es ist nicht Ungarn).

Richtig beschlossen, dass ich da bleibe, habe ich erst, als ich mein Kind bekommen habe. Dann habe ich gewusst, dass „sterben wollen" jetzt abgeschlossen ist (lacht) und dass ich nicht sterben werde. Da war ich 41 Jahre.

Die Allergien waren für meine Entwicklung auch wichtig, weil ich fasten gelernt habe. Und sie ermöglichten mir schon als Kind tagelanges Meditieren, wodurch ich erkannt habe, dass es wunderbare Zustände außer meinem Körper gibt, wo ich mich intensiv fühle. Ich habe angefangen, diese Spur zu verfolgen und habe z. B. Yoga gemacht, als noch niemand davon geredet hat! Ich habe ein altes Buch in einer Buchhandlung gefunden und bin bei den

Übungen mehrmals in Ohnmacht gefallen, weil ich sie einfach gemacht habe, ohne irgendeine Hilfe oder weitere Erklärungen. „Beugen Sie sich zurück, atmen sie ein!", und „Bumms", bin ich auf den Boden gefallen. Aber ich bin trotzdem weitergekommen, weil ich nicht aufgegeben habe.

Heidi: Hast du da auch dieses Zuhause in dir selbst kennengelernt?

Ildiko: Ja, dass es ein anderes Zuhause gibt, ein außerkörperliches oder nicht so körperbetontes Gefühl, wo ich mich erst finde! Wo die Ganzheit oder Einheit zwischen Geist und Materie erst entstehen kann. Das Leben hängt nicht einfach davon ab, dass man morgens, mittags und abends etwas isst und dann geht es einem gut. Ich habe gemerkt, wenn ich morgens, mittags, abends nichts esse, geht es mir gut! (lacht) Für mich war es eine aufregende Entdeckung: Aha! So kann ich leben! Ich habe gesehen, dass es auch eine andere Energie gibt, eine andere Welt, die ich durch meine Krankheiten nach und nach entdeckt habe. Später war ich sehr erleichtert, weil ich die Sexualität und die Erotik damit verbinden konnte. Die Sexualität wurde eine Art körperliche Festigung und Ernährung für mich.

Es war eine sehr intensive Zeit, in der ich alles „Östliche" ausprobiert habe. Zwei Jahre lang habe ich auch eine „Zazen"-Ausbildung gemacht, die japanische Sitzmeditation, und wollte Zazen-Meister werden. Ich war noch sehr jung und dumm! Aber ich möchte das nicht missen. Man sitzt dabei auf den Füßen ganz nah an der Wand und das stundenlang. Es ist der „Weg des Sitzens". Ich hatte einen Lehrer in München, einen Ungarn, der auch die ersten östlichen Akupunktur-Bücher übersetzt hat. Wenn man erlahmt, die Körperspannung nachlässt oder man einschläft, (und diese Vorstellung ist für japanische Buddhisten nicht so ungewöhnlich), dann hat er einem mit dem Stock auf die Schultern geschlagen, so dass man Sterne gesehen hat. Die Arbeit mit Zazen ist so. Dieser Schmerz gehört zur Ausbildung. Das war schwierig für mich. Man hat verschiedene Aufgaben. Man muss mit den Bildern fertig werden, die kommen und einfach meditieren, auf diesen leeren Zustand achten und sich nicht irgendwo anders gedanklich binden. Ich habe durch Zazen eine mir damals unheimliche geistige Selbstbeherrschung und Reflexion entwickelt.

Es war sehr spannend und ich kam mir damals sehr gut vor. Ich hatte zwei Zentimeter lange Haare und habe nur Männerhemden und Hosen getragen. Ich besaß vielleicht drei Hosen und vier Hemden. Das war mit ungefähr 26 Jahren. Ich wollte unbedingt so vereinfacht leben, weil ich gesehen habe, wie intensiv es ist! Es geht darum, dass du nicht das und jenes brauchst und das Gehirn – der Neokortex – immer irgendwo hineilt, zu anderen Dingen, zu einem Essen, zum Kühlschrank oder zu anderen Ideen oder Menschen und Ärgernissen!

Heidi: Ich finde das interessant, weil Essen ja auch etwas Sinnliches ist. Aber ich verstehe dich so, dass für dich das Außen nicht so wichtig ist. Da gehört das Essen wahrscheinlich dazu, oder ein toller Himmel, die Schönheit der Natur, also äußere Dinge, an denen wir vielleicht zu sehr hängen.

Ildiko: Sagen wir einmal, ich bin davon etwas unabhängiger geworden! Aber ich kann sehr genießen und ich liebe die Natur und das Essen! Ich habe nur lernen müssen, wie es für mich möglich ist. Aber ich verfalle nicht mehr in eine Abhängigkeit und das verdanke ich diesem immerwährenden Mit-sich-selbst-Arbeiten müssen, damit ich leben kann und nicht krank werde. Ich bin auch immer sehr gerne Essen gegangen! Ich habe mich schön durchgegessen, langsam genießend und in Männerbegleitung. Das war auch eine Entdeckung, dass mir die männliche Energie beim Essen geholfen hat!

Heidi: Früher habe ich mich zu sehr nach außen orientiert und zu wenig nach innen. Ich bin froh, dass ich das verändert habe. Denn sonst bleibt vielleicht nichts übrig, wenn man sich nur am Außen, an Dingen, die man verlieren kann, orientiert.

Ildiko: Das Innere ist entscheidend dafür, ob man glücklich sein kann! **Du kannst nicht dauernd im Außen glücklich sein, weil irgendwann alles anders ist! Es gibt Wolken, es sind unangenehme Menschen da, es stinkt. Das Leben eben. Es läuft nie so, wie man es sich vorstellt. Nie.**

Spiritualität und Erotik

Ildiko: Als ich sieben Jahre alt war wollte ich übrigens Heilige werde. Mir haben die sehr gut gefallen. In der Klosterschule haben wir dauernd diese Geschichten von heiligen Menschen gehört. Ich habe mir gedacht, dass das als Beruf für mich passen könnte! (lacht)

Heidi: Heilig klingt immer sehr „religiös". Aber es sind im Grunde Menschen gewesen, die etwas Großes, Außergewöhnliches gemacht haben und so „heil" – ganz – geworden sind.

Ildiko: Ja, und die etwas vorgelebt haben, was andere Menschen nicht gekonnt haben. Das heißt, wenn ein Kind als Beruf Heiliger werden will – was ja sehr witzig ist – dann heißt das, es hat eine Sehnsucht, große Ziele, die im Bewusstsein schon vorhanden sind. Wie war es in meinem Leben? Ich bin im Krieg festgelegt worden auf Rettung von Situationen und Menschen. Dann noch einmal während der Revolution mit 16. Es liegt auf der Hand, dass ich das in mir habe. Für mich bedeutete das: Rette deine Familie, sei für sie da und löse furchtbare Situationen.

Also heilig bin ich nicht geworden. (lacht) Das tut mir nicht einmal leid. Dazwischen gekommen ist meine Sexualität. Mir wurde Sexualität und Erotik als Kraft und Energiemöglichkeit unentbehrlich. Ich konnte ja nicht gut essen. Als ich entdeckt habe, dass es diese sexuelle Kraft in meinem Becken und in mir gibt, habe ich gedacht, wunderbar es gibt doch einen Weg, wie man satt werden kann! Ich war so etwas wie erlöst von einer totalen Isolation.

Durch Aufmerksamkeit habe ich das sehr gut für mich ausgebaut. Auf welche Art kann ich mich spüren, wenn ich Sex habe, damit ich wirklich satt werde? Das ist vielleicht Tantra nicht unähnlich. Ich war sehr glücklich darüber und bin ich es heute noch, dass ich so viel Wunderbares durch Erotik und Sex erleben konnte. Das ist für mich niemals „nur" Sex gewesen, wie die Leute oft sagen. Ich frage mich dann immer: „Was meinen sie damit?" Sex ist etwas, wo man sich selbst ganz intensiv spürt und ganz bei sich ist, wenn man sich darauf einlässt. Nur auf eine andere Weise! Wenn nicht, dann ist es natürlich „nur" Sex und eine gewisse Reibungsfläche, ein rein körperlicher Orgasmus. Aber es gibt einen anderen Orgasmus, einen größeren, den man wirklich mit dem Partner erlebt. Es ist wie ein Sprung ins Weltall, ein kleiner Tod, wie die Franzosen sagen, ein kleines Erlebnis in Richtung Sterben. Wenn man sich traut, ist das nichts Bedrohliches.

Es wurde also keine Heilige aus mir, weil Sex in die andere Richtung geht: eher nach unten und nicht nach oben. Aber die Verbindung ist sehr interessant für mich, auch als Therapeut: Nach oben gerichtet nach Visionen leben und sich unten auf der Erde mit anderen verbinden, mit Männern. Männer haben sehr viel Kraft und können einem etwas geben, allein wenn sie einen nur halten. Diese Geborgenheit, die ich von meiner Mutter nicht bekommen habe, weil sie selbst große Schwierigkeiten hatte, bekam ich von Männern. Dieses „Halten", auf der Erde zu sein, das ging nur durch Sexualität. Ich habe dann gelernt wunderbar Sex zu machen, weil es mir nicht nur um die Erregung geht, oder um die Entladung, sondern tatsächlich um die tiefe Begegnung mit der Energiequelle. Sexualität ist mir heilig.

Erotik ist eine Art Inszenierung. Ich habe mich oft nackt gefühlt. Ich zieh mich für dieses Buch sozusagen auch aus – sehr sogar. Für mich ist es nur noch ein Schritt, dass man sich auch körperlich auszieht, aber nicht so bedeutsam. Erotik ist ein wichtiger Teil meiner Arbeit. Ich meine damit nicht Strapse oder Pornos, sondern ich meine die **Erotik, die ein Mensch besitzt, wenn er mit sich selbst tief in Verbindung kommt.**

Als junges Mädchen sind die Buben hinter mir her gewesen und ich habe überhaupt nicht verstanden was sie von mir wollen. Ich war fürchterlich dünn und habe mich gefühlt wie eine Mücke. Da war ich vielleicht 13. Ich habe „Lernspaziergänge" mit den Buben eingeführt und mich dabei zu ihnen umgedreht und gesagt: „Siehst du jetzt wie hässlich ich bin und dass ich Gurkenbeine habe". Aber es war insofern wunderbar, weil sie mir die Mathematik Hausübungen erklärt oder gelöst haben. (lacht)

Der erste Kuss in meinem Leben war stinklangweilig. Ich kann mich sehr gut erinnern, es war in einem Vorzimmer und da waren Gitterstäbe am Fenster, die habe ich während des Kusses gezählt. Ich habe mich gefragt, was das sein soll mit dem Küssen, mit der Erotik und all das! Dieses aufregende Irgendetwas zwischen Buben und Mädchen hat mich eine Zeit lang nur negativ aufgeregt. Aber ich habe erkannt, dass es ein Traum von uns allen ist, dass wir uns begegnen und den anderen erleben können, in seiner Schönheit und Stärke, in seinem Wesen, in seinem Geist und seinem Körper, alles auf einmal. Wenn das passiert, ist dieser Mensch für einen sehr erotisch. **Erotik ist eine Vision vom ganzen Menschen!**

Es ist erotisch, wenn ein Mensch sich wahrhaftig zeigt, egal ob er klein oder groß, ob er schön oder hässlich ist. **Erotik ist dieses sich wirklich zeigen zu wollen und zu können.** Das kann man nur, wenn man auch von einem anderen Menschen gewollt wird, egal ob in der Liebe oder im Sex oder therapeutisch. Oder im Theater, wenn man schauspielt! Da sitzen auch Leute, die das sehen WOLLEN. Man ist bereit sich zu zeigen, wenn jemand gegenüber ist, der das auch bereit ist zu sehen! Das ist eigentlich Menschenliebe.

Ich habe auch herausgefunden, dass verletzte Menschen sehr erotisch sein können. Wenn sie die tiefe Verletzung überwunden haben, sind sie sehr anziehend. Da habe ich verstanden, dass es wahrscheinlich meine Verletzungen sind, die mich für die Buben attraktiv machen!

Der genitale Mensch ist so ein ganzer Mensch, der mit sich selbst tief in Verbindung ist:

Der genitale Mensch   Ildiko

Oder: Wie werde ich ich selbst? Wie wird man unsterblich? Wie wird man erwachsen?

„Erotische" Genitalität heißt psychologisch **Beziehungsfähigkeit** bzw. **Liebesfähigkeit** ... bis in die Sexualität, also von Kopf bis Fuß. Der genitale Mensch kann auch durch seine Sexualorgane Liebe schenken, ohne sich dabei zu verlieren. Auch, wenn er geil ist, ist er hell im Kopf.

Was sind genitale Eigenschaften? (selbstbestimmt-genital)
- Freiwilligkeit (immer die Lust zu finden, auch die Unlust)
- Entscheidungsfähigkeit
- Lösungen finden (statt Gewalt, Zwänge, Spaltung)
- **Entscheidungen ausführen** können
- Spontanität, wofür man sich verantwortlich erklären kann

- **Reich an Gefühlen sein**, starke Gefühle empfinden, ausdrücken, leben, bewahren können (auch in sexueller Erregung)
- Wichtige Vorhaben nie aufgeben
- Den **eigenen Körper in jeder Lage und Form lieben können**
- Sich trauen (trotz Angst, wie groß sie auch ist) in nicht bewusste Bereiche (Beziehungen) hineingehen können
- Die eigene Sexualität trotz und samt Abgründen leben
- Anderen und sich selbst gegenüber **Wünsche äußern und erfüllen, anstatt Pflichten haben**.
- Finanziell MIT seinen Wünschen zurechtkommen (nicht OHNE sie)
- In der Gegenwart an der Zukunft planen (träumen)
- Ungefähr die richtige Figur haben
- Seinen eigenen (Lebens-, Kleidungs-, Ernährungs-) **Stil erkennen**
- **Jeden Tag sterben können**
- Berühren können (spüren und spüren lassen können)
- Ein **genitales Gesicht haben**, Wut leben können, Schreien können, Ausdruck haben, ohne Angst toben (und währenddessen sich mögen, spüren und nicht verlieren)
- **Wechseln** können (Kleidung, Ausdruck, Socken, alte Sachen, die Freude mit anderen Menschen, aber nicht: ver-wechseln)
- Ehrlich sein (Gefühle nicht leugnen, sich nicht verstecken, klein sein, ohne aufzugeben)
- Person sein (jemand bestimmter sein, der sich selbst bestimmt)
- **Persönlich sein** (sich UND die anderen in der Beziehung wahrnehmen)
- Konfliktbereitschaft
- **Lernfähigkeit bis ins hohe Alter** (Beweglichkeit im Denken, Fühlen und in der Körperlichkeit)
- **Sinnlich sein** (sich körperlich freuen können)
- **Maß** im Aufnehmen (Essen, Trinken, Arbeiten, Reden) und im Geben (nur geben, was aufgenommen wird)
- **Zeit** für sich haben (Orientieren in der Zeit)
- **Star im eigenen Leben sein** (östlich: "Mitte", Mittelpunkt des eigenen Lebens sein)
- Kein Stress, sondern blitzschnelle Entscheidung (so oder so, das oder jenes)

Ildiko: Fürchterliche Enttäuschungen habe ich beim Sex auch erlebt, allerdings nicht beim ersten Mal, das war sehr schön. Der Mann hatte ein unheimliches Gefühl für Inszenierungen. Aber alles danach, ziemlich lange, hat mich sehr abgetörnt. Ich habe gemerkt, dass es die Erotik ist, die wir Frauen an der Sexualität lieben. Das andere kommt dann irgendwie. Aber die weibliche Sexualität baut meist auf dem Wunsch auf, angebetet zu werden und anzubeten, zu spielen und das möglichst lange auszudehnen – eben „erotisch sein".

Ich sehe es so, dass Frauen das Vorspiel lieben und Männer es oft den Frauen zuliebe machen. Die Männer lieben das Hauptspiel und das Endspiel und das soll nicht herabsetzend sein, weil es um Sexualität geht! Ich habe immer wieder erlebt, dass die Erotik während des Sexualaktes irgendwann verloren geht: Es kommt die Phase, wo man nur noch keucht und auf den Orgasmus hinarbeitet. Da darf man dann nicht aufhören, nicht den Rhythmus wechseln, nichts – da muss man einfach fertig machen. Das hat mich ernüchtert. Ich habe gemerkt, dass ich dabei das Gefühl für mich verliere. Später dann, mit über 40 habe ich mich auch getraut wirklich auszusteigen und zu sagen: „Nein jetzt nicht mehr weiter, weil ich nichts mehr fühle." Dieses „weiter, weiter und unbedingt", da habe ich mich gefühlsmäßig verloren und mich nicht mehr mit mir identifizieren können. Dann habe ich auch aufgehört. Ein Wagnis! Eine Frechheit!

Sex um 40   Ildiko

Ich entdecke meine Sexualität. Habe Höllenangst vor Echtem. Sex spielen ist einfacher. Ich habe ein Kind und ich habe einen Mann, den ich Gott sei Dank lieben kann. Ich liebe ihn wie ich Winnetou geliebt habe. Er schweigt – wie er.

Ich entdecke, dass ich treu sein kann. Sooo gut! Nach der Geburt meines Kindes entdecke ich erst meine eigene Sexualität. Dass ich überhaupt eine eigene habe. Mir hat es gut gefallen, die Sexualität der Männer zu leben. Sie sagten mir, dass ich toll bin und ich hatte immer einen oder mehrere Orgasmen.

Aber es war nicht wie das, was ich entdeckt habe. Das Neue ist etwas, was ich nicht kannte, wofür ich auch kein Lob mehr von Männern bekommen habe. Eher Zorn und Empörung. Meine Sexualität ist, dass ich mich traue das zu machen, was mir einfällt, ohne Rücksicht auf irgendetwas oder irgendwen. Z. B. stehe ich aus der heißesten Umarmung auf, wenn ich mein Gefühl verliere.

„Bist du wahnsinnig!? Ich bin fast gekommen und du stehst auf? Warum?"

„Tut mir leid, ich hab nichts mehr gefühlt."

„Und was jetzt?"

Ich habe herausgefunden, dass ich echten Sex erst dann empfinden kann, wenn ich auch Angst habe. Angst ist das Gefühl, das ich nie, fast nie leben durfte. Es gab keinen Platz in meinem Leben dafür. Jetzt auch nicht. Ich habe es verlernt.

Wovor muss ich jetzt also Angst haben? Vor dem anderen, der ich nicht bin, vor dem Mann, dem ich mich hingebe, vor dem Gefühl, was ich nicht kenne, auch vor mir, die ich nicht kenne.

Ildiko: Das ist meine Vorgeschichte. Was dann sehr schön war, war mit Männern essen zu gehen, ausgeführt und hofiert zu werden, das war auch erotisch. Nach meiner Flucht war ich hier allein, nur mit meiner Schwester in loser Verbindung. Ich bin immer irgendwie durch Männer wohin gekommen, auch wenn ich natürlich nicht mit ihnen geschlafen haben. Ich hatte diese Anziehung im körperlichen und im tieferen Sinne zu ihnen. Irgendetwas war und ist anziehend an dem was ich tue und arbeite, das habe ich auch in der Therapie wahrgenommen. Diese erotische Begegnung spielt sich meiner Meinung nach im Alter genauso wie in der Jugend ab. **Ich sehe Erotik nicht so eng mit Sexualität verbunden.**

Ich habe dann angefangen, es als Kraft in meine Arbeit einzubringen! Mir hat diese mütterliche/geschlechtslos wirkende Unterstützung zwischen Klienten und Therapeuten nicht gefallen. Auch nicht zwischen Frauen. Da ist eine Anziehung irgendeiner Art und das darf man meiner Meinung nach leben, auch in einer therapeutischen Begegnung. Man sollte es sogar leben. Es ermöglicht eine tiefere Beziehung. Man macht einfach besser auf, wenn man sich auch erotisch wahrgenommen fühlt. Wenn ich beispielsweise sehe, dass eine Frau in dem Moment besonders schön und anziehend aussieht, dann sage ich es auch. Ich finde das wichtig und es bringt einander näher. Und es ist die Wahrheit, denn ich sage solche Dinge nicht, um irgendwen auszutricksen.

Wo kann man bitte wahrnehmen, wenn nicht in der therapeutischen Arbeit? Da ist eine tiefgehende, tiefgründige Wahrnehmung füreinander absolut notwendig!

Heidi: In der therapeutischen Begegnung sprichst du hier aber wieder von der Erotik im Sinne einer Wahrheit und Echtheit und nicht im Sinne von Sex?

Ildiko: Na ja, es ist schon sehr schwer, es ganz auseinander zu halten. Ich bin nicht in Sack und Asche gekleidet. Ich tanze, spiele, ich lebe in den Therapiestunden. Und ich finde, dass meine Erotik dabei Platz hat und in Ordnung ist. Ich habe natürlich niemanden verführt. Oder doch (lacht): **verführt – zum Leben**, zur Therapie! Dazu sage ich ja. Aber nicht zu irgendwelchen sexuellen Handlungen.

Heute ist es einfach, weil ich über 80 bin. Aber es gab auch krasse Beispiele, wie Klienten, die mich für eine Woche auf eine Hütte einladen wollten, um dort kurz und intensiv mit mir zu „arbeiten". Sie würden alles bezahlen und ich solle mit ihnen Therapie machen. Das war natürlich zum Lachen! Als ich nein gesagt habe, hat ein junger, frecher Mann mich einmal beschimpft und mich als **seelische Prostituierte** bezeichnet: „Wieso kann man dich nicht einladen, haben, bezahlen? Ich bezahle dich ja auch für jede Therapiestunde."

Die Begegnung, die durch die Erotik passiert, selbst in der Therapie, ist meiner Meinung nach wichtig. Man sollte sie nicht leugnen und verheimlichen, sondern über diese Dinge reden können, dort wo der Körper oder die Sexualität anfängt. Das finde ich sonst unmenschlich. Die Sprache in der Therapie-Beziehung sollte so gut sein, dass man ehrlich darüber reden kann. Das hilft zu unterscheiden, worum es jetzt zwischen Therapeuten und Klienten wirklich geht. Wir wissen aus Zeitungsberichten oder von Erzählungen, dass wirklich eine erotische Beziehung zwischen Therapeut und Klient passieren kann. Es ist eine unvorstellbare, wunderbare Nähe, die entstehen kann und natürlich gibt es auch eine erotische Anregung. Aber damit sollte man umgehen, anstatt es abzuschneiden!

Heidi: Meinst du, dass dieses Umgehen damit und das offene Ansprechen im Grunde verhindern soll, dass eine Situation eskaliert?

Ildiko: Offen über etwas zu reden, verringert immer die Erregung, bei jeder Art von Erregung. Wenn man etwas zerredet, ist in dem Moment auch weniger Erotik da und alles wird nüchterner. Um sich selbst zu helfen, müsste man lernen, die Dinge so anzusprechen, dass man aus der Gefahrenzone herauskommt. Man bewirkt eine gewisse Nüchternheit. Das ist mir oft gelungen.

Dieser ganzheitliche Ansatz wurde mir natürlich angekreidet, es wurde viel darüber geredet, man hat alles Mögliche erfunden, was überhaupt nicht wahr war, aber ich hatte kein schlechtes Gefühl. Ich wollte niemanden davon überzeugen, dass man so arbeiten muss, wie ich es tue. Aber ich bin dazu gestanden, ich habe es nicht verheimlicht. Ich habe gearbeitet, aber auch parallel Theater gespielt. Nicht sehr viel, aber immer wieder und die Sachen, die ich gespielt habe, waren herausfordernd. Ich liebe so etwas. Ich möchte Menschen auch herausfordern und dazu stehen, dass wir gemischte Wesen sind und keine Engel. Und ich meine, dass man trotz erotischer Gefühle nicht den Überblick verlieren muss!

Diesbezüglich sehe ich meine Arbeit auch mit Paaren spannend. Ich vermittle Männern und Frauen eine gewisse Verständigungsmöglichkeit, auch auf geistiger Ebene und bei Schwierigkeiten mit ihren sexuellen Gefühlen. Diese Ebene nenne ich „**Alltagsspiritualität – Körper miteingeschlossen**"! Wir brauchen kein Tantra, wir brauchen aber eine eigene Kommunikation zwischen Körper, Seele und Geist. Jede Person braucht das – Mann und Frau. Eine entschlossene Aufmerksamkeit – was Kommunikation bedeutet - nämlich dass man auf sich und auf den anderen aufmerksam ist und man den Mut hat zu begegnen. Meine wichtigste Mitteilung in der Therapie ist sicherlich, dass **die Wahrheit hilft** und dass die **Wahrheit erotisch ist**. Sie bewirkt, dass man sich nach einer gewissen Zeit – im Sinne eines spirituellen Körpers - nackt fühlt. Darum nenne ich die dazugehörige, echte Kommunikation auch die **nackte Kommunikation**. Das heißt, auch körperlich (natürlich angezogen) da zu sein und wirklich von sich zu reden – also seine Wahrheit zu sagen. Das ist nichts Anzügliches oder Blödes, es ist edel in der Ausführung, wenn man das tatsächlich bereit ist zu leben. Das hat sicher Ähnlichkeit mit Tantra und verschiedenen geistigen sexuellen Ansätzen.

Und wenn jemand in einer sexuell-erotischen Begegnung auch ehrlich sein kann, seine eigenen wirklichen Wünsche zeigen kann und dabei den anderen beachtet, das ist in meinen Augen eine **spirituelle Sexualität, und diese heilt**. Nach und nach bildet sich durch die Heilung der eigene spirituelle Körper. Je öfter man seinen Körper geistig benutzt – das bedeutet natürlich nicht NUR Sex, sondern auch z. B. Schauspiel, Kunst, Vorträge halten – umso mehr. Es ist wahrscheinlich ein Spiegelbild des „normalen" Körpers, wie wir uns geistig wünschen zu sein.

Es geht darum**, ehrlich zu sich und zu anderen** zu sein, in erster Linie zum Partner, um den eigenen Körper (und den des Partners) geistig begegnen zu lernen, egal wo, auch in der Arbeit. Das ist es, was heutzutage Achtsamkeit genannt wird oder dorthin führt. Nur finde ich diesen Schritt viel aufregender, als einfach „achtsam zu sein". Wenn man fähig ist, in Liebe zu leben, ziemlich oft und mit möglichst vielen Menschen, bildet sich dieser geistige Körper immer mehr aus. Wir fangen an uns WAHRzunehmen und es ist sehr schön und beruhigend, dass wir nicht nur ein Haufen Zellen sind. Man spürt die eigene Person, die man ist, ein geistiges Wesen mit einem Körper, in dem man wohnt.

> *Heidi: Achtsamkeit hat für mich auch etwas Beängstigendes. Zu meditieren, sich Zeit für sich zu nehmen, sich auf sich selbst zu konzentrieren, das empfinde ich oft als schwierig. Wenn es mir allerdings manchmal gelingt, dann finde ich es sehr energiebringend. Aber es ist schwer, mich dafür bewusst im Tagesablauf zu entscheiden!*

Ildiko: Mir gefällt es nicht, wie Achtsamkeit derzeit propagiert oder im Allgemeinen verstanden wird, weil es beengend wirkt. Das ist es aber nicht. Kabat-Zinn[i], ein Amerikaner, war der erste und größte Verbreiter von Achtsamkeit in der westlichen Welt. Er macht weltweit Meditationen und ähnliches und es ist ganz wunderbar, mit welchem westlichen, überzeugenden Elan er den buddhistischen Ansatz in das Westliche übertragen hat.

Achtsamkeit ist nicht innehalten. Achtsam leben ist etwas ganz Anderes, als sich immer wieder zu unterbrechen und aufzupassen! Es wird immer wieder als etwas Zusätzliches verstanden. Das ist es aber nicht. Es ist etwas, das parallel mit dem läuft, was man tut. Wenn ich in der Therapie darüber rede, zeige ich das meistens mit einer Tasse Tee vor. Dieser Akt des Teetrinkens ist beispielsweise in Japan oder China sehr wichtig. Achtsam Tee trinken bedeutet, dass du ganz und gar dabei bist. Es heißt nicht unterbrechen oder extra aufpassen müssen, sondern dass du bereit bist diesen Tee – oder auf die Erotik bezogen, diesen Menschen – vom Anfang bis zum Schluss wahrzunehmen. Und sich selbst dabei genauso! Es ist nicht notwendig irgendwelche krampfhaften Dinge zu machen! Genau wie beim Sex. Wenn das guter Sex oder gutes Essen ist, ist man ganz dabei – bei jeder Geschmacksnuance. Ich sehe die Lösung darin, dass man genauso leben soll. Anders geht es gar nicht. **Man kann nicht zwei Stunden achtsam sein und danach dann leben**! (lacht)

Mein Gebet im Stehen   Ildiko

Meditation für das „**Stehen-Lernen**" für sich ein-stehen und alles durchstehen **lernen**. Nach jeder Zeile bewusst atmen!

Ich stelle mich   (atmen)
Ich stelle mich hin   (atmen)
... stelle mich in Liebe. (atmen)

Ich stelle mich nicht dagegen,
ich stelle mich nur hin.
Ich bin stark,
stark genug, um nicht zu kämpfen,
stark liebend
in meiner Schwäche!

Ich BIN meine Schwäche,
ich BIN meine Stärke!

Ich stelle mich,
stelle mich in Liebe,
stelle mich einfach hin.

Ildiko: Es gibt noch eine Kraft in uns, die wir ernst nehmen müssen Das **Tier in uns** – vom heiligen zum unheiligsten (wie das Schwein, das meistens negativ gesehen wird, für uns kein schöner Begriff ist). Diese tierischen Aspekte im Gehirn sind in der (Neuro-)Psychologie sehr wichtig – wie das Reptilgehirn, was wir leider sehr oft in unserer Kommunikation und in Paarbeziehungen vergessen: Nicht nur, wenn man Angst hat, sondern auch wenn man die Wut des anderen spürt, oder wenn man flüchten möchte. Da kommt das jeweilige Tier in uns zum Vorschein, es zeigt sich! Das ist eine Kraft in uns. Man könnte sagen, Instinkte sind tierischer Abstammung. Eine unheimlich lange Entwicklung. Wir können genauso die Nerven verlieren wie Tiere. Gewalttaten, Morde, die völlig sinnlos entstehen, oder Kriege, in denen man im anderen nur noch den Feind sieht und ihn töten will. Das zeigt, dass die tierischen Bereiche in uns sehr stark sind.

   Heidi: Instinkte sind ja auch etwas Wahres.

Ildiko: Ja, sie sind auch wunderbar wichtig. Ich finde, dass unser Körper das Göttlichste an uns ist. Das ist „Gott gegeben". Es ist aus irgendeiner Kraft entstanden, sicher nicht nur aus Ei und Spermien. Es ist unglaublich, wenn man sich näher mit dem Körper befasst – aus medizinischer Sicht oder als Physio- oder Psychotherapeut, da merkt man, was für ein Wunderwerk er ist und wie alles zusammenspielt, wenn wir gut zu unserem Körper sind (ihn wahrnehmen, achten).

Mit diesem „Tier" oder mit unserer Instinktnatur, oder unserem Bauchgehirn – wie auch immer man das bezeichnet – ist es wichtig, achtsam zu sein! Zu sehen wie geht es mir JETZT, dem „Tier in mir". Auch in einer Therapiestunde – wie geht es dem Klienten mit der Situation, mit mir, mit sich selbst. Das hinterfrage ich immer wieder, weil man dann da ist. Da ist man wirklich miteinander zu einer Begegnung bereit bzw. ist sie überhaupt erst möglich. Wenn das Tier sich sozusagen sperrt und „nein" sagt zu dem Therapeuten wie mir, dem Menschen, der irgendetwas sagt und macht und predigt, dann kann man gar nichts tun! Dann ist es viel besser man deckt die Situation auf, wie schlecht es einem geht oder wie ungut einen etwas berührt. Männer reagieren in Therapien auf dieses „therapeutische Ansprechen" sehr empfindlich.

Es ist also wichtig, das Tierische sehr aufmerksam in der Therapie einzubinden, damit der Mensch und Klient ebenfalls lernt, es zu beachten und nicht zu unterdrücken, wie es ihm wirklich körperlich, instinktmäßig geht! Die Unruhe, z. B. bei der Mediation, weist oft darauf hin, dass sich jemand im Körper oder in der Situation nicht wohlfühlt und eigentlich auf der Flucht ist. Das müsste man beachten, um es ändern zu können. Schauen, ob Flucht hier überhaupt eine Möglichkeit ist, ob es real notwendig oder nur Einbildung oder Angst ist. Es ist nicht ungewöhnlich, dass man in Aktivitäten hinein flüchtet. Wenn man aufhört mit der Aktivität, findet man eventuell keinen Zugang zu sich selbst, denn in der Ruhe ist es dann schwer möglich sich positiv wahrzunehmen. Man kann das vielleicht nur, wenn man etwas zu tun hat! Das hat aber natürlich auch Vorteile: Es nützt den anderen und man wird verehrt, wenn jemand so aktiv ist. **Aber mitunter ist es eine Form, an sich vorbei zu gehen.**

Heidi: Das kenne ich auch von mir. Ich bin entweder aktiv oder schalte ganz ab. Ich lerne jetzt mich wirklich mit mir zu beschäftigen und mich auszuhalten.

Ildiko: Die Achtsamkeit wäre für diese Übergänge zwischen Aktivem und Passivem wichtig. Natürlich für die Ruhe und Passivität, aber in der Aktivität ist es noch viel wichtiger achtsam zu sein. Das bedeutet, dass man sich wahrnimmt, egal was man tut, und nicht „verrückt" wird, weil man zu viel arbeitet (z. B. auch als Therapeut)!

Die wichtigsten Übungen hierzu sind bei mir Jäger und Beute oder die Statuenübung. Dort kommt auch oft das Tier hervor. Meistens fühlen wir uns zu einem Tier hingezogen – entweder optisch oder gefühlsmäßig. Wir meinen, wir könnten so etwas sein. Es ist meistens etwas Tolles, sich wie Pumas, Löwen oder Leoparden zu bewegen. (Solange man nicht zusieht, wie sie ein anderes Tier auffressen. Das sieht dann weniger elegant aus!)

Heidi: Was ist eigentlich dein Tier?

Ildiko: Mein Tier? Das sag ich nicht! (lacht) Na gut: Ein kranker, weißer, zahnloser Hund. Bei mir waren diese tierischen Instinkte total kaputt. Mein Tier ist ein krankes Tier, wie bei vielen Therapeuten! (lacht)

Heidi: Aber jetzt nicht mehr. Oder?

Ildiko: Das bleibt für mich so, weil das wahrscheinlich auch meine große Anziehung zur Therapie bedeutet. Ich habe mir selbst leidgetan, wenn ich diese kaputte Instinktnatur gefühlt habe. Als Kind habe ich mich dauernd überwinden müssen, bis ich mich dazu bekannt habe, dass ich eben so bin. Dann habe ich dieses kaputte Tier verehrt, gepflegt und beruhigt und nicht einfach nur abgewertet.

Ich bin mit diesem Körper aufgewachsen, der immer betroffen und krank war. Das ist bezeichnend, denn solche Menschen kommen häufig in Heilberufen vor. Man hat in sich eine Beziehung zum Kaputten, Kranken, nicht Vollkommenen. Andererseits hat das Tier in mir trotz Krankheit etwas Majestätisches und sitzt hinter mir. Ich nehme mein Tier im Kreuzbein wahr, wahrscheinlich im Nervengeflecht, das man Bauchgehirn nennt. Ich spüre, dass es da sitzt und aufpasst, auf mich und darauf, ob ich die Wahrheit sage.

Aber das Tier darf nicht übertreiben bei mir! Es ist gut erzogen und dient mir. Allerdings glaube ich, dass es bei meinem Tod sehr wichtig sein wird, es wird bestimmen dürfen, wie ich sterbe. Ich sage ihm, bitte stirb schön und schnell und heiter. Aber es antwortet nicht (lacht). Damit sagt es: „Überlass es mir…"

Der Tod

Heidi: Der Tod beschäftigt mich derzeit sehr. Gerade hatten wir einen plötzlichen Todesfall in der Familie! Und natürlich beschäftige ich mich mit meiner Mutter und was passiert, wenn sie stirbt. Wie es mir dann geht, wenn sie nicht mehr da ist. Oder wenn du stirbst. Du hast ja gesagt, dass du langsam mit der Arbeit zurückfährst, da habe ich auch angefangen mir Sorgen zu machen.

Ildiko: Interessant. Du liebst mich vielleicht. Wie schön. (gemeinsames Lachen)

Heidi: Es ist einfach die Sorge, was passiert, wenn Menschen sterben, die mir wichtig sind. Was kommt danach?

Ildiko: Das wird lustig. Wenn ich weg bin, wirst du immer Zugang zu mir haben. Du kannst mich immer rufen, ich werde kommen. Denn ich kann schon jetzt hin und her gehen, zwischen dem Hier und dem Jenseits. Ich glaube, dass das viele Geister dürfen. Das ist eine gewisse Fähigkeit, die man sich im Leben geholt hat, die man nachher auch benutzen darf. Ich glaube, das sind nicht die Engel, die uns immer helfen, sondern verschiedene Seelen. Wenn man wirklich in Verbindung ist, dann gibt es Hilfe. Man kann etwas fragen und bekommt Antwort.

Heidi: Ich glaube das auch. Oder besser, ich spüre das. Aber ich habe Angst, wenn diese Instanz über mir nicht mehr da ist – jemand, an den man sich wenden kann – die Mutter. Wenn da niemand mehr ist, kein Schutz, kein Filter...

Ildiko: Das wäre schön, wenn auch noch die Großeltern usw. da wären und man noch nicht selbst in der ersten Reihe stünde. Aber ich bin schon dort und ich freue mich sehr. Ich habe dazu ein gutes Gefühl. Ich fürchte mich nicht und auch nicht davor, dass ich keinen Zugang mehr zu Menschen habe, die ich liebe. Und ich glaube, das ist mit deiner Mutter genauso. Sie wird sicher kommen, wenn du sie rufst, sie wird dir helfen und sie wird dann gehen, wenn es wirklich genug für sie ist. Wie alt ist sie?

Heidi: So alt wie du, Jahrgang 1939.

Ildiko: Dann ist sie ja noch ein bisschen jünger als ich. Da hat sie ja noch Zeit! (lacht)

Heidi: Der Tod oder die grausamen Seiten des Lebens haben mir schon immer Angst gemacht und ich tendiere dann dazu sie zu ignorieren. Ich kann es nicht ändern, also schaue ich weg. Bildlich gesprochen halte ich mir innerlich irgendwie die Augen zu und hoffe, dass das Böse verschwindet.

Das erinnert mich auch an eine Geschichte vor vielen Jahren: Ich habe damals meiner kleinen Nichte das Märchen von den sieben Geißlein vorgelesen und fand die Stelle mit der Tötung des Wolfes für ihr Alter zu grausam, deshalb habe ich es beschönigt. Meine Nichte hat das Märchen gekannt und ganz empört und vehement darauf bestanden: „Nein, das stimmt nicht. Der Wolf wird mit Steinen in den Fluss geworfen, er muss sterben!"

Ildiko: Wir haben alle im Unterbewusstsein Kenntnisse von der Brutalität des Lebens und wir wollen das Beschönigende nicht. Wir wollen auch genau sehen, wie ein Tier geschlachtet wird, auch wenn wir Angst haben. Schon Kinder wissen, dass das Leben nicht nur schön ist und dass der Tod da ist – in jeder Bedrohung.

Das Sauschlachten habe ich ein paar Mal als Kind am Land erlebt, weil wir uns, als Halbjuden, vor dem Krieg dort versteckt haben. Das war wahnsinnig aufregend. Ich war damals um die vier Jahre alt und die größeren Buben haben parallel zur Sau eine Maus geschlachtet und ein kleines Feuer gemacht. Parallel zu dem was die Erwachsenen taten, wurde ein kleines Mäusetheater gespielt, genauso brutal. Das ist irgendwie verständlich, um es zu verarbeiten und um zu fühlen, dass man das auch kann. Der Tod und diese Brutalität gehören zum Leben dazu, leider.

Heidi: Das halte ich gar nicht aus. Ich muss schon bei brutalen Szenen in Filmen wegschauen und ich will es auch nicht aushalten.

Ildiko: Ich finde da hast du Recht. Ich verstehe, warum du das nicht sehen willst und ich schaue mir so etwas auch nie an – Horrorfilme oder brutale Szenen. Sicher nicht. Aber nicht umsonst gibt es diesen Industriezweig der Horrorfilme, Krimis und Thriller. Die meisten starren dann mit großen Augen auf diese Szenen und wollen das durchstehen und aushalten, weil man Angst hat und weiß, dass diese Seite des Lebens real ist. Es ist für manche wichtig, dass man so etwas durchlebt und dann aber erkennt, es ist ein Märchen, es ist eben nicht real und man kann es wegschieben. „Das war ja nur ein Film!"

Ich schaue sowieso wenig fern, weil ich nicht einmal das aushalte. Ich habe das Gefühl, dass mir Fernsehen meine eigenen Gefühle wegnimmt. Ich fange an, in jeder Geschichte sehr intensiv zu fühlen, viel zu intensiv für meinen Geschmack. Ich verbrauche diese Energie lieber in der Therapie, indem ich mich dort in das Leben von jemandem hineinfühle. Im Fernsehen ist das sinnlos. Ich verstehe, dass das Fernsehen auch viele entspannt. Aber meine eigenen Gefühle sind mir immer wichtiger und die muss ich aushalten. Dazu gehört oft viel Mut und Entschlossenheit, auch in der Therapie, dass die Menschen ihre eigenen Gefühle aushalten, so wie es wirklich für sie war, nämlich den realen Horror und nicht einen falschen, überzogenen Hollywood-Horror. Da braucht ein Therapeut auch viel Kraft und viel Mut, wenn man dabei so lange verweilt, wie es der Klient braucht und nicht einfach abbricht, weil man es selbst nicht aushält!

Manchmal ist es nicht fassbar, was Menschen für Schicksale haben, was sie durchmachen. Man fragt sich, wie es möglich ist, so etwas zu überleben oder damit auch noch normal zu bleiben!? Die Gefühle, die Geschichten, die Intensität. Das ist öfters unglaublich und verlangt auch unglaublich viel Kraft. Ich sage: **Therapie ist Menschenliebe**, Therapie ist Kunst.

4 Die Methode ohne Methode: Beziehung als Grundlage

„Es gibt nichts Anderes, das einen heilt, als die eigene Wahrheit
zu erkennen und damit umgehen zu lernen.
Und dafür braucht man Beziehung."
Ildiko

Heidi

Ildiko eckt in ihrer Individualität natürlich auch an. Ich habe immer an ihr bewundert, wer sie ist und das auch bei mir selbst gesucht. Sie weiß von ihrer Kleinheit bis zu ihrer Größe über sich Bescheid und versteckt sich nicht. Ildiko arbeitet nicht als Psychotherapeutin, sondern als psychologische bzw. Lebens-Beraterin. Man stellt sich Fragen wie: Ist Ihre Therapie dann professionell? Nach welcher Methode arbeitet sie? Ist das wissenschaftlich untermauert? Gleichzeitig war mir das aber auch egal, denn sie hatte schon vielen Bekannten und Freunden weitergeholfen und ich habe mich von ihr wirklich gesehen gefühlt!

Die für meine Entwicklung zentrale Beziehung zwischen Ildiko und mir hat sich über die Zeit verändert – rückblickend eigentlich entsprechend der 3 Phasen der Bergwanderung. Zu Beginn war ich brav und abwartend, dann wurde ich selbstsicherer, fühlte mich wohler und hinterfragte auch Dinge.

Ildiko baut zu ihren Klienten sehr wohlwollende und liebevolle Therapiebeziehungen auf. Sie sagt auch Dinge wie „Mein Schatz" oder „Ich hab dich lieb", wenn sie das fühlt, was man von einem Therapeuten nicht erwartet. Und ich fühle das auch – sie ist für mich zu einer wichtigen mütterlichen Freundin geworden. Dadurch konnte sie mir Dinge auch ganz anders sagen oder mich herausfordern, als wenn sie nur eine fremde Expertin gewesen wäre.

Mein Anpassungsdrama führte auch zwischen uns immer wieder zu „Rückfällen" meinerseits. Ich wollte brav sein und so agieren, wie ich glaubte, dass sie es von mir erwarten würde. Denn natürlich wollte ich auch ihr gefallen. Es war ein Dilemma für mich, denn Ildiko will, dass ihre Klienten zu eigenständig denkenden, selbstachtsamen, herzlich aggressiven Menschen werden. Mein innerer Kampf zeigte sich dann manchmal an Termin-Kompliziertheiten oder Diskussionen über das Geld. Direkt aggressiv konnte ich ihr gegenüber zu Beginn nicht sein. Dafür war sie mir zu sehr Vorbild und Autorität.

Eine zentrale Wende und ein Ausbruch aus diesem Dilemma kamen schließlich mit dem gemeinsamen Buchprojekt und der offenen Konfrontation darüber. Ich war stark genug, um mich aus dieser falsch verstandenen Loyalität zu emanzipieren und für mich und meine eigene Größe einzustehen. Das war der wichtigste Heilungspunkt in meiner Entwicklung, da ich mich in Ildikos Person mit meinen Eltern konfrontierte. Damit wandelte sich auch unsere Beziehung fundamental. Ich stelle sie nun nicht mehr auf ein Podest, sondern ich begegne ihr als Mensch auf Augenhöhe.

Heidi: Du sprichst immer davon, dass du mit der Methode ohne Methode arbeitest. Was bedeutet das?

Ildiko: Methode ohne Methode, weil die Begegnung im Zentrum steht, statt eine Methode anzuwenden! **Meine Methode ist die Begegnung.** Diese sollte ehrlich und unmittelbar sein. Ich nenne das auch die „nackte Kommunikation". Das praktizieren wir auch in den Gruppen – natürlich ohne körperlich nackt zu sein. (lacht)

Ich finde, dass Klienten UND Therapeuten sich in einer Therapie weiter entwickeln dürfen und müssen. Weder der Klient noch der Therapeut sollte an alten Knochen herumnagen. Obwohl die Störungen und Probleme eventuell die gleichen sind, (auch vom Therapeuten), ist die wirkliche Begegnung zwischen zwei Menschen immer aufregend und erfrischend. Ich sorge für die Begeisterung, für die Entwicklung. Ich zeige und erkläre dem Klienten öfter, wie spannend das ist, was wir tun und weswegen wir das so tun.

Logischerweise habe ich unter meinen Klienten Freunde, viele bleiben als Freunde. Man lernt sich ja wirklich gegenseitig kennen. Man lernt auch den Therapeuten kennen, wenn er sich normal (lacht) und authentisch verhält und nicht seine Gefühle versteckt! Wobei das in der Therapie oft schwierig ist, auf welche Art man zeigen kann was man fühlt! Es hängt davon ab, wo man im Therapieverlauf als Therapeut ist und wie es dem Klienten geht. Oft geht es dem Einzelnen schlecht oder er ist in Aufregung, ist Ängsten oder Attacken verfallen, dann passt natürlich nicht immer jedes Gefühl von mir. Aber soweit es in der Situation geht, versuche ich, bei mir zu bleiben und mein Dasein auszudrücken, wie es gerade ist.

Heidi: Erst dadurch ist manches überhaupt möglich! Anders als wenn du eine weiße Leinwand wärst, die „nickt".

Ildiko: Das gelingt mir sowieso nicht! Aber dadurch, dass ich keine Leinwand bin, passiert etwas. Man kommt in die Dramen hinein, wenn ich nicht gut drauf bin oder wenn ich Dinge mitteile, die der Klient überhaupt nicht von mir erwartet. Er ist vielleicht auf jemanden gefasst, der seine Gefühle versteckt. Das wäre dann nur ein Therapeutenautomat.

Heidi: Können deine eigenen Gefühlsmitteilungen nicht auch negativ wirken?

Ildiko: Natürlich, es kann z. B. sein, dass ich zur falschen Zeit eine Mitteilung mache. Besonders in der Gruppe, dass vielleicht etwas missverstanden wird. Aber ich hoffe dann immer auf die schon bestehende Beziehung und dass ich die Irritation dadurch korrigieren kann. Ich entschuldige mich und erkläre es besser. Das bringt auch viel. Es ist selten passiert, dass jemand mir nicht verziehen hat! Wenn ich wirklich da bin, ist es auch lustvoller und echter. Man fühlt, dass man lebt. Beide leben. Nicht: einer verdient Geld und hält die Stunden aus und der andere weint, fühlt und lebt.

Die Methode ohne Methode (Infoblatt)   Ildiko

Das was ich hier schreibe, ist einfach meine Meinung, meine persönliche Wahrheit. Mehr will es nicht sein und nicht scheinen. Mir ist Gott noch nicht erschienen, ich werde ihn suchen und in mir finden müssen.

Psychologische Beratung ist eigentlich eine seel-sorgerische Tätigkeit. Die Arbeit mit Menschen (Beratung, Therapie) ist keine Konsumware, sondern meiner Meinung nach nur dann möglich, wenn beide, Klient und Therapeut sich entschließen wirklich da zu sein. Sie leben die Therapie und sie zelebrieren sie nicht. (Klient und Therapeut sind keine Attrappen.)

Beide bekennen, dass sie fühlen mit allen ihnen zur Verfügung stehenden Sensoren und Organen. Wenn der Therapeut seine eigenen Gefühle blockiert, blockiert er den Klienten. Das bedeutet nicht, dass der Berater oder psychologisch Arbeitende dauernd über eigene Gefühle sprechen muss, aber es ist wichtig, dass seine Interventionen, Aussagen und Lösungen seiner inneren Wahrheit entsprechen. Dass er mit sich und mit seinen Gefühlen immer in Kontakt ist.

Der Prozess ist nur dann heilsam für beide, wenn beide in einer Arbeitsstunde leben: sie mimen nicht ihre Rollen.

Wer kennt die Aussage nicht: "Ich habe schon lange gemerkt, dass nichts weitergeht, aber der Therapeut hat nichts gesagt, so hab ich auch nichts gesagt... es war langweilig." **Langweilig ist einem nur, wenn man sich nicht nach seinen Gefühlen verhält.** Sonst sind die Prozesse immer auf irgendeine Art magisch und magnetisch. Sowohl der Klient, als auch der Therapeut ziehen tiefe Inhalte aus dem Inneren.

Es gibt heutzutage viele Angebote, kurze oder lange Therapien, es arbeiten Trainer, Wahrsager, Schamanen, Händeaufleger, Psychologen, Psychiater... mit Worten, Sternen, Kugeln, Karten, Steinen, Massagen,... aus allen Kulturen abgeleitet,... und alle meinen es gut und meinen, dass es richtig ist, was sie machen. Was ist „richtig"? Denn die Menschen kommen und sie sagen, dass es ihnen gut tut.

Kann man sich orientieren? Ist es nur Zufall, wo jemand landet? Durch Bekannte, durch Empfehlungen... und man bleibt, weil der Mensch einem Eindruck macht. Dinge an die man glaubt, helfen einem... zumindest bis zu einem gewissen Grad, ... man findet Halt beim Horoskop, beim Wahrsager, ... wenn ich an rote Steine glaube, dann helfen mir rote Steine. Bis zu einem gewissen Grad.

Die Frage ist, ob ich damit meine Probleme lösen kann. Aber es ist einfach gut Hilfe zu bekommen: Worte oder Steine, Berührung oder Bewegung. Man kriegt wieder Luft, man kann wieder atmen und hoffen. **Hoffnung ist immer ein guter Teil jeder Therapie.** Aber eine ernsthafte psychische Hilfe sollte doch fähig machen, eigene Probleme zu lösen und man sollte gesund, oder zumindest gesünder werden.

"Gesund sein", was ist das? Einfach formuliert ist der Mensch gesund, wenn er ungefähr 70 % tun kann, was er will und damit anderen nicht schadet, sondern nützt.

Was ist also die Aufgabe der psychologischen Arbeit mit Menschen? Was ist die Aufgabe der Therapie? **Menschen fähig zu machen, ihren Willen zu tun und damit anderen nicht zu schaden, sondern zu nützen.**

Dem steht einiges im Weg: Störungen, Verletzungen, Wunden und die oft komplizierten Verhaltensmuster, die aus dem Wunsch der Schmerzvermeidung resultieren. Die erste Aufgabe der Therapie ist, **Störungen mit ihrem Sinn in Verbindung zu bringen**. Dem Klienten verständlich zu machen, dass er nicht verrückt ist, dass es sinnvoll ist, so zu sein, wie er ist und anders als die anderen... und dass er wahrscheinlich eine äußerst pfiffige Lösung gefunden hat für sein Problem... nur dass er da noch ein Kind war und sozusagen aus dem Muster herauswachsen muss, um sich gesund und normal zu fühlen.

Was ist normal? Ist es insgesamt wünschenswert "normal" zu sein – und wie weit? Man muss einigermaßen verrückt sein, um sich in unserer Gesellschaft wohl zu fühlen. **Wo der Mensch von der Norm abweicht, da ist er er selbst.** Die gesunde Verrücktheit, die jeder braucht, um sich von anderen zu unterscheiden ist, dass man sich selbst unbedingt finden will – ein unverwechselbares Individuum.

Störungen sind pfiffige, doch oft schwierige Verrücktheiten, damit man sich selbst fühlen kann. Doch wenn man sie behält, werden sie zu eng und lebenshinderlich.

Wie lange dauert eine Therapie? Die Dauer einer therapeutischen Arbeit richtet sich nach den Zielen:

Eine tiefgreifende Durcharbeitung aller drei Ebenen in der Kindheit:

- Ja-Phase (Harmonie, Oralität)
- Nein-Phase (Entwicklung des Ego/Analität)
- Verbindung von beiden (Entwicklung Aggression/des menschlichen Ichs/Genitalität)

Eine Therapie dauert bei mir zirka zwei Jahre. Dabei werden alle spontanen Möglichkeiten genutzt, die der Klient kann und will: bewegen, atmen, schreiben, tanzen, malen... Diese Art zu arbeiten ermöglicht die Anfertigung eines Schlüssels, der für die wichtigsten Bereiche des Lebens passen sollte. Wenn nicht, kann man nachfeilen.

Therapie ist Persönlichkeitsentwicklung.

Was passiert in dieser Zeit? Was sind Arbeitsschwerpunkte?

- „Mistarbeit" (Mist wegräumen) oder „Detektivarbeit" (Unwahrheit, Lügen, Betrug aufspüren)
- Kindheit ausgraben
- Alles, was man findet sortieren
- Knochenarbeit
- Später: Tränen – Kanalisation
- Bewässerung vertrockneter Gebiete

Parallel dazu wird aufgebaut:

- Sinnlich, sinnvolle Verbindungen finden
- Hoffnung kriegen
- Trost, Halt
- Aufmerksame Augen
- Spiegelfunktion: Bewusstsein
- Bildung eines neuen Bewusstseins mit dem Therapeuten

Die methodenlose Methode arbeitet vorwiegend aus dem Stegreif.

Ich unterscheide ca. alle 3-4 Stunden die echte Beziehung von dem, was der Klient auf mich projiziert... (Altkleider der Eltern wurden mir angezogen), ich lege die Projektionen ab. Viel Geduld und Humor sind notwendig, ich kämpfe, dass ich gesehen werde. Das ermöglicht das Weiterkommen des Klienten.

Die "Methode ohne Methode" ist ein einfaches Paradoxon: Die Methode ist, dass man ohne Methode arbeitet. Ohne Netz in der tiefen Verbindung der Beziehung. Es ist schwer zu erklären, aber man spürt den Unterschied deutlich in der Präsenz des Therapeuten.

Menschlichkeit oder Professionalität?

Heidi: Was ist für dich Professionalität?

Ildiko: Es wird dich wahrscheinlich langweilen, wenn ich es sage: Ich bin nur als Mensch professionell. Ich bin kein „professioneller" Therapeut und will es auch nicht sein. Jegliche „Professionalität", abgesehen von kleinen Formge-schichten (wie Termine vereinbaren und einhalten), sind mir ein Gräuel. Als Mensch bin ich professionell und das will ich auch sein. Mehr brauche ich nicht. Ich will **als Mensch wirklich da sein** und anderen Menschen begegnen, weil sie mich interessieren. Je „nackter" (natürlich bekleidet!) ich sie sehen kann, umso besser. Je mehr sie sich öffnen können und zeigen, wie sie sind, umso mehr ist gute Arbeit möglich. Auf rein „professioneller" Basis kann man jemandem nicht begegnen. Menschen sind sehr verschieden und auch **ihre tiefen Verletzungen erleiden sie in Beziehungen**. Es ist oft unglaublich tief vergraben und kommt nicht mittels „professioneller" Hilfe an die Ober-fläche, zumindest nicht freiwillig!

Und diese Art – methodenlos - zu arbeiten, habe ich auch in der Nervenklinik in Salzburg zum ersten Mal ausprobiert, wo ich Musik- und Bewegungsthe-rapeutin in der Psychiatrie war. Das hat teilweise dazu geführt, dass Men-schen nach zehn bis zwölf Jahren laufenden Klinik-Aufenthalten wieder aus der Klinik entlassen werden konnten. Das hat mich sehr überrascht! Auch Professor Gastager, der ein kreativer und unkonventioneller Mensch und mein Chef und Unterstützer in der Klinik war hat es geschätzt, wenn ich mir kein Blatt vor den Mund genommen habe. Aber die Ärzte wollten damals nicht wirklich wissen, was ich genau gemacht habe. Ich habe diese Metho-den dann nach fünf Jahren Klinikarbeit in meine freie Praxis mitgenommen.

In der Klinik habe ich mit einigen Ärzten zusammengearbeitet. Einmal fragte einer: „Warum können Sie das?" Ich konnte Familientherapie auf meine Art mit fünf bis zehn Familienmitgliedern machen, ohne das irgendwo gelernt zu haben! (Kunststück! Ich habe das als Kind im Krieg gelernt, alle mit einzube-ziehen!) Ich habe ihm geantwortet: „Das fühle ich!" Dann haben wir es zu-sammen gemacht. Aber in der Hierarchie war ich natürlich ein Niemand. Eine Frau, die fühlt, hahaha! Aber manches kann man nur fühlen – zum Beispiel wenn du mit mehreren Leuten gleichzeitig arbeitest.

Heidi: Warum wolltest du dann nicht mehr in der Nervenklinik arbeiten?

Ildiko: Einfach gesagt, weil ich geglaubt habe, dass ich dort krank werde. Ich musste gehen, oder ich wäre selbst depressiv oder krank geworden. Es war wegen meines non-konformen Verhaltens oft dramatisch. Ich habe alles gemacht, was ich für richtig gehalten habe und mein Chef hat mich damals unterstützt, weil er gesehen hat, dass es wirksam ist. Er ist lange hinter mir gestanden, aber ich habe mich aufgrund meiner Überzeugung mit vielen angelegt, auch mit den Obersten der Klinik, obwohl ich eine kleine Nummer war.

Aber all diese Kämpfe und alles, was ich erlebt habe – der Krieg, die ungarische Revolution, die Flucht und auch die Nervenklinik – haben mich zu dem Menschen gemacht, der ich heute bin. Manches in der Klinik konnte und wollte ich nicht geschehen lassen. Das ist das nicht Konforme. Ich habe nicht diese „Eine Hand wäscht die andere"-Mentalität, weil mir das mein Leben nie erlaubt hat. Für mich war das als Mensch der einzige Weg. Viele waren anderer Meinung, weil sie sich beispielsweise davor fürchteten ihre Stelle zu verlieren. Mir war das egal.

Hier ein Beispiel: wenn jemand (selten, aber häufig genug) ans Bett fixiert worden ist und die betroffenen Personen meine Klienten waren, habe ich sie von den Fesseln befreit und mich an ihr Bett gesetzt und geredet und geredet. Das andere Personal hat das natürlich oft als Angriff gesehen, aber so war das nicht gemeint. Ich wollte diese Situationen für den Kranken einfach nicht gelten lassen, dass er wie ein wildes Tier angebunden werden muss. Und es ist Gott sei Dank immer gut gegangen und das ist ein Zufall oder Wunder. Aber ich habe gesehen, dass wenn man selbst ruhig ist, wenn man redet, dann wirkt das viel besser, als wenn man jemanden anbindet und fesselt, weil dann der Widerstand nur stärker wird. Ich habe auch Szenen erlebt, in denen Patienten in einem empfindlichen, psychotischen Zustand schon ausflippen, wenn nur mehrere Pfleger langsam auf sie zugehen. Und man muss wirklich verstehen, dass so etwas unheimlich aufregt und man sich bedroht fühlt, auch wenn die Pfleger nichts Böses machen wollten. Bei solchen Dingen bin ich sehr empfindlich – zu Recht oder zu Unrecht. Es ist einfach meine Natur. Nach fünf Jahren habe ich gesehen, dass es nicht mehr geht.

Ich konnte meine Gefühle nicht dauernd unterdrücken und das würde sich auch nicht ändern.

Es war eine ganz wichtige Erfahrung für mich zu sehen, was eigentlich wirkt! Ein ruhiges Verbinden, was ich „Begegnen" nenne, ist sehr heilsam und kann auch sogenannte Verrückte von einer Erregung herunterbringen. Das habe ich oft erlebt. Menschen, die zehn Jahre kein Wort redeten, haben plötzlich zu sprechen begonnen, weil ich anders mit ihnen geredet habe. Ich habe ihnen Instrumente zum Spielen in die Hand gegeben. Das war damals eine Sensation! Einen solchen Burschen, der in der Musikgruppe zum Zuhören da war, habe ich zu einer großen afrikanischen Trommel gestellt. Ich habe ihn zum Trommeln ermuntert und danach hat er plötzlich gesagt: „Das ist schön!" Ab diesem Zeitpunkt hat er geredet. Das sind Erlebnisse, für die ich sehr dankbar bin. Ich wurde trotz meiner individuellen und angriffslustigen Art von vielen in der Klinik gemocht. Ich bin auch dankbar, dass ich all das dort erleben und tun und damit meine Methode entwickeln und ausprobieren konnte.

Heidi: Vielleicht wärst du ohne diese Erfahrungen in der Klinik gar nicht so eine Therapeutin geworden.

Ildiko: Natürlich nicht! Ich hatte zwar die einschlägige Ausbildung auf der Hochschule für bildende Künste in Wien gemacht, aber eine Ausbildung macht noch keinen Therapeuten. In der Klinik habe ich dann alles ausprobiert, was ich kann oder nicht kann, fast uneingeschränkt, auch weil es niemanden interessiert hat, was ich genau mache! (lacht) Aber ich bin sehr dankbar dafür, dass mir auch viel Toleranz entgegengebracht wurde. Mit einigen Schwestern und Pflegern konnte ich darüber reden und ich habe sie gebeten, verschiedene Dinge mit meinen Patienten zu versuchen. Es hat oft funktioniert, Gott sei Dank!

Heidi: Wie arbeitest du in einer Therapiestunde? Was sind deine Werkzeuge?

Ildiko: Mein bestes Werkzeug ist die **Nähe**. Das ist auch das Interessanteste an meiner Arbeit, dass ich mich traue, meinen Klienten wirklich nah zu sein. Bis sie wütend werden, oder sich entspannen. Ich traue mich ein echtes Gegenüber zu sein, zu weinen für den Klienten oder sogar für mich, wenn es über mich kommt. Manche werden dann hilflos, sie lachen gequält oder müssen auch weinen. Es ist eine gute Möglichkeit für beide zu arbeiten.

Am Anfang der Stunde wird bei mir auch meistens **getanzt** – zu Musik von Pop bis Stravinsky. Bei dieser Art „Überfall" sind die ersten Reaktionen unterschiedlich: manche erstarren, stehen herum, schauen mir 80-Jähriger zu, aber die meisten tanzen, hüpfen oder machen Übungen zur Musik. Der Sinn ist, dass man in einer Therapiestunde nicht nur mit dem Kopf, sondern auch mit dem Körper da ist. So kann ich mit dem ganzen Menschen arbeiten. Auch **Singen** ist möglich, mit mir oder allein.

Ich nutze auch **Liegen, Tiefenentspannung** oder einfach Körperentspannung. Man ahnt nicht, wie viele Menschen mit einer starken Grundspannung herumrennen. Das nennt man „Stress". **Stress ist längerfristig tödlich.** Stress stimuliert die Nebennieren, sie schütten Adrenalin aus, Adrenalin unterdrückt die Hormone, auch die Geschlechtsdrüsen, es entsteht bei Frauen eine Maskulinisierung, bei Männern eine Verweiblichung. Ersteres ist sogar erwünscht in unserer Gesellschaft. Außerdem hat Stress eine starke Wirkung auf das Immunsystem: die Lymphknoten schrumpfen und die Darmmuskulatur wird durch Stress gelähmt, verheerend, oder? Man kann sich gut vorstellen, dass daraus viele Folgeerkrankungen entstehen. Diese Zusammenhänge sind den wenigsten bewusst. Als Gegenmittel sollte man diese Grundspannung erkennen und die Ursachen aufspüren und verstehen lernen. Besonders die psychischen Ursachen zu entdecken, ist Detektivarbeit vom Feinsten.

Das **Lachen** ist bei all dem unentbehrlich. Ohne Lachen und Humor ist dieser Beruf nicht zu ertragen. Das Leben hat genauso viel Komisches wie Tragisches. Tragikkomik ist wichtig. Ein Onkel von mir war berühmt dafür, dass er immer Witze gemacht hat, auch im Krieg mit den Russen. Wenn er kam, gab es immer etwas zu lachen. Seine beste Leistung war – das erzählte man sich in der Familie – dass er auf seinem Sterbebett seinem Zwillingsbruder zugezwinkert und auf sich gedeutet hat, im Sinne von: Ich bin Erster!

Das **Gespräch** als Werkzeug beinhaltet viele neugierige Fragen, oft verwickelt und oft viel echte Teilnahme. Dadurch, dass ich mir auch das Lachen nicht verbeiße und schräge Bemerkungen erlaube – überhaupt in den Gruppen – ist die echte Teilnahme auch möglich.

Der **Spiegel** ist ebenfalls ein exzellenter Therapie-Partner – mit antidepressiver Wirkung.

Ich setze viele **Übungen** (siehe Anhang) ein und habe verrückt klingende Dinge erfunden, weil kein Mensch so ist, wie der andere. Übungen wie Böse Schlange, Jäger & Beute oder Beziehungsspiele wie die Fußübung: Einer steht dabei dem anderen auf den Füßen und ermuntert ihn doch endlich selbstständig zu werden. Dabei ist auch viel Lachen möglich. Aggressionsübungen, möglichst mit einem männlichen Therapiepartner gemeinsam, sind auch heilsam.

Aber ich habe auch Standardübungen, die ich aus dem Wunsch heraus entwickelt habe, jemanden auf meine Art diagnostizieren zu können. Ich stelle damit eine sogenannte Kreativdiagnose. Diese Übungen, so wie die Statue (siehe Anhang), mache ich wenn möglich am Anfang einer Therapie, denn ich habe schon früh gesehen, dass auf die Frage: „Wie geht es Ihnen?" niemand etwas Brauchbares antwortet. Alle antworten mit „Ich habe Kopfweh" oder „Mir geht es schlecht" oder irgendeine Plattitüde, aber niemand reagiert wirklich. Ich mache die Übungen Tausende Male und niemand macht genau das Gleiche! Das ist wie ein Fingerabdruck.

Meine Menschenliebe ist aber sicher mein wichtigstes Werkzeug. Wenn sie nicht da ist, leide ich!

Heidi: Welche Therapierichtungen haben dich beeinflusst und inspiriert?

Ildiko: Alles hat mich inspiriert! Ich habe viele Ausbildungen gemacht. Aber das ist mir nicht wichtig. Was für ein Mensch ich geworden bin, ist wichtiger. Ich kann dir sagen, **es ist eine Mut-Frage, ob man Therapeut wird.** Da gehört Achtung dazu, Ausbildungen sind da egal. Ich hätte auch die Möglichkeit gehabt Psychologie zu studieren, habe mich aber dagegen entschieden, weil es mir wichtig war, dass ich in mir intakt bleibe. **Denn es gibt ein System, auf das ich mich verlassen kann, und das bin ich.** Ich sehe es bei manchen Ausbildungen kritisch, wie sich die Schüler einer Methode unterwerfen, ja das sogar gefordert wird. Man passt sich an, sagt ja, damit man wieder eine Be-stätigung bekommt. Ich persönlich würde sagen: „Wenige Ausbildungen ma-chen, selbst arbeiten (lacht) und schauen, dass man aufnimmt und praktiziert, was einen interessiert!"

Ich habe mich gefragt, wie ich das nennen kann, was ich fühle? Und daraus ist das entstanden, worüber wir jetzt reden. Die Methode ohne Methode. Das Merkwürdige war, dass ich meistens als kompetent angesehen wurde. Ich bin nur dagesessen und habe erklärt: „Nein, so meine ich es nicht, es ist anders." Dann waren manche wütend, manche haben mich gehasst, aber ich war jemand. Und das aufgrund meiner Person und nicht aufgrund irgendwel-cher Titel. Ich habe auch wahnsinnig viel gelesen, gearbeitet, ausprobiert, mich in Prozesse hineingeschmissen. Das war wichtig! Ich kann gar nicht sa-gen, dass mich irgendetwas NICHT beeinflusst! Ich habe keine Abgrenzung, nicht zu Frankl, nicht zur Gestalttherapie und nicht zur Verhaltenstherapie. Als ich in der Nervenklinik gearbeitet habe, habe ich dort verschiedene Me-thoden kennengelernt und ausprobiert, zum Teil mit Ärzten und anderen Therapeuten zusammen. Warum sollte man sich vor irgendetwas verschlie-ßen? Wenn ich heute Frankl lese, bekomme ich ein Geschenk. **Es sind immer Geschenke, die man bekommt, von Menschen, von Erfahrungen, von Din-gen, die man liest, was man erlebt, auch von den bösen Dingen. Alles, was wir bekommen, formt uns!**

Heidi: *Solche Geschenke und neue Erkenntnisse vergleiche ich natürlich immer mit deiner Arbeit, um es besser für mich einzuordnen.*

Ildiko: Das ist wichtig für die Akzeptanz! Das Faszinierende an mir ist nur (lacht), dass ich das so nirgendwo gelernt habe. Das muss ich jetzt sofort sa-gen, weil es jetzt gerade um meine Persönlichkeit geht. (lacht) Wer bin ich und woher habe ich das? Es freut mich sehr, wenn ich irgendwo lese, dass etwas auch wissenschaftlich bestätigt wird, was ich empirisch und aus mei-nem eigenen Gefühl heraus erfasst habe. Ich habe oft einfach erkennen kön-nen, was Menschen brauchen.

Es ist gut sich weiterzubilden, verschiedene Ansätze kennenzulernen. Und ich habe das Gefühl, dass es dir dabei auch wichtig ist, unsere Therapie zu be-stätigen und nicht streitig zu machen. Meiner Meinung nach hat sowieso eine Therapie die beste Chance, die aus einer Hand ist. Manche Leute laufen während des Prozesses überall hin und hinterfragen, was hier gemacht wird und was dort gemacht wird. Sie laufen von einem zum anderen, es geht manchen schlecht dabei, aber sie machen es trotzdem. Sie kommen dann nicht davon weg, sich schlecht zu fühlen. Kaum haben sie hier gearbeitet, machen sie dort wieder etwas Anderes. Das Gehirn hat nicht die Möglichkeit sich zu zentrieren und zu beruhigen, damit die Emotionalität nachkommen kann. Und das wäre das Wichtigste. **Es fehlt die Hingabe an die eigenen Prozesse.** Diese Integration war zu Freuds Zeiten noch einfacher möglich, weil es auch keine Alternativen gab und man sich stundenlang mit sich beschäftigt hat, was aus meiner Sicht nicht mehr notwendig ist. Auf diese Art muss man heute nicht mehr arbeiten, aber es hatte auch etwas sehr Beruhigendes sich fünf bis sechs Mal pro Woche in Therapie zu begeben.

Es gibt immer neue Erkenntnisse. Die Neurobiologie und –psychologie interessiert mich derzeit besonders. Die neuesten Dinge, die man jetzt entdeckt, sind zum Teil noch nicht verwendungsfähig. Das kann man nur verstehen und beruhigt sein. Zum Beispiel die Neuroplastizität, dass die Gehirnzellen sich doch erneuern. Das sind zum Teil noch keine richtigen Forschungserkenntnisse, sondern eher Hypothesen.

Heidi: Mir hat das Verstehen der neurophysiologischen Prozesse dabei geholfen, meine eigene Spaltung zwischen Kopf- und Bauchgehirn besser zu durchschauen. Dass man das ältere und schneller wirksame limbische System nicht über Verstehen und Erklärungen erreichen kann, sondern über Gefühle. Das ist aber genau, was ich immer versucht habe, nämlich alles zu verstehen. Das war sehr anstrengend.

Ildiko: Man muss das limbische System – ich sage dazu „Tiefe" – erreichen. Das Großhirn (Neokortex) ist auch in der Therapiearbeit nicht so effektiv, aber sehr wichtig, weil man mit ihm erst integriert! Bei einer sehr Neokortex-orientierten Klientin wie dir, habe ich nach Möglichkeiten gesucht, wie du mehr – sagen wir – zum limbischen System umsteigen könntest. Ich denke, du hast früher oft neue Theorien gebildet, anstatt zu leben. Du warst sehr auf das Verstehen (Kopf) angewiesen. Wie ist es jetzt?

Heidi: Mein Kopf funktioniert zum Glück sehr gut, das war immer schon eine große Stärke von mir. Auf meinen Bauch, mein Gefühl habe ich früher seltener gehört. Nun werde ich immer besser darin, die beiden zu verbinden. Ich will immer noch Verstehen, aber ich fühle auch nach, erkenne die Gefühle und verdränge sie nicht mehr.

Ildiko: Obwohl du am Anfang alles verstanden und angenommen hast, habe ich gemerkt, dass es an der Oberfläche bleibt, es ging sehr über den Neokortex. Das andere, das ältere System, war kaum zugänglich. Wenn wir wiederum Tiefenentspannung gemacht haben oder etwas Hypnoartiges, dann kamen starke Gefühle hoch, denn damit erreicht man diese Ebenen (das limbische System) gut. In der Therapiearbeit ist es aber selbstverständlich wichtig, dass der Klient handlungsfähig bleibt, dass man auch die Umstände eines Klienten beachtet: hat er Verantwortung gegenüber Kindern oder Kranken, wie kann er seinen Verpflichtungen nachkommen, in seiner Arbeit „funktionieren", wenn er gerade sehr heftige Gefühle erlebt. In solchen Fällen versuche ich die Therapiestunde so zu legen, dass jemand danach Zeit hat. Ich vereinbare von vornherein: „Bitte sei nicht allein nach dieser Sitzung.", wenn ich weiß, dass wir mit verschiedenen Mitteln in die Tiefe müssen, entweder mit Zorn und Aggressivität oder mit Tiefenentspannung.

Es ist schwierig, aber schön zugleich! Jeder Klient hat seine Eigenart. Gott sei Dank! Als Therapeut kannst du oft zufrieden sein und für den Klienten ist es aber ganz anders. Du glaubst jetzt bringst du deine ganze Methode an, dein Herz, deine Weisheit, aber dann merkst du, dass das gar nicht funktioniert hat. (lacht) Es ist daher dieses langsame Herantasten und Schauen im Vordergrund: wichtig ist, was der Klient kann! Auf welche Art kann er überhaupt arbeiten? Wie ist es effektiv? Wie erreichst du das limbische System und stellst zugleich sicher, dass auch der Neokortex das aufnimmt und behält? Das ist dann die Integration. Der Klient muss mit dem Neokortex integrieren: „Was war mit mir, als ich das erlebt habe?". Emotionen waren da, aber sie gehören integriert, damit man sich als ganze Person versteht. Wenn man im Gleichgewicht zwischen linker und rechter Gehirnhälfte arbeiten kann, versteht man auch emotional, wie schrecklich dieser Anpassungswahnsinn ist, den du ja auch kennst! Das kommt bei vielen Menschen vor, weil wir das in unserer Gesellschaft so lernen.

Wahrheit oder Anpassung?

Heidi: Ich habe das auch so gelernt und mich immer selbstverständlich angepasst. In meiner Familie war es wichtig, die Erwartungen zu erfüllen und zu funktionieren. Ich kann mir vorstellen, dass das auch noch Relikte aus der Kriegszeit sind, denn diese Generationen mussten oft funktionieren, um zu überleben. Für die eigene Wahrheit war wahrscheinlich wenig Platz. Ich verstand dadurch aber als Kind: Um die gewünschte Zugehörigkeit zu bekommen und Zurückweisungen zu vermeiden, muss ich meine Bedürfnisse, meine Aggressionen, mein Selbst unterdrücken, denn es schien irgendwie nicht „gut" zu sein. Ich wurde perfekt darin, mich selbst „auszulöschen".

Du bist ja so alt wie meine Eltern. Wie hast du es geschafft, trotz deiner Erfahrungen als Kriegskind, nicht auch in diese Anpassungsfalle zu tappen?

Ildiko: Meine Eltern waren auch vom Schicksal gebeutelt und kamen nicht heraus aus dem dauernden Gebeutelt werden. Aber sie haben uns nicht belogen. Meine Mutter hat uns mit ihren Ausbrüchen regelmäßig Weihnachten zerstört. Sie hat gekocht, gebacken, sich selbst überfordert und war dabei ein Wrack. In der Küche hat sich immer ein Drama entwickelt. Aber sie hat gezeigt, wie es ihr geht.

Ich habe im Gegensatz zu deiner Familienerfahrung gelernt, ALLES nach außen zu tragen! Die Wahrheit, die tiefsten Gefühle! Ich habe gesehen, dass wenn ich zeige, was ich fühle, die Leute auftauen. Ich konnte mich immer nur an mir selbst festhalten. Dafür musste ich meine Gefühle wahrnehmen, durfte mich nicht verlassen. Das war die einzige Möglichkeit zu überleben. Ich habe erkannt, dass das Festhalten an mir nur eine Chance hat, wenn ich echte Gefühle zeige – im Guten.

Mit den Russen habe ich zum Beispiel auch Mitgefühl empfunden. Ich habe einmal als Erwachsene überrascht festgestellt, dass ich den Geruch von Alkoholikern gerne rieche. Das kommt wohl noch aus meiner Kindheit. Wenn ich diesen Geruch bei den Soldaten gehasst hätte, wäre ich krepiert. Ich konnte ihn nur lieben!

Heidi: Du sagst, nur die Wahrheit kann heilen. Woher kommt diese Erkenntnis?

Ildiko: Wir werden leider zu Lügnern erzogen. Wir nennen das dann vielleicht „Anpassung", aber wir lernen vom Kindergarten oder schon früher von den Eltern zu lügen. Wir lügen und finden, dass das notwendig ist. Wir werden nicht zur Wahrheit erzogen und das ist sehr schade, denn **in ganz vielen Situationen hilft nur die Wahrheit. Nämlich dort, wo man authentisch sein will, wo man lieben will, wo man wirklich da sein will, mit anderen und für andere.**

Mir haben Gott sei Dank unzählige Menschen, denen ich begegnet bin, geholfen, das zu verstehen. Menschen, die die Wahrheit gesagt haben und ihre Wahrheit vertreten haben, wodurch ich selbst Wahrhaftigkeit erkennen, schätzen und lieben gelernt habe. Da waren sicher meine Eltern die ersten und das ist ein Glücksfall. Mein Vater und meine Mutter haben die Wahrheit gesagt, was für meine Mutter sicher schwierig war, weil sie eine sehr dramatische Persönlichkeit war. Aber sie hat nie gelogen, sie hat gezeigt, wie es ihr geht und das ohne Umschweife. Damit musste ich als Kind umgehen und leben lernen. Sie war, als ich sechs oder sieben Jahre alt war, meine erste „Klientin". Mein zweiter „Klient", war mein kleiner Bruder, er lebt in Ungarn, dem ich praktisch eine Mutter statt der Mutter sein musste. Mit fünf Jahren habe ich ihn als Baby gebadet. Ich sehe mich, wie ich auf einem Schemel bei der erhöhten Kinderbadewanne stehe und dieses Baby im Wasser halte. Mir stehen bei diesem Bild heute die Haare zu Berge. Meine Mutter saß irgendwo daneben und weinte oder war teilnahmslos.

Der Wahrhaftigkeit in den Eltern zu begegnen ist hart, aber es war etwas, wofür ich ihnen ewig dankbar bin und das mir sehr geholfen hat. Und später hat es mir zur Heilung verholfen, indem ich diese Wahrheit gesucht und immer wieder gefunden habe. **Es gibt nichts Anderes, das einen heilt, als die eigene Wahrheit zu erkennen und damit umgehen zu lernen.**

Jemandem seine Lügen abzugewöhnen ist ein wichtiger Teil der Therapie. Und darauf zu achten, dass er gleichzeitig lernt mit seinem neuen System – die Wahrheit zu sagen – stärker wird und sich beschützen kann. Damit er sich nicht mehr auf das Lügensystem, das er von Kind auf lernt, verlässt. Ich finde,

Notlügen sind oft – wie das Wort schon sagt – notwendig, weil wir in Not geraten, wenn wir die Wahrheit sagen. Deswegen muss man aussuchen können: **Wo muss ich, wo will ich und wo kann ich die Wahrheit sagen?** Wo passiert mir damit nichts? Aber man muss das ausgiebig trainieren und das geht am besten in den Therapiegruppen. Man lernt: Wie sage ich etwas angepasst oder verlogen? Wie ist meine wirkliche Emotionalität und wie schaut das dann aus? In meinen Gruppen darf man das und das ist für die meisten wirklich eine große Erleichterung: Sie dürfen deppert sein, sie dürfen zornig werden, sie dürfen wirklich ihr Gesicht verlieren und es passiert nichts. Wenn man diese Erfahrungen nicht irgendwo machen kann, dann kann man nicht umsteigen.

Wir leben in einer absolut verlogenen Gesellschaft – das möchte ich hier festhalten. **Therapieren heißt, jemanden zu seiner Wahrheit zu führen, ohne dass er sich dabei kaputt macht** oder verrückt wird, oder seine Arbeit verliert.

Heidi: Ich kenne ja diesen Anpassungswahnsinn bei mir selbst. Ich habe mich immer angepasst, um nicht zu riskieren vielleicht abgelehnt zu werden, wenn ich mich als „Ich" exponiere. Ich verstehe das jetzt. Gemeinerweise führt diese Anpassung, wie ich bei mir erkannt habe, jedoch eher zum gegenteiligen Effekt. Man existiert nicht als Person und kann sich daher schwer geliebt fühlen, weil kein Gegenüber zum Lieben für den anderen da ist, sondern nur ein Spiegel. Oder man wird sogar als falsch oder oberflächlich empfunden. Dabei will man nur geliebt zu werden. Das will ja wahrscheinlich jeder Mensch. Es ist also keine Falschheit, sondern Not.

Ildiko: Ja.... Und trotzdem trickst man herum und entfernt sich immer mehr von sich.

Heidi: Wenn man geliebt wird von Partnern oder sogar von Therapeuten, dann wird die Verstellung gesehen und man kann es dadurch selbst erkennen.

Ildiko: Das ermöglicht die Liebe zu sich und zum anderen, wenn man plötzlich dieses tiefe Verständnis im limbischen System füreinander haben kann. Man hat dann gegenseitig den Blick dafür, wie es wirklich ist! **Man braucht**

Beziehung, um heilen zu können. Und davon ist eine auch die Therapie-Beziehung.

Das limbische System ist das Emotionale – die Tiefe - und da ist nicht nur gespeichert, was mit dir oder mit mir war, sondern im limbischen System ist praktisch die Menschheit gespeichert. Die Urentwicklung der Menschen – vom Reptil angefangen. Das Reptilgehirn – Amygdala – ist intensiv damit in Verbindung und sorgt für aggressive Gefühle (Tod oder Flucht). Letztendlich muss man sagen, dass unser Gehirn noch nicht wirklich erforscht ist. Wir brauchen auch nur ein paar Prozent davon. (lacht) Den Großteil des Gehirns nutzen wir gar nicht. Man forscht Verschiedenes und die Erkenntnisse sind sehr interessant, aber wir sollten uns nicht einbilden, dass wir jetzt die Schöpfung erfasst haben.

Heidi: Interessant war für mich eine Aussage aus der Gehirnforschung: „What fires together, wires together." Situationen, Gefühle, Gerüche, die gemeinsam erlebt werden, verbinden sich auch im Gehirn. So kann der Geruch von Tannennadeln ein Gefühl von Wohligkeit und Weihnachten auslösen (oder ein Gefühl von Horror). Deshalb hilft es also, wenn wir in der Therapie Situationen neu spielen und damit neue, hilfreichere Verknüpfungen schaffen?

Ildiko: Eigentlich spielen wir in der Gruppe immer zwei Spiele: einmal das, was und wie es war und einmal ein Korrektionsspiel – also wie man es sich wünscht, wie man gerne reagieren würde. Ich finde das Spielen ist der beste Lernprozess. Man kann sehr viel reden und entspannen, aber das Spielen beinhaltet beides – auch das hypnotische. Es ist wichtig, dass viele Gefühle bei den Übungen/Spielen an die Oberfläche kommen, um dort vom Neokortex erst erfassbar zu werden: Wie ist es einem bei der bestimmten Szene gegangen? Bei der Tiefenentspannung oder bei der Hypnotherapie kann Wichtiges passieren! Aus meiner Sicht muss man, um eine neue Einschätzung der Vergangenheit, eine Transformation erreichen zu können, die Dinge zuerst genau ansehen und wiederempfinden, damit man zu einer neuen Einschätzung kommen kann! Man muss jemanden weinen lassen, ihn den damaligen Schrecken emotional verkraften lassen. Dieser Teil der Arbeit ist wahnsinnig wichtig. Einmal zu wagen, auf das Emotionale hinzuschauen. Ich glaub nicht, dass man es vernachlässigen kann, ohne dabei „0815-Menschen" zu produzieren, die dann nur denken, aber nicht tief fühlen können, weil es dort irgendwelche alten Trümmer gibt.

Unlängst habe ich mit einer Therapeutin gearbeitet, die schon viele Jahre erfolgreich tätig ist. Gewisse Dinge konnte sie sich nicht erklären. Anhand unserer Begegnung ist sie innerhalb kürzester Zeit zu dem für sie zentralen Punkt gekommen. Ihr Bruder ist leider bei einem Autounfall gestorben und sie hatte das noch nie verarbeitet. Nämlich wie es IHR dabei gegangen ist, als sie mit ihrem Vater zum Schauplatz gekommen ist. Schrecklich sich das überhaupt vorzustellen! Es ist ihr da zum ersten Mal möglich gewesen, das wirklich von einer Handlung zur nächsten durchzugehen: Wie sie sich gefühlt und benommen hat und diese Gefühle auch auszuhalten, die sie bisher vor sich selbst verborgen hatte. Vor so einer Entwicklung sind also auch Therapeuten nicht geschützt, so wie ich es auch an mir merke. **Man kann vieles vor sich verheimlichen, gerade durch den Therapie-Beruf.**

Heidi: Die Gefahr ist wahrscheinlich, dass man ganz stark beim Anderen ist und dort alles erkennt und lebt.

Ildiko: Ja, und dass man dann nicht wirklich für sich selbst da ist! Wenn sich die Spaltung zwischen Kopf- und Bauchhirn langsam auflöst, dann beginnt die **Ganzheit** zu arbeiten: Sie **beschützt einen auch!** Sie ist nicht nur ein Gedankengebilde, sondern ein anderes System, das mit der persönlichen Wahrheit zusammenhängt und das einen anfängt zu beschützen. Je länger man so lebt, umso mehr wird man davon überzeugt. Man erkennt, dass es ein teilweise selbständig funktionierendes System gibt, bei dem man sich gar nicht so anstrengen und „furchtbar nachdenken" muss, ein Gefühl, als ob man „geleitet" wird. Es kommen einem von selbst Einfälle, Gefühle, Gerüche und alles Mögliche und man kann sich dann fragen: will ich das jetzt oder nicht? Man ist nicht mehr in einem Anpassungssystem, in einer Lügengesellschaft. Um diesen Unterschied wirklich zu verstehen, muss man ganz genau, fein und differenziert wahrnehmen können.

Aber was ist der Unterschied und wie bekomme ich Zugang zu meinem Bauch? Dazu habe ich versucht gegenüberzustellen, welche Eigenschaften einen ganzen, er-wachsenen Menschen ausmachen, der auch sein Bauchgehirn nutzt. Und was ihn von jemandem unterscheidet, der sich nicht wahrnimmt, seine Ganzheit nicht lebt und sich stattdessen anpasst:

Mit Bauch	Ohne Bauch
Gute Passivität: wache Präsenz und Bereitschaft wie bei einem Tier	**Schlechte Passivität:** Warten, sich selbst aufgeben
frei	abhängig
Kann Dinge passieren lassen und aufnehmen, aber ich habe ein Zentrum (Bauch)	Bin passiv und machtlos, habe kein Zentrum, keine Mitte (Bauch); gebe mich selbst und meinen Raum auf
Bin in meiner Macht	Bin Opfer
An mir dran sein (aktiv und passiv zugleich)	Habe keinen tiefen Kontakt zu mir
Liebe	Lieb sein; Angst
Lust	lustlos
spannend, lebendig	langweilig, energielos
wach	müde
Meine Innenwelt wirkt auf die Außenwelt	Die Außenwelt wirkt auf meine Innenwelt
Mit dem Bauch SEHEN können - Eingebungen	Man sieht sich und andere nicht wirklich
Wahrheit	Lüge
Zu dieser Wahrheit, die mich selbst betrifft, stehen können.	Ich glaube an die Lüge.
Am Punkt sein, das Wesentliche treffen	Man „eiert" um den Punkt herum und vermeidet
Verbindung zu meinem Herzen - Bauchgefühle/Aggression bekommen die richtige Färbung (z. B. rot)	Keine Verbindung zum Herzen - Bauchgefühle/Aggressionen sind blass
JA	NEIN
Zuerst: Was will ich? Dann: Was wollen die anderen?	Zuerst: Was wollen die anderen? Vielleicht nie: Was will ich?

Unsere Gesellschaft geht wie selbstverständlich damit um, dass man lügt, es wird nicht hinterfragt. Das ist schädlich, weil es einen immer zerreißt und das limbische System und der Neokortex wieder auseinander fallen – es entsteht eine innere Spaltung. Man überlebt mit der Lüge, aber nicht gut!

Heidi: Und die Zerrissenheit macht krank?

Ildiko: Ja, sie ist und macht krank und sie führt vor allem dazu, dass man nicht weiß, wer man ist. Deswegen ist es zentral in meiner Therapie-Arbeit zu formulieren: **Wer bin ich?** Und zwar als ganzer Mensch und nicht als angepasstes Wesen. Man definiert sich im Lügensystem leider üblicherweise durch seine Fehler oder durch seine Leistungen. Das heißt, wo man schlecht ist oder wo man furchtbar gut funktioniert. Aber nicht im Wesen! Wenn man anfängt, im System der Wahrheit zu leben, wird einem immer mehr offenbar, wer man ist und dass man ganz anders ist, als man sich vielleicht bis jetzt gesehen oder angepasst hat.

Heidi: Jetzt erlebe ich mich mehr in meiner Wahrheit als früher. Ich habe mich in meinem Leben entschieden, stark und kein Opfer eines Schicksals zu sein, sondern Macht über mich zu haben.

Ildiko: Und negative Erfahrungen nicht als Wahrheit über dich anzuerkennen. Ja, sonst wärst du nicht zu mir gekommen. Du hast die wilde, andere Seite an dir gesucht, um nicht einfach brav dort weiter zu machen, wo du warst. Eine unangepasste, wilde Art mit sich zu arbeiten und zu spielen hat Zugang zu tieferen Gehirnregionen! Und die Gewichtung, wie man heute etwas neu sieht und neu bewertet (Neuropsychologie), was man in der Vergangenheit erlebt hat, das ist wichtig. Ich denke mir, je mehr jemand in der Therapie zu sich kommt, umso mehr kann er seine Persönlichkeit neu bewerten.

Eine Übung dazu ist auch zu überlegen und aufzuschreiben: **Was kann ich?** Das sind ein paar einfache Schritte zu einer Neubewertung der eigenen Persönlichkeit. Die Leute haben manchmal gar nicht den Anspruch zu erkennen: „Wer bin ich denn überhaupt? Was kann ich denn überhaupt?" Ich finde das aber wichtig, dass man sich in seinem eigenen Bewusstseins-Spiegel ansieht und fragt, „Wie kann ich mich JETZT sehen?" Das ist eigentlich für mich das Spannendste an der ganzen Therapie!

Heidi: Meinst du damit auch, dass die meisten dann schnell zufrieden sind, wenn es ihnen besser geht und sie sich mit sich nicht mehr auseinandersetzen wollen?

Ildiko: Ich bin jetzt schon so weit, dass ich die Leute dazu zwinge. (lacht) Ich gebe Übungen, lasse sie „Zettel" schreiben, sogenannte „Hausaufgaben". Damit geht das. Aber es interessiert viele Leute nicht, wer sie sind, in ihren eigenen Spiegel zu schauen. Viele fürchten sich vor ihrer eigenen Bewertung. Du bist jetzt auch bei der Neubewertung deiner Persönlichkeit! Wie siehst du dich jetzt?

Heidi: In manchen Übungen ist gut zu spüren, dass ich nicht mehr die angepasste Heidi bin! Ich habe die Entscheidung getroffen, es nicht mehr zu sein. Ich will selbst bestimmen, wer ich bin und wann ich wer bin, und auch wann ich mich anpassen will und wann nicht. Ich habe ja viele verschiedene Anteile, wie jeder. Ich muss auch nicht immer unangepasst und höchst wahrhaftig sein. Aber ich lasse mich nicht davon treiben, was die anderen von mir erwarten!

Ildiko: Super. Das freut mich sehr! Aber mit deinen Anteilen zusammen bist du trotzdem eine Person. Das bleibt dir nicht erspart! (lacht) Dieser Weg der bewussten Entscheidungen ist schon sehr gut, aber es ist noch sehr Neokortex-fokussiert. Es geht noch mindestens eine Stufe tiefer: Wie bin ich denn jetzt? Wie fühle ich? Wie nehme ich mich im Moment wahr? Und danach richte ich mich. Das funktioniert automatisch, ich muss nicht denken, ob ich jetzt so oder so sein soll. Das würde mich wahnsinnig machen. Wahrnehmen ist geistig und Fühlen ist psychisch und das zusammen entscheidet. Aber die Entscheidung kommt von selbst, sonst wäre man handlungsunfähig, wenn man das immer überlegen müsste.

Therapie des Therapeuten und Begegnung mit sich selbst

Heidi: Was war für deine eigene Entwicklung wichtig?

Ildiko: Alles. Alles was in diesem Buch steht.

Was mich jetzt weiterbringt, ist die Beschäftigung mit mir selbst. Mein Mann ist gegangen, also bin ich allein. Jetzt aktuell geht es mir so, dass ich 1:1 meine Kindererlebnisse wieder erleben kann. Mit einer unglaublichen Intensität werden mir die Gefühle bewusst, wie es mir damals wirklich gegangen ist. Ich habe sie früher gesehen, verstanden, erlebt wie einen Film, aber wie tief das ging, das kommt mir erst jetzt in Bildern und mit den dazugehörigen Gefühlen ins Bewusstsein. Ich glaube, das liegt am Älterwerden und am all-ein sein. Vielleicht ist das damit gemeint, wenn man sagt, dass ältere Menschen wie Kinder werden. Vielleicht bin ich jetzt ein Kind!

Und es ist natürlich auch die Arbeit mit mir, die Ruhe und die Zeit, die ich jetzt habe. Ich bin mir wichtig geworden. Früher war mir meine eigene Geschichte immer furchtbar langweilig. Kaum, dass ich begonnen habe, mich damit zu beschäftigen, ist mir langweilig geworden. (lacht) **Für mich ist Langeweile eine Form von Depressivität.** Wahrscheinlich war mir deshalb langweilig, weil ich mir diese tiefen Gefühle nicht erlaubt habe.

In meiner depressiven Phase mit ungefähr 25 Jahren hat mir die Arbeit mit mir – und die hat sieben Jahre gedauert – sehr in meinem Leben weitergeholfen. In der tiefsten Phase war ich tageweise von der Mitte weg abwärts gelähmt. Das war letztendlich wichtig, wenn auch sehr beängstigend, weil ich mich da erst verstanden habe. Ich habe kapiert, wie Menschen von innen her funktionieren. Und ich bin natürlich stolz darauf, dass ich das aus eigener Kraft geschafft habe. Ich bin ein ziemlich kräftiger Mensch geworden, trotz meiner Allergien und Krankheiten, oder gerade deswegen! Ich habe eine gesundheitliche Stabilität entwickelt und bin nun mit über 80 gesünder denn je. Meine Werte zeigen mir, dass **emotionale Arbeit, die in die Tiefe geht, einen auch körperlich gesund macht.**

Heidi: Du hast unterstrichen, dass du stolz bist, deine Depression aus eigener Kraft überwunden zu haben. Das klingt jetzt so, als hätte man es „nicht geschafft" oder eben nicht genug Kraft gehabt, wenn man sich Hilfe holt!?

Ildiko: Nein, das hat nichts miteinander zu tun. Ich finde, dass sowieso jeder ein Leben lang seine eigene Therapie macht – mit oder ohne Therapeuten. In einer Therapie arbeitet man auch halbe/halbe: 50 Prozent kommt vom Klienten und 50 Prozent von mir. Zur Therapie geht man meiner Meinung nach, wenn man über die eigene Geschichte hinaus mit jemandem in Verbindung gehen möchte bzw. kann. Da braucht man ein Gegenüber. Und mein Gegenüber, wer war das, denkst du?

Heidi: Der Winnetou? (lacht) Der spielt ja in deiner Kindheit eine wichtige Rolle, wie wir noch hören werden.

Ildiko: Nein (lacht). Mein Gegenüber war mein eigenes Spiegelbild und natürlich Gott. Jetzt kann man natürlich sagen, das ist ein überdimensionaler Narzissmus, aber es war tiefste Not. Ich wünsche das niemandem, vom Gürtel bis zur Zehe gelähmt zu sein und allein dazuliegen. Ich habe hauptsächlich geweint und gebetet. In meiner tiefen depressiven Phase bin ich oft ein bis zwei Stunden vorm Spiegel gesessen und habe mir ins Gesicht geschaut. Ich habe mir so lange in die Augen geschaut, bis ich mich wirklich gesehen habe. Dann fühlte ich mich nicht mehr allein! Ich empfehle das heute noch jedem, denn es ist sehr interessant. **Normalerweise sieht man sich nicht wirklich im Spiegel,** man checkt nur das Äußere. Steht mir diese Kleidung, ist mein Äußeres in Ordnung. Aber **man begegnet sich nicht.**

Meine Vorstellung, dass **Therapie eine Begegnung ist, mit einem anderen Menschen und mit sich selbst**, kommt auch aus dieser Zeit. Ich habe mich solange angesehen, bis ich fähig war mir selbst zu begegnen. Und ich habe gemerkt, dass es dadurch leichter wird und es mir besser geht. Auch wenn ich anfange mir selbst leid zu tun, mein Elend und meine Schwäche wirklich zu sehen. Das habe ich erreicht, indem ich mich vollkommen allein mit mir beschäftigt habe. Es war auch keine wirkliche Entscheidung, das so zu tun! Ich habe sehr oft probiert in Therapie zu gehen, aber irgendwie ist es immer schief gegangen. Sicher ist es an mir gelegen. Ich war oft nicht fähig zu den

Bedingungen zu arbeiten, die mir vorgegeben worden sind. Bei meinem ersten Versuch hätte ich zum Beispiel liegen müssen.

Heidi: *Das war damals noch üblich, oder?*

Ildiko: Ja, in der Psychoanalyse. Ich war bei einem jungen Analytiker, zu dem alle Mädchen in meinem Alter gegangen sind, weil er auch sehr attraktiv war. Da saß er dann hinter meinem Kopf und sagte nichts. Manchmal fragte er mich wie es mir geht und welche Bilder ich habe. Ich sagte damals: „Was ich sehe? Ich sehe Sie nackt aus einem Sarg aussteigen, wie sie den Deckel aufmachen." Darauf sagte er nichts. Nach fünf Minuten fragte er mich wieder, was ich sehe und es war dasselbe. Das hat sich unendlich wiederholt, bis ich aufgestanden bin und gesagt habe, dass ich das nicht mehr kann!

Natürlich war er jung, kaum fertig, und er hat das Gelernte noch ausprobieren müssen. Erst später habe ich verstanden, dass wenn er mein Bild wirklich genommen hätte und gesagt hätte: „Gut und was passiert dann?" oder „Wie geht es Ihnen damit?" oder sonst irgendwie persönlich damit umgegangen wäre, dann hätte sich das gelöst.

Mein tiefes Trauma war, dass ich mich tot gefühlt habe. Ich habe gedacht, dass ich mich bemühen muss, damit die anderen das nicht merken. Denn als Kind war ich ewig todkrank und bin nur knapp davon gekommen. Ich sehe noch, wie meine Mutter neben meinem Bett weint und betet. Ziemlich lange habe ich mit dem Tod darum gekämpft, ob ich überhaupt leben kann. Ich habe mir gedacht: Was ist mein Leben? Andere gehen locker herum und lachen und spielen und ich bin wieder krank. Ich war verzweifelt und habe mir gedacht, dass ich zum Tod verurteilt bin und dass ich spätestens mit 30 sterbe. Und jetzt bin ich über 80.

So war dieses Bild mit dem Sarg beim Analytiker, das ich auf ihn projiziert habe, eigentlich sehr wichtig. Er hätte es damals ernst nehmen, aufgreifen und damit arbeiten können, dann wären wir beim Kern der Geschichte gewesen, nämlich bei meinem Tod. Ich wäre dann wahrscheinlich schneller gesund geworden, oder hätte schneller meine eigene Krankheit verstanden.

Heidi: *Das scheint mir auch irgendwie logisch, dass ein bloßes Zuhören nicht alles lösen kann!*

Ildiko: Ja logisch – psycho-logisch. Aber ich habe schon viele Leute getroffen, die das ziemlich gut weitergebracht hat! Nur gewisse Dinge kann man auf diese Art eben nicht lösen. Aber es war eine weltbewegende Theorie und Praxis von Freud: Die Grunderfindung, dass etwas heilen kann, wenn man selbst reflektiert und jemand dabei ist. Das war etwas Neues. Heutzutage ist es nicht anders, die **Selbstreflexion macht gesund**. Die Frage ist nur, mit welchen Mitteln kann der Therapeut einen zu dieser Selbstreflexion führen. Wie kann er mit seiner therapeutischen Intuition den nächsten Schritt finden und den Klienten aufmerksam machen.

Ich selbst habe immer wieder Versuche gemacht, einen Therapeuten zu finden. Ich wollte zum Beispiel zu C.G. Jung in die Schweiz fahren, ganz schön großspurig! Seine Bücher haben mich fasziniert, ich habe damals zwar von Psychologie nichts verstanden, aber ich fand das wunderbar und wollte unbedingt zu ihm. Damals war ich Reporterin und sparte und sammelte Geld dafür. Als ich dann das Geld zusammen hatte, ist er gestorben. Ich war furchtbar enttäuscht, aber ich habe es natürlich für mich so gedeutet, dass ich dann eben keine Therapie mache. Ich wollte nur mit ihm arbeiten.

Ich habe unzählige Male versucht mit jemandem in meine tiefen Prozesse hineinzukommen, um mich zu fühlen und zu reflektieren. Wenn ich das „narzisstisch verrückt" auslege, sage ich vielleicht: Niemand war mir gewachsen. In der geistigen Wahrnehmung, die ich durch die Todeserlebnisse gehabt habe, hatte ich einen klaren Blick darauf, wie das läuft, was der Sinn ist, warum wir leben. Mit diesen Fragen wollte ich mich in meiner Therapie gern beschäftigen, und nicht nur damit, warum ich komme und warum ich depressiv bin. Es hätte jemand sein müssen, der auch so etwas durchlebt hat! Also ein todes-erfahrener Mensch.

Mein letzter Versuch war mit 76, als ich zur Hypnotherapie gegangen bin. Ich dachte, das könnte vielleicht die Tiefe erreichen, die geprägt war von einer Leidensgeschichte und zugleich von vielen spirituellen Lösungen, die ich gefunden hatte. Nach einem Jahr habe ich aufgehört, weil ich fast jede Stunde dem Therapeuten sagen wollte, was man da arbeiten könnte. Ich kam mir lächerlich vor. Vielleicht bilde ich mir das ein, er war sicher kein „Peut", aber wir haben uns in der Verständigung verfehlt! Die totale Ehrlichkeit, die ich in meiner Arbeit mit anderen vorziehe, war nicht möglich. Wenn ich versucht habe, ihm wirklich zu sagen, wie es mir geht und was mir nicht genügt, war von seiner Seite wieder alles zu. Wahrscheinlich aus der Methode heraus! Es war nicht möglich einander zu begegnen.

Begegnung in Liebe ermöglicht Entwicklung

Heidi: Du hast vorher so schön gesagt, dass Therapie für dich immer eine Suche nach Begegnung ist. Das heißt auch für dich als Klientin?

Ildiko: Ja und das war mir nicht möglich. Ich habe es so gesehen, dass die Therapeuten das ja alles nicht durchlebt und dafür keine Sensoren hatten. (So wie es die Patienten erst auch über mich gesagt haben!) Ich würde sagen, es war ihnen viel zu viel. Das ist ein wichtiges Trauma von mir: „Ich bin viel zu viel!" Als Kind und auch als Frau. Ich habe gedacht, ich bin für jeden Mann zu viel. Das heißt nicht zu gut oder zu begabt, sondern meine Erlebnisse negativer Art waren so mannigfaltig, dass ich das sehr oft in meinen Frau-Mann-Beziehungen versteckt habe, damit ich ausgehalten werde. Dann war ich natürlich unzufrieden. Ich habe mich gefragt, ist das überhaupt Liebe, wenn ich mich nicht einmal zeigen darf, weil der andere das nicht aushält?!

Heidi: Aber dein Mann hat es dann ja ausgehalten, oder?

Ildiko: Sagen wir einmal sehr einfach formuliert, mein Mann war der erste auch derart gestörte Mensch wie ich! Er hatte die Schwingungen, die für mich eine Spiegelung ermöglicht haben und ein Aufrollen meiner eigenen Schwierigkeiten. Im ersten Jahr unserer Begegnung, habe ich ihn nur angegriffen und um ihn herum randaliert und er hat es ausgehalten. Ich habe gar nicht gewusst, dass ich so zornig und durcheinander bin! Es ist erst an die Oberfläche gekommen, als dieser stille, ruhige und wohlwollende Mensch mit mir in Beziehung ging. Da war ich 37.

Mit ihm war es mir das erste Mal möglich, mich zu reflektieren und natürlich hat er mich dann im Grunde therapiert, weil er das ausgehalten hat und in Resonanz gegangen ist. Auch wenn er wenig gesagt hat. Er hat sich nicht gewehrt, er hat mich nicht für blöd erklärt, er hat mich geliebt. Das war möglich, weil er selbst so tief verletzt war. Aus dem Grund kann ich aus Erfahrung behaupten, dass **die Tiefe der Störungen und die Fähigkeit damit gemeinsam fertig zu werden, die große Liebe ermöglicht. Ich sehe es so, dass Störungen sich anziehen, um geheilt zu werden.** Es gibt einen Grund, warum Menschen zusammen sind: Weil ihre Verwundungen zusammenpassen. Man sucht den Menschen, der das reflektieren kann, eine Art Spiegel. Und dann darf dieser Spiegel aber keine blinden Flecken haben und muss einen VOLL-STÄNDIG spiegeln können. Sonst ist man enttäuscht!

Heidi: Mit vollständigem Spiegeln meinst du die ganze Wahrheit zu sagen?

Ildiko: Die persönliche Wahrheit hilft. Damit gehe ich in Beziehung. Ich will keine Zeit vergeuden. Aus dem Grund mache ich nicht Therapie mit Gartenzwergen, sondern mit Menschen. **In Beziehungen hilft nur die persönliche Wahrheit und die ist oft nicht so einfach zu finden und mitzuteilen!** Aber man kann es lernen.

Wie finde ich meine persönliche Wahrheit? Dazu ist es besser nicht in einen „dreckigen Spiegel" zu schauen (also keine „Falsch-nehmung")! Durch das eigene Bewusstsein allein macht man sich nämlich oft hässlich, immer „zu wenig", zu klein, zu groß, zu dick, sich selbst abwertend – eben wie wir es in unserer Erziehung gelernt haben. In die Augen von jemand anderem zu schauen, der bereit ist uns wahrzunehmen und zu lieben, ist viel besser! In Beziehungen bauen wir eine spezielle **„Kommunikationsröhre"** miteinander auf. Im Lauf der Zeit wird das eine bunte, wunderbare, echte Kommunikationsröhre zwischen uns, sie schillert in allen Farben. Je besser wir kommunizieren, umso mehr Farbe hat sie und umso mehr hören oder verstehen wir durch die Röhre, wenn wir hineinsprechen. Wenn man neben der Röhre brüllt, versteht man einander nicht! Durch diese Kommunikationsröhre fängt die persönliche Wahrheit zu leben und zu wirken an. Das ist ein wichtiger Teil der Liebe. Menschen, die sich lieben, bauen miteinander diese wunderbare, regenbogenfarbene Röhre. In intimen Mann-Frau-Beziehungen muss man dafür genug gemeinsame Zeit verbringen. Wenn das nicht der Fall ist und man, ohne abgesichert zu sein einfach „nackt" in die Wahrheit hineingeht, wird es oft brutal ehrlich. Das tut weh und ist nicht notwendig.

Die Röhre ist ein Kommunikationsgerät. Sie kann auch eingefahren und verdreckt sein, wenn man sie nicht pflegt. Ohne Pflege wächst die Liebe nicht, wie Pflanzen, wenn man sie nicht gießt. Man muss die Röhre also reinigen, polieren, damit sie wieder in allen Farben leuchtet, sonst wird sie wie ein alter Staubsauger! Das Bild der „Röhre" zeigt auch, wie es ist, wenn wir nicht die persönliche Wahrheit sagen, sondern nur einen Spiegel daran halten und so tun, als ob wir es wären!

Heidi: Mir gefällt das Bild sehr gut. Ich erkenne darin eine frühere Beziehung: Ich habe irgendwann nur noch den Spiegel hingehalten – und er vielleicht auch. Da hat kein echter Austausch mehr stattfinden können.

Ildiko: Vielleicht hattest du deine Persönlichkeit hinter einem Spiegelbild versteckt. Du warst nicht wirklich lebendig da, obwohl du sehr lebendig gewirkt hast. Ein Spiegelbild ist nicht echt, es kann auch ein verzerrtes Bild in einem vielleicht dreckigen Spiegel sein. Damit kann aber in der Röhre auch nichts hin und her geschickt werden, um bei dem Bild zu bleiben. Entweder man hat eine Einigung, dass man in der Beziehung echt sein will oder man zelebriert nur etwas. Und darin glaube ich, sind viele Weltmeister.

Heidi: Das Wort Zelebrieren gefällt mir. Es schaut dann nicht so schlecht aus und alle meinen: Ach wie schön und super diese Beziehung ist.

Ildiko: Es ist aber eine entscheidende Frage im Leben, ob man für die Show arbeitet oder für das Echte! Ein Riesenunterschied!

Gedicht: Wer bist Du?   Ildiko

Wer bist Du?
Du lügst, dass es dich nicht gibt.

Du bist genau „Der"
und sagst: „Nein!"
Deine Unperson
ist nicht zu ertragen
zu schwer für mich,
zu groß,
fast bombastisch.
Befreie mich von diesem Übel
das natürlich du nicht bist
sondern was dir fehlt:
Du

Heidi: Eigentlich heißt das für mich, entweder man findet einen Therapeu-ten, der einen liebt, oder man findet einen Freund oder Partner, der einen liebt und der einem alles ehrlich reflektieren kann, wodurch Entwicklung möglich ist.

Ildiko: Oder beides. Wobei wir da die Frage berühren: Was ist Liebe?

Heidi: Ich glaube ich verstehe jetzt besser, warum es dir so wichtig ist, dass Paare miteinander in der Gruppe arbeiten und nicht einfach auseinander gehen sollen, wenn es schwierig ist. Es ist besser man begegnet sich, setzt sich auseinander und versucht zu erkennen, welche Störungen da sind.

Ildiko: Oder man gibt klein bei, leugnet die Störungen und findet eine schaf-artige Beziehung miteinander: man meckert, ist harmlos zusammen und lässt sich immer wieder scheren. (lacht)Aber dann drohen einem leider Krankhei-ten. Ich mache ungefähr 40 Jahre lang Therapie. Meine Erfahrung ist, dass wenn man Konflikte nicht löst, **wenn man tiefe Verletzungen nicht an die Oberfläche ins Bewusstsein bringt, dann machen sie einen krank.** Dann kommen Psychosomatik oder Beziehungs-Wahnsinnigkeiten wie z. B. dass man niemanden findet oder dass man immer weiterwandern muss!

Ich hoffe, dass in diesem Buch sichtbar wird, warum **Begegnung der wichtigste Teil der Therapie** ist. Begegnung ist die Grundlage für diese Arbeit. Meine Methode zu arbeiten heißt deshalb „Methode ohne Methode", weil alles auf der Begegnung beruht. Wenn das nicht passiert, bleibt das Meiste an der Oberfläche. Darum finde ich, dass ein Therapeut einfach wirklich da sein muss in der Therapie, auch für sich selbst, in jeder Stunde! Er muss auf sich achten, wie er lebt, wie er isst, wie er sich bewegt und wieviel er trinkt. Ein wirklicher Therapeut sollte nicht süchtig sein. Er sollte seine Klienten nie beschweren oder bedrücken, sondern durch die eigene Präsenz erleichtern.

Die Therapie wird so nie langweilig. Jeden Tag, in jeder Stunde arbeite ich auch für mich und bin dementsprechend intensiv in der Begegnung. Ich lebe auf jeden Fall in der Therapie und nicht erst danach. Ich bin glücklich darüber, dass mir das Leben oder Gott diese Arbeit ermöglicht, derartig intensiv da zu sein und dass es immer einen Sinn macht. Ich bin natürlich nicht nur für mich da und es hat auch eine spirituelle Bedeutung, dass man **als Mensch** möglichst vollständig präsent sein muss, wenn man Therapeut ist.

Eine Aufgabe ist es auch als Therapeut gesund zu sein. Nicht weil es so wichtig ist, dass meine Adern oder Knochen, mein Körper gut funktioniert, sondern ich glaube daran, dass wenn man tief arbeitet einfach gesund wird. Diese tiefe Arbeit trägt dazu bei, dass auch der Therapeut gesund wird. Somit sage ich öfter, dass ich in manchen Stunden zahlen müsste. Und manche Stunden wären auch tausend Euro in beide Richtungen wert. Die Wertigkeit einer Therapiestunde ist nicht in Geld zu messen. **Manche Stunden sind unbezahlbar.**

Heidi: Was hat dich weitergebracht? Wie hat sich diese Präsenz bei dir entwickelt?

Ildiko: Ich würde sagen, mich hat die Radikalität weitergebracht, die mir mein Leben diktiert hat, da ich immer fast gestorben bin. Durch die Todesnähe war ich einfach tiefgründig da, in meinem Leben und im Leben der anderen. Ich musste damit schon als Kind fertig werden.

Heidi: Du meinst, weil dadurch die Begegnungen intensiv waren?

Ildiko: Ja, und Lösungen brachten. Die anderen Kinder haben mich gern gehabt und wollten bei mir sein, weil ich irgendeine Intensität in den Spielen und im Dasein mitgebracht habe, die alle geliebt haben. Und ich liebte die anderen Kinder. Ich habe es damals natürlich nicht verstanden. Vielleicht erst im Alter von fünfzig oder sechzig Jahren habe ich verstanden, was die Intensität meiner Person ausmacht und warum ich öfter von Menschen geschätzt werde. Es war und ist meine Todeserfahrung: Der „Tod" bzw. das „göttliche Element" in einem Menschen (das hat mit Körper-Tod zu tun), die spirituelle Seite des Lebens. Wenn das da ist, dann liebt man und lebt man doppelt so intensiv, als wenn man sich nur mit dem „Leben" beschäftigt und damit, wie es noch besser gehen könnte. „Optimierung" ist ein Lieblingsthema von dir, Heidi. (lacht)

Es ist so, dass das Leben, nicht unendlich optimierbar ist – wir sind immer Menschen, haben eine Nase, zwei Augen, einen Mund. Man kann nur so viel Essen, Sex haben, Autos besitzen, wie man mit einem Körper, mit einem Hintern be-sitzen kann. **Diese Optimierungssucht unserer ganzen Gesellschaft ist** meiner Meinung nach **eigentlich die Suche nach Spiritualität.** Nur in der verkehrten Richtung.

Heidi: Das ist also ein Therapie-Ersatz. Wenn man gerade nicht weiß, was einem innerlich fehlt, dann kauft man sich eben noch etwas. Ich kenne diesen Mechanismus gut. Diese Suche nach mehr Leben, nach optimalem Leben. Das ist auch der Grund, warum ich zu dir gegangen bin, weil ich von dieser Spiritualität und Echtheit angezogen war, wie die Kinder auch. Du bist für mich eine gute Zielvorstellung, wie man wahrhaftig leben und auch älter werden kann.

Ildiko: Danke dafür. Ich bin glücklich, dass ich mit Menschen wie dir arbeiten kann.

Einen großen Teil dieser Anziehung schreibe ich jedoch nicht mir zu. Ich sehe, dass das Gott ist. Es klingt vielleicht narzisstisch und krankhaft was ich sage. (lacht) Der wirklich interessante Teil an mir, ist eine ganz einfache Verbindung zum sogenannt Göttlichen oder Spirituellen. Und da habe ich eine sehr einfache, oft ziemlich lustige Verbindung, die anderen und mir ein großes Vergnügen bereitet.

Es ist nicht kompliziert mit Gott oder anderen in einer tiefen Verbindung zu sein. Wir müssten nur ehrlich sein. **Wenn wir zu unserer Wahrheit fähig sind und mutig genug, sie zu sagen und zu zeigen, dann sind wir sofort in Verbindung**. Selbst wenn die Wahrheit nur als Witz mitgeteilt wird, ist es schon spirituell. Ich glaube, das ist es, was man an mir mögen kann, die direkte, unkomplizierte, humorvoll-verrückte Art in Verbindung zum Göttlichen und Spirituellen – von Kindheit an.

Ein Universitätsprofessor war einmal sehr wütend auf mich, weil ich seine Frau darin bestärkt habe, dass sie ruhig von ihm weggehen kann und dass sie überleben wird. Er hat mich beschimpft und sagte dabei etwas sehr Schönes zu mir: „Sie sind die **Pippi Langstrumpf der Psychologie**". Er sagte auch noch: „Sie sind eine Wald- und Wiesentherapeutin", was mir auch sehr gefallen hat. Ich bin mit diesen Ausdrücken einverstanden. Anders als eine Wald- und Wiesentherapeutin möchte ich gar nicht sein.

Heidi: Das Bild mit der Pippi Langstrumpf finde ich sehr gut. Das passt zu dir. Das ist eigentlich ein Kompliment. Aber sie hat auch eine traurige Seite. Die hast du auch.

Ildiko: Ich mag auch die Traurigkeit an Menschen! Was als Therapeut natürlich ein Glücksfall ist, weil viele traurig kommen oder mitunter traurig werden. Ich finde erst traurige Gesichter zeigen die ganze Person, auf welche Art sie auch traurig ist. Man zeigt mehr von sich.

Heidi: Zumindest kann man dabei nichts überspielen. Beim Lachen ist das schon eher möglich, wie ich selbst weiß. Traurige Gesichter sind eher echt.

Ildiko: Meine Vorstellung zur Traurigkeit ist, dass wir alle einen Tränensee in uns haben, irgendwo im Bauch, wo wir immer wieder hingehen und am Rand sitzen und neue Tränen hineinweinen. Das können wirkliche oder geistige/psychische Tränen sein. Wir können uns dabei immer erholen und dann mit neuer Energie wieder aufstehen. Man kann und sollte sich das immer wieder erlauben, am Tränensee zu sitzen, statt zu sagen, dass man immer stark und fröhlich sein muss. Niemand ist immer fröhlich.

Eine der größten und wichtigsten Lebensmöglichkeiten ist, dass man Schwäche gut findet und mit dieser Schwäche umgehen lernt. **Das halte ich für die größte Stärke. Ein Mensch, der mit seinen Schwächen und den Schwächen der anderen umgehen kann ist stark.** Nicht einer, der Schwäche nicht kennt und anerkennt. Die echte Stärke sieht man im Blick. Du bist zum Beispiel eine sehr fröhliche Person, aber mit einem sehr traurigen Anteil. Das kann man oft schwer annehmen, aber das adelt dich! Echte Trauer macht tiefer und auch schöner.

Heidi: So wie es auch bei dir war und ist – dass Menschen dich interessant gefunden haben, weil sie unbewusst deine Wunden wahrgenommen haben.

Ildiko: Die Traurigkeit muss man nicht verstecken, denn dadurch kommen andere Menschen mit uns in eine tiefere Verbindung. Sonst hat man nur mit Oberflächlichem zu tun. Die auffallende Lustigkeit und Fröhlichkeit ist oft ein Teil der Vermeidung – auch bei dir.

Die Warzentheorie

Ildiko: Ich glaube, dass du auch von Natur aus fröhlich, optimistisch und kraftvoll bist. Aber von der Umgebung, von der Familie werden immer die hervorragendsten Eigenschaften und Fähigkeiten von einem Kind benützt: „Sie ist eh fröhlich, da braucht man sich nicht so sehr um sie zu kümmern." Ich musste z. B. immer für mich und andere sorgen. In meinem Fall wurde die Liebesfähigkeit eines Kindes benutzt. Und das bringt mich zum Wunder der Warzentheorie:

Die seelische, emotionale und die geistige Oberfläche eines Menschen ist nicht eben, sondern sie hat kleinere und größere Ausbuchtungen und Einbuchtungen, deswegen „Warzen"! Ich gebe den psychischen Phänomenen, wenn möglich, immer irgendwie lustig oder schräg klingende Namen, denn dann hören mich alle. Die Ausbuchtungen sind die herausragenden Eigenschaften, die Begabungen und Stärken von jemandem, die Einbuchtungen

sind wiederum fehlende Eigenschaften oder Schwächen (ich bin beispielsweise technisch dumm).

1. Ausgangspunkt

O. Punkt

Die Wunde
Das "Loch"

Wenn jetzt eine Eigenschaft hervorragend ist – wie zum Beispiel bei dir die
Fröhlichkeit – dann kommt die Umgebung, die Familie und fängt an, sie zu
benützen und trägt sie immer mehr ab. Die höchste „Warze" wird als erstes
abgetragen. Sie wird abgenutzt, tief ausgehöhlt, bis die ehemalige Erhöhung
zu einem „Loch", zu einer Wunde wird (natürlich auch im Gehirn, z. B. Alz-
heimer).

Die echte Fröhlichkeit wird dadurch immer weniger. Man passt sich immer
mehr an und ist fröhlich, weil es erwartet wird. **Bis sich die gute Eigenschaft
quasi in das Gegenteil umwandelt und ausgehöhlt wird.** Es entsteht eigentlich ein Mangel an echter Fröhlichkeit. Das ist auch das Traurige, das man jemandem manchmal ansieht, was ihm selbst aber nicht bewusst ist.

*Heidi: Das heißt, man ist mit einer Erhebung, einer Begabung geboren, die
durch Erziehung und Anpassung abgenutzt wird. Eine hervorstechende Eigenschaft von mir wie Fröhlichkeit hat sich dadurch zu etwas Unechtem
verändert? Zu Traurigkeit?*

Ildiko: Traurigkeit ist nicht unecht, es geht um die „unechte Fröhlichkeit".
Man kennt das ja von Fotos: „Lach doch mal!" -egal wie es einem geht. Du
hast das nur solange betreiben können, bis du durch die eigene Verletzung,

in die Tiefe gefallen bist. Da ist man von der dauernden Benützung schon ausgehöhlt.

2. Klient kommt in Therapie

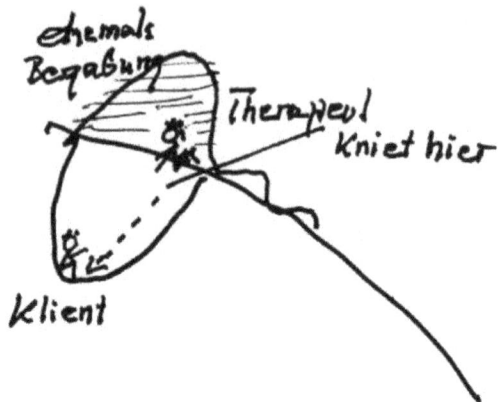

Nun kommt jemand mit dieser Voraussetzung in die Therapie. Der Umgang mit dieser Verwundung bzw. diesem „Loch" schaut dann so aus: Hier sitzt du unten im Loch und da oben sitzt dann die Ildiko (lacht) oder besser kniet und schaut in das Loch hinein, wo du bist und reicht dir die Hand hinunter.

3. Klient kommt nach oben

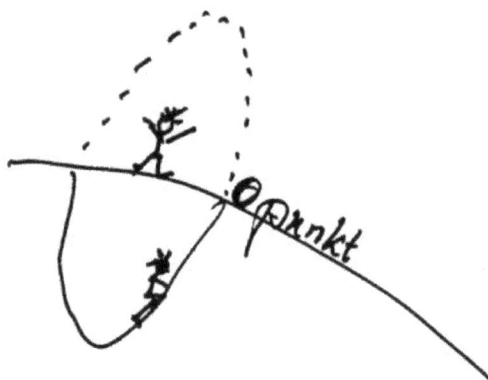

Die Ildiko sagt dann: „Komm doch! Ein Stückchen noch. Komm rauf!" Es dauert unterschiedlich lang, bis der Mensch anfängt langsam hinauf zu klettern.

Ich reiche dir die Hand und rufe immer lauter. Das ist der Therapievorgang. Du steigst auf und währenddessen entwickelst du Kraft. Du strengst dich an, weil du nicht da in dem tiefen Loch sitzen bleiben willst. Du zum Beispiel warst und bist eigentlich ein fröhlicher Mensch und willst es auch sein!

4. Transformation

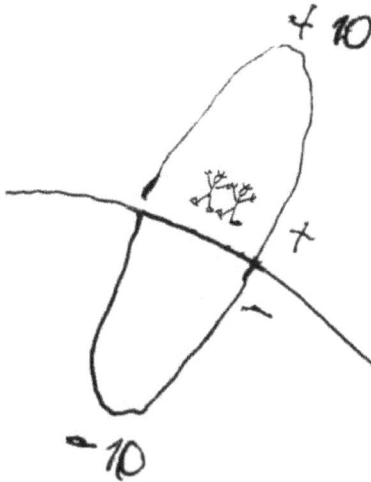

Wenn man bei Null (an der Oberfläche, wo ich bin) ankommt, dann passiert sozusagen eine Art Wunder und die ganze Eigenschaft kommt ins Positive. Dann erscheint plötzlich die andere Fläche an Fröhlichkeit, die echte, die du einmal gehabt hast. Und das ist das Beste, denn du hast jetzt ein doppeltes Volumen für die Fröhlichkeit: Fröhlichkeit mit Tiefgang. Das muss man nur benützen lernen. Das heißt, wenn man diesen mühsamen Weg geschafft hat, und das ist die Therapie, tut sich plötzlich auf, wie fröhlich man eigentlich war und alles ist wieder da. Nur das Ganze ist unterlegt mit diesem Volumen von Tiefe der Empfindung. Es ist nicht mehr einfach die alte Fröhlichkeit, sondern eine tiefsinnige, sehr anziehende spirituelle Fröhlichkeit (z. B. wie beim Dalai Lama).

Man steigt und steigt und damit füllt sich das Loch mit den Emotionen, die wir dort finden. Auf jeden Fall ist dann kein Loch mehr da. Ab da „fällt man auch nicht mehr in ein Loch", wie alle sagen, aus dem man länger nicht herauskommt. Wenn, dann ist eine bewusste Trauer der neuen Persönlichkeit da, man fühlt, kann trauern und verschwindet nicht mehr. Je höher man kommt, umso mehr füllt es sich und bei Null erscheint plötzlich die ursprüngliche Eigenschaft und damit hat man nicht mehr nur +5 sondern +10. ... Du lächelst und lächelst als würde ich einen Blödsinn reden. (lacht)

Heidi: (lacht) Du siehst mich denken. Ich lächle, weil mir das Bild gefällt. Auf den ersten Blick wirkt es eigenwillig, aber für mich ist diese Metapher gut verständlich. Die Eigenschaft hat dann mehr Tiefe, mehr Facetten.

Ildiko: Ja, es ist dann nicht mehr die ursprüngliche Fröhlichkeit – à la „Fröhlich, fröhlich Schmetterling, fliegen wir davon". Sondern auch eine transformierte Traurigkeit und das ist immer sehr viel wert. Das reißt die Leute mit. Mit einer tiefen Fröhlichkeit können sich alle gut fühlen. Da passt auch dazu, dass du immer gerne Feste machst, bei denen die Leute sich wirklich gut fühlen können.

Das sind also die Warzentheorie und die „hoch-wissenschaftlichen Skizzen" dazu. (lacht) Ich würde fast sagen, es trägt epochal zum Verständnis bei – von diesem Loch und auch von der Möglichkeit zur Transformation. Die Bezeichnung Warzentheorie finde ich schon deshalb spitze, weil man da schon lacht. Es geht hier trotzdem um tiefe Verletzungen. Es ist eine tiefe Verletzung, wenn das Kind erlebt, dass man ihm etwas wegnimmt. Es lacht für die anderen und die brauchen das ganze Lachen irgendwie auf. Die ganze Fröhlichkeit ist für die Katz. Sie möchten, dass das Kind sich anpasst und für sie lacht. Denk nur einmal an Weihnachten und den Wunsch der Erwachsenen die „leuchtenden Kinderaugen" zu sehen.

Heidi: Dieses „für den anderen lachen" (der es vielleicht selbst nicht kann) erinnert mich an eine frühere Beziehung. Auf die Frage, warum er sich in mich verliebt hat, hat er damals für mich haarsträubend gesagt: „Es war so einfach mit dir".

Ildiko: Aber warum? Weil der andere selbst so ein psychisches Loch hatte. Nur hat er es verdrängt und mit deiner Hilfe dir überschrieben! Das ist praktisch, denn dann bist du „die Blöde, die etwas nicht kann". Eigentlich wäre „Es war alles so einfach mit dir." etwas Großartiges. Wenn jemand so etwas sagt, würde das für mich heißen, dass er seine Mutter gefunden hat! Dass plötzlich dieses Gefühl da war, das ihm bei seiner Mutter vielleicht abgegangen ist: **Dass die Dinge einfach sind, wenn man sich geliebt fühlt.** Wenn er nur dazu gesagt hätte, "weil ich mich von dir geliebt gefühlt habe", das hätte seine Qualität gezeigt.

Vielleicht brauchen manche Männer auch ein Gefälle zu Frauen, die man klein machen kann: Frauen sind dann „weniger wert" und man kann sie benützen, man muss sie nur so manipulieren, dass sie das gar nicht merken. Man versorgt sie mit Komplimenten, Geld und Blumen, und dann „bleiben sie schön dumm und dienen einem ein Leben lang". Dass der Mann in solchen Konstellationen vielleicht ewig depressiv bleibt, ist das was überbleibt. (Natürlich gibt es so etwas auch umgekehrt!)

Heidi: Dass man selbst ein tiefes Loch, eine Wunde hat, muss einem dann auch nicht klar werden, weil man die ganze Zeit auf den Mangel des Partners schaut und nicht auf seinen eigenen!

Ildiko: Das ist ein Mechanismus für die Verdrängung. Man zieht bei seinem eigenen Loch bei Null einen Deckel ein und sagt: „Ich habe das nicht. Das haben die Anderen, die Kranken." (Oder die Frauen.) Das machen auch Therapeuten manchmal. Sie selbst sind immer gesund, ihnen geht es immer gut (Therapeutenautomat). Da sind dann die Klienten ewig krank. **Eigentlich muss sich jeder Therapeut fragen, wie gestört und krank bin ich denn selbst.** Das ist relevant für die Frage, welche Persönlichkeit ein Therapeut haben soll.

Heidi: Muss ein Therapeut denn eine bestimmte Persönlichkeit haben oder kann man Therapie lernen? Ist es ein Urinstinkt, wie ich es bei dir verstanden habe – aufgrund der Lebensgeschichte, des Charakters, der spirituellen Verbindung?

Ildiko: Es gibt Teile, die man lernen kann und es gibt einen wesentlichen Teil, wo man hingehen muss, um mit sich selbst etwas auszutragen, an sich zu arbeiten (Unterbewusstsein, limbisches System). Zufällig kommt man nicht zu diesem Beruf! Ich darf hier sagen: Therapeuten sind gestörter als ihre Klienten! Es ist eine Frage der Perspektive! Diese Leute, die sich ewig um die Kranken bemühen, die müssen ja einen „Dachschaden" haben, indem sie davon leben, indem sie dieses System aufgezogen haben. Das kann nicht nur lieb und positiv sein. Sie haben einen Bezug dazu! Sie können das fühlen, also müssen sie selbst etwas in dieser Richtung erlitten haben.

Heidi: Muss man nicht sogar notgedrungen Verletzungen haben, damit man andere Verletzte verstehen und aushalten kann?

Ildiko: Sie müssten nicht nur verstehen, sondern auch mit sich selbst arbeiten. Gute Therapeuten haben selbstverständlich viele eigene Probleme und Geschichten und sind ursprünglich nicht gesündere Menschen als ihre Klienten. Im Gegenteil. Als ich in der Nervenklinik gearbeitet habe, habe ich jeden Tag von den Patienten gehört: „Die Ärzte sind kränker als wir. Die sind die eigentlichen Patienten." Es war zum Lachen und ich habe verstanden, dass ein Psychiater oder Psychologe, der in der Klinik arbeitet, sehr große Sensibilität und ein eigenes Gefühl für viele Krankheiten haben muss. Das hat man nur dann, wenn man auch angeschlagen ist und damit Erfahrung hat. Wie ich therapiere, habe ich am meisten von meiner eigenen Depression gelernt.

Meine Überzeugung ist, je tiefer eine Störung geht, umso mehr „Höhe" – also Energie, Aufgabe, Bereitschaft, Intensität und geistige Kraft – braucht es, um da heraus zu kommen. **Man muss aus den Problemen Aufgaben machen.** Das heißt **im schlimmsten Fall, wenn jemand sehr gestört ist, muss er Therapeut werden.** (lacht)

5 Therapie als Bergwanderung

„Am Heilungspunkt (Gipfelkreuz) erkennt man, wie man die eigene Zerrissenheit durchschreiten kann, indem man mit seinem eigenen verletzten Wesen in Verbindung ist."
Ildiko

Heidi: *Wie läuft eine Therapie bei dir ab?*

Ildiko: Therapie ist für mich wie eine Bergwanderung. Ich habe das Bild vor mir, dass Klient und Therapeut zusammen auf einen Berg steigen. Dieser Berg ist je nach Person und Vergangenheit sehr verschieden. Es ist nicht für jeden der Gaisberg in Salzburg! (lacht) Die Wanderung gestaltet sich auch sehr unterschiedlich. Man bleibt stehen, oder man möchte zurückgehen, weil es zu anstrengend ist. Es gibt Bereiche, wo man klettern muss, wo der Therapeut ordentlich gefordert ist, um mit den Geschichten mitzuhalten.

Jeder hat seinen eigenen Berg. Ich bekomme schon oft wilde Vorstellungen während dieser Bergwanderung, weil die Klienten sehr viel erwarten. Und manchmal sage ich auch: „Es ist anstrengend mit dir heute!" Das kann man doch nicht als Therapeut?! Ich sage es trotzdem, wenn es für mich so ist. Das ist wichtig, weil ich dann mehr da bin.

Es gibt verschiedene Phasen bei der Wanderung:

- Die erste Phase („orale Phase" nach Freud): Man ist eng zusammen und freudig. Man steigt miteinander auf. Hier findet eine Klärung der Ist-Situation statt, sozusagen eine Mülltrennung (was ist von früher, was ist von jetzt).
- Die zweite Phase („anale Phase"): Man streitet, droht evtl. mit Trennung. Hier fange ich an mit zu inszenieren! Ich heize die Aggressionen an und unterstützte sie.
- Die dritte Phase („ödipale Phase") beinhaltet die Arbeit an der Beziehung(sfähigkeit). An unserer Beziehung als Therapeut und Klient wird als Basis auch laufend in den ersten beiden Phasen gearbeitet.

Währenddessen stelle ich immer wieder die Motivation für die Bergwanderung durch Erfolge sicher. Man braucht sichtbare Erfolge!

Phasen: Aufstieg, Abstieg, Ankommen

1. Der Aufstieg: Erkennen & Lösen

Ildiko: Die 1. Phase am Berg, das Aufsteigen ist spannend, es ist auch eine Art Detektivarbeit. Man versucht herauszufinden, **wo die wirklichen Schwierigkeiten** auf diesem Berg des Klienten sind, **was der Klient kann und was er will**. Und am Therapeuten liegt dabei die Motivation, die Weiterführung, das Unterstützen, das Ziehen oder das Schieben. Damit sie gemeinsam gehen und nicht zurückfallen. Am Berg will ich auch immer sehen und verstehen wie die Klienten in Ihrem eigenen Umfeld agieren. Deshalb lasse ich mir beispielsweise auch einen Tisch von einem Tischler machen oder ich gehe einmal zu einem Arzt in die Ordination. Damit kann ich auch besser beurteilen, was demjenigen fehlt, im „normalen Leben".

Und irgendwann ist man am Gipfel und viele meinen, jetzt ist die Arbeit zu Ende! Man hat sein Ziel erreicht. Es geht einem gut, man hat die Hürden gut überwunden (wenn auch vielleicht nicht alle) und man möchte dann nicht mehr ins Tal! Manche kleben dann oben am Gipfelkreuz und möchten gar nicht mehr herunter. Aber am Gipfelkreuz kann man nicht leben. Dort ist kein Platz, dort ist kein Haus, es gibt nur ein Gipfelkreuz.

2. Der Abstieg: Konfrontieren und Formen, Ich-Bezogenheit, Aggressionsarbeit

Ildiko: Dann kommt der Abstieg vom Berg, die 2. Phase der Therapie. Das bedeutet nicht, dass jemand immer schlechter wird, sondern es bedeutet, dass man die beiden Persönlichkeitsanteile, einerseits den man in der Therapie entwickelt hat und andererseits den alten, kindlichen, aggressiven oder gelähmten Anteil vereinigen muss. Die sind nicht weg. Man kann kein Leben auslöschen. Die Wunden sind auch nicht weg, aber sie vernarben. Wenn man den Abstieg gut macht, erfährt man seine neue Persönlichkeit. Und nach einer guten Therapie hat man ganz viele Möglichkeiten.

Die Frage beim Abstieg ist: **Wer bin ich und wer will ich sein**? Das ist die Zeit der Konfrontation, Herausforderung und Auseinandersetzung, die sogenannte „Aggressionsarbeit". Hier heize ich die Aggressionen an. Dafür braucht man viel Kraft – und idealerweise einen Mann. Ich versuche die begrabene, verschüttete, geleugnete und so wichtige Kraft der Aggression zu beleben und zu klären, dass Aggression nicht böse sein heißt. „Aggredere" (lat.) heißt eigentlich „herangehen" und nicht weg! Wenn ich durstig bin, gehe ich zum Wasserhahn hin und hole mir JETZT ein Glas Wasser. Wenn ich auf die Toilette muss, warte ich nicht, sondern ich gehe gleich. Oder: ich drücke meine Gefühle aus, wenn ich will und sie fühle und nicht zwei Wochen später. Und: ich kann auch sagen: „Ich bin jetzt sehr zornig, weil du eben … gesagt/getan/gezeigt/mir unterstellt hast." Aber: Ich muss keinen Wutausbruch produzieren! Ich muss keinem die Schuld zuweisen. Ich kann meine Gefühle beschreiben, ausdrücken, damit ich nicht selbst „schuldig" – also abhängig werde. (ULDA 4). **Das verstehe ich unter herzlicher Aggression. Ich bleibe bei mir und wende mich mir selbst zu, statt auf jemanden loszuprügeln!**

Wer ist schuld? Ildiko

„Diese blöde Antilope!", sagte der Löwe, „die ist schuld, dass ich so hungrig bin! Ich könnte glatt in die Büsche beißen. Sie kommt mir gar nicht entgegen, springt nicht zu mir, sondern davon…" Er schüttelte ungeduldig seine Löwenmähne und sperrte sein hungriges Maul auf, als würde er in die Luft beißen.

Das Krokodil sagte: „Diese starke Sonne ist schuld. Die Tiere kommen gar nicht zum Trinken ans Ufer, so dass ich sie schnappen könnte! Geh doch endlich unter, du Wahnsinnige. Du verbrennst sowieso nur alles bis der Regen kommt. Man muss sich direkt im Wasser vor dir verstecken, sonst raubst du mir noch den Verstand."

Die Ameise sagte: „Der Regen. Der Regen ist schuld, dass ich aus meinem Bau nicht herauskomme. Und ich müsste frische Nahrung holen für die Königin und die Ameisenbabys. Du depperter Regen du!"

Der Frosch wiederum liebte es, wenn der Regen in seinen Teich prasselte und so schöne Ringe machte, dass der Forsch vor Freude quakte. Er fand, dass die Störche am großen Froschsterben schuld sind.

Der Mann sagte, seine Frau ist schuld, weil sie so viel einkauft. Die Frau wiederum meinte, der Mann ist schuld, weil er zu viel Sex will. Das Kind meinte, die Eltern sind schuld, weil es nicht so viel Playstation spielen kann, wie es will.

Der Mensch sagte, Gott ist schuld. Gott sagte, es ist der Teufel der Schuld hat.
Nur ich sage: „Ich bin selbst schuld."
Gott sei Dank sagt Gott: „Du bist nur beteiligt, aber nicht schuld!"

Ildiko: Apropos Prügeln: In dieser Phase verstärkt man die Aggression mit „Prügeln" – Übungen. Da prügeln die Klienten auf die Couch, mit einem Pracker, Tennisschläger oder den Fäusten oder in einen festen, schaumigen Couchpolster, der von einer männlichen Person gehalten und geführt wird. Diese Übungen habe ich von der Bioenergetik gelernt, Gott segne Lowen[ii]! (lacht) **Es ist unheimlich hilfreich und wohltuend, wenn man sich vor den eigenen Aggressionen nicht mehr fürchten muss!**

Heidi: Ich habe früher meine Aggressionen auch nicht gelebt bzw. leben dürfen.

Ildiko: Du durftest das schon. Du hattest deine Spiele und Freiheit in deiner Kreativität. Da warst du nicht unterdrückt – höchstens mit Hinweisen wie „sei nicht so laut". Du hast deine Aggression sehr stark durch Kreativität gelebt. Nur leider noch zu wenig direkt konfrontativ mit Menschen.

Heidi: Ich habe inzwischen verstanden, dass negative Gefühle wie Angst, Wut oder Trauer eigentlich Schutzmechanismen meiner eigenen Seele sind. Wenn man nicht auf sie hört, sie verdrängt, verdrängt man sich selbst und was einem wichtig ist. Letztendlich kommen sie sowieso heraus - auf andere, schädliche Weise – ob körperlich oder psychisch.

Jetzt als Mutter bin ich wieder mit dem Thema konfrontiert und bin nicht sicher, ob ich meinem Sohn hier immer richtig begegnet bin. Gerade meine tiefe Abneigung von Wut und Aggression rührt natürlich aus den Glaubenssätzen meiner eigenen Kindheit und aus meiner Angst. Und natürlich ist ein „folgsames" Kind für die Eltern einfacher und nicht eines, mit dem man ständig Konflikte austragen muss. Die Frage ist nur, um welchen Preis. Es geht natürlich nicht darum, dem Kind alle starken Aggressionen, „durchgehen zu lassen" (ein Satz, den ich von meinen Eltern kenne), aber es geht aus meiner Sicht darum, diese Gefühle nicht von Grund auf abzulehnen, sondern zu lernen damit umzugehen. Etwas was ich bei mir erst jetzt tue! Sie wahrnehmen, anerkennen und in erwachsener Form damit umgehen. Das heißt für mich: zu verstehen, woher sie kommen, was sie mir über mich und meine (nicht erfüllten) Bedürfnisse oder Werte sagen wollen und dann zu entscheiden, ob ich mich konfrontieren will oder muss, um ganz zu bleiben. Das habe ich bei dir und in den Gruppen gelernt. Ich habe gemerkt, wie gut es mir tut, meine Gefühle zu spüren und sie auch im geschützten Rahmen einmal rauslassen zu können. Man lebt, man ist da, man darf sein.

Ildiko: Früher hat in diesem Bereich mein Mann mit mir gemeinsam gearbeitet oder die so genannte „Vaterarbeit" übernommen. Ich bin ihm sehr dankbar, und viele andere mit mir! Er hatte ein starkes Herz – wie von einem Löwen, wenn es darauf ankam. Er hat wunderbare Übungen entwickelt. Sonst hat er sich lieber gut getarnt und sein eigenes Herz beschützen müssen. Jetzt hilft mir mein Schwiegersohn dabei, sehr gutherzig und stark. Er ist fähig und bereit mit jeder Aggression gut umzugehen. Meine Tochter arbeitet mit mir auch auf spiritueller Ebene mit Familien und Kindern, das ist ebenfalls sehr spannend.

In der 2. Phase der „Bergwanderung", beim Abstieg, geht es auch darum, Selbstzerstörungsprogramme wie Süchte zu entdecken, damit man sich auf sich selbst verlassen kann, statt auf Drogen oder auf Härte und Starre gegen sich selbst. Es geht um Gewohnheitsänderungen und das Verstehen der eigenen Mechanismen. Mit Hilfe der herzlichen Aggression wird ein Gerüst entwickelt, eine neue Ich-Struktur.

Diese Phase ist erst möglich, wenn die Beziehung zwischen Therapeuten und Klienten stabil ist. Hier geht es um Aggressionsarbeit und darum, Aktuelles aufzugreifen. Wir machen verschiedene Übungen. Ich verwende auch bewusst meine Sprache dazu, witzig, hässlich, aggressiv, damit etwas hängen bleibt, wie zum Beispiel bei der „Warzentheorie". Außerdem achte ich darauf, dass Erfolge erkennbar werden und stabil bleiben, damit der Klient sieht, dass es einen Sinn hat zu arbeiten. Du hättest dich nicht so entwickelt, wenn ich dich nicht manchmal schrecklich eingetunkt hätte – dich in die Verstellung hineingetrieben hätte, die du nicht sehen wolltest. So haben wir angefangen. Das viele Lachen zum Beispiel war auffällig. Das ist jetzt viel besser! Das Lachen haben wir ja beide gelernt – aus einer Not heraus.

Heidi: *Das war sicher ein Zeichen von Unsicherheit. Man lacht sich über Dinge hinweg! Früher war mir das nicht bewusst, aber ich habe mich manchmal selbst, meine Meinung, meine Aggressionen, meine Ängste weggelacht oder verniedlicht. Du hast mich als Erste darauf hingewiesen. Ich weiß jetzt, das war aus einer Angst vor Ablehnung heraus. Man zeigt damit: Schau her, ich bin eh harmlos, ich bin gar nicht da, du brauchst mich nicht anzugreifen. Ich bin zu wenig bei mir geblieben.*

Ildiko: Diese 2. Phase ist konfrontativ. Es ist meine liebste Phase, weil man einander gegenübersteht – als Therapeut und Klient. Hier kann man von der Förderung und Unterstützung soweit zurückgehen, dass der Therapeut nur als Mensch da ist und man sich in die Augen schaut, sich wahrnimmt und Kräfte misst. Nicht um zu beweisen, dass der Therapeut stark ist, sondern um zu klären, wie stark der Klient geworden ist, wo er durchhalten kann, wo er besteht und wo nicht. Wie eine Art Meisterprüfung.

Parallel dazu wird in allen Phasen an der Beziehung zwischen Therapeuten und Klienten gearbeitet, mit dem Ziel Übertragungen und Projektionen abzukratzen. Das mache ich mit Kabarett, Witzen und indem ich mich „blöd" benehme, sie nachmache, da wir keine Videokamera haben. Du warst in unserer persönlichen Beziehung eher misstrauisch: Es war für mich zuerst wenig echte Beziehung möglich, was mir leid getan hat. Das ist kein Vorwurf, sondern das wird auch von meiner eigenen Störung bestimmt: Ich hatte Angst, dass du aussteigen würdest, wenn ich dich belaste. Wobei jetzt steigst du sicher nicht mehr aus, weil wir gemeinsam schreiben. (lacht) Du hast diese Lösung selbst gefunden und dir auferlegt. Dieses Buch ist letztlich eine starke und mutige Annäherung zwischen uns.

Von der 3. Phase an konntest du deine eigenen Themen reflektieren. Also geistig/intellektuell zuerst und nicht emotional. Im Großen und Ganzen hast du dich im Stillen entwickelt, aber nicht, wenn ich dich versucht habe bewusst zu belasten. Ich folgere daraus, dass du die wunderbare Gabe hast, mit beiden Gehirnhälften zu denken - männlich/weiblich, kreativ/intellektuell, aber (noch) nicht immer so zu handeln. Es fehlten dir noch die unteren Bereiche dazu – die aggressive Energie im Bauchgehirn, d.h. am nötigen Mut, der Aggression, und dem Selbstvertrauen elementare Dinge wirklich zu riskieren.

Heidi: Unser Buch hat mir auch dabei geholfen, das stärker zu entwickeln.

Ildiko: Natürlich! Es ist auch mutig von dir, dass du dich traust, deine eigene Entwicklung im Buch einzubringen.

Heidi: Bei unserem Buchprojekt habe ich deine Aggressionsarbeit schmerzlich aber heilsam am eigenen Leib erfahren. Du hast mich bewusst provoziert, sodass ich wirklich wütend wurde und mich auf „meine Füße" gestellt habe. Obwohl es in dem Moment unverständlich und schmerzhaft war, hat es mich im Nachhinein gesehen einerseits stärker und selbstbewusster gemacht und andererseits unsere Beziehung „normalisiert". Zuvor hatte ich dich auf ein Podest gehoben, wollte dir „gefallen", wodurch ich mich aber selbst kleiner gemacht habe. Durch die Konfrontation hast du es geschafft, dass ich dich als nun „normale" Frau und mir gegenüber sehe. Ich habe mich fast wie nach einer zweiten Pubertät gefühlt!

Ildiko: Früher wollte ich deine immer stärker werdende Beziehungsfähigkeit mit dir selbst nicht stören und dich nicht verunsichern. Jetzt habe ich das Gefühl, du kommst auf einen neuen, eigenen Boden. Jetzt konnte ich Aggressionsarbeit machen, weil du jetzt da bist. Wenn jemand nicht erwachsen präsent ist, ist das nur ein Schrecken!

Das Interessante ist, dass ich mich traue meinen Klienten ganz nah zu sein, wirklich Nähe zu riskieren, bis sie auf mich wütend werden und auch danach! In der Vergangenheit setzten die Klienten die Therapeuten aufs Podest. Mir ist es wichtig eine echte Beziehung anzustreben und Illusionen abzubauen. **Ich bin nicht perfekt und will es auch nicht sein und auch das Leben ist es nicht. Das Leben hat weiterhin Anteile, die nach Exkrementen riechen.**

3. Das Ankommen: Beziehungsarbeit

Ildiko: Hier bildet man Visionen zu: **Wer will ich sein?** Die 3. Phase spielt sich schon langsam während der 2. Phase ab, während man bei sich selbst ankommt! Für diese Phase arbeite und lebe ich. Es geht um die Beziehung, um die Verbindung vom Ich zum Du und vom Du zum Ich.

Es ist sehr schön und spannend, wenn hier jemand Geduld hat! Manche haben nicht die Geduld dafür und rennen davon, weil es ihnen gut geht und sie auch schon streiten können. Das tut mir leid, denn die 3. Phase ist eigentlich das Ankommen. Das bedeutet, dass man beziehungsfähig wird, auch in der Beziehung zwischen Klient und Therapeut. Beide sind da.

Beziehungsarbeit mache ich gerne alle drei bis vier Stunden, auch schon in den Phasen davor. Beziehungsarbeit ist ein großer Gewinn! Man bekommt Einblick, was der andere fühlt und wie etwas ankommt, was man macht. Es ist ein guter Spiegel, auch für den Therapeuten, wenn man ehrlich ist – und das sollte so sein. Ich bereite mich darauf vor, diesen Prozess auch immer parallel laufen zu haben: Wo fehlt es diesem Menschen an Beziehung? Wenn ich mich beispielsweise nicht gesehen und angenommen fühle, dann spreche ich es an und wir reden darüber. Das ist mein bestes Werkzeug, weil wir einander dabei sagen können, was wirklich los ist, was man fühlt. Das sind heilige und heilende Stunden.

In dieser Phase geht es darum Lügen aufzudecken – wo man sich selbst und die andere Person erkennt. Hier macht sich der Therapeut selbst sichtbar als Person. Davor macht er das nur soweit, als es für die Therapie relevant ist und dem Klienten nicht schadet. **Hier sollte man sich wirklich zeigen, mit der eigenen Kleinheit und Größe.** Für uns beide ist es dieses Buch, in dem wir uns einander wirklich zeigen. Das Buch ist deine positive Aggression. Es geht dir darum, mich zu verstehen, mir in die Karten zu schauen.

Diese Phase kommt nach dem Heilungspunkt am Berg. Am Heilungspunkt oben (Gipfelkreuz), vom Berg aus gesehen, begutachtet man die eigene Zerrissenheit/Spaltung und versucht sie beim Abstieg zusammenzuführen. Im Sinne von: **Wie kann ich die Zerrissenheit durchschreiten, indem ich mit meinem eigenen verletzten Wesen in Verbindung bin?** Es wird dann ein Hin und Her gehen möglich, statt sich spalten zu müssen. Eine Analyse der Mechanismen, sich Zuschauen lernen, einen Schlüssel zum Ich zu entwickeln. Es geht darum, in sich selbst zu heilen. Kopf und Bauch lernen mit der Wahrheit als „Heilmittel" zusammenzuwirken. Ein Organ, das **Wahrheitsorgan**, bildet sich! Man lernt sich zu spüren.

Das ist die Grundlage meiner Arbeit. Wenn es jemanden nicht interessiert und er geht, kann ich das gut verstehen, aber als Therapeut muss ich überprüfen, was ich hier gemacht habe. Fehlt etwas? Wie gut habe ich nach meinen Kriterien gearbeitet? Mir reicht es nicht von einer Stunde zur nächsten zu arbeiten. Bei meinen eigenen Therapien war das so. Da habe ich jede Stunde einfach erzählt. Nach zehn Einheiten reicht das dann auch. Man hat kein Ziel, außer dass es einem besser geht.

Für mich ist sehr wichtig, dass ich und auch der Klient verstehen, warum es ihm besser geht, damit die Zusammenführung für ihn wiederholbar wird, damit er es kann! Die Menschen sollen eigene Werkzeuge bekommen, sollen etwas lernen können bei mir.

Beziehungsarbeit, wie zwischen uns beiden, ist sehr wichtig, weil wir alle eine stabile Beziehung brauchen, wo wir fähig werden die Nähe und die Distanz zu bestimmen. Selbst zu bestimmen wie nah jemand sein soll und in dieser Nähe auch tatsächlich zu leben. Ich meine damit Nähe und nicht Sex, wobei wir beide natürlich auch sexuelle Wesen sind. Sex ist eine tiefe Form der Nähe, wenn es echt ist. Aber es gibt viel unechten Sex, womit man sich auch unechte Nähe erkaufen kann.

Zu Nähe und Distanz arbeiten wir auch in den Gruppen: Was sehe ich und nehme ich an dir wahr und wie nah will ich dir sein? **Richtige Nähe ist es dann, wenn man sich im Kopf, im Herzen und im Bauch (Körper) verbunden fühlt.** Diese Unterscheidungen kann man lernen. Es kann beispielsweise sein, dass man sich im Bauch angezogen fühlt, aber im Kopf den anderen abwertet.

Verbindung zu Freuds Entwicklungsphasen

Heidi: Die drei Phasen der Therapie hängen deiner Aussage nach ja mit den menschlichen Entwicklungsphasen laut Freud zusammen.

Ildiko: Ja, die drei Entwicklungsphasen eines Menschen und so auch in der Therapie, sind vom genialen Freud abgeschaut, für alle Therapieformen. Wobei für mich das viel mehr und reichhaltiger ist als nur die drei Worte oral – anal – ödipal.

Die 1. Phase der Therapie entspricht der oralen Phase, wenn jemand auf die Welt kommt. Sie steht unter dem Zeichen „Ja!". Man ist mit allem positiv verbunden und deshalb göttlich. Es ist für mich die innerste Hülle. Wenn ein Kind geschützt im Mutterbauch ist, fängt die pränatale orale Phase an. Das Kind beginnt sich durch die Mutter und seinen eigenen Herzschlag zu spüren. Das Ganze kann man sich wie drei schöne, durchsichtige und elastische Seifenblasen ineinander vorstellen, nur viel fester. Meine Wahrnehmung ist, dass da bereits der ganze Mensch, alle 3 Ebenen da sind, nur der Körper muss noch in diese Hüllen hineinwachsen. Das ist meine Vision von jemandem. Das meine ich mit „jemand ist angelegt". Ich habe die spirituelle Vorstellung, dass man hier schon sein Selbst bekommen hat. **Wir tragen alle einen kleinen Plan in uns** und das fängt vom ersten Augenblick an, wo wir empfangen worden sind. Diese innerste Ebene ist das Selbst und ist göttlich. So spürt man es auch, wenn man kleine Kinder im Arm hält. Man weiß, das ist ein göttliches Wesen und man weiß nicht, woher es kommt. Allein wie sie einen anschauen können! Man fühlt sich durchschaut und zutiefst gesehen!

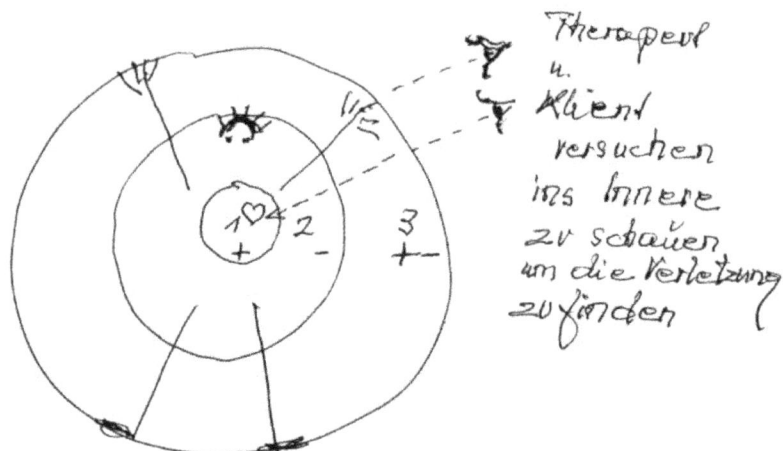

Als Therapeut arbeitet man an diesen Hüllen, mit dieser „Energie-Haut", die positiv und negativ aufgeladen ist und ein menschliches Ich umfasst und schützt. Die Haut ist im Inneren sehr verletzlich. Je kleiner das Kind ist, umso mehr. Sie kann Löcher aufweisen, teilweise fehlen oder zu fest werden, dort wo man verletzt worden ist. Aber sie kann ganz heilen oder vernarben, beides ist eine gute Lösung! Der Therapeut und der Klient versuchen gemeinsam ins Innere zu schauen, um die Verletzung zu finden.

Die 2. anale Phase beginnt ab ungefähr eineinhalb Jahren, wenn ein Kind aus der engen Symbiose mit der Mutter herauskommt. Es ist die erste Nein-Phase. Diese Phase hat ein Minuszeichen. Da entwickeln sich das Ego, der Intellekt, der Anfang der Sexualität und die Aggression. Das Kind lernt „Nein" zu sagen, aggressiv zu sein und Grenzen aufzubauen. Hier erfährt man, dass das Kind gegnerisch sein kann und das Kind erfährt, dass die Welt gegnerisch sein kann. Es darf nicht alles tun. Das dauert ungefähr bis zum Alter von drei bis dreieinhalb Jahren.

In der 3. genitalen/"ödipalen" Phase (oder Beziehungsphase) passiert die Innervation der Sexualorgane. Das Kind fühlt die Organe und kann nun auch den Stuhlgang zurückhalten. In der 2. Phase fängt es auch für die Kinder selbst zu stinken an und in der 3. Phase dulden sie die Scheiße nicht mehr. Die Nervenbahnen schalten sich in Richtung genitaler Wahrnehmung ein. Die Unterscheidung Mädchen-Bub rückt in den Mittelpunkt, es ist die Zeit der Doktorspiele.

Ich nenne das Beziehungsphase. Beziehung zu sich, zu seinen Andersartigkeiten, Ich und Du, Innen und Außen. Einfach gesagt: Innen und Außen wird klar unterschieden. In der 1. Phase wird im Gegensatz dazu alles „psychotisch" erlebt (man kann das Außen vom Innen nicht unterscheiden – man wird von großen Gefühlen überschwemmt). Unter eineinhalb Jahren fühlt ein Kind nicht, ob es selbst zornig ist oder ob ein Gewitter kommt. Psychotische Wahr- bzw. Falschnehmung ist, wenn man beispielsweise bei einem Sturm glaubt, dass dieser auch in einem selbst ist. Bauchschmerzen werden von einem Baby daher wie große Katastrophen erlebt.

Es gibt die drei Ebenen/Phasen in einem selbst und die entsprechenden drei Phasen in der Therapie! Nicht jeder durchläuft sie in gleicher Zeit und Intensität. Unsere Gesellschaft lebt hauptsächlich in der 2. Ebene, wo es eine Verständigung nur von Ego zu Ego gibt. In der 3. Phase ist die Liebe beheimatet, wo das Ich und Du sich wirklich gegenseitig wahrnehmen. Das leben wir leider noch nicht. Unter Umständen werden wir durch diverse Krisen oder Pandemien aufmerksamer. Vernünftigerweise bleibt uns vielleicht nichts Anderes übrig, als wirklich soziale Fähigkeiten zu entwickeln und nicht nur darüber zu reden!

Nähe und Ablösung in Liebe

*Heidi: Wie stellst du sicher, dass Klienten am Ende der „Bergwanderung"
selbständig werden und ihre Ziele erreichen können?*

Ildiko: Die 3. Phase ist das Ankommen und zugleich die Ablösung. Klient und
Therapeut müssen sich da gut lösen, indem sie kämpfen und ehrlich sind.
Der Therapeut sollte zeigen, was ihn ärgert und was ihm wichtig ist. Die „Ab-
lösung" ist etwas sehr Wichtiges. Abhängigkeiten gibt es immer. Raus kommt
man, in dem man ehrlich wird. Aber man braucht dafür auch einen ehrlichen
Therapeuten. Vielen Therapeuten ist nicht bewusst, wie unehrlich sie sind.

Ich habe eine Vision vom Klienten, eine ziemlich genaue Vorstellung, wo dieser Klient ankommen könnte und sollte, wenn die Arbeit gut geht. Ich könnte
ohne diese Vision nicht wach von einer Stunde zur anderen dran bleiben.
Nur der Klient erzählt etwas und ich hänge an seinen Lippen? Langweilig!
Dem Klienten wahrscheinlich auch.

In jeder Phase der Therapie formuliert man Ziele. Therapeut und Klient gleichen die Visionen ab. Damit man zum Schluss sagen kann, was man in der
Therapie erreicht hat und was nicht. Es gibt Menschen, die beruflich etwas
erreicht haben (auch durch die Therapie), so wie sie es wollten oder sogar
noch besser, aber nicht in Beziehungen. Und umgekehrt gibt es das natürlich
auch. Die Frage ist, möchte jemand weiter bleiben, um auch das andere zu
erreichen? Da ist der Klient in meinen Augen schon erwachsen und ich „betreue" ihn nicht mehr. Ich stehe ihm gegenüber! Ich frage auch öfter, ob jemand gehen will. Es liegt auch bei mir zu sagen, das und das wäre gut und
möglich, aber da brauche ich jemanden nicht mehr so aktiv zu „fördern". Die
Therapie ändert sich im Stil. Am Anfang trägt man ein Kind auf den Armen,
das ist die 1. Phase, dann setzt man es auf den Boden und begleitet es. Wenn
es hinfällt hebt man es auf. In der 3. Phase läuft das Kind voran oder steht einem gegenüber, will etwas, man streitet. Eine Therapie ist immer anders,
weil Wachstum da ist, Gott sei Dank!

*Heidi: Das erinnert mich an die Entwicklung auf dem Weg zum Erwachsen-
werden, wenn die Pubertät der wichtige Ablösungsprozess ist, um das
Selbst zu finden.*

Ildiko: Ablösung bedeutet nicht, dass die Liebe verloren gehen muss. Mir ist es wichtig, meine Liebe zu bewahren, wie auch immer es möglich ist. **Ich werde nicht kleiner, weil mein Klient größer wird. Ich bin gleich groß.** Ich verwandle mich auch nicht in einen Frosch oder eine Schildkröte! (lacht) Ich schrumpfe nicht.

Wenn man sich mag und in dieser (jahrelangen) Zeit einander näher kommt, dann kann die Liebe ruhig bleiben. Das ist mir wichtig, denn ich möchte nicht am Ende meiner Tätigkeit mit niedergeschlagenen Augen auf der Straße herumgehen. Ich möchte keinen Schock kriegen, weil Klienten in einem Lokal sitzen. Ich möchte mich freuen und finde es schön, dass man befreundet sein darf, wenn es gegenseitig gewünscht ist. Ich habe viele Freunde unter meinen ehemaligen Klienten. Es ist eine Freude einander zu sehen! Wo bitte lernt man sich sonst so gut kennen und einander so nah zu sein!? Ist es eine Schande Therapie zu machen? Sind das schlechtere Menschen, die eine Therapie machen wollen oder müssen? Sind sie schwer krank oder blöd? Nein! Warum dann diese Scham?

Heidi: Im Gegenteil: Für mich ist es ein Zeichen der menschlichen Reife, wenn man sich mit sich selbst auseinandersetzt.

Ildiko: Aus meiner Sicht sind Menschen, die Therapie machen, wachere Menschen, die besser entwickelt sind, weil sie fähig sind sich selbst zu reflektieren und an sich zu arbeiten. Auch wenn manche eventuell an sich arbeiten müssen, weil es ihnen schlecht geht. Es ist für mich eine waghalsige Expedition mit jemandem, für beide, und nicht einfach! Selten einfach.

Ich will mich nicht wegschleichen, wenn irgendwo Klienten von mir sind. Ich finde Liebe ist nie eine Schande und **ich liebe meine Klienten.** Das sehe ich weder als Vergehen, noch als Schande. Ich liebe überhaupt und ich will auch lieben. **Ich möchte nicht ohne Liebe leben.** Liebe ist nicht das Ziel für mich, aber es ist Treibstoff fürs Leben. Ich muss nicht geliebt werden, aber ich möchte lieben. Egoistischer weise geht es mir dann viel besser, wenn ich lieben kann. (lacht) Ob ich geliebt werde, ist nicht die erste Voraussetzung für ein gutes Leben, auch wenn es wunderschön ist!

Heidi: In deiner Therapie ist die Beziehung, die Nähe zwischen Therapeuten und Klienten sehr wichtig, damit Entwicklung überhaupt möglich wird. Du sprichst sogar von Liebe. Das ist ein hoher Anspruch an den Therapeuten, sich auf so viele Menschen auf eine nahe Beziehung einzulassen, oder? Und dann im Ablösungsprozess den Klienten auf den Boden zu setzen, seine Wut auszuhalten ist emotional sicher sehr anstrengend. Man muss als Therapeut so viel aushalten!? Wie erkennst du, wann Distanz oder Loslösung notwendig ist?

Ildiko: Bei der Bergwanderung ist es enorm wichtig, welche Nähe ich zu meinen Klienten habe. Ich musste und muss auch sehr genau hinsehen, welche Nähe ich überhaupt zu Menschen habe. Was ist mir angenehm und was nicht? Und was bringt die Nähe? Meine Gefühle geben mir Auskunft über die Möglichkeiten mit den Klienten.

Heidi: Du meinst das Abwiegen von Vor- und Nachteilen für den Klienten?

Ildiko: Ja. Wie anstrengend es ist und was es ermöglicht. Die Distanz zum Klienten müsste ziemlich häufig gewechselt werden, je nachdem wo jemand ist und was er braucht. Denn wie als Kind hat man in jeder Phase Wünsche:

- In der 1. Phase: Nähe, Nähe, Nähe!
- In der 2. Phase: Dass man die Nähe selbst bestimmen kann!
- In der 3. Phase: Nähe und Distanz frei wechseln können, um immer das eigene Wesen und das Leben zu genießen!

Wenn es jemandem sehr schlecht geht und er mit sehr alten Sachen in seiner Vergangenheit zu mir kommt, muss man ihn eine Zeit lang tragen – seelisch, geistig. Dann irgendwann kann man ihn auf den Boden setzen und dann begleiten, hinter ihm her gehen und dann gegenüberstehen. Das sind die 3 Phasen. **Dieser häufige Distanzwechsel ist auch wichtig, ohne dass die Liebe in der Beziehung verloren geht.** Das ist meiner Meinung nach eine Kunst und gelingt nicht immer – wie auch keine Kunst immer gelingt.

Ein dramatischer Punkt in der Therapie ist der Akt, wenn man jemanden „auf den Boden setzt". Das merkt der Klient klarerweise! Die Frage ist nur, wie böse er dann wird! Erst muss man all das Gute und die Liebe einbringen, damit jemand überhaupt aufmachen kann. Das gilt insbesondere bei frühkindlichen Geschichten, weil das mit sehr viel Scham verbunden ist. Auf den Boden setzen ist eigentlich der erste aggressive Akt von meiner Seite. Wo ich zwar immer noch genauso gutmütig und liebevoll bin, aber es ist trotzdem eine Erschütterung der Beziehung. Ich hoffe immer, der Klient nimmt es, ohne davonzurennen. Weil es weh tut und man auch schockiert ist, dass jetzt etwas „Böses" kommt, bei so viel Verständnis, das vorher da war. Wie bei unserem Kampf bezüglich des Buches.

Heidi: Gehen Klienten dann?

Ildiko: Nein, das kommt kaum vor. Entweder geht jemand schon vorher (z. B. weil er mich nicht verträgt), oder manchmal schmeiße ich auch jemanden hinaus – als Akt des Bodensetzens. Ich kann nicht jemanden immer weitertragen, mit all seinen Wahnsinnigkeiten. Deshalb habe ich dann diese Form der Aggression erfunden, nämlich die **„herzliche Aggression". Das bedeutet, dass man den Menschen, den Klienten, mit einer Hand hält, um die Beziehung zu sichern, und ihm mit der anderen Hand vielleicht ein paar Watschen gibt.** (Psycho-Watschen natürlich!)

Manches geht einfach nicht! Man kann nicht wachsen und weiter arbeiten und dabei dauernd saugen. Im Leben kann man generell nicht ein Säugling bleiben und trotzdem Karriere machen wollen! Viele Menschen bleiben saugend (Süchte, Alkohol, Freunde) und werden nicht selbstständig. Es geht darum, die Nahrung zu kauen und nicht einfach nur alles schlucken oder ausspucken zu wollen. Deswegen sehe ich das so, dass eine offene und wohlwollende Aggression in der Therapie sehr notwendig ist. Ich nenne das **Konfrontationsarbeit** – das ist die 2. Phase der Therapie, wo man anfängt zu konfrontieren. Ich meine nicht, dass ich zuvor nie etwas gesagt habe, aber ich bin dann noch nicht so dahinter, dass es verstanden und umgesetzt wird.

Herzliche Aggression sichert einem (auch mir) im Leben, dass man mit Menschen nachhaltig und lang zusammenbleiben kann. Ich sage gerne die Wahrheit, ich meine damit nicht Gottes große Wahrheit, sondern die zwischenmenschliche. Und ich möchte das so sagen können, dass niemand verletzt wird. Ich möchte meine Klienten gar nicht verletzen. **Aber manche alten Verletzungen heilen nicht gut, wenn man die Wunde nicht noch ein-**

mal aufmacht, man muss sie reinigen. Es ist immer eine Gratwanderung. Wenn ein Loch da ist, muss man hineinsteigen, wie es auch bei der Warzentheorie deutlich wird, um wirklich rauskommen zu können.

Und das passiert eben mit der Konfrontation: dass man jemanden darauf hinweist, was er eigentlich mit Menschen macht. Natürlich in Kenntnis dessen, was die Ursachen sind, und dass da niemand Schuld ist. Ich mache keine Schuldzuweisungen, trotzdem ist die herzliche Aggression auch schwierig und saftig und man muss es nehmen können. Das geht nur auf Basis einer guten Beziehung, die mir bis dahin hoffentlich gelungen ist!

Re-traumatisierung oder Lösung ?

Heidi: Du sagst, dass man manche Wunden aufmachen und reinigen muss. Es tut aber weh, wenn man in die eigenen Dramen hineingeht und anfängt alte Wunden zu spüren. Muss das denn sein? Ist da nicht eine Gefahr der Re-traumatisierung gegeben?

Ildiko: Man muss erst rein, um zu lernen, wie man wieder raus kommt. Wie gut die Therapiebeziehung an dem Punkt ist, ist dabei entscheidend! Man kann diese Dinge nicht mit jemandem machen, der keine gute, stabile Beziehung zu mir hat. Dann lass ich es bleiben. Denn dann kann eine Re-traumatisierung passieren, wenn man mich nicht von den ursprünglichen Tätern unterscheidet, die die Wunde zugefügt haben! Das ist sicher eine Gratwanderung, aber sonst re-traumatisiert man sich selbst allein immer wieder!

Solange jemand in Therapie ist, ist es wichtig, dass sein Hauptdrama in Arbeit ist, dass man sich darin bewegt und es auch mit einer Selbstständigkeit verlassen kann! **Ziel ist es, nicht mehr in gewisse Zustände zu fallen und sich nicht mehr selbst zu behindern!** Oder wenn man schon in das tiefe „Loch" fällt, dass man weiß, wie man herauskommt! Wie in der Warzentheorie beschrieben, ist es wichtig, dass der Klient lernt, von unten her hinaufzusteigen und nicht, dass ich ihn da heraushole. (Obwohl ich mitunter auch hinuntersteigen muss.) Dafür ist es notwendig die Tiefe der Verletzung wahrzunehmen, sie auszuloten. Das tut immer weh.

Und nun ist da die Aufregung mancher Klienten. Sie fragen: Muss man das wirklich? Muss man solche Dinge wirklich machen, die so wehtun? „Da wird man doch re-traumatisiert." Meine Meinung dazu: **Wir re-traumatisieren uns sowieso solange selbst, solange wir den Wahnsinn, der passiert ist, nicht in der Tiefe bis zu den Bauchemotionen verstanden haben.** Bis unser sogenanntes „Bauchgehirn", das Instinkt-beleidigte Tier, auch beruhigt und besänftigt wird. Das ist die Aufgabe der Therapie in diesem Sinne. Bei einer guten und verlässlichen Beziehung ist man nicht allein. Man kann mich auch immer anrufen. Ich rufe auch von mir aus an, wenn ich nicht weiß, wie es jemandem geht.

Ich ermahne mich gerade: Ildiko lehn dich nicht so weit aus dem Fenster, was redest du, es wird zu kompliziert. Bleib bei deinen Leisten. Gehört das jetzt in ein Buch, brauchen wir so ein Buch – das frage ich mich immer wieder. Aber dann denke ich, wer das liest hat etwas davon!

Der Begriff „Re-traumatisierung" ist ja noch nicht so lange im Gespräch. Man muss wie gesagt in die Verletzungen hineingehen – mit Unterstützung und mit dem was man bis jetzt gelernt hat, damit man lernt, aus dem Trauma herauszukommen. Die „Re-traumatisierung" ist hier ein schwaches Hilfswort, denn es geht nicht darum. Es geht darum, dass man mit einem Angriff, mit einem vorbereiteten und verständlich gemachten Angriff, eine Wunde aufmacht – praktisch wie eine Operation. **Damit der Klient einen ANDEREN Weg findet, als etwa Ersatz-Mechanismen, Verdrängungen, sich schwach fühlen, psychosomatischen Krankheiten oder Ängste.**

Wenn man nur in die Nähe einer solchen Wunde kommt, merkt man wie sehr jemand Angst hat. Ich sehe das als Aufgabe, mutig und unerschrocken zurück zu gehen, mit dem Klienten und seinem Einverständnis – schließlich sind das erwachsene Menschen! Weil man merkt, dass jemand an der Stelle immer stolpert und sich selbst traumatisiert! Dass es nicht besser geworden ist. Man hat gearbeitet, abgewartet, der Klient hat inzwischen eine Beziehung, vielleicht schon Kinder, eine neue Stelle usw., und trotzdem hat sich dieser Punkt nicht verändert!

Heidi: Bei mir ist das wahrscheinlich der Tod meines Vaters.

Ildiko: Ja. Du hast an dem Punkt etwas in deinem fröhlichen Charakter verändert: Die großen Ängste, die Vorsicht, die ewige Begleitung von gefährdeten Personen, die immerwährende Angst, dass man es nicht schafft, jemanden vor seinem Tod zu bewahren.

Heidi: Das sind immer dieselben Stolpersteine.

Ildiko: Man muss lernen zurückzugehen und keine Angst mehr zu haben, weil man nun weiß, wie man wieder herauskommt. Ohne sich dauernd zu fürchten, dass man jemandem schadet, den man liebt. Das zu lernen kann man nur mit einem guten, also mutigen Therapeuten.

Die Frage, ob etwas re-traumatisiert, finde ich berechtigt, aber man muss sich damit wirklich auseinandersetzen und sehen, dass die Leute, ohne dass sie jemand behandelt, Dramen entfalten! Da kommen plötzlich sowieso die unterdrückten Ur-Dramen an die Oberfläche. Deshalb arbeite ich auch gerne mit Dramen. Ich finde wir haben nicht Prosa in uns, sondern im Unterbewusstsein lebt das **Drama unseres inneren Kindes.**

Ich lasse jeden irgendwann sein Drama in Kurzform beschreiben: Man stellt sich vor, dass dieses Kind ausgeleuchtet auf der Bühne ist. Es steht, sitzt oder liegt im Lichtkegel, je nachdem wie alt es ist. Es kommen dann die Bilder! Jeder sieht das Kind sofort. Dann wird gefragt: Wer kommt jetzt? Dann kommen vielleicht Mutter oder Vater oder beide oder es kommt niemand. So entfaltet sich das innere Drama, das man damit beginnt zu sehen.

Heidi: Ich habe mein Verständnis meines Dramas auch einmal niedergeschrieben.

Übung: Beschreibung des eigenen Dramas   Heidi

Ich habe als Kind gelernt, dass ich liebenswert bin, wenn ich mich anpasse, nicht hervorsteche, brav bin, anders bin, als ich es wäre. Das glaube ich tun zu müssen, um nicht abgelehnt zu werden bzw. zugehörig sein zu können. Für meine Familie war ich oft zu laut, zu wild, zu frei, zu fordernd, zu egozentrisch.

Meine Mutter war stolz auf mich, dass ich in sehr vielen Bereichen herausragend war. Aber auch von ihr habe ich gehört, sei nicht wie du bist. Zeig nicht, dass du etwas Besonderes bist, das kreiert Neid und führt zu Ablehnung. Besonders Männer mögen das nicht. Besser das eigene Licht unter einen Scheffel stellen. Meinen Großeltern war eine Welt des Scheins, der Höflichkeit wichtig: Besser die Zähne zusammenbeißen, als negativ aufzufallen oder nicht den Gesellschaftserwartungen zu entsprechen.

Mir ist die idealisierte, schöne Welt, die Idylle als erstrebenswert und erreichbar vorgespielt worden. Echtheit, Wahrheit, Körperlichkeit, negative Gefühle waren beängstigend und unter Kontrolle zu halten, zu verdrängen. Wenn ich nur hart genug daran arbeiten, die Zähne zusammenbeißen und mich verstellen würde, könnte ich diese Idylle erreichen und das Schlechte/den Tod besiegen. Diese unklaren und unrealistischen Anforderungen der Welt haben mich überfordert. Wie sollte ich denn sein, um das erreichen zu können?

Und eine weitere Steigerung der Anforderung: Frauen müssten dabei besonders klug sein und sich gleichzeitig zurücknehmen, um ihren (schwachen?) Männern zu dienen. Männer seien wichtiger in der Welt, aber sie bräuchten **Frauen**, die sie retten, **die sich selbst aber nicht hervorheben**. Männer mögen keine Frauen, die nicht funktionieren und diesem unklaren, überfordernden Idealbild nicht entsprechen.

Daher habe ich gelernt, die jeweiligen Erwartungen von außen, von meinem jeweiligen Gegenüber abzuklären, um ihnen zu entsprechen. Ich habe dabei gelernt, mein Selbst zu verleugnen/nicht wahrzunehmen. Das war am sichersten, denn wenn ich so bin, wie andere mich wollen, mögen sie mich und es ist keine Aufdeckung möglich, dass ich in Wahrheit vielleicht ganz anders bin.

Ildiko: Es ist irrsinnig wichtig, dass einem das bewusst ist, um auch auf die Auslöser zu achten. **Was und wer kann das in mir auslösen**, dass ich beispielsweise furchtbar nervös werde oder zurück in eine Depression falle.

Heidi: Ich finde es auch logisch, dass es notwendig ist, diese Dinge anzusehen. Denn sie sind ja da und sie beeinflussen uns dauernd unbewusst – so oder so. Die Re-traumatisierung passiert ja nicht durch dich, sondern die ist die ganze Zeit da, wenn man nicht hinschaut.

Ildiko: Ja, und man müsste natürlich die Dramen auf eine gute Art auflösen, nicht wie Rosamunde Pilcher. (lacht) Damit sie nicht in dem Moment an die Oberfläche kommen, wenn man vielleicht eine Waffe in der Hand hat und jemanden oder sich selbst verletzen kannt (auch psychisch)!

Heidi: Es gibt ja auch Therapieformen, die sich (fast) gar nicht mit der Vergangenheit und den Dramen auseinandersetzen, sondern die sich zukunfts- und lösungsorientiert nennen.

Ildiko: Es gibt Richtungen, die in die Tiefe arbeiten und solche, die sagen, dass es um Lösungen geht und man diese tiefen Dinge gar nicht ansehen muss, nur schönreden! Dahinter stecken Ängste und man kann es verstehen. **Aber ich sehe, dass das Leben diese Dramen und diese Tiefe sowieso provoziert.** Man muss nur die Zeitung aufschlagen.

Heidi: Es wäre also besser mit der Wahrheit umgehen zu lernen und sie nicht zu übertünchen? Oder sie positiv einzufärben?

Ildiko: Ja, das dient der echten Gewaltprävention.

Heidi: Wie siehst du eigentlich die positive Psychologie?

Ildiko: Wenn man das so verstehen würde, dass man lernt mit den tiefsten negativen Dingen positiv umzugehen und nicht die Nerven zu verlieren, dann okay. Aber meistens wird unter diesen Positivierungen verstanden, dass man das Negative umgeht, leugnet, vermindert. Ich nenne das dann „**Elefantenzauber**": Wo man versucht aus Elefanten Mücken zu machen. Üblicherweise sagt man ja „Aus Mücken Elefanten machen.", aber es geht eben auch umgekehrt. (Zum Beispiel beim Klimaschutz.)

Ich finde, das ist eine sehr mangelhafte geistige Haltung. Besonders in einer aus meiner Sicht gewalttätiger werdenden Gesellschaft. Das hängt auch mit Medien und Digitalisierung zusammen, weil wir Menschen weniger und weniger an direkten Kontakt gewöhnt sind. Ich sehe das auch bei Jugendlichen, wie sie sich das langsam abgewöhnen. Sie haben ihre Spiele und kommunizieren primär per Handy miteinander, anstatt draußen Fußball zu spielen oder sich einfach zu treffen. Es ist cool einander stundenlang zu schreiben und im Zimmer zu sitzen.

Man muss lernen, mit dem Negativen wirklich positiv umzugehen und es nicht gleich zu verdammen es Aber man muss bereit sein, es wahrzunehmen und nicht sofort den Elefantenzauber anzuwenden. (lacht) Ich nutze dieses Prinzip auch für eine Übung. Ich fordere dazu auf, aus einem Elefanten eine Mücke zu machen. Das ist auch einmal sehr gesund! Das heißt nicht, dass man ein Problem nicht ernst nimmt. Es ist eine geistige Herausforderung, aus einem Elefanten eine Mücke zu machen. Man sagt zum Beispiel aufbauschend: „Mein Vater hat mich nie geliebt." Wenn man das wirklich empfindet, ist es ein großer Schmerz, ein riesiges Thema. Es umzudrehen und eine Mücke daraus zu machen, wird dann möglich, wenn man sich fragt: „Kann ich selbst lieben? Wie schaut es mit meiner Liebesfähigkeit aus?". Eigentlich landet man dann bei sich selbst: Wie hätte das ausgesehen, was hätte ich mir gewünscht? **Wie kann ich mir das in der Gegenwart holen und von wem? Was für eine Liebe ist das, die mir fehlt?** Oder vielleicht habe ich das schon aufgeholt und habe es gar nicht gemerkt! Und in Erinnerung renne ich immer noch zu meinem Vater, zum Elefanten. Mit 40-50 Jahren sollte es einem schon egal sein, wenn mein Vater mich nicht geliebt hat, auch wenn es wehgetan und mich geformt hat! Für den Elefanten bin dann ich verantwortlich, nicht mein Vater.

Im Übrigen liebe ich Elefanten. (lacht)

Herzliche Aggression

Heidi: Du sprichst immer von herzlicher Aggression. Was genau meinst du damit?

Ildiko: Die herzliche Aggression habe ich mit 43 Jahren erfunden, als ich zum ersten Mal in meinem Leben gemerkt habe, dass ich aggressiv bin, und wie! „Tödlich aggressiv" ist meine Bezeichnung dafür. Darum wagt man auch gar nicht hinzuschauen. Man fürchtet sich, dass wenn diese Aggression frei wird, sie einen selbst oder andere vernichtet! In dem Fall spaltet man die Aggression weg. Man ist eben „nicht aggressiv". So habe ich meine Wut 43 Jahre lang nicht gesehen. Ich habe geglaubt, dass ich ein besonderer Mensch bin, oder heilig, oder ein Engel! Es war Furcht.

Ich habe mich ab diesem Zeitpunkt um meine Wut gekümmert. Zuerst habe ich sie gelebt: in Tischbeine getreten, auf den Tisch gehauen. Alle sind erschrocken. So hatte mich niemand gekannt. Ich mich im Übrigen auch nicht, aber ich merkte, dass ich am richtigen Weg war. Mit der Zeit wurde es besser, aber manchmal konnte ich mir nicht anders helfen, als mich sofort hinzulegen, wenn ich wütend geworden bin. Egal ob in der Familie, bei Freunden, wo es ging! Ich kann das nur empfehlen.

Später habe ich dann gemerkt, wenn ich meinen Wutausbruch ankündige und mich im Voraus entschuldige, ist alles nicht so schlimm. Und alle, oder fast alle, ertragen es dann, dass ich auch „so" bin und nicht nur gütig und verständnisvoll. Einige Freunde habe ich doch verloren, aber ich habe mir gedacht: aber ich bin so und ich will mich nicht verstellen und verstecken. Ich suchte mir dann auch neue, wütende Freunde. (lacht) Das war gar nicht so schwer!

Aber ich dachte mir, so kann es nicht weitergehen. Das war die Geburt der herzlichen Aggression! Ich habe mir überlegt, wie könnte es gehen, dass wenn sich bei mir oder bei anderen eine Explosion ankündigt (also es steigt die Wut-Wolke sozusagen langsam aus dem Bauch zur Kehle) es trotzdem gelingt wohlwollend zu den Anderen bzw. zum Wutobjekt zu bleiben! Wie kann ich mich mit meinem Gegenüber in diesem brisanten Moment verbinden? Mit meinem Mann, meinen Kindern, meinem Chef, einer Kassiererin im Geschäft.... Wie könnte es gehen, dass man im Herzen verbunden ist und trotzdem seine Wut ausdrücken kann? Es geht so, dass man zuerst die Beziehung, die Verbindung bestätigt. **Beziehung ist immer ein „Boden"!** Zum Beispiel: „Du weißt, wie wichtig du mir bist," oder „...wie sehr ich dich mag..." Die Hauptsache ist, dass es wahr ist, und man fühlt was man sagt! Und dann legt man los: „aber, das und jenes macht mich zornig, irritiert mich". Dann kommt die unbequeme Wahrheit, die man aussprechen will oder muss, um für sich da zu sein.

Wir üben es in den Gruppen und in den Einzelstunden. Das allerwichtigste ist, dass man möglichst alles sagt, aber **über die eigenen Gefühle redet und nicht den anderen beschuldigt**! Das ist eine große Kunst, aber sie funktioniert. Man ist erleichtert und zufrieden und der andere bleibt auch ganz und versteht. **Das ist herzliche Aggression im Fingerhut. Lustig, spannend und erfolgreich. Kernstück meiner Therapie. Wenn man es praktiziert, ändert sich die Welt!** Es **geht also nie darum, den Menschen anzugreifen**, sondern immer Achtung vorm anderen Menschen zu haben. **Nur die Sache soll man angreifen** – die „Mechanismen" und sich selbst/seine eigene Position deutlich machen. Dafür muss man mutig sein.

Herzliche Aggression ist eine besondere Form der Kommunikation und ich bestehe darauf, dass alle meine Klienten damit lernen zu arbeiten. Sie sollen ihre zornigen und wilden Gefühle ausdrücken können, ohne jemanden niederzumachen. Dazu muss man eigentlich die Beziehung bestärken und dem Gegenüber mit der Anerkennung zuerst Boden geben. Dann kann man loslegen, dann kann man sagen: Jetzt möchte ich dir etwas Wichtiges sagen, hältst du das aus? Möchtest du das hören? Es ist eine freiwillige Sache, kein Überfall wie üblich! Es geht dabei auf keinen Fall um eine bösartige Aggression, sondern darum, sich Luft machen zu können und Beziehungen gravierend zu verändern. Besonders in Nahbeziehungen wie einer Ehe/Liebesbeziehung oder mit den Kindern. Da lernt man für jemanden da zu sein, mit seinen eigenen positiven Aggressionen, indem **man in der Beziehung auch für sich selbst da ist und die eigene, emotionale Wahrheit ansprechen darf/muss.**

Heidi: Und sich nicht aufgibt!

Ildiko: Ja. **Auch diese zornigen Gefühle nicht aufgibt, weil man den anderen „liebt"! (Sich aber nicht!)** Das wäre nämlich ein großer Fehler, der auch die Vitalität eines Menschen angreift.

Heidi: Ich habe jetzt durch meine Entwicklung ein besseres Verständnis für meine Aggressionen. Ich sehe es inzwischen als Alarmglocke, wenn ich wütend werde. Als Kind habe ich wohl Mechanismen für unterdrückte Aggressionen entwickelt. Ich hatte früher den Ruf, gerne eine „Extrawurst" zu brauchen. Ich habe mir damit wohl ein Gefühl von mir Selbst zurückgeholt. Wenn ich schon überall den Erwartungen entsprechen musste, dann wollte ich wenigstens da „extra" sein. Ein zweiter Mechanismus ist, mich nicht wichtig zu nehmen und daher nach außen in den Hintergrund zu treten. Letztlich ist man damit aber doch nicht zufrieden und versucht von hinten heraus zu dirigieren. Das nenne ich „in den Hintergrund drängen". (lacht)

Ildiko: (lacht) Da muss ich herzhaft lachen, die Lösung ist genial, aber auch furchtbar!

Heidi: Ja! Hinter diesen komplizierten Verdrehungen steckt im Grunde Not und Angst, vielleicht nicht geliebt zu werden, es nicht wert zu sein! Das alles kann ich mir sparen, wenn ich mich für mich entscheide – für das aufgeweckte Energiebündel, das ich eigentlich bin und auch als Kind war! Eigentlich ist es ganz einfach. Dann kann ich auch formulieren, was ich brauche und eine echte Auseinandersetzung mit meiner Umgebung führen. Ohne Schuldgefühle. Die herzliche Aggression sehe ich daher als Mittel und Ziel gleichzeitig.

Ildiko: Es ist dringend notwendig, die eigene Wunsch-Belastbarkeitsgrenze zu finden – persönlich für jeden. Wo muss man aufhören „nur höflich" zu sein, damit man die eigene Identität schützt. Diese positive Grenze erkennt man erst, wenn man sich gesehen fühlt. Man lernt für sich selbst zu kämpfen und über die Grenze zu gehen, die in der Gesellschaft „Höflichkeit", Anpassung und Konformität heißt. Ich finde Menschen ohne ihre natürliche Wildheit, Vitalität, Lebendigkeit schwach, uninteressant und verlogen. Man könnte auch sagen, sie sind depressiv, oder es führt durchaus zu Depressionen, wenn jemand versucht so zu leben.

Umgang mit Depressionen

Heidi: Ich habe einige Freunde, die mit Depressionen kämpfen. Vielleicht schützen sie auch ihre Identität zu wenig und leben nicht ihr Leben? Mir selbst brennt dieses Thema aufgrund des Todes meines Vaters auf der Seele. Ich muss ehrlich sagen, ich war mir nicht sicher, ob ich meine persönliche traumatische Erfahrung hier überhaupt einbringen soll, ob es für das Buch sinnvoll oder nur Seelenstriptease ist. Interessanterweise fand dieses Kapitel dementsprechend erst nirgends seinen rechten Platz. Aber ich hoffe, dass es vielleicht anderen mit ähnlichen Erfahrungen hilft zu wissen, dass sie mit ihren Schuld- und sonstigen Gefühlen nicht allein sind. Außerdem möchte ich verstehen, wie du damit umgehen würdest.

Heidi

Ich habe in meiner Familie leider Erfahrung mit Depressionen. Mein Vater hat sich an einem Wochenende zuhause das Leben genommen, als die ganze Familie „glücklich" vereint war. Ich war 22 und es war wirklich ein bemerkenswerter Abend, weil er aus meiner Sicht sehr viel Offenheit, Tiefgang und Liebe gezeigt hatte. Leider mit einem fürchterlichen Ende.

An diesem Abend entwickelte sich ein sehr ernstes und tiefgehendes Gespräch darüber, wie es ihm geht. Seine Zielbilder im Außen, das Bild was er von und für sich gehabt hatte, hatte aus seiner Sicht an allen Ecken zu bröckeln begonnen: Egal ob in beruflicher Hinsicht, in seiner politischen Funktion und vielleicht auch als Mann.

Mein Vater war ein erfolgreicher und beliebter Jurist und Politiker, doch schon einige Zeit depressiv, als er sich in dieser Nacht im „Party-Dachgeschoß" mit 52 das Leben nahm.

Geboren 1943 mitten im Krieg in eine Familie, für die zählte, was sich gehört und wo Kinder zu Gehorsam erzogen wurden, mit einem narzisstischen Vater, dem er es nie recht machen konnte, und einer Mutterfigur auf einem Podest, die ihn mit acht Jahren ins Internat zu den Wiener Sängerknaben „abgegeben" hatte.

Erst im „Midlife-Crisis-Alter" wurde für mich und unsere Familie deutlich, dass mein Vater depressiv war. Zu der Zeit studierten meine Schwester und ich schon in Wien und bekamen das nur bei Besuchen mit. Er erzählte uns sogar von seinen Selbstmordgedanken. Wir versuchten ihn dazu zu bringen, eine Therapie zu machen oder Medikamente zu nehmen, aber die Aussage: „Ich bin ja nicht verrückt.", war wohl typisch für die Zeit. Ich fühlte mich machtlos und überfordert. Nach außen hin war er weiterhin der souveräne Mann, der erfolgreich in der Öffentlichkeit stand und überall beliebt war. Zuhause und innerlich, außerhalb des Verdrängungs-Aktionismus fand er sich selbst offenbar nicht.

Ich fragte mich immer wieder, was ich, was wir anders machen hätten können. Inwiefern wir ihn mehr begleiten oder konfrontieren hätten müssen. Ich fühlte mich schuldig, auch wenn das natürlich faktisch nicht nach-vollziehbar ist. Und ich fühlte mich betrogen – vom Leben und von ihm.

Besonders ein Gedanke hat mich lange bedrückt: Ich war sehr müde nach dem emotional anstrengenden Abend, aber es schien alles gut zu werden. Im Halbschlaf hörte ich, wie mein Vater oben im Dachgeschoß die ver-schiedenen Zimmer auf und wieder zusperrte. Und im Unbewussten nahm ich wahr: Es war vielleicht ein Mal zu viel. Aber ich war körperlich nicht mehr fähig, diese Wahrnehmung bewusst zu verarbeiten und darauf zu re-agieren. Das tut mir bis heute leid und hat sicher etwas mit meinem Ziel zu tun, immer auf alles vorbereitet zu sein und keine Fehler zu machen.

Bei Ildiko, insbesondere in der Gruppenarbeit, konfrontierte ich mich an-fangs immer wieder mit diesem Erlebnis und konnte es über viele Rollen-spiele und Übungen langsam verarbeiten. Davor hatte ich es verdrängt, aber es war trotzdem an verschiedenen Stellen in meinem Leben hervor-getreten.

Ich durfte dabei auf meinen Vater wütend sein, mit ihm schreien und kämpfen, mit ihm sprechen, ihm wirklich begegnen, mich selbst bemitlei-den, ihn umarmen, ihm verzeihen, mir verzeihen, mich versöhnen. Diese Übungen waren sehr intensiv, es kamen Emotionen und Aggression hervor, die ich an mir nicht kannte, die mich überwältigten. Aber danach war es leichter und ich spürte, wie ich innerlich heilen konnte.

Heidi: Aufgrund meiner Erfahrungen ist das Thema Depression für mich sehr sensibel und angstbesetzt. Ich will daher auch mit dir darüber spre-chen, was mir manchmal in der Gruppe aufstößt, nämlich der dortige Um-gang mit Menschen, die wirklich depressiv sind. Ich habe manchmal Angst um sie, wenn sie bei Übungen emotional ausbrechen. Ich bin mir unsicher, ob ich deine Reaktion immer gut finde. Du bist zum Teil sehr streng. Du un-terstützt sie, versuchst sie zu stärken, und dann gehst du aber wieder weg – zu einem anderen Thema.

Ildiko: Oder ich scheiße sie sogar zusammen.

Heidi: Ja, oder sogar das. Ich frage mich, ob der Person das hilft. Oder bringt man sie damit noch mehr in ein Loch?

Ildiko: Ich glaube es hat noch niemandem geholfen, wenn man depressiv auf die Depression reagiert. Tief bedauern ja, das tue ich mehr in den Einzelstunden. Ich finde, dass Lernaufgaben und eine gewisse konsequente Haltung sehr wichtig sind, nicht nur das Verständnis für jemanden. Ich verstehe sie sehr gut! Aber wem hat das schon einmal geholfen, wenn jemand ihn in seinen negativen Phasen gut versteht, egal was er auch hat? Mein tiefes Verständnis ist die Basis für eine gewisse Strenge, ein Anherrschen oder ein Auffordern. Ich finde, dass Therapeuten hier viel Verantwortung haben. Man wiegt die Menschen sehr oft in Depressionen hinein. Tabletten wirken auch so, dass sie emotional im Kranksein bestärken. „Wenn ich Tabletten brauche, bin ich wohl schon sehr krank. Offenbar gibt es nichts Anderes mehr für mich als Tabletten!"

Ich finde, man kann jemanden nicht aus seinen Aufgaben entlassen. Man bestärkt ihn sonst darin, dass er depressiv ist und dass er eh nichts Anderes zu tun hat, als depressiv zu sein. Ich selbst war auch schon depressiv und weiß, dass man da am stärksten kämpfen muss.

Heidi: Nämlich auch von außen angespornt kämpfen muss?

Ildiko: Vom Therapeuten auf jeden Fall angespornt, nämlich dass Depression nicht eine furchtbare Angelegenheit ist, sondern eine Persönlichkeitsentwicklung, die sehr wichtig ist. Und dass man lernen muss aus der Depression raus zu krabbeln, auf allen vieren oder wie man es auch kann. Ich habe bei dieser Behandlung ein gutes Gewissen, nie ein schlechtes. Ich weiß schon, was du meinst: Diese raue Art, gerade dann jemanden zu konfrontieren! Aber das hilft mehr als das Andere, das habe ich oft auch in der Klinik gesehen. Ein totales, tiefes Verständnis (allein) bewirkt nichts. Es muss jemandem, der depressiv ist bewusstwerden, dass er aus dem Zustand aufwachen muss. Da muss man ihn auch teilweise rütteln. Die Gruppe hat hier auch eine Aufgabe.

Heidi: Es wäre mein natürlicher Impuls, die Leute mit Glacé-Handschuhen anzugreifen.

Ildiko: Es wäre aber besser, sie zusammenzuscheißen. Sie können nicht so empfindlich sein, wenn sie wirklich leben wollen. Ich habe in der Nervenklinik gesehen, dass das reine Teilnehmen gar nichts nützt. Ich werde dann nur belagert von depressiven Leuten, die nichts tun wollen, sondern nur etwas erwarten. Aber die Frau aus der Gruppe, an die du denkst, ist zum Beispiel endlich an dem Punkt, an dem sie erkennt, wie allein sie ist. Und das hat sie früher nicht bemerkt, vor lauter Depressivität und Bemühen von Anderen, wie Ärzten und Therapeuten! Sie hat nicht gemerkt, in welche Einsamkeit sie sich hineinmanövriert hat und dass sie da raus muss. Wobei es nicht darum geht, ihre Einsamkeit zu sehen, sondern ihre Aufgabe zu verstehen. (Nämlich Aufstehen!)

Übrigens lade ich solche Klienten beispielsweise zu Weihnachten zu mir nach Hause ein. Das werde ich weiter so machen. Meine Familie macht zum Glück mit, wir müssen uns nicht als Familie einsperren. Ich habe früher zu Weihnachten auch immer alle Leute eingeladen, denen es gerade schlecht ging. Ich finde es eine Frechheit, dass Weihnachten so ein exklusives Engels-Gesäusel wird und daneben heulen alle, die allein sind und beten, dass dieses schreckliche Fest vorbei geht. In der Klinik war es so, dass die Leute schon im November angefangen haben über Weihnachten zu reden, ob sie wohl abgeholt werden von ihren Familien oder nicht. Ein Horror. Solange ich kein Kind hatte, habe ich Weihnachten immer zuerst mit den Patienten auf der geschlossenen Abteilung gefeiert. Und dann bin ich erst zur privaten Feier mit meinem Mann gegangen. Gott sei Dank war er auch zufrieden damit. Er hat mich verstanden.

Zum Thema Weihnachten habe ich auch eine Geschichte geschrieben:

Die Geschichte vom Weihnachtssoldaten   Ildiko

Der Weihnachtssoldat fing ungefähr ab November zu arbeiten an. Bis November war er kein Soldat. Ab November musste er einrücken und bis zum 24sten fast ununterbrochen auf seinem Posten sein. Nachts schlief er sehr leicht in dieser Zeit, denn wenn etwas passierte musste er sofort in voller Montur, auch geistig seelisch vorhanden sein. Die Menschen sind in dieser Zeit gefährdet. Sie erwarten etwas. Zugleich treibt die Angst ihnen die Schweißperlen auf die Stirn, denn sie fürchten, dass es das, was sie erwarten sowieso nicht gibt. Sie müssen dieses Etwas ihren Kindern vorspielen und ihren Freunden und Verwandten gegenüber so tun, als ob es dieses Etwas gäbe.

Der Soldat stand am Ende oder am Anfang der Fußgängerzone und schaute ruhig in die Menge, die Weihnachtseinkäufe erledigte. Er sah mit geübtem Blick, wer am Ende war. Er holte die Person aus dem Tumult, nahm ihr die Pakete ab und begleitete sie in das Stille Zimmer. Das ging alles sehr schnell, die Person stellte keine Fragen, manche kannten den Weihnachtssoldaten auch schon seit vielen Jahren und folgten ihm stumm und erschöpft. Das Zimmer war hell, es brannte eine Kerze dort Tag und Nacht, und was das Schöne war, man konnte zusammenbrechen ohne Gefahr. Niemand ermahnte einen, niemand tadelte einen, niemand erwartete etwas von einem… und man musste auch nicht beweisen, dass man fröhlich war. Der Zusammenbruch dauerte meistens nur ein paar kräftige Minuten, und man bekam wieder Luft.

Der Soldat sagte nichts… er konnte eigentlich nichts reden, er war sozusagen stumm. Das gefiel den Leuten besonders. „Wie von einer anderen Welt" war er in seiner Uniform, dunkelblau, rot und golden war seine Weihnachtsausrüstung. Nur für den Heiligen Abend zog er die weiße Uniform an, weiß und golden! Sein Gesicht war regungslos, wie es bei Soldaten üblich ist. Manchmal rollte ihm eine Träne an seinem einfachen Gesicht herunter … wer weiß warum. Die Weihnachtszeit war ihm nicht wichtig, nur die Menschen … die manchmal auch freiwillig aus dem Trubel zu ihm kamen. Er sah ganz gut, wessen Seele schon verloren am Boden lag.

Da ging er hin, half der Seele zurück in den Körper, und zeigte, wo die Verschlüsse sind, die man aufmachen muss, wenn die Seele verloren geht.

Im Stillen Zimmer ging es manchmal ziemlich zu, und es war nicht mehr still! Manche schluchzten laut, manche stöhnten. Es gab sogar heuer einen Mann, der furchtbar schrie, weil er kein Geld mehr hatte für einen Schnaps, um seine Verschlüsse aufzumachen, und er bettelte schreiend die anderen Weinenden um ein paar Euro an. Aber niemand hatte Zeit für ihn! Der Soldat musste ihm seine Verschlüsse ohne die gewohnten Betäubungsmittel aufmachen und er schrie furchtbar. Eigentlich verstand der Weihnachtssoldat nicht, warum die Leute sich so anstrengten, wegen etwas, woran sie nicht glaubten. Warum sich manche ausgerechnet in dieser Zeit umbringen wollten? Warum die ärgsten Streitigkeiten ausbrachen? Warum waren alle die depressiv waren noch depressiver? Er dachte sich nur, dass sie mit etwas nicht fertig werden, mit irgendeinem Wunsch, nach Frieden vielleicht, nach Licht, nach etwas Anderem. Was anders war als sie selbst!

Am Abend taten dem Soldaten die Füße immer mehr weh vom ständigen Begleiten und Stehen in der Fußgängerzone, und er sehnte sich schon den Abend herbei, der „heilig" genannt wurde. Er fand das eigentlich komisch. Der Abend war ja nicht heilig, sondern die Sehnsucht vielleicht. Wenn er wenigstens „Heiliger Sehnsuchtsabend" geheißen hätte!

Es kam seine Erlösung, der 24. Dezember. Gegen Abend nahm der Druck in der Stadt ab, es wurde ruhiger, friedlicher. Es schneite auch ein bisschen, was die Menschen immer etwas beruhigte. Vielleicht weil wenigstens der Schnee vom Himmel kam, wenn schon nichts Anderes. Er zog seine weiße Uniform an und stellte sich zum letzten Mal an seinen Posten. Das Stille Zimmer war auf letzte Besuche vorbereitet. Man hörte von weitem Weihnachtsmusik. „Nur noch bis Mitternacht", dachte der furchtbar erschöpfte Soldat und wünschte sich, dass es jetzt auch jemanden für ihn gäbe. Jemanden, der ihn an der Hand nimmt und irgendwohin führt. Und nun kam ein kleiner hässlicher betrunkener Mann. Er sang heiser „Stille Nacht", um die Stille zu vertreiben, und der Soldat ließ eine Träne an seiner Wange herunterrollen. Er fror in der Seele. Er führte den betrunkenen Gnom in das wunderbare Zimmer und dort saß Jesus und schaute ihn lachend an. „Gut gemacht Soldat", sagte er zu ihm und blieb bis weit über Mitternacht.

6 Die Entwicklung zum Ich – Ziele & Visionen

„Jede Zelle in uns Menschen beinhaltet einen kleinen Plan über
uns und es geht darum diesen gemeinsam zu finden."
Ildiko

Der Schlüssel zur eigenen Persönlichkeit

Heidi: Was sind aus deiner Sicht wichtige Heilungspunkte in der Therapie?

Ildiko: Es gibt ganz gravierende Szenen und Schritte in jeder Therapie, die eine wesentliche Änderung in diesem Menschen hervorrufen. Diese Punkte sieht man am besten, wenn man am Gipfelkreuz angekommen ist und zurückschaut, aber es gibt sie in jeder Phase. Auch während der Wanderung bleibt man stehen und erkennt, wenn gerade ein Heilungspunkt da gewesen ist. Sie werden immer sichtbarer, je stärker das Bewusstsein für die eigene Ganzheit und das eigene spirituelle Wesen wird. Die Spiritualität – das sogenannte „höhere Bewusstsein" - gewährleistet in der Therapie das gemeinsame Hinschauen mit dem Therapeuten auf die Störungen, die Geschehnisse und die Traumata des Einzelnen. Der Klient beginnt, etwas mit Therapeutenaugen zu sehen.

Viele meinen, wenn sie das Gipfelkreuz erreicht haben, ist die Therapie fertig. Aber das ist bei mir nicht das Ende der Arbeit. Denn da fängt die ganz wichtige Frage an: **Wer bin ich jetzt und wie will ich sein? Der freie Wille ist durch die Therapie tatsächlich möglich geworden.** Man kann vieles bestimmen, wie man als Person sein will, mit welchen Eigenschaften. Was man NICHT und was man SCHON möchte. Dafür ist die Aggressionsarbeit in der Therapie zentral. Sie ermöglicht, dass jemand die Entscheidungsfähigkeit entwickelt: Wer will ich sein? Ist das bei dir gut geworden? Bist du der Mensch, der du sein willst?

Heidi: Immer öfter (lacht), aber fertig ist man wohl nie!

Ildiko: Du hast inzwischen auch schon ganz viel und richtig entschieden. Von deinem Kind angefangen bis zu deinem neuen Partner – das waren Heilungspunkte. Du hast alles neu entschieden, weil du gelernt hast, dich selbst zu akzeptieren.

Viele wollen im Nachhinein nicht wissen, was bei der eigenen Entwicklung geholfen hat. Man erkennt zwar die Veränderung von innen, aber hat nicht die ganze Therapieperspektive. Im Unterschied zu dir, denn bei diesem Buchprojekt willst du deine eigene Entwicklung gesamt verstehen und wahrscheinlich auch mich! (lacht) Das tröstet mich. Ich versuche oft – auch in der Gruppe – zu erklären, wofür Übungen sind, um darüber zu diskutieren. Aber das wird als „Rechtfertigung" missverstanden.

Heidi: Weil das Tun und Üben eben lustvoller ist als das Verstehen!

Ildiko: Ich übe und spiele auch viel lieber als zu erklären! Aber die Leute sollten doch auch etwas von dem Ganzen „verstehen" (integrieren). Das heißt: rechte und linke Gehirnhälfte zusammenarbeiten lassen! Zum Schluss verlange ich dann aber eine Beschreibung der eigenen Entwicklung und meiner Person. Natürlich machen es nicht alle!

Heidi: Mit dem Lesen dieses Buches werden auch deine Klienten vieles besser verstehen.

Ildiko: Das hoffen wir!

Heidi: Ich finde es spannend, im Rahmen dieses Buches auch meine Entwicklung noch einmal zu reflektieren. Eigentlich solltest du das mit jedem Klienten machen: Dorthin zurückgehen, wo man begonnen hat.

Ildiko: Das mache ich auch mit jedem, soweit es geht. Es ist der Abstieg vom Berg – der Rückweg. Aber nicht jeder ist daran interessiert. Nach einem, zwei oder mehr Jahren, wenn es dem Menschen besser geht, glaubt er, dass wir fertig sind. Dann will er das Weite suchen und sich nicht mehr damit beschäftigen, wo und wie er vor der Therapie war. Diese kreativen Prozesse sind Kunst. Es ist auch Kunst sie genau anzuschauen!

Heidi: Ich habe einmal vor einiger Zeit meine eigene Entwicklung niederge-schrieben:

Übung zur eigenen Entwicklung   Heidi

Ich bin in einer Familie aufgewachsen, die in der Öffentlichkeit eingebettet war – durch Politik und Geschäft. Obwohl ich viel Liebe und Familienzu-sammenhalt erlebt habe, habe ich auch früh gelernt, dass ich „zuviel" war und dass es wichtig ist zu erkennen, was in einer bestimmten Situation gewünscht und erwartet wird und sich dementsprechend zu verhalten. Dabei habe ich irgendwann verlernt auf meine innere Stimme zu hören. Ich selbst bin verloren gegangen!

Diese Anpassungsfähigkeit hat mich jedoch lange weit gebracht, ich habe sie offenbar perfektioniert. Ich war eine engagierte junge Frau, oft im Mit-telpunkt, mit vielen Freunden und mit unerschütterlicher Energie auf der Welle des Erfolgs.

Vollkommen erschüttert und aus den Angeln gehoben wurde dieses scheinbar gut funktionierende Lebenskonzept letztendlich durch den Selbstmord meines Vaters. Er selbst war ein Vorzeigexemplar davon: beliebt, erfolgreich, souverän und doch war er sich offenbar unbekannt, unglücklich und letztlich depressiv.

Was hatte das jetzt für mich zu bedeuten? Im Nachhinein gesehen kam danach eher ein verzweifeltes „Jetzt erst recht", man muss einfach funkti-onieren! Aber dieser „Es muss doch gehen"-Weg war nicht lange erfolg-reich. Er bröckelte – mit der Erschöpfung anlässlich meiner Dissertation, mit meiner anfänglichen Überforderung durch Geburt und Muttersein und schließlich mit dem Ende meiner 18-jährigen Beziehung. Meine jahrelan-gen Versuche doch wenigstens ihn glücklich zu machen (wenn ich es schon bei meinem Vater nicht geschafft hatte) führten zu einer Bauchlandung.

Beim Versuch weiter zu funktionieren und alles richtig zu machen, hatte ich mich also noch weiter verloren. Ich wusste nicht mehr, wer ich war und vor allem ob ich gut war. Ich hatte unbewusst Angst, dass wenn herauskä-me, wer und wie ich wirklich bin, mich vielleicht niemand mögen würde.

An diesem Punkt erkannte ich, dass ich etwas tun musste und am besten etwas ganz Anderes. Ich fühlte mich verunsichert und aus der bekannten

Die Entwicklung zum Ich – Ziele & Visionen

Bahn geworfen. Ich wollte aber nicht untergehen, ich wollte aufstehen. Ich war auf der Suche nach dem sonnigen, lustigen, non-konformen Kern in mir.

Mit Ildiko habe ich diese Entwicklung langsam verstanden. Ich habe gelernt, dass ich auf meine innere Stimme zuerst hören muss und meine Wahrheit erst dann wieder mit dem Außen abstimmen kann. Nicht umgekehrt!

Ich habe gelernt aggressiv zu sein, für mich und meine eigenen Belange und dass ich ein Recht auf Wut und Trauer habe. Diese Seite von mir ist da, gut und wichtig, denn sie schützt mich. Immer öfter erkenne ich, wie es mir geht und kann das auch äußern und reflektieren.

Ich habe verstanden, dass ich meinen gut funktionierenden Kopf und meinen ungeschulten Bauch zusammenführen kann und muss, denn das alles macht mich aus und ganz. Ein gemeinsames Nutzen ist auch viel weniger anstrengend, als zu versuchen, alle unvorhersehbaren Erwartungen anderer zu erfüllen.

Ich werde für meinen Sohn eine immer ehrlichere, tolerantere und fördernde Mutter. Damit er nicht meine Fehler machen muss, sondern seine eigenen machen kann.

Ich lerne die herzliche Aggression, damit ich ein größeres Verhaltensrepertoire zur Verfügung habe als nur Liebe, Kampf oder Flucht bzw. Opfer sein.

Ich kämpfe täglich mit meiner Bequemlichkeit für mich selbst aufzustehen – andere zu konfrontieren. Ich muss ehrlich entscheiden, wann mir etwas wert ist, selbst wenn es negative Reaktionen auslöst. Das lerne ich.

Ich erkenne meine Weiblichkeit und lerne sie neu positiv zu sehen. Ich weiß, dass ich gut zu mir und auch zu meinem Körper sein muss. Ich lerne mehr auf ihn zu hören.

Ich bin in einem Umbruch. Das macht mir auch Angst. Aber ich liebe mein jetziges Leben!

Heidi: Manchmal wird mir das „über mich Nachdenken" auch zu viel. Deshalb spricht mich das Erleben, das Spielen so an, weil es das Bauchgehirn trainiert! Aber aus Sicht meiner Arbeit als Coach ist es wichtig, den Hinter-

grund zu verstehen: Was haben bestimmte Übungen bedeutet und wie habe ich sie verstanden? Wie haben sie uns in unserer gemeinsamen Arbeit geholfen? Das konnte ich zum Zeitpunkt des Spiels ja noch nicht verstehen.

Ildiko: Das wäre auch falsch gewesen. Man kann das nicht offen besprechen und diese Dinge mit – sagen wir – so profanen Fingern angreifen. Schon gar nicht zu früh! Es würde die unterbewussten Prozesse, die da ablaufen, stören.

Heidi: Ich glaube, ich habe immer versucht zu verstehen, was du tust, viel zu viel möglicherweise. Ich wäre dann wieder gefährdet gewesen, alles „interessant" zu finden.

Ildiko: Ja vielleicht, aber diesen Prozess erlebst du jetzt. Es war sozusagen geheim, so wie auch unsere Beziehung „geheim" war.

Am Ende der Therapie sehe ich es so, dass jeder einen „**Universal-Schlüssel" für seine Mechanismen und Störungen** bekommen hat. Wenn man gut und tief gearbeitet hat, dann sperrt er alle Mechanismen auf und wenn nicht, dann kann man zurückkommen und am Schlüssel noch ein bisschen herumfeilen. Mein Ehrgeiz und meine Erfahrung ist es, dass jeder so einen Schlüssel von mir bekommt. Ob er ihn dann wirklich verwendet, ist seine Sache. Viele benutzen ihn.

Wahrnehmungsfähigkeit ist der „Schlüssel": Damit du fühlen kannst, was mit dir ist, damit du dich wahrnehmen lernst. Der Klient bekommt den Zugang zu seiner eigenen Person. Kann sich der Klient verstehen, wenn es ihm schlecht geht oder wenn es ihm gut geht? Und weiß er warum? Deswegen ist die Therapiearbeit so wichtig, weil man gemeinsam um die Person ringt! Abgesehen von Störungen, Wahnsinn oder Begabungen gibt es eine erfassbare Person, und es geht um ihre Rettung. Eine Person ist jemand, der sich der Größe und der Kleinheit in sich selbst bewusst ist. **Wenn jemand seine eigene Größe und Kleinheit virtuos, mühelos, sichtbar und in sich spielerisch lebt, ist er eine Persönlichkeit.**

Von der neurobiologischen Seite her verstanden, gehen diese Prozesse bis zur DNA zurück, bis auf die Zellebene. Wenn man als Therapeut Glück hat (und ich habe das für mich immer nur als Glück gesehen), dann erreicht man eine Person bis in seine Mitochondrien. Die Mitochondrien sind die Kraftwerke in einer Zelle als Äußerung der Person. Die DNA ist wichtig, aber nicht alles. Sie ist wie eine Liste oder eine Bibliothek. Aber ich habe immer das Gefühl und die Überzeugung gehabt, dass unser „Schöpfer" (oder was immer da ist) in uns, **in der DNA praktisch einen kleinen Plan versteckt hat, und dass es darum geht diesen Plan gemeinsam zu finden**. Das geht nur in einer tiefen Arbeit mit dem Klienten, in einem tiefen Verständnis, wo man die Ausgrabungen im Unterbewusstsein macht!

Heidi: Gibt es eigentlich Menschen, die diesen Plan nicht verschüttet haben? Also die frei sind von Störungen? Gibt es das, dass die Person von vornherein wirklich da ist und bleibt?

Ildiko: Vielleicht Gandhi, vielleicht Jesus, vielleicht Nelson Mandela oder Victor Frankl? Aber nein, bei ihm war es keine geradlinige Entwicklung, sondern eine ganz schräge! Aber letztlich ist sie glücklich gelungen.

Es passiert fast immer irgendwas, sodass sich die Person nicht gemäß seiner DNA-Anlage entwickeln kann! Aber ich würde sagen, wenn eine geradlinige Entwicklung möglich ist, wenn in der Familie gute Voraussetzungen für die Entwicklung da sind, dann ist es möglich, dass jemand von Anfang an als Person da ist, auch als Kind. Aber es ist selten, dass nichts passiert und dass diese Entwicklung auch weiter geradlinig bleibt. Aber es gibt Personen, die die Förderung von den Eltern bekommen. Eltern, die auch für sich selbst den DNA-Plan richtig erleben und mit ihren Kraftwerken, den Mitochondrien, so arbeiten können, dass sie wirklich für ihr Kind zu Personen werden. Und umgekehrt arbeiten unsere Kinder auch entschieden für unsere Entwicklung.

Das ist dann eher die Therapie/Psychologie, mit der man Schicksalsschläge und Störungen so aufarbeiten kann, dass man zu sich kommt. Und Glück. Oder „Gottes Hilfe". **Es ist der Therapieweg, dass man das, was einem passiert ist, und wodurch vieles verschüttet worden ist, möglichst ausgraben und freilegen kann. Um zu werden, was man eigentlich sein möchte und wer man eigentlich gewesen wäre oder geworden wäre, wenn diese und jene Dinge nicht passiert wären! Das ist in jeder Therapie mein Ziel, dass am Ende jemand so dasteht, als wäre alles Schwierige nicht passiert und**

die Erziehung nicht schiefgegangen. Er hat die Fähigkeit und den Schlüssel gewonnen, das meiste auszugleichen und „aufzuarbeiten". Man könnte sagen, er ist gesund. Gesund ist ein Mensch für mich, wenn er zu siebzig Prozent er selbst ist und tun kann, was er will. Das genügt schon. Hundert Prozent gibt es nicht und ist auch nicht notwendig.

Identität & Identifikation mit dem Therapeuten

Heidi: Ich finde es einen schönen und bewegenden Ansatz, dass du dich daran orientierst, wie jemand aus deiner Sicht „angelegt" wurde. Ich kenne dazu ein Zitat von Dostojewski: „Einen Menschen lieben heißt ihn so sehen, wie Gott ihn gemeint hat." Das berührt mich sehr. Auch bei mir, als du gesagt hast, dass du glaubst, dass ich mit einer anderen Größe „angelegt" worden bin!

Ildiko: Als Therapeut ist es lange Zeit wichtig, dass man sich zeigt und der Klient sich identifizieren kann bzw. er sich entscheiden kann: So will ich oder so will ich nicht sein. Das ist gut für seine Identität. Auf jeden Fall gibt es dann eine echte Auseinandersetzung mit der eigenen Person und mit der des Therapeuten. (Wenn er kein Automat ist!) **Aufgrund einer lebendigen Beziehung mit mir, lernt der Klient Projektionen zu entkräften.**

In der therapeutischen Begegnung entsteht etwas, sodass der Klient meint: „Wenn die Ildiko das kann, kann ich das auch lernen und kann es dann auch." Ich finde das nicht schlecht. Alle Kinder machen das so, wenn sie dürfen, wenn sie Eltern haben und sich das wünschen können. Ein Therapeut kann damit zur Identifikation und Bestimmung der Identität dienen. In diesem Zusammenhang arbeite ich auch sehr gerne mit dem Spiegel.

Als Kind im Krieg hatte ich einen kleinen viereckigen Spiegel, das war mein Ein und Alles. Ich habe mich immer im Spiegel angeschaut und fand mein Gesicht sehr spannend. Ich habe den Mund bewegt, die Augen bewegt, ich habe irgendwie Theater gespielt – gespielt mit meinem eigenen Spiegelbild. Das war ein starker Identifikationsprozess oder eine Transformation in dieses bewegte Bild, das ich da im Spiegel gesehen habe. Und dann kam einmal ein Priester, der mir diesen Spiegel weggenommen hat. Er war bei uns ein paar Tage versteckt. Er war ansonsten ein sehr kluger und hilfreicher Mensch. Er hat gesagt: „Du Froschstiefel, warum schaust du dich immer im Spiegel an? Komm gib ihn mir einmal." Das hat mich aufgeregt, dass er mich Froschstiefel genannt hat. Und dann hat er mir auch noch den Spiegel weggenommen! Ich war sehr wütend und habe darum gekämpft. Ich kann mich noch immer an diese tiefe Kränkung erinnern. Irgendwann hatte ich ihn dann wieder. Das war mein einziges Spielzeug. Und es war auch meine einzige wirkliche Begegnung mit mir, in dieser zerrütteten Welt, in der rundherum Bomben explodiert sind. Man hat gesagt: „Horch, das ist die Stalin-Orgel.", das waren Geschoße, die hintereinander explodiert sind. Es war eine Zeit, in der man überhaupt keinen Halt hatte. Ich hatte Halt an meinem Spiegelbild und an meinem sanften Vater.

Und so arbeite ich auch heute sehr gerne mit dem Spiegel. Es geht um die Entwicklung eines Bewusstseins darüber, dass was man bei sich im Spiegel sieht, auch die anderen sehen können. Wenn sich jemand im Spiegel gefällt, dann verbreitet er das, sodass auch andere sehen, dass er gut ist. Wenn er sich im Spiegel miserabel findet, dann verbreitet er auch das. Ich arbeite damit, dass jemand lernt, sich und sein Spiegelbild anzunehmen und seine bewusste Identität zu finden: **Was möchte ich, dass die anderen von mir sehen? Wer bin ich und wer will ich sein?**

Das Gesicht bedeutet die Identität eines Menschen. Man sieht im Gesicht, wer jemand ist. Ich habe besondere Übungen entwickelt, bei denen man vor dem Spiegel sitzend im eigenen Gesicht lesen lernt. Ich zeige, wie man das Gesicht abdeckt und nur Partien ansehen kann – z. B. die Augenpartie. Damit man erkennt, wem in der Familie etwas ähnelt, von wem man den Mund oder die Augen hat. Das wird Kindern ja auch meistens gesagt. Aber so dringt man zur eigenen Identität vor. Diese eigene Zusammensetzung der ererbten Partien ist mein eigenes Gesicht, meine Identität. Es ist ein Gemisch von vielen Generationen und Urahnen, bis ein Mensch so ist, wie er ist. Wenn jemand in der Statuenübung (siehe Anhang) angibt, er hat kein Gesicht, ist das eine ziemlich schlimme Geschichte. Oder wenn das Gesicht nicht sichtbar ist, dann zeigt es mir, dass es ihm nicht möglich gewesen ist, seine Identität zu bilden. Meine Aufgabe als Therapeut ist es, diese Besonderheit mit dem Klienten zu finden. Wie ist er dann? Statt dass er sagt: „Was bin ich für ein verrückter Kranker." **Verborgene Dinge ins Bewusstsein zu transformieren ist das Wichtigste.**

Heidi: Du bist als Therapeut natürlich ein wichtiges Vorbild, aber auch ein „Reibebaum" für die Klienten und in dieser Rolle natürlich nicht überall unumstritten!

Ildiko: Ja. Ich kenne das, dass man übereinander doof redet und damit versucht Ansätze von anderen schlecht zu machen. Es ist mir egal. Es wird sowieso immer geredet. Ich muss sagen, **ich will sogar umstritten sein!** Passieren kann es jedem, dass ein Klient zum Beispiel einmal in der Klinik ist. Die Kliniken sind sehr notwendig! Und es ist ja nicht so, dass der Therapeut das verschuldet. Ich würde das nie so darstellen – über niemanden. Das wäre ja verrückt.

Heidi: Woran stören sich andere Therapeuten?

Ildiko: Schau einmal dieses Buch an, wenn es überhaupt jemand lesen wird. (lacht) Da werden sich ganz viele Leute an vielen Dingen stören! Ich habe nichts geschont, weder die anderen noch mich selbst. Eine Schonhaltung ist längerfristig krank machend. Das interessiert mich nicht. Ich bin in Ärztebesprechungen in der Nervenklinik oder bei der Ärztekammer auch so mit Menschen umgegangen, dann waren sie eben sauer. **Entweder sie haben mich gemocht oder sie haben mich gehasst, das war mir lieber als irgendeine Einheitssuppe – „Schon-Kost".**

Heidi: Ich hätte so etwas für mich in der Vergangenheit nie sagen können. Mir war die Suppe lieber. Weil wenn man sich exponiert und klar Position bezieht, dann gibt es natürlich immer Gegner. Vor dem hatte ich wahrscheinlich Angst. Solange man unauffällig bleibt...

Ildiko: Ja, wenn man sich verstecken kann. Mir war das nicht möglich, nicht weil ich heldenhaft bin, sondern weil sich das in meinem Leben nicht ergeben hat. Die Dinge die ich gesehen und erlebt habe, waren teilweise krasse Geschichten! Allein mit meiner Nazi-Großmutter war es ein tägliches Drama. Mein Vater war Halbjude und die Großmutter mütterlicherseits war Nazi. Beim Palatschinken machen hat sie immer über die Juden geschimpft, während mein Vater die Palatschinken in aller Ruhe mit uns gegessen hat. Das war ein Grunddrama in der Atmosphäre meiner Kindheit. Meine Mutter wusste, wenn jemand erfahren würde, dass mein Vater Halbjude ist, landen wir alle im KZ, auch meine doofe Großmutter, die ich gern hatte! Sie kannte unser Geheimnis nicht. Damals in unserer Küche, da habe ich gelernt Gruppen zu machen! (lacht)

Heidi: Wobei man in dieser Gruppe nicht sehr offen reden konnte...

Ildiko: Aber die Spannung steuern schon. Das machen Kinder immer. Kinder wissen oft nicht was läuft, aber sie benehmen sich so, dass sie etwas zum Platzen bringen, oder zum Lachen. Oft habe ich das Gefühl, dass kleine Kinder wirklich schwere Dinge verstehen. Sie verstehen es nicht intellektuell, aber in ihrem Wesen erfassen sie, wie ihre Eltern sind und was sie tun. Darum ergreife ich immer die Partei der Kinder, in erster Linie unterstütze ich sie, damit sie auch ihre Macht sehen. Dass sie nicht ohnmächtig sind.

Auch wenn es mir schwer fällt zu ertragen, dass ich kritisch betrachtet werde und dass man meint, ich tue vielleicht etwas Schlechtes oder Böses, **finde ich es wunderbar, dass mich nicht alle mögen** und dass man immer noch über mich redet. Ich habe mich daran gewöhnt, dass man über mich redet, auch wenn ich nichts mache. Wenn ich harmlos bin wie ein Osterei, irgendetwas redet man über mich. **Deshalb habe ich beschlossen, lieber nicht harmlos zu sein, wenn man sowieso redet.**

Heidi: Wenn heute etwas nicht in der Norm ist, wird es gleich extrem kritisch beäugt. Doch eigentlich ist das eher ein Zeichen der Gesundheit, wenn man nicht in allem der Norm folgt, oder?

Ildiko: Die Frage ist, was ist ein norm-aler Mensch? Und was ist ein gesunder Mensch? Was ist gesunde Verrücktheit? Die Identität – weibliche/männliche – ist ein Teil der Beziehungsfähigkeit und das sind tragende Elemente der Gesundheit! Ein Individuum – normal UND verrückt – ist gesund, wenn er sowohl sozial als auch für das eigene Ich da ist.

Heidi: Was ist für dich eigentlich eine gesunde Identität?

Ildiko: Identität besteht einfach gesagt aus zwei Teilen: einer Grundidentität und einer Geschlechtsidentität. Die Grundidentität ist, wie ich auf die Welt gekommen bin, wie ich von meiner Umgebung geliebt worden bin und wie ich sie lieben konnte und durfte. Die Geschlechtsidentität ist dann das Ergebnis der Führung des Vaters hin zur Außenwelt. Das ist auch das sexuelle Erwachen und aufregend, weil man eine andere Identität entwickeln kann als jene, die von der Mutter kommt: Wie sehe, verstehe oder zeige ich mich in der Welt? Welche Frau, welcher Mann bin ich geworden? Welche Werte bestimme ich für mich und welche Entscheidungen treffe ich? In der psychischen Arbeit geht es um die gute Verbindung beider Identitäts-Anteile. Man arbeitet die Grundidentität durch, um sie mit der Geschlechtsidentität verbinden zu können. Sie klaffen meistens auseinander. Man ist nicht echt, nicht fähig, Dinge zu tun, die man will.

Es gibt zwei wesentliche Formen der Identität, die des Bettlers und die des Genießers (man kann es auch Verlierer oder Gewinner nennen). Der Bettler bettelt sich ins Leben hinein, egal was er bekommt, er hat nichts. Man kann ihm geben, was man will, er wird immer arm bleiben. Er/sie kann die schönste Frau, den besten Mann haben oder gehabt haben, die tollsten Kinder, eine gute Existenz. Er wird immer wieder finden, was nicht gut in seinem Leben ist. Er bleibt am Rande des Lebens. Er sagt auch zu niemandem: „Gib mir etwas", sondern er bettelt. Was er vor allem nicht tut ist: geben. Denn er „hat nichts". Und so behält er den Schlüssel zu seiner Armut. So kann ihn auch niemand reich machen. Wenn ihm jemand etwas schenken will, sagt er zwar „Danke", doch er gibt einem zu verstehen, dass es nicht das Richtige ist. Oder nicht genug, oder der Schenker ist nicht die richtige Person. Denn der BETTLER (männlich oder weiblich) ist nicht richtig. Er hat keine Identität bzw. er verliert sie immer, weil er unfähig ist, sich zu erkennen. Es hat ihn nie jemand erkannt, sprich geliebt – in seiner Schwäche. Nun bettelt er und bleibt schwach, damit ihn jemand in seiner Schwäche lieben kann. Er hasst seine Schwächen, statt sie zu lieben und zu leben. Der Genießer (männlich oder weiblich) ist wiederum der, den man Positivdenker nennen kann, aber mit dem Unterschied, dass er nicht nur denkt, sondern fühlt! Und aus allen Dingen einen Genuss ziehen kann, sogar wenn er etwas für ihn Unangenehmes erfährt.

Ein Beispiel für eine Bettler-Identität ist der Mann, der nicht wollen konnte:

Der Mann, der nicht wollen konnte   Ildiko

Es war einmal ein Mann, der konnte nicht wollen. Er wollte schon, dass er wollen kann, aber er konnte nicht. Seine Frau wollte auch, dass er wollen kann, aber das half nichts.

Er machte alles und bekam alles, was er wollte. Er bekam immer die beste Arbeit, er bekam die besten Frauen, er hatte ein Aussehen, wie er es wollte. Aber er musste es dann verderben, die beste Frau ruinieren, die Arbeit niederseufzen…. „Ach Gott, ach Gott", seufzte er: „Was muss ich schon wieder arbeiten, alle haben es besser als ich! Denn alle können wollen, nur ich nicht."

Wenn er Geld hatte, musste er es verschleudern, denn was er wollte, wollte er auch immer sofort gar nicht. Es war wirklich, wirklich ein Elend. Wenn er etwas wollte, fürchtete er sich auch schon vor dem Unwillen. So ging es ihm aber auch, wenn jemand etwas von ihm wollte, oder gar ihn wollte, ihn liebte. So hatte er einfach keine Freunde mehr, beklagte sich über seine Frau, über sein Kind.

„So habe ich mir das nicht vorgestellt… niemand liebt mich mehr. Weil wenn sie mich lieben, muss ich sie prügeln. Wenn ich sie liebe, muss ich ihnen den Rücken kehren." Er war tief verzweifelt, aber das wollte er auch nicht. Alle haben ihn verlassen. Er wollte sich umbringen, aber das konnte er auch nicht wollen. Also blieb er am Leben, aber nur weil er nicht sterben wollte. Aber leben wollte er auch nicht.

ULDA - Unabhängig lustvoll da sein

Heidi: Wenn Menschen dich zum ersten Mal sehen, sind sie ja oft beindruckt oder auch irritiert. Man erwartet nicht, dass eine 80-jährige so aussieht. Du setzt dein Aussehen ja auch bewusst ein?

Ildiko: Ich hatte früher Haare, die waren ein Wahnsinn, lange rote Haare. Es war mir wichtig den Eindruck der Wildheit zu erwecken. Dagegen ist das Mäusekacke, wie ich jetzt aussehe. (lacht)

Heidi: Wenn ich einmal älter bin, möchte ich das auch so machen. Diese „praktischen" Kurzhaarfrisuren im Alter finde ich furchtbar. Es ist wichtig für mich zu sehen, dass man auch anders alt werden kann.

Ildiko: Ich habe irgendwann beschlossen, vielleicht mit 75, **dass ich immer eine Frau bleiben will – bis zu meinem Tod.** Ich will als Frau, als weibliche Person, mit einer weiblichen Figur sterben und mich nicht völlig verformen, zusammenknicken, klein werden und mich aufgeben. So möchte ich nicht alt werden. Ich glaube, man muss so etwas auch beschließen und man muss auch solche Menschen sehen!

Mich haben beispielsweise Priester in meinem Leben sehr beindruckt. Das waren Super-Männer, die in ihrem Priestergewand mit Kindern auf der Straße Fußball gespielt haben. Sie sind stehen geblieben und haben angefangen zu kicken. Wir Kinder haben natürlich gejohlt vor Freude! Das waren Menschen, die sich etwas getraut haben! Religion war damals verboten, Messen wurden verboten, Klöster wurden gesperrt. Sie mussten Zivil tragen und versteckt Messen lesen. Dann habe ich gesehen, dass diese Menschen Mut haben, dass sie trotzdem das Priestergewand getragen haben. Später kamen uns manche von ihnen besuchen, oft nach Jahren des Kerkers und der Folterung. Der eine konnte seinen Kopf nicht mehr bewegen. Es war gespenstisch und schwierig für uns Kinder, weil er den Kopf nur mehr nach rechts halten und nicht mehr zurückdrehen konnte. Es war elend. Und genau dieser Priester hat unser Leben gerettet.

So habe ich aber gesehen, dass er sich trotzdem nicht aufgegeben hat, nichts von seiner Überzeugung verraten hat. Dafür wurde er gequält und gedemütigt. Solche Menschen habe ich erlebt und verehrt. Ich habe gesehen, wie gute, echte Männer sind, egal ob Priester oder nicht. Das hat sicher – gemeinsam mit meinem Vater – mein Männerbild geformt. Diese Priester sind auch in Beziehung gegangen. Sie haben geredet mit den Kindern. Sie haben uns etwas wirklich erklärt. Kinder werden so oft betrogen, weil man ihnen nicht die Wahrheit sagt. Das war wunderbar, von diesen starken Männern ernst genommen zu werden.

Heidi: Ich war ja im Stiftsgymnasium Melk, einem Benediktinerkloster. Dort habe ich auch viele beeindruckende Persönlichkeiten kennengelernt. Diese

Benediktiner habe ich von der Grundeinstellung sehr positiv und offen er-lebt – besonders den ehemaligen Abt Burkhard Ellegast. Sie waren weit-denkend, liberal und sehr menschen-zugewandt.

Ildiko: Du verstehst genau, was ich meine. Das formt! Ich habe es an dir ge-spürt, dass du ein anderes Menschenbild hast, als wie du von deiner Familie erzogen wurdest. Dass es da etwas Größeres gibt. Was wirklich in einem Menschen steckt, das muss jemand entdecken. Wenn das jemand spürt und sieht, ist er nicht nur ein „Peut"! Es ist auch spannend, wie weit das dann wirklich zum Tragen kommt. Wie weit wird dann jemand so und lernt dazu zu stehen, dass er so ist, wie das größere Menschenbild!?

Heidi: Auch deswegen ist es beruhigend und schön für mich zu hören, wie du dich als Mensch entwickelt hast. Deshalb finde ich auch das Begleiten von Menschen so spannend, weil ich diese Entwicklungen so liebe!

Ildiko: Da haben dich vielleicht auch die Benediktiner beeinflusst! Du hast gesehen, wie man Kinder erzieht, wenn man wahrhaftig ist und einen Weit-blick hat und keine Angst. Deswegen hat dir die Angepasstheit und die Angst sehr viel zu schaffen gemacht. **Aber wichtig ist, wo man letztendlich an-kommt!** Es findet also im Laufe der Therapie eine Entwicklung auf neuem Grund statt! Das heißt, meine Vision wird mit deiner Vision abgeglichen und auf diesem gemeinsamen Grund arbeiten wir. Die neue Entwicklung wird an-gelegt.

Heidi: Zukunftsorientiert?

Ildiko: „Pass dich an und verdiene viel Geld!" wäre auch zukunftsorientiert! Oder? (lacht) Und wenn du dich gut angepasst hast, dann wirst du geehrt und dann wirst du alt und fällst doch wie ein Sack zusammen! Und weil du so schlecht gelebt hast, bekommst du alle möglichen Krankheiten und das ist „eh gut", weil du dann im feinen Krankenhaus erster Klasse liegst und alle rennen für dich herum. Das ist auch zukunftsorientiert. Ja, und immer erster Klasse! Egal was man macht! Ich kenne solche Menschen. Du siehst richtig, dass sie mit der Geldbörse hereinkommen. In ihrem Benehmen legen sie die Geldbörse quasi auf den Tisch… Und sie wollen meine Geldbörse sehen!

Heidi: Im Sinne von: Wer hat die Größere? (lachen)

Ildiko: Es ist lustig. Ich hatte einmal neue, sehr reiche Klienten. Sie erbten unentwegt und hatten auch alles geerbt, was sie jetzt haben. Sie haben mir erzählt, dass sie das sehr beruhigt. Sie verdienten auch sehr gut. Am Ende der Stunde wollten sie Prozente von mir, weil sie ja zu zweit kommen. Er hat das gleich zusammengerechnet, nannte eine hohe Summe und ob ich nicht bereit wäre, eine kleine Vergünstigung zu geben. Seine Augen leuchteten. Er war sehr pfiffig und auch sonst ein lieber Mensch. Da bin ich richtig hoch gegangen! Ich habe ihnen klar gemacht, dass der Preis für eine Stunde sowieso sehr günstig ist, außerdem ist das hier kein Einkaufszentrum, und ob ihnen die Therapie nicht hilft?

Innerhalb weniger Sekunden waren sie dann total erschrocken und haben sich entschuldigt. Ich habe ihnen auch gesagt, dass ich ihre Frage nicht verstehe, weil ich ihre finanzielle Situation ja kenne. Ich helfe vielen Menschen, die kein oder wenig Geld haben und arbeite dann für nichts oder wenig. „Und jetzt kommt ihr reichen Pinkel und wollt Vergünstigungen haben? Das konnte ich gerade nicht fassen!" (lacht) Oft ist eine solche Auseinandersetzung ganz gut, wenn jemand in der Wirtschaftswelt lebt.

Heidi: Zu Beginn waren die Kosten für mich auch ein emotionales Thema. Da kommt schon etwas zusammen und man fragt sich, ob man das wirklich ausgeben will und soll? Ich habe mich zu Beginn nur halbherzig damit auseinandergesetzt – wollte dafür weniger oft kommen, war kompliziert beim Termin vereinbaren usw. Bis du mich klar damit konfrontiert hast und ich für mich klären musste, ob und was mir das wert ist. Das war eine erwachsene, offene Auseinandersetzung und Vereinbarung zwischen zwei Menschen mit unterschiedlichen Perspektiven.

Ildiko: Ich finde Therapie darf etwas kosten – jemand soll für seine psychische und geistige Gesundheit ruhig etwas ausgeben, nicht nur für seine Autos. Leute zahlen für so viele Dinge. Sie geben beispielsweise massig Geld aus für Urlaube, die dann eigentlich gar nicht gut oder langweilig sind! Die Leute arbeiten auch besser, wenn sie wissen, es kostet so und so viel und sie müssen es aufbringen. Es ist dadurch eine absolut körperlich fassbare Wertigkeit da. Wenn man etwas zum Beispiel von der Krankenkassa bezahlt bekommt, dann muss man nicht so intensiv arbeiten. Das basiert auf Beobachtung. Es sind genug Leute bei mir, deren Therapie früher von der Kassa bezahlt wurde. Man muss sich nicht so anstrengen, man bekommt es, wie ein Kind. Es ist ernsthafter, wenn jemand einen (natürlich bezahlbaren) Preis zahlen muss.

Wie sich verschiedene Menschen entwickelt haben, wird vielleicht mit dieser Geschichte verständlich (lacht):

Menschenbild: Die Geschichte von Riesen und Zwergen   Ildiko

Als Gott die Welt erschuf, hatte er öfters gute Laune, aber nicht immer…

Aus einer guten Laune heraus schuf er Riesen und gleich darauf Zwerge. Er setzte sie in zwei schöne Erdengebiete nebeneinander. Nur Gott weiß, ob und welchen Plan er damit hatte oder nicht.

Die Riesen vergnügten sich lang untereinander. Sie hatten viel zu tun, weil sie alles perfekt haben wollten in ihrem Leben. Sie planten eine schöne perfekte Riesenwelt. Sie glaubten, es geht nur um sie auf Gottes Erden. Sie erfanden riesige Instrumente, machten riesige Feuer und um das Feuer riesige Feste. Die Frauen brachten Riesenbabys zur Welt. Die schrien natürlich furchtbar laut und die Männer, um dem häuslichen Geschrei zu entkommen, kreierten riesige Urcomputer und hatten damit natürlich den ganzen Tag zu tun.

Irgendwann wurden die Zwerge nervös. Sie rannten nervös herum, es war ihnen langsam zu laut, als die Riesen auch noch den Gesang erfanden, und laut singend jeden Tag in die Arbeit gingen. Für die Zwerge hörte sich das an wie ein Orkan. Und sie wussten nicht, was das war, das sich jeden Tag anhörte, als würde die Erde beben! Der Boden wackelte auch unter den Riesenfüßen. Der Zwergenkönig beratschlagte mit seinen Getreuen und heuerte Freiwillige an, die das Beben und das Getöse erforschen sollten. Die Zwergentruppe pirschte sich vorsichtig heran, als ein Riesenbaby von seiner Mutter davonkrabbelte und gefährlich nahe ins Zwergenland kam. Die Zwerge waren mutig aber taumelten entsetzt zurück, als das Riesenkind den Mund aufmachte und sie trompetenhaft anbrüllte. „Was ist das?", schrie der Zwergenanführer. „Ein Baby, nur sehr groß," sagte eine Zwergen-

---

frau. Das Kind streckte die Hand nach dem vermeintlichen Spielzeug aus und die Zwerge liefen schreiend davon.

Die Grenzüberschreitungen wurden immer häufiger. Weder die Riesen noch die Zwerge verstanden diesen Riesenunterschied. Bei den Zwergen häuften sich die Herzinfarkte. Die Riesen waren zwar unaufgeregt, aber redeten von Ameisen und Ameisenhaufen, die man ausräuchern müsste und meinten damit die Zwergendörfer. Einmal fing ein Riese einen Zwerg und sah, dass es kein Insekt war, sondern ein kleiner Mensch. Das kam in die Zeitung. Ab da gab es keine Ruhe mehr für die Zwerge. Alle Riesenschulkinder, aber auch Erwachsene machten Jagd auf sie. Sie sperrten sie in Einmachgläser oder Zündholzschachteln.

Gott sah das und entschied, dass das so nicht gut ist. Daraufhin nahm er einen Zwerg und einen Riesen in die Hand, betäubte sie und formte aus den zwei Wesen eines. Dieses Wesen trocknete er ein bisschen an der Sonne und erweckte es dann zum Leben. Es war kein Riese und kein Zwerg, es war ein Mensch. Etwas völlig Neues – die mittlere Größe. Gott fand das interessant, denn die Eigenschaften waren auch gemischt, nicht nur die Körpergröße.

Darum gibt es unter uns Menschen Riesenzwerge oder Zwergriesen. Der Riesenzwerg ist meistens ein Angeber, glaubt immer besser zu sein als andere. Er neigt leider dazu sich aufzublasen. Die Zwergriesen wiederum erkennen oft nicht ihre Qualitäten. Egal, was sie leisten, sie meinen es sei zu wenig. Die Zwergriesen sind oft ohne Selbstbewusstsein, arbeiten zu viel, aber oft sind sie Forscher, Erfinder und Therapeuten. Sie wollen nämlich mehr.

Gott schaut zu, sieht dieses innere Ringen um die Größe und um das Bewusstsein und findet es gut.

Heidi: Du hast wirklich ein Talent fürs Schreiben solcher Geschichten und Gedichte – neben deinen therapeutischen Talenten.

Ildiko: Danke! Als ich mich mit meinen eigenen Verletzungen beschäftigen musste, habe ich gesehen, dass ich das auch bei anderen kann. So ist mein

Beruf entstanden, es schaut nach einer „Begabung" aus. Und das mit dem Schreiben, das kann ich, wenn ich Zeit habe. Aber es ist nicht zu meinem Hauptberuf geworden – das Schreiben oder Tanzen oder Singen. Es war so viel, was ich „gekonnt" hätte, es war Lebenslust, aber ich war immer krank. Ich habe dringend meinen Mann gebraucht und mein Kind, damit ich langsam immer gesünder werden kann. Und jetzt mit über 80 (!) bin ich vielleicht langsam Ich und gesund. Ich kann sagen: „Ja, es ist alles da, jetzt geht es ans Sortieren und Machen: Was kann man nun mit dem Haufen tun?" (lacht)

Heidi: Da fühl ich mich dir sehr nah. Ich habe auch viele Talente und Lebenslust und doch war ich lange zu wenig ich selbst. Meine künstlerische, wilde Seele habe ich beim Älterwerden vernachlässigt. Es wundert mich heute, dass es mich so auf die Wirtschaftsuniversität gezogen hat. Es hat mir auch sehr gut gefallen!

Ildiko: Das war für dich vielleicht das Einfachere. Zu diesen tieferen Begabungen kommst du jetzt! Ich bin zwar immer in der Nähe meiner Fähigkeiten gewesen – zum Beispiel habe ich auch Schauspiel studiert – auch weil meine Familie so war wie sie war, aber ich konnte nichts wirklich machen, weil ich nicht gesund war. Ich habe mir gedacht: „Wieso wieder?" Es hat mir nichts genützt.

Heidi: Es ist eigenartig! Was hat sich „Gott" wohl dabei gedacht, dass du immer krank warst!

Ildiko: Gott denkt sich da, was wir denken, glaube ich. Nämlich, **dass jemand das Beste aus sich herausholen soll und mit diesem Besten soll er DA sein und nicht mit dem, wo er mittelmäßig ist.** Mir war nicht möglich, einfach schön narzisstisch zu sein! (lacht) Ich musste tiefer in mich gehen, um mich bei den „Wunden" erst zu erkennen. Dort, wo man schreit und nicht mehr singt. Und aus diesem Mich-Erkennen kann ich vielleicht jetzt schreiben oder etwas machen, was mir mit über 80 Jahren möglich ist. Es ist noch viel möglich! Das ist lustig.

Heidi: Was heißt für dich eigentlich „da sein"?

Ildiko: Das ist „ULDA" (Unabhängig lustvoll da sein). Das bedeutet, dass jemand eine Verbindung zu seinem Unterbewusstsein hat! Das Unterbewusstsein ist kein bedrohliches, verdrängungswürdiges Tier, das man fürchten muss, weder bei anderen Menschen, noch bei sich selbst. Sondern, dass man fähig ist, mit diesem Bewusstsein zu leben und mit den eigenen Schwächen und Wunden umzugehen. Dafür muss man seine Schwächen erfassen können. Es ist wichtig, dass man eine Beziehung zur eigenen oder menschlichen Spiritualität hat, dass man eine Ahnung hat, dass wir Menschen nicht nur aus Körper und mechanischen Abläufen oder Aktivitäten bestehen. Wir haben eine andere Seite, die mit Gott in Verbindung ist. Was oder wer auch Gott ist.

Heidi: Das habe ich mir noch nie überlegt, dass das Da-sein auch etwas mit Spiritualität bzw. Gott zu tun hat.

Ildiko: Es wundert mich immer, wenn Menschen so viel Angst und Schrecken vor dem Tod haben und sich dauernd vor etwas fürchten. Meiner Meinung nach ist das ihre andere Hälfte, nur vielleicht nicht hier, vielleicht nicht in so einer Nähe, wie der Alltag. Natürlich kann man jetzt über Engel oder Geister oder alles Mögliche sprechen, aber das ist nicht das Wichtige, sondern dass man wahrnimmt, dass man auch ein geistiges Wesen ist und nicht vordergründig ein körperliches Wesen.

Heidi: Aber auch das Körperliche muss einem doch bewusst sein, oder?

Ildiko: Es wird einem ANDERS bewusst, wenn man erfasst hat, dass eine Energie in einem arbeitet, die den Körper auch formt oder beeinflusst und ihn krank oder gesund macht. Das kann man als „mental" oder geistig oder engelhaft sehen, dass da irgendjemand oder irgendwelche geistigen Energien auf einen einwirken. Davor kann man sich auch fürchten, das ist dann Aberglaube.

Ich sehe das so, dass es die eigene Kraft ist, wovor man sich fürchtet, und die einem bewusst sein sollte, um auch wirklich gesund zu sein. Heutzutage gibt es viele Untersuchungen in diese Richtung und ich freue mich sehr darüber. Bis hin zu wilden Untersuchungen zum Placebo-Effekt mit vorgetäuschten Operationen, bei denen die Menschen gesund werden, weil sie glauben, dass sie operiert worden sind. Das ist waghalsig, aber es gibt zu denken.

Wie diese geistige Kraft zu verwenden ist, ist individuell. Man sollte sich aber nichts einreden, wie eine neue Art Aberglaube: „Ich muss immer positiv denken und ja nicht negativ, sonst wird das sofort passieren!" Das wäre auf sehr viel Angst begründet, weil man sich nicht wirklich mit dem eigenen geistigen Potential befasst. In der Therapie sollte man einen gesunden Weg zu den geistigen Kräften in sich selbst finden, ohne sie zu überhöhen oder zu unterschätzen, damit man damit arbeiten kann!

Heidi: Das ist ja etwas, das dir wichtig ist: alle Seiten in uns in der Therapie mit zu berücksichtigen und auf ein Ganzsein hinzuarbeiten. Egal, ob das Körper und Geist ist oder Denken/Vernunft und Fühlen/Bauch.

Ildiko: Das möchte ich gerne, denn aus der Ganzheit heraus gibt es eine neue Kraft, die vorher nicht da war. Wenn man eine Hoffnung haben kann, dass aus der Zerrissenheit, in der wir eigentlich alle aufwachsen, durch die Therapie Ganzheit werden kann, ist das sehr schön. Darauf möchte ich hinarbeiten. Ob das gelingt, oder wie weit, das liegt nicht nur bei mir, sondern auch beim Klienten. Ich weiß, dass ich Glück habe, denn **es arbeiten Menschen mit mir, die einfach ganz werden wollen, die eine Ahnung davon haben, dass es etwas Anderes als Zerrissenheit gibt!** Und die Änderung, die sie an sich selbst sehen, überzeugt sie. Sonst würde niemand bleiben. Sie bleiben, weil sie merken, dass sie tatsächlich weiterkommen mit dem, was wir anstreben und bewegen. Sie bleiben, weil sie eine Form von Ganzheit erlangen wollen, die ihnen mehr Lust, Freiheit und Selbständigkeit bringt. Und die dazu führt, nicht mehr als Maus oder Angsthase durchs Leben gehen zu müssen.

Heidi: Inwiefern entspricht dieses Streben deinem Prinzip „ULDA" (Unabhängig lustvoll da sein), von dem du immer wieder sprichst. Was bedeutet ULDA genau – insbesondere die geheimnisvollen Stufen? Du sagst ja, dass sich ab ULDA 4 die Welt ändert...

Ildiko: Unabhängig lustvoll da sein, heißt nicht einfach leben, sondern präsent sein. Aber dabei unabhängig und lustvoll. Ich kann dir nur sagen, dass unheimlich schwere Sachen sehr viel Lust bereiten, wenn man sie lösen kann und wenn man merkt, dass etwas geht. Es ist viel lustvoller, als wenn du an der Oberfläche bist und es ist gar nicht schwierig. Du weißt, wie es geht und schon ist es fertig! Schwere Sachen zu bewegen ist ein Siegesgefühl. Und dir ist das gelungen!

ULDA ist ein Kommunikationssystem – ein lustvolles und auch lustiges. Man gewinnt immer Fähigkeiten dazu. Je höher die Stufe, umso mehr kann man. Die letzte Stufe beinhaltet dann Humor und Spielen. Die höheren Kommunikationsebenen sind ein Mittel zu einem guten Leben. Und es geht noch weiter. Wenn ich länger lebe, fallen mir bestimmt noch neue Stufen zu ULDA ein.

ULDA | Unabhängiges lustvolles Dasein

KOMMUNIKATIONSSTUFEN

ILDIKÓ HARING

-3 **MORDEN** oder jemanden in den Selbstmord treiben.
EXISTENZ VERNICHTEN. Es ist der Versuch, den eigenen Hass mitzuteilen.

-2 **EMOTIONAL ERMORDEN.**

-1 **DEMÜTIGEN** in Worten und Taten.

0 Schimpfen, kritisieren, **HERABSETZEN** oder sexuell fertig machen.

1 STREITEN, **WER RECHT HAT**. So „KASTRIERT" man jemanden.

2 **PING-PONG SPIELEN.** „Ja, aber!" Immer dagegen argumentieren.
Aber man ist schon in Verbindung.

3 **VORWÜRFE MACHEN.** Das Schlechte wird nur beim Anderen gesehen.
„DU BIST SCHULD!" Man klebt am Anderen.

♥ **HIER FÄNGT BEZIEHUNG AN!!!**

4 **ÜBER SICH SELBST REDEN IN GEGENWART VON EINEM DU.**
„Das trifft mich, wenn Du das über mich sagst!"
„Mir geht es damit, was Du sagst, so und so...!"
KEINE VORWÜRFE MEHR!

5 Über sich selbst und die anderen **IN LIEBE REDEN.**
OHNE SCHULDZUWEISUNG und ohne jemanden schlecht zu machen.

6 Über sich selbst und die anderen **IN LIEBE UND MIT HUMOR REDEN.**

7 Über sich selbst und die anderen **IN LIEBE UND MIT HUMOR REDEN
– UND SPIELEN.** In eine Rolle schlüpfen und so humorvoll reden.
Z.B.: „Lieber Gott, gib ihm/ihr die gnadenvoll Einsicht, dass er/sie dankbar sein kann, dass er/sie mich hat!"

Heidi: Ich muss sagen, es irritiert mich, dass es auch Minus-Zahlen gibt.

Ildiko: Was? Dass Mord auch Kommunikation ist? Es ist vielleicht irritierend, aber Kommunikation beginnt im Negativen mit dem Auslöschen von Leben, der furchtbarsten Form. Leider gibt es viele Menschen auf unserer Erdkugel, die durch Mord kommunizieren! Natürlich können wir das Brutale und Schwierige nicht weglassen! Wir haben das auch beide schon unterstrichen, dass das Negative sehr zum Positiven dazu gehört, sonst wüsste man gar nicht, was positiv ist. Man könnte das gar nicht wahrnehmen!

Es fängt also bei Mord an, Leben auslöschen, das ist -3. Man könnte noch andere Bösartigkeiten hinzufügen, wie Terroranschläge oder so, aber das ist müßig. Die persönliche Kommunikation fängt im Negativen bei Mord an. Hättest du dir etwas Schöneres erwartet? (lacht) Du hast nicht diese Tiefe und das Negative erwartet. Aber das ist superwichtig! Es ist mein Credo, dass man mit dem Negativen als Therapeut und als Mensch genauso arbeiten können muss.

Heidi: Etwas lösen geht natürlich erst bei den positiven Stufen von ULDA! Beschimpfen und demütigen bringt ja nichts, weder mir (außer das Herauslassen der Wut), noch dem anderen. Es bewegt nichts.

Ildiko: Natürlich. Aber es ist eben so, dass wir sehr oft dort sind, dass wir schimpfen und spucken wollen, dass wir zu jemandem gemein sein wollen. Und das muss man bei sich wahrnehmen können! Mein Charakter ist ja etwas sehr Mittelmäßiges. Ich habe darüber nachgedacht. Ich kann nicht sagen, dass ich einen schlechten Charakter habe, aber sehr mittelmäßig, weil ich Anteile habe, die nicht edel sind, nicht schön. Aber sie ermöglichen mir, dass ich nicht schöne, furchtbare Dinge bei anderen wahrnehmen kann. Und dass ich eine gewisse Fertigkeit habe, damit umzugehen und nicht sofort zu sagen, da muss man Medikamente nehmen oder ähnliches. Ich kann sitzenbleiben und etwas tun.

ULDA ist ein System, wo man rauf und runter gehen kann. Wenn man nur ULDA 7 einsetzen würde, das wäre, als wenn man am Klavier nur das hohe C spielen würde – langweilig! Es ist eine Art, wie man mit Kommunikation umgehen kann, damit man sich lustvoll und unabhängig fühlt und da ist. Das habe ich erfunden, damit ich das tun kann. Gott, war das ein Gräuel, wie abhängig ich in manchen Therapiestunden wurde, wenn die Leute herumschrien und unglaublich blöde Sachen sagten. Du kannst sie natürlich alle hinausschmeißen, aber dann bist du auch kein guter Therapeut. Man muss sehr viel Aufmerksamkeit verwenden und man kann nicht aussteigen oder irgendwelche buddhistischen Dinge anwenden, sonst ist man weg und nicht mehr beim Thema der Leute. (Natürlich habe ich buddhistisch schon alles Mögliche gemacht und es war gut.) Aber ich habe mich gefragt, was mache ich dann? Wie gehe ich damit um? Es war eine wichtige Erkenntnis für mich damit zu lernen, mich in den Therapiestunden unabhängig zu machen.

Bei ULDA geht es um die Fertigkeit, das eigene „Instrument Mensch" spielen zu können. Es ist etwas Kreatives, etwas Offenes und es ist eine angenehme Stütze, wie man es noch besser machen kann. Wie kann ich unabhängig sein und mehr Lust empfinden. Die Fähigkeit bei ULDA 4, über das Eigene zu sprechen, ist einmal epochal anders. **Bei ULDA 4** passiert etwas. Wenn man dort ankommt, dann **verändert sich wirklich die Welt!** Das sage ich wieder und wieder! Und die Lust steigt mit der Höhe der Zahlen. Bei ULDA 7, wenn man spielen kann, ist es schon sehr lustvoll, denn man arbeitet auch mit Humor und geht trotzdem auf Konfrontation.

Heidi: ULDA ist also letztendlich das, was einen in der Kommunikation zu sich bringt und mit dem anderen verbindet. Ich finde das besonders auch bei Kindern hilfreich.

Ildiko: Gerade in der Kommunikation mit Kindern ist das klasse! Oft sind Eltern auf einer niedrigen ULDA Ebene und schimpfen, wobei man das natürlich auch verstehen kann. Niemand kann einen so auf die Palme bringen, wie die eigenen Kinder! Niemand hat so einen Zugang zu uns – sie spüren ganz genau, wie es uns geht und wo unsere Unsicherheiten sind. Dann kann es auch für Kinder um Machtspiele gehen und ums Siegen.

Heidi: In der Gruppe spielen wir auch immer wieder Situationen mit unseren Kindern. Dabei ist für mich so deutlich geworden, wie wenig es bringt, sich auf ein Machtspiel einzulassen. In solchen Fällen sieht man beim Spielen in der Gruppe richtig, wie auf beiden Seiten eine Spirale nach unten geht, beide immer verhärteter und unglücklicher werden. Bei meinem Sohn versuche ich das anders zu machen, mehr mit ULDA 6 und 7, aber es funktioniert natürlich nicht immer.

Ildiko: Zwischen Eltern und Kindern wird diese ULDA Sache auch interessant und knifflig! Deshalb spielen wir in der Gruppe viele Eltern-Kind-Themen. Die Eltern müssen sich in gewissen Punkten durchsetzen und das fällt uns allen schwer.

Heidi: Ich habe viel von meinem Freund gelernt, der unbewusst mit ULDA 7 arbeitet – mit Lachen und Spielen. Das funktioniert auch bei meinem Sohn sehr gut, wenn er sich innerlich verrannt hat. Sobald er ehrlich lachen kann, passt es meistens wieder.

Ildiko: Und das ist ein Segen! Du kannst mit ihm sein und ihr könnt die „Seinsqualität" leben. **Das Ziel mit ULDA ist die Seinsqualität des Lebens!**

Ildiko

Sinnvolles Leben

braucht
Beziehung
braucht
Wahrnehmung
braucht
Bewusstsein
braucht
Verantwortung
braucht
Freude
braucht
Austausch
bringt
Freude
bringt
Liebe

Heidi: Die Seinsqualität des Lebens – das unabhängig lustvoll da sein – hat aber nicht nur mit der Psyche und mit der Kommunikation zwischen Menschen zu tun. Es geht für dich um mehr, auch um das Achten auf seinen Körper, um die Spiritualität usw., oder?

Ildiko: Absolut. Auch um die Frage, was ein guter Lebensstil ist! Man kann heute viel mehr Leben in die Hand bekommen, wenn man dazu noch meditiert, wenn man Bewegung macht und so weiter. Ernährung ist auch wichtig – egal ob geistig, psychisch oder körperlich. Es gibt Einstellungen, die einem mehr Lust machen oder weniger und auf verschiedene Arten! Man kann lustvoll sein, indem man jeden Tag Champagner trinkt. Aber die Frage ist, wie lange?

Wenn man länger leben möchte, und das tun wir, weil wir medizinisch gut versorgt sind, gehört ein anderer Lebensstil dazu. Das wird immer klarer. Ein neuer Lebensstil, mit dem man viel besser wachsen kann. Man wird **ein wirklicher Er-wachsener statt ein Ver-wachsener!**

7 Psychowerkstatt Gruppe

„In der Gruppenarbeit lernt man präsent zu sein und zu bleiben,
sich zu zeigen und aus dem Herzen zu kommunizieren.“
Ildiko

Heidi

Da eine Freundin schon vor mir bei Ildiko war, hatte ich bereits ein Bild von dieser geheimnisvollen Gruppe, in der man Rollenspiele, Selbsterfahrungsübungen, Kämpfe, Diskussionen usw. machte. Ich fand das extrem spannend, sich in einem geschützten Rahmen so erleben zu können.

Da ich das einige Zeit selbst erleben durfte, kann ich sagen, dass es wirklich etwas Besonderes ist. Eine Gruppe Menschen – männlich und weiblich gemischt, alle mitten im Leben stehend, mit Familie oder Singles, die meisten mit tollen Ausbildungen und guten Jobs – trifft sich alle zwei Wochen, um für sich, gemeinsam oder gegenseitig die eigene Entwicklung zu erleben. Selbst, wenn man von vielen nicht einmal die Nachnamen kennt, entwickeln sich hier enge menschliche Verbindungen, denn man erlebt sich gegenseitig als Mensch und nicht in einer Funktion oder mit einer Namensmaske.

Es wird tief gearbeitet, diskutiert, gespielt, geweint, gekämpft, umarmt, geschrien und auch viel gelacht, wobei Ildiko sicherstellt, dass die Ernsthaftigkeit der Ziele nicht verloren geht.

Man spielt miteinander und Ildiko schafft es immer wieder, dass sich die Themen ergänzen, man ähnliche oder auch entgegengesetzte Fragestellungen miteinander lösen kann. Niemand spielt hier „Theater“, alle spielen sich selbst, auch wenn man eine Rolle für jemanden übernimmt.

Ich habe hier gelernt, präsent zu sein, für mich aufzustehen, meine eigenen Bedürfnisse wahrzunehmen, sie zu äußern und nicht für andere zurückzustecken.

Ich habe gelernt aggressiv zu sein, herzlich aggressiv, und auch meine negativen Gefühle zuzulassen, wütend sein zu dürfen, auch einmal zu schreien oder zu weinen.

Ich habe meine Stärke kennengelernt, wenn wir gekämpft haben und erlebt, wie wach ich mich fühle, wenn ich meine Kräfte erproben kann, wenn ich tanze oder wenn ich mich intensiv fühle.

Ich bin dankbar, dass ich diese Erfahrung machen durfte. Jedes Mitglied der Gruppe hat etwas zu meiner Entwicklung beigetragen – ob sie mich konfrontiert, Rollen für mich übernommen, Anteil genommen oder Fragen aus unterschiedlichen Perspektiven reflektiert haben.

Herausfordernd war für mich anfangs auch hier mein Anpassungswahn, mein Wunsch nach Zugehörigkeit, denn für eine Entwicklung – egal ob bei sich oder bei den anderen – darf man nicht „lieb" sein. Wahrheit eckt auch an. Ich habe also auch gelernt Ich zu sein – mit positiven wie negativen Seiten – und Konflikte auszuhalten.

Zugehörigkeit & Lebensschule

Heidi: Neben den Einzelstunden nehmen deine Klienten auch regelmäßig an einer Gruppe teil. Wie wichtig ist das aus deiner Sicht für die Entwicklung?

Ildiko: Die Gruppe gehört zur intensiven Therapiearbeit. Sie ist Werkstatt, Proberaum, Trainingsbereich und wichtige Ergänzung zu den Einzelstunden. **Das Wesentliche für ein gutes Leben ist schließlich die Zugehörigkeit!**

Auf eine Einzelstunde folgt eine Gruppe, dann wieder eine Einzelstunde, dann wieder die Gruppe. Die Gruppen finden 14-tägig statt. Man arbeitet miteinander an Dingen, die man individuell für sich entdeckt hat und verändern will. Ich finde es wertvoll, wenn alle bringen können, was sie gerade brauchen. Man darf sozusagen alles rauskotzen, was da ist. Was man in der Einzelstunde erarbeitet, probiert und trainiert man in der Gruppe, damit jeder seine eigenen Werkzeuge in die Hand bekommt. Deshalb ist auch der Rhythmus wichtig. Die Gruppe ist eine Psycho-Werkstatt. Da gibt es mannigfaltige Möglichkeiten, weil die einzelnen Teilnehmer verschiedene Themen haben, die dann auch oft zusammenpassen.

Man kann vereinbaren, auf welcher Ebene man arbeitet. Man kann ein Thema auf jeder Ebene durchspielen: z. B. „oral" (traurig, weinerlich, hilflos), „anal" (aggressiv, kämpfend) oder „ödipal" (beziehungsfähig). In den Gruppen ist das miteinander Kämpfen sehr beliebt. Es ist eine Rarität, dass man kämpfen kann und auch sozial kämpfen lernt. In der Realität kann man das nicht. In unserem Leben werden wir auch mit Gewalt und Konflikten konfrontiert und dann müssen wir damit umgehen können.

Heidi: Das Kämpfen ist immer besonders spannend und man ist dadurch sofort da und fühlt sich in der eigenen Kraft.

In der Gruppe erlebt man auch, dass Aggression befreit. Aber wie, wo und wofür kann ich meine Aggression passend einsetzen, ohne Verletzungen zu riskieren. Das zu lernen ist entscheidend! Das ist das Thema der herzlichen Aggression. Man lernt diese Möglichkeit in der Gruppe kennen, und dass die Welt dadurch nicht untergeht. **Ich finde, das ist definitiv mein Beitrag zum Frieden, wenn Menschen ihre eigene Aggressivität kennenlernen.** Wie oft man grenzenlos ist, wenn man zornig ist, ob man sich dann noch spürt oder den anderen noch wahrnimmt.

Diese Reflexionsfähigkeit hilft uns zu unterscheiden, wem wir folgen können, sollen oder wollen. Damit wir nicht alle wie die Lemminge in eine Richtung rennen und uns oder jemand anderen umbringen. Es ist schwierig, sich dann aus einer solchen Bewegung individuell herauszunehmen! Aber dennoch ist es nötig, dass man die eigene soziale Grenze erkennt. Das ist ein Beitrag zu meinem und unserem Menschen-Frieden, wenn man erkennt: Was will ich denn wirklich? Will ich morden, schreien, denunzieren, lauter als andere sein, damit nicht auffällt, wie feig ich eigentlich bin, wie sehr ich mich fürchte?

Was machen wir in dieser Gruppe? Ildiko

<u>Was ist die „Ildiko-Schule"?</u>

Sie heißt Freiheit durch Liebe! Hier ist Psychologie kein Alibi für Selbstmitleid und psychologisches Verständnis ist keine Ermunterung für Unterentwicklung.

Was ist Liebe?

- Liebe ist Alltagsspiritualität – eine höhere Frequenz der Gefühle, damit sie wachsen können.
- Liebe ist, sich wollen – und andere wollen.
- Liebe ist meditativ – und macht Spaß!
- Freiheit durch Liebe und nicht durch Einsamkeit!

In der Gruppe passieren fünfzig Prozent der Therapie, auch wenn wir viel lachen. Die Spiele sind mit viel Spaß und viel Ernsthaftigkeit verbunden, da sie alte Traumata aufzeigen und durchleuchten.

In der Gruppe kommen wir raus aus der Langeweile eines verlogenen Alltags! Man lernt hier Spaß. Spiritueller Spaß ist Lebensfreude! (Der Dalai Lama lacht.) Spaß ist z. B. ein radikal scharfes Denken im Sinn der Psycho-Logik! Wir trainieren hier den **spannenden Umgang mit uns selbst und mit anderen Menschen.** Spannende Menschen zu werden (statt verspannte), die fähig sind, die **eigene Wahrheit**

- **zu verstehen,**
- **auszudrücken und**
- **konsequent zu vertreten.**

Denn Psycho-logie heißt hier: **Die wunderbare Gefährlichkeit der Wahrheit zu entdecken.**

<u>Mein Trainingsangebot:</u>

1. Wie man aus der Selbstzerstörung der Lügen herauskommt.

2. Als Ergänzung zur Einzelarbeit lernt man

     a) die eigene Aggression kennen, und
     b) damit umzugehen,
     c) indem man sie in **herzliche Aggression** transformiert.

3. Wir lernen unsere neue Persönlichkeit zu formen und die sinnvolle Grundstruktur eines Menschen zu kapieren und zu trainieren.

Wie?

Die Gruppe ist kabarettreif und unterhaltsam. Im psychologischen Sinn spielt hier jeder sein eigenes Drama im Taschenformat. Wichtigster Gewinn dieser Gruppe ist, dass jeder sein Drama erarbeitet, seine Mechanismen, mit denen er in sein Drama zurückfällt und die Strategien, mit denen er nicht zurück, sondern jederzeit herausfindet.

Wir trainieren in der Gruppe neue Verhaltensweisen nach den Regeln von ULDA (Unabhängiges lustvolles da sein). Wir spielen, diskutieren, kämpfen (Kräfte messen). Und jeder kann so sein, wie er wirklich ist UND die Zugehörigkeit genießen.

Das ist Freiheit durch Liebe!

Was bringt die Gruppe?

1. Gesundheit, weil Zugehörigkeit sehr gesund ist: Miteinander, Verbundenheit für ein Ziel
- Klare Sicht auf die eigene Ziele und Unterstützung im Erreichen dieser Ziele
- Spiele, Inszenierungen, um eigene Störungen und Blockaden zu heilen.
- Tiefe Verbindung zu sich selbst, zum Unterbewusstsein ist heilend.

2. Stärkung im guten Leben/Lebensstil

3. Präsenz (Ausdruck, Sprache): Sich ausdrücken können, Krafttraining und Ausdauer im Geist

4. Beziehungsfähigkeit:
- Herzliche Aggression wird trainiert, die eigene Aggression erkannt
- Muster (langjährig eingeübte) werden entsorgt (Mülltrennung!)
- Dafür werden neue Fertigkeiten in echter Kommunikation – von Herz zu Herz – entwickelt.
- Klein sein zu können ist lebensnotwendig für eine gute Partnerschaft (Intimität)!

Ildiko: Ein weiterer wichtiger Lernpunkt in den Gruppen ist, für sich selbst und die eigenen Anliegen da zu sein. Ob und wann sich jemand meldet, kann auch Teil der Therapie sein. Ich bereite die Gruppen immer genau vor – wie eine Partitur – und überlege, wer welche Themen mit wem spielen könnte und was sein nächster Schritt sein soll. Aber ich stehe oft vor der Frage, ob ich einsagen oder ein Thema erzwingen soll, das jemand in der Einzeltherapie erkannt hat. Ich glaube, der Betreffende muss soweit kommen, dass es ihm selbst einfällt. Komischerweise ist das oft so – allein dadurch, dass ich mich zurück halte.

Heidi: Mich fasziniert immer, wie du die Leute in den Übungen miteinander einsetzt. Wie bereitest du dich vor? Überlegst du welche Menschen ähnliche oder auch entgegengesetzte Themen haben? Ich finde es spannend, wie oft dein Konzept aufgeht.

Ildiko: Ich habe ein Heft, in das ich bereits in den Einzelstunden mögliche Übungen für die Gruppe hineinschreibe. Und wenn ich die Gruppe vorbereite, überlege ich: welchen Schritt muss jetzt jeder machen, was muss er spielen bzw. trainieren, damit er in seiner eigenen Sache weiterkommt. Ich weiß, wer wem sympathisch ist, wer das gleiche Kaliber hat, in der Störung oder in der Kraft. Oder wer am gleichen Punkt der Therapie ist, z. B. ähnlich depressiv. Wen irritiert etwas gerade? Wer hat ein ähnliches Thema, aber vielleicht mit verschiedenen Vorzeichen? Manche, so auch dich, muss ich richtig überfallen, um sie herauszufordern bzw. sie auf die Palme zu bringen. (lacht)

Ich stelle die Gruppen nach Störungen bzw. Fragestellungen zusammen – ich habe zwei Gruppen parallel laufen – jede Woche eine. Und ich teile die Menschen danach ein, wie sie arbeitsmäßig gut zusammenpassen. Wenn sie bei mir in Therapie sind, sehe ich schon, wer auf diese Art arbeiten kann. Die eine Gruppe ist sehr dramatisch und konfrontativ. Und die andere Gruppe arbeitet völlig anders, es gibt eine andere Stimmung. Ich kann die gleichen Übungen vorschlagen und es geht völlig anders aus. Darüber staune ich immer. Bei der einen Gruppe habe ich sogar das Gefühl, es ist etwas dunkler im Raum als bei der anderen, obwohl es der gleiche Raum und die gleiche Beleuchtung ist.

In den Gruppen geschieht die Arbeit nach meinen Vorlagen. Es wird mir manchmal vorgehalten, dass zu viel getaktet und zu wenig erklärt wird. Aber die Erklärungen interessieren dann eigentlich niemanden. Jeder will spielen, man will Spannung. Die Gruppen sind sehr lebendig, lustvoll, lustig und man lernt viel. Es ist das Lernen beim tatsächlichen Tun: nicht ein Kopf-lernen, sondern Reinfallen in die Schwierigkeiten oder in die Situationen. Wir spielen Situationen oder Problemstellungen nach, die jemand in der Einzelstunde erzählt hat. Wir spielen die möglichen Lösungen auch auf verschiedenen Kommunikationsstufen.

Heidi: Ich finde das sehr spannend, weil da auch andere mit ihren Lösungen ins Spiel kommen. So etwas kenne ich auch aus der Organisationsberatung, wo man konfliktreiche Situationen in Organisationen immer wieder von anderen spielen lässt, bis man eine Lösung findet. Man kann damit verschiedene Veränderungen in einem sozialen Gefüge ausprobieren.

Ildiko: Der Unterschied ist, dass bei mir nicht jemand für jemand anderen einspringt. **Jeder spielt im eigenen Namen und seinen eigenen Konflikt, obwohl sie miteinander spielen.** Das Unvorstellbare ist, dass man dabei den anderen trotzdem erreicht. Es passt dann irgendwie zusammen und es entwickeln sich Lösungen für jeden. Und es geht hier um tiefgehende Probleme. Ich animiere die Leute auch dazu, denn ich finde, es muss jeder sein Eigenes spielen, wahrnehmen und sich bis zu einem gewissen Grad dabei gut fühlen können. Ich will ja niemanden runter machen, sondern jeder soll mit sich und den eigenen Erkenntnissen arbeiten.

Heidi: Mir fällt auf, dass Leute die neu in der Gruppe sind, sich manchmal noch schwertun, ihre eigenen Themen zu spielen. Oft spielen sie dann wirklich einfach Theater, weil sie unsicher sind, was von ihnen erwartet wird.

Ildiko: Es geht natürlich nicht darum, „ich mache jetzt deine Rolle besser, die du vorher nicht gut gemacht hast." Jeder wird von mir in die Echtsituation hineinmanövriert und spielt im eigenen Namen und nicht für den anderen. Das müssen die Nerven erst verstehen! Manchmal erarbeiten wir auch etwas mit der Frage, wie ist es „richtig"? Dann wechseln die Personen. Ich nenne das Karussell. Jeder spielt seine Lösung und dann entscheiden wir gemeinsam, welche gut war und auf welcher ULDA-Stufe man dabei ist. Manchmal spielt auch die ganze Gruppe. Das nenne ich dann „tutti" – wie im Orchester. (lacht)

Wir lachen viel. Ich arbeite gerne auch das Komische heraus, neben all der Schwere.

Heidi: Ich finde das Spielen sehr herausfordernd.

Ildiko: Ja, aber wo sonst soll es Herausforderungen geben, wenn nicht in einer Therapiegruppe. Ich muss herausfordern, damit jemand sein Letztes gibt. Denn wenn man so spielt und es einem wirklich um alles geht, da kommen die besten Lösungen und die meiste Kraft von einem selbst. Das erinnert mich an meine Theater-Erfahrungen. Wenn man solange probt, bis niemand mehr kann, dann sind alle am besten. Am Rand der totalen Erschöpfung gibt jeder sein Bestes und es gibt Sternstunden. Oder man schläft ein oder bricht zusammen, das ist die andere Möglichkeit. (Das macht jetzt einen falschen Eindruck! Als würde man bis zur Erschöpfung in der Gruppe arbeiten. Das ist natürlich nicht der Fall. Man wird trotzdem großartig, wenn man an die eigenen Grenzen kommt!)

Es gibt auch Gruppen, wo am Anfang nichts geht. Alle sind müde, es ist Abend und es regnet! (lacht) Und wenn die Leute schon ziemlich müde sind, macht jeder irgendwie auf. Da kommen unerwartete Möglichkeiten aus dem Unterbewusstsein. Das ist nicht schwer zu verstehen: Wenn das Unterbewusstsein aufmacht, gibt es noch viel Energie und viele verschiedene Lösungen und Fähigkeiten von jedem. Und ich denke mir, wenn ich mit über 80 da sitze und nicht so müde bin, obwohl ich auch den ganzen Tag gearbeitet habe, dann toleriere ich das einfach nicht, dass 40-jährige müde sind. **Das Leben ist ein Lernprozess. Man lernt leben.**

Heidi: Du bist da auch ein wirkliches Vorbild für mich, wie ich selbst älter werden möchte. Damit bist du auch authentisch und echt in deiner Rolle als Therapeut.

Ildiko: Danke. Man kann nicht anderen verkaufen oder geben, woran man sich selbst nicht hält bzw. was sich bei einem selbst nicht verifiziert. Es ist Betrug, wenn man anderen Menschen sagt, wie sie tun sollten und man selbst tut das nicht. Natürlich passiert es mir auch, dass ich müde herumhänge, aber dann nehme ich mich einmal ernst zur Seite und sage: „Reiß dich zusammen." (lacht) oder „Was tust du gerade NICHT für dich? Was brauchst du, damit du aufwachst?" oder „Dann leg dich hin, Oldie!"

Heidi: Das finde ich auch fürs Coachen wichtig, dass man etwas selbst verkörpert.

Ildiko: Manchmal glaubt man auch selbst nicht, dass man es ver-körpert, obwohl es so ist! Auf jeden Fall muss man daran glauben, was man verkauft. Ich möchte nicht zu den Menschen gehören, die etwas tun und nach außen zeigen, woran sie nicht glauben und was sie nicht wirklich leben und können.

Präsenz und Verbindung üben

Heidi: Wie läuft eine Gruppe bei dir ab?

Ildiko: Die Gruppen fangen immer mit **Tanzen** an. Ich suche verschiedene Herausforderungen, auch in der Musik und mitunter tanzt nicht die Gruppe, sondern Paare oder einzelne und die anderen beobachten. Das nenne ich „Präsenzübung". **Im Tanzen muss man präsent sein, sonst tanzt man nicht.** Es ist die einfachste Art präsent zu sein und zugleich beinhaltet es unglaublich viele kleine Details und Kombinationen von einem selbst – so wie jemand tanzt!

Es gibt in jeder Gruppe auch einen **Tiefpunkt** oder ein Thema, was zu einer tiefen Arbeit führen kann. Das ist sehr berührend für alle, wenn jemand etwas aus seiner tiefen Leidensgeschichte oder seinen Schwierigkeiten vorspielt. Das Drehbuch mache ich meistens in der Vorbereitung: Wie die Übung aussehen soll und wer spielen soll. Aber ich führe dort auch bis zu einem gewissen Grad Regie. In der Gruppe passiert etwas ganz Wunderbares, was ich als sehr heilsam empfinde, nämlich dass jeder mitfühlt/lebt/weint, wenn etwas Schweres von einem Menschen mit anderen geteilt wird.

Therapie ist etwas, bei dem man vom Dunklen ins Helle kommt. Man lernt auch, wie man sich vom Hellen ins Dunkle, vom Licht in seine eigene Höhle bewegen kann, wo man vorher war! Es muss möglich sein, dass jemand

seine alten Tiefen durchwandert, mit neuen Gefühlen oder mit einem Licht in der Hand. Man lernt dabei da zu sein und sich zu zeigen. Das ist das Ziel der Gruppenarbeit. Man lernt präsent zu sein und zu bleiben, auch wenn man beispielsweise angegriffen wird.

Dazu sage ich meistens, **man sollte lernen aus dem Herzen zu kommunizieren**, nicht hinterm Mond und auch nicht aus dem eigenen Hintern. Das ist ein wichtiger Punkt. Man lernt besser, alles in Beziehung zu sehen, entweder in Beziehung zu mir, zu jemand anderem, zur Gruppe, zur Menschheit oder zu Gott. Man lebt nur in Beziehungen. Entweder man ist mit sich in Beziehung oder im schlimmsten (oder besten) Fall mit Gott. Auch wenn man allein oder all-ein ist. Über Rückzug lässt sich auch kommunizieren. Ich nenne das „Höhle". Dann bist du entweder mit dir oder mit der Höhle, also deinem Rückzug, in Beziehung.

> *Heidi: Ich verstehe nur nicht, was die Alternative wäre. Was bedeutet es, nicht in Beziehung zu sein?*

Ildiko: Das ist etwas Diesiges, Unbestimmtes. Man bewegt sich in einer Suppe, statt sich zwischenmenschlich dir selbst oder jemand anderem zuzuwenden. Es ist sicherlich krankmachend so zu tun als wäre das möglich und sich zu verstecken. Wenn Schule beispielsweise so gelebt wird, als wäre das Lernen keine persönliche Sache. Wenn ein Lehrer unpersönlich ist und nur Aufgaben unterrichtet, ist das für mich Sünde. Denn wenn keine Beziehung da ist, geht es einem schlecht, man bekommt Angst, weil man nicht definiert: „Was mache ich jetzt, was lebe ich und womit bin ich in Beziehung, wenn ich allein bin?"

In der Gruppe sind auch **Diskussionen** wichtig. Es wird auch viel darüber diskutiert, was man beim Spielen gesehen hat, wie man es findet, wie die Lösung sein sollte.

Interessant sind in den Gruppen auch die wechselnden Spieler. Eben ein „**Karussell**" – wo man einsteigt und aussteigt! Wir haben immer ein Thema, woran jeder seine Krallen probieren kann. Und dann diskutieren wir darüber, wer und was gut war und einem gefallen hat.

Wir spielen auch Gegenstände. Es spielt beispielsweise jemand den Kaffee für eine Person, die sich das Kaffeetrinken abgewöhnen will. Oder eine Zigarette.

Wir arbeiten öfter auch an aktuellen **Elterngeschichten**, wie es den Eltern mit ihren Kindern geht und welche Erziehungsprobleme oder schwierige Fragen auftauchen. Wie erzieht man heute Kinder? Und die wichtigste Frage: **was möchte ich meinem Kind weitergeben,** anstatt immer wieder das Kind zu korrigieren, wütend anzufahren oder etwas einzufordern! Was wäre, wenn ich versuchen würde, ihm „Liebe" anzuerziehen und vorlebe, wie man liebt, wie man Beziehungen lebt, wie man ehrlich sein kann.

Die Anteilnahme, die unter den einzelnen in einer Gruppe entsteht, finde ich sehr schön. Oft entstehen Freundschaften aus dem Gruppengefühl heraus und man vergisst einander nicht. Man zeigt sehr viel von sich und trotzdem ist man nicht verpflichtet miteinander zu sein. Es steckt eine sehr hohe menschliche Qualität in dieser Möglichkeit.

Wir **feiern** auch immer wieder in den Gruppen, immer wieder hat jemand Geburtstag, dann wird etwas mitgebracht – Sekt, Brote, Knabbereien. (lacht) Für mich ist wichtig dabei, dass wir ein bisschen trinken und Chips essen und innerhalb von 10-20 Minuten weiterarbeiten – mitten zwischen den Flaschen und Knabbereien. Ich finde es wunderbar, wenn man Arbeit und Feiern nicht trennt, sondern tiefe Therapiearbeit und miteinander lustig sein verbindet! Und nicht: Hier Arbeit und Psychologie und dort ist man lustig und feiert. **Eine tiefgründige Lustigkeit ist am lustigsten.**

 Heidi: *Da bist du wohl in deinem Element! (Lachen)*

Ildiko: Bei der **Zusammensetzung der Gruppen** achte ich auf die Mischung. Ich versuche es auch immer gut im Gleichgewicht zu halten. Ich mache keine männer- oder frauenbetonten Gruppen. Männer und Frauen bewirken miteinander wirklich etwas. Die Betonung liegt auf dem Gemeinsamen: Was sagen Frauen und was sagen Männer? Was möchten sie eigentlich miteinander?

Sex und Erotik ist in unserem Leben unersetzlich und unentbehrlich. Ich bekenne mich dazu, dass ich Sexualität heilsam finde. Ohne Erotik gibt es keine echte Persönlichkeit. Eine meiner ersten Fragen am Anfang einer Therapie ist daher: Haben Sie noch Sex? In der Gruppe kann man sich auch ehrlich dazu austauschen.

In den Gruppen mische ich auch gerne Singles und Paare, die schon lange zusammenleben. Man lernt voneinander, wie man Beziehung leben kann. Man sieht in der Realität, wie Beziehungen sich entwickelt haben und welche Entwicklung möglich ist. Man sieht, was durch eine Therapie tatsächlich passieren kann und wie man sich dann anders mit anderen Menschen verbindet. **Die Fähigkeit sich echt zu verbinden sollte durch eine Therapie entstehen** und das üben wir in der Gruppe.

Rolle des Therapeuten

Heidi: Ich bewundere, wie du in der Gruppe die Fäden in der Hand hast und, manchmal unmerklich, die Entwicklung in den drei Stunden dirigierst – du fragst, schlägst vor, intervenierst, konfrontierst, beruhigst, stachelst an, unterstützt und bist gleichzeitig auch als Mensch da und ein Teil der Gruppe.

Ildiko: Meine Rolle als Therapeutin in der Gruppe ist nicht einfach. Ich arbeite von allen Seiten: von oben und unten und seitlich. (lacht) Aber ich hoffe mit viel Liebe! Auf der Grundlage der Liebe arbeite ich auch mit meiner Wut, mit Herausforderung, mit Konfrontation, mit Vorzeigen. Manchmal steige ich auch in ein Spiel ein oder zeige, wie man etwas sagen oder tun könnte. In der Gruppe kann ich jemanden so viel besser herausfordern als in einer Einzelstunde, denn es ist die Kraft der Gruppe da. Man wird aufgefangen, unterstützt, verstanden. Dadurch werden die Angriffe, die ich dort starten kann, viel besser verarbeitet und auch toleriert.

Heidi: Und sie führen zu einem stärkeren Widerhall. Wenn ich an konkrete Erlebnisse in der Gruppe denke, weiß ich nicht, ob die Einzelnen auch so stark reagiert hätten, wenn das in der Einzelstunde gewesen wäre. Einmal hast du z. B. eine Klientin damit konfrontiert, dass sie sich immer mit anderen vergleicht. Das hätte in der Einzelstunde nicht so funktioniert, auch weil es gleich Unterstützung oder Verteidigung durch die Gruppenmitglieder und damit eine gesunde Auseinandersetzung gab.

Ildiko: Ich hätte das in der Einzelstunde auch nicht so wahrgenommen. Viele Dinge haben einen anderen Widerhall in der Gruppe. Es entwickelt sich eine **gemeinsame Akustik.** Am Ende der Gruppe ist es immer am besten, da wachen alle auf und sind mit allen Sinnen da. Das ist immer super. Niemand will nach Hause gehen, obwohl alle hundemüde sind.

Heidi: Ich beobachte, dass sich die Kultur in der Gruppe über die Zeit laufend verändert hat. Manche Menschen sind dazu gekommen, manche sind weggegangen. Und ich habe mich natürlich auch verändert.

Ildiko: Findest du das gut? Ich finde dieses Phänomen der (sich verändernden) Gruppen-„Akustik" toll, egal welche Gruppe. Ja, es war eine andere Kultur, wie du es nennst, als jetzt. Und das ist gut. Man weiß nur oft nicht, ob man sich selbst so verändert hat oder die anderen? Ich verbreite immer die gleiche „Kultur", ich vermittle im Grunde das Gleiche. Vielleicht einmal mit mehr Gewicht auf das oder jenes, aber **im Grunde vermittle ich, dass man wirklich leben sollte und nicht nur so tun als ob.** Auch wenn das jetzt banal klingt. **Dass man mit Konfrontationen und tiefer Arbeit viel intensiver lebt als nur an der Oberfläche. Und dass man sich auch dann erst entwickeln kann** und eine „Person" wird, ein persönlicher Mensch.

Heidi: Das was ich seit unserem Buch in der Gruppe ganz stark wahrnehme ist, wie du zuhörst, wie du wahrnimmst und auf alles Mögliche achtest, auch auf Körperliches. Dass du es gleich ansprichst, wenn dir etwas auffällt, wie „Ist dir langweilig?". Ich finde bemerkenswert, wie du alle laufend anschaust und merkst, was los ist.

Ildiko: Du meinst, ob jemand eingeschlafen ist (lacht)? Wenn ich das anspreche, reißt es jeden.

Heidi: Ja, und durch die Konfrontation erreichst du etwas. Du nimmst diese Aufgabe als Instanz in der Gruppe auf dich.

Ildiko: Du meinst alle wachzuhalten (lacht) und alle zugleich zu konfrontieren?

Heidi: Oder zu bestärken. Du konfrontierst ja nicht nur, sondern du unterstützt auch.

Ildiko: Ich unterstütze auch durch Konfrontation! Unterstützend, bestärkend versuche ich die guten Fäden zu finden und die Energie zu verteilen und zu verknüpfen, die entsteht. Egal ob negativ oder positiv. Das ist ganz wichtig. Ich „verteile" z. B. eine Depression – ich versuche das auf alle zu verteilen. Wenn jemand depressiv ist, beziehe ich die anderen auch mit ein: „Was ist eure Reaktion, was fühlt ihr, wie geht es euch? Fühlt ihr auch manchmal ähnliche Dinge?" **Niemand bleibt draußen.** Jeder ist in Bewegung und meine Überfälle stellen sicher, dass jeder auch wach bleibt. Man weiß sozusagen nicht, wann man drankommt. Das ist bei dir besonders krass. (lacht) Das war jetzt ein Witz!

Heidi: Das nehme ich auch wahr, dass du alle hereinholst, integrierst, und mich auch nicht schlafen lässt! (lacht)

Ildiko: Ich mag ja solche Kopfworte wie „integrieren" nicht. In dem Moment wird alles uninteressant: „Wir integrieren das und jenes." Das zeigt keine direkte Emotion. Ich liebe es, die Dinge in Bewegung zu formulieren: „Was passiert, was wird gemacht oder was wird verlangt?", und nicht einen abstrakten Überbegriff für eine Tätigkeit zu finden. Da schlafe ich ein, wenn ich mir denke, dass ich die Leute „integrieren" muss. Solche Worte beruhigen dich wiederum total. Ich weiß das und deshalb schieße ich bei solchen Sachen immer weniger auf dich. Grundsätzlich müsstest du jetzt, wo du herunter kommst vom Berg, entscheiden wie du sein willst. Behalte das ruhig bei, wenn du willst, aber an deiner Stelle würde ich das nur im letzten Schritt benützen. Nur wenn es sehr notwendig ist, die Dinge mit Überbegriffen zu benennen. Mit intellektuellen Benennungen stoppst du nämlich einen lebendigen Vorgang sofort. Die Frage ist, was steckt dahinter? Ist es Furcht?

Heidi: Ich sehe was du meinst. Was solche Worte bewirken. Sie beruhigen, weil ich etwas verstehen und einordnen kann, aber letztendlich steige ich damit auch irgendwie aus dem Geschehen selbst aus.

Ildiko: Ja. Solche Worte führen zu einer Abkühlung. Aber vielleicht willst du genau das. Der ganze Vorgang wird eingefroren.

Heidi: Neben den konkreten Themen der Einzelnen und den Rollenspielen gibt es auch in der Gruppe verschiedene Übungen, die du immer wieder initiierst. Kannst du ein paar wichtige nennen?

Ildiko: Rangelübungen sind in den Gruppen besonders interessant, da die Teilnehmer in der aggressiven Phase (2. Phase) untereinander „kämpfen" können. Ich schaue natürlich, dass es zu keinen Verletzungen kommt. Es wird vorgewarnt und vorbereitet. Es geht ja ums Kräftemessen, nicht um Prügeleien.

Es ist auch wichtig, aggressive Szenen aus der Kindheit nachzustellen. Wir spielen wie gesagt immer zwei Versionen: Wie es tatsächlich passiert ist und dann eine Korrektionsform: „Wie würdest du es heute machen? Was würdest du tun, anstatt unterzugehen." Das ist meistens hilfreich und wohltuend und es kommt jemand mit einer Sitzung aus der Sache raus, (aus der Szene oder aus der Erinnerung), weil er vom jetzigen Standpunkt aus das **Gefühl der Fähigkeit** gewinnt! Wenn es nicht so ist, muss man mehr spielen. Es ist nicht notwendig, dass man in einer Sitzung mit allem fertig wird! (lacht) Man hat die Zeit und die Möglichkeiten. Jeder kann sagen, wo er weiterarbeiten will.

Die Rangeleien ergeben sich auch oft, weil die Leute gerne Kräfte messen und Wut loswerden wollen. Wir alle sind dann einfach besser da. Aggressionsarbeit ohne Bösartigkeit bringt viel, viel Befreiung und Kraft. Und plötzlich sind alle wach!

Heidi: Ich erinnere mich an eine Rangelei, wo mich der andere zu fest angepackt hat. Du hast mir danach gesagt, wie wichtig es ist, ihm das rückzumelden, damit er daraus lernen kann.

Ildiko: Ja, weil beide lernen! Du lernst, dass du das sagen musst, weil man nicht immer alles still erduldet. Und der andere lernt, dass er vielleicht nicht checkt, wenn er jemanden zu stark angreift – eine Frau zum Beispiel. Manche machen eine Kampfsportart, wo sie das körperlich lernen, aber das hier ist etwas Anderes. Das ist eine psychisch-geistige und körperliche Arbeit, sie verlangt echte Präsenz.

Ich mache auch **Gruppen-Spiegel**. Dabei sagen die Mitglieder der Gruppe, was sie sehen und wie sie die Person, die in der Mitte steht, erleben. Ich ermuntere immer alle zur Ehrlichkeit. Das hilft. Nur höflich sein hilft nicht. Diese Ehrlichkeit – die „nackte Kommunikation" – in den Gruppen ist besonders hilfreich, weil die Gruppe eben eine Werkstatt für die Therapie ist. Den Gruppen-Spiegel hast du nicht genossen. Weil du dich so schwer zeigst, musste ich dich immer irgendwie erwischen. Du hast stets versucht eine gute Oberfläche zu zeigen und bist darin auch virtuos, man hat keinen Angriffspunkt. So konnte ich immer nur Großangriffe auf dich machen! (lacht)

Heidi: Dieses keinen Angriffspunkt bieten, habe ich auch lange genug perfektioniert. (lacht)

Ildiko: Und ich mit dir die Großangriffe. (lacht)

Wir spielen auch Dinge wie **„Killer-Maus"**. Eigentlich heißt dieses Spiel „Katz und Maus", d. h. die Katze verfolgt die Maus. Aber wir erleben öfter, dass die Maus in der wilden Jagd zum Killer wird, anstatt der Katze! Und zu Weihnachten spielen wir das **Krippenspiel**. Es heißt auch Grippenspiel, weil um die Zeit viele verkühlt sind. (lacht) Es spielen alle mit, manchmal gibt es zwei Marias, viele Tiere, betrunkene Hirten, einen Stern der hin und her springt und der kleine Jesus ist sehr vergnügt. Es ist die profane, selbstgestaltete Geschichte einer Flüchtlingsfamilie und dem zurückweisenden Haus- und Hofbesitzer!

Außerdem ist es üblich, dass man immer wieder eine **Zwischenbilanz** macht: Wo bin ich jetzt? Was habe ich erreicht? Ich möchte, dass alle überlegen, welche Fortschritte sie gemacht haben, welche Ziele sie haben und wohin sie weiter wollen. Das gewährleistet eine organische Entwicklung in der Therapie. Damit man sich auf allen Seiten entwickelt und nicht nur im Kopf oder in Richtung Instinkte. Überall ist eine Entwicklung möglich – mit einer Zentrierung der Persönlichkeit, um immer mehr seinen eigenen Kern wahrnehmen kann. Diese Bilanz oder andere Fragen fordere ich mitunter über „Hausaufgaben" an. Das mache ich auch in der Einzeltherapie. Damit weiß ich besser, wo die Einzelnen stehen.

Zum Beispiel sollen die Klienten überlegen:

- Was sind meine besten Eigenschaften?
- Was sind die größten Leistungen/Erfolge in meinem Leben?
- Wofür bin ich dankbar?
- Was ist mein Drama?
- Was ist mein Ziel für das folgende Jahr?
- Was habe ich in der Gruppe gelernt?

8 Wahrheit & Inszenierung

> *„Das Leben zu spielen, befreit! Frei sein heißt,*
> *dass ich mein Ich leben darf!"*
> *Ildiko*

Das Leben spielen befreit!

Heidi: Du arbeitest viel mit Inszenierungen und Rollenspielen – gerade auch in den Gruppen. Warum?

Ildiko: Mit Inszenierungen ist es möglich, in die eigene Geschichte tiefer und emotionaler hineinzugehen, als es sonst möglich wäre, wenn wir nur darüber reden würden. Spiele begleiten die Therapie die ganze Zeit. Ich nenne das „Inszenierungen" und ich versuche in Gruppen und Einzelstunden mit dem Klienten mit zu inszenieren. Diese Inszenierungen sind zur Identitätsfindung notwendig und es gibt sie bei mir in allen drei Phasen. In der oralen Phase, am Anfang der Therapie lasse ich die Klienten zum Beispiel ein Märchen über sich schreiben. Das heißt: Ich darf alles sein und bin gut! In der 2. Phase gibt es dann Kämpfe, Schreien, Kräftemessen und Polsterprügeln. In der 3. Beziehungsphase gibt es dann Wahrnehmungs- und ULDA-Übungen. Und nach Wunsch ist es immer möglich alles zu wiederholen.

Inszenierungen sind der wichtigste Bereich meiner Arbeit. Das Leben besteht aus kleineren und größeren Dramen und gelegentlich Tragödien. Die komödiantische Sicht des Lebens ist genauso wichtig, allerdings kommt sie erst, wenn das Drama vorbei ist. Vorher sind wir nicht bereit zu lachen. Da ich eine Schauspielausbildung habe und schon meine Mutter mit mir als Kind vor dem Einschlafen Shakespeare rezitiert hat, und ich im zweiten Weltkrieg mitten im jüdisch-nationalsozialistischen Konflikt aufgewachsen bin, ist mir das Drama inhärent. Mein Beruf hat meinen Blick weiter dafür geschärft, und ich bin der Überzeugung, dass alle psychischen Krankheiten und Störungen dramatisch tiefer zu erfassen sind als episch. **Der Mensch muss mitten in seinen dramatischen Abläufen gesehen und verstanden werden. Dann hat man meiner Meinung nach den Finger am wunden Punkt.**

Der Mensch sucht für sein Drama ein Leben lang Mitspieler, die positiv oder negativ freiwillig oder unfreiwillig mit-spielen. "Projektion" und "Übertragung" sind die gängigen psychologischen Ausdrücke für diese Suche. Allerdings sind die negativen Rollen schneller besetzt. Vollblut-Therapeuten bekommen sowieso beide Rollen: So ist es meiner Meinung nach intensiv und heilsam in beiden Bereichen – im harmonischen und im aggressiven Bereich – zu arbeiten. Mir erscheint es am besten auch mitzuspielen. Ich inszeniere also von Anfang an mit, sobald ich erkannt habe, was der Klient für ein Szenario mitbringt – und spiele mit.

Heidi: Wie machst du das?

Ich erzähle von meiner Methode ohne Methode, und zeige deutlich, dass ich da bin, wie ich bin, erzähle von mir, von meinen Fehlern und Begabungen, von meinem Glauben, dass die Liebe im Leben am besten funktioniert. Nur sind wir oft nicht bereit dazu und wissen nicht, wie es geht, da es uns niemand vorgelebt oder wirklich davon erzählt hat. Wir hoffen nur alle ganz geheim, dass sie uns begegnet. **Therapie ist Menschenliebe – Therapie ist auch Kunst!**

Je persönlicher der Therapeut arbeitet, umso tiefer kommt der Klient ins Fühlen. Aus diesem Grund verbinde ich mich mit jedem Klienten möglichst auch im realen Leben: Da fängt meine Inszenierung an. Das bedeutet, dass ich wenn die Beziehung zwischen ihm und mir gefestigt ist, den Tischler bitte, mir einen Tisch zu machen... die Friseurin, mir einmal meine Haare zu machen... den werdenden Psychologen, mich zu testen... den Arzt, mich zu behandeln... und hoffe, den wichtigsten Konflikt auf diese Weise in die Therapie zu bekommen.

Heidi: Und was erreichst du damit?

Der Sinn ist, dass man auf die gleiche Ebene kommt. Der Klient wird in gebender Weise aktiv und diese Tatsache mobilisiert Aggression, was sonst in der Beziehung unterdrückt wird. Man ist dadurch mannigfaltig verbunden und ich bin genauso ein Mensch wie er. Das ist sehr wichtig. Sonst ist die Arbeit eher ein einfacher Lernprozess, was mir auch willkommen ist: je nach Ziel und Wunsch des Klienten. Wenn jemand aber viel erreichen will, viele

Veränderungen erhofft, muss man auf mehreren Ebenen inszenieren. Man inszeniert. Es inszeniert. Es erfordert viel Mut und innere Ruhe und einen ziemlich klaren Verstand, um eine Inszenierung, in der man involviert ist durchzustehen.

Eigentlich bin ich gar nicht selbst auf diese Art zu arbeiten gekommen, vielmehr haben es mir Klienten und Patienten beigebracht, als ich in der Nervenklinik gearbeitet habe. Ich glaube, sie haben entdeckt, dass diese Art von "verrückter" Arbeit mit mir möglich ist. Plötzlich saß jemand in der Therapiestunde unter dem Tisch oder die Gruppe, die ich in Bewegung und Musik geleitet habe, wollte im Liegen Atemübungen machen und dabei kamen einige ins Schreien. Ich bin darüber zuerst erschrocken, aber dann konnte ich es akzeptieren und wir haben besprochen, was in ihnen vorgegangen ist.

Mein tiefes Interesse am "Mensch-sein" erlaubt mir ziemlich weit "mitzugehen", ohne den „roten" Faden der Begleitung zu verliere. Meistens weiß ich, in welchem Persönlichkeits-Bereich des Unterbewusstseins der Klient sich befindet (oral oder ödipal, psychotisch oder neurotisch unterwegs), und bin über die psychiatrischen Diagnosen auch im Bilde.

Heidi: Für welche Entwicklungen kann man solche Szenen oder Spiele einsetzen?

Mit den Inszenierungen kann man verschiedene Szenen spielen – zum Beispiel jemand fühlt sich im Käfig oder ein anderer wird von seiner Familie rausgeschmissen. Mit dem Spielen können Lösungen entwickelt werden, um kein Opfer zu werden oder um eine gründliche Ablösung von den Eltern zu erreichen.

Spiele sind für alle gewünschten Entwicklungen gut. Es gibt spielerische Übungen, Märchenspiele, wie der Froschkönig oder Rotkäppchen, die böse Schlange, Jäger und Beute, ein Krippenspiel vor Weihnachten oder ein Osterschinken-Spiel zu Ostern oder das Kühlschrankspiel bei Gewichtsproblemen (Auf – und zu!). All diese Spiele machen wir auch in der Gruppe.

Gott sei Dank habe ich entdeckt, dass Menschen am besten durchs Spielen lernen! Deshalb spielen die Kinder und wollen auch nicht schlafen gehen.

(lacht) **Das Leben zu spielen befreit.** So wie die Kinder Prinzessin, Fußballer, Engel, Lokführer, Puppenmutti oder Arzt spielen. Sie spielen „ja nur". Das ist so super! Es ist alles machbar!

Heidi: Wie kommst du zu den Ideen für die Spiele, Übungen und Inszenierungen?

Ildiko: Die Quelle ist – wie bei allen Leuten – die Kindheit, und dass ich viel zu wenig gespielt habe. Deshalb spiele ich so gerne. In meinem Leben waren alle Spiele sehr ernst, es ging um Leben und Tod, sodass ich erst jetzt richtig zum Spielen komme. **Jetzt lebe ich meine Kindheit am Intensivsten.** Seit ich relativ alt bin, fühle ich mich freier und freier.

Ich kann das jedem nur empfehlen, weil Spielen das Gehirn vielseitig trainiert. Der Mensch lernt durch Spielen – er ist eben ein *Homo Ludens*. Alle Kinder spielen die Gegenwart, sie spielen ihre Ängste, sie verkleiden sich in Rollen, sie machen alles, um das Leben zu probieren. Das Schöne beim Spielen ist, dass man es probiert, aber es ist noch nicht ernst. Das heißt, man kann sich in manches hineinleben und es ausprobieren, anstatt es jetzt erleben zu müssen. Darum auch die ganzen Abenteuerspiele.

Im Spielen lernt man sich als Mensch kennen. Wie will man sich verhalten, wie möchte man spielen. Ist man eine Maus oder ist man ein Krieger oder irgendetwas Mechanisches, ist man ein Auto? Man kann alles spielen und das ist ja das Großartige! Das praktiziere ich in den Gruppen bis zum Gehtnichtmehr, bis alle wirklich lachen und das freut mich dann total. Nach Diskussion und Verständnis in der Gruppe wird dann auch entschieden wie eine Szene „richtig" wäre. Und dann kommt ULDA, mit dem man die Formen der Kommunikation spielerisch zusammenfassen kann.

Es gibt Übungen, die man ad hoc in einer Stunde erfindet, aber auch eine Reihe von fixen Übungen, wie die Statuenübung. Aus diesen Übungen oder Rollenspielen kann man nicht alle Störungen erkennen, woran man arbeiten muss. Aber es ist Material, das sehr viel bringt. Die meisten Menschen werden stutzig, sind interessiert und erkennen einiges von sich selbst. **Es geht ja nicht nur darum, dass der Therapeut etwas erkennt, sondern auch der Kli-**

ent selbst! Verborgene Dinge ins Bewusstsein zu transformieren (bringen, zaubern, hervorrufen) ist das Wichtigste.

Der Therapeut kann damit auf eine kreative Art helfen. Und er hat etwas in der Hand, über das er mit dem Klienten diskutieren kann. Dann hat man einen wichtigen Hinweis. Es ist auch gar nicht so wichtig, was es genau bedeutet, sondern dass man beginnt sich am Unterbewusstsein zu orientieren. Man erreicht damit einen Punkt, der vielleicht nur eine Behauptung von mir ist, eine sogenannte Hypothese, aber es hilft dem Klienten dabei, richtig zu widersprechen und dagegen zu arbeiten. (Die sogenannte „paradoxe" Intervention.)

Heidi: Es geht also nicht um die Richtigkeit der Analyse?

Ildiko: Genau, sondern dass man einen Anhaltspunkt hat, wo man langsam Zugang zum Unterbewusstsein bekommt und eintauchen kann. Die meisten Klienten können damit etwas anfangen und arbeiten gerne intensiv.

Heidi: Es hat auch einen Grund, warum man etwas in einer bestimmten Form spielt. Man kann sich dabei schwer selbst zensurieren.

Ildiko: Ja, ich sage dazu: **Der Körper lügt nicht**. Er kann gar nicht lügen. Man hat immer Reaktionen, die man vorher nicht plant. Das ist der eigentliche Sinn des Ganzen. Man kann sich in einem Spiel nicht zensurieren, schon gar nicht in einem ungewohnten, wilden Spiel. Da ist man wie ein Kind mit Haut und Haar dabei! Man bewegt sich im Unterbewusstsein.

Heidi: Als Erwachsener wird das Spielen leider nicht mehr so akzeptiert! Obwohl ja Schiller gesagt haben soll: „Der Mensch ist nur da ganz Mensch, wo er spielt!"

Ildiko: Ja, warum nehmen wir alles so ernst, dass wir nicht mehr spielen können? **Wir dürften nicht aufhören zu spielen**, sonst kommt die Depression. Wenn meine „erwachsene Person" bedeutet, dass sie nicht explodieren, sich nicht bewegen, nicht ändern darf, dann ist das ein Gefängnis! Auch eine Heirat kann unter diesen Bedingungen so empfunden werden. Es macht depressiv, wenn meine Grenzen sich nicht ändern dürfen. Wir nennen es dann „Gesellschaft" und „Politik": So tun, als ob alles felsenfest wäre.

Heidi: Ich habe Freunde in tollen Berufen mit großartigen Familien und Häusern aber mit Depressionen, Panikattacken usw. Mein Gefühl ist, dass sie vielleicht nicht wissen, wer sie eigentlich sind, welches Leben wirklich ihres ist. Sie stecken irgendwie fest.

Ildiko: Viele Menschen erkranken daran, wenn sie immer etwas sein oder darstellen müssen, was sie nicht sind. Oder wenn sie ihre eigene Persönlichkeit nicht kennen, das ist die Vision, von der wir gesprochen haben. Man hat dann vieles, um sich zu beruhigen und abzulenken. Man wird vielleicht als Ausweg süchtig, anstatt zu fragen: Was war meine Vision von mir? Oder man versucht einseitig in der Freizeit die Grenzen zu sprengen, aber ruiniert dabei seinen Körper und damit die geistigen Möglichkeiten.

Das heißt nicht, dass man als Erwachsener nicht Verantwortung übernimmt. Aber das Leben ist insofern ein Spiel, als ich selbst Variablen habe, wo ich mich ändern darf und wachsen darf und immer noch auch das Kind bin, dass ich einmal war. **Frei sein heißt, dass mein „Ich" leben darf!**

Heidi: Ich spüre mein sogenanntes inneres Kind oft. Ich liebe es, auch einmal kindisch oder albern zu sein.

Ildiko: „Albern" und „kindisch" finde ich dafür keine passenden Begriffe – es ist eigentlich eine Herabsetzung des kindlichen Verhaltens. Das Wort „kindisch" kommt immer nur von und über Erwachsene. Eine besser ausgedrückte Beschreibung wäre „kindlich" und das ist gar nicht albern! Kindlich ist einfach der Ausdruck eines Kindes in wenig Kenntnis von der Welt. Für mich ist das fast heilig, wie Kinder die Dinge sehen.

Man müsste ihnen nur aufmerksam und mit Achtung begegnen, müsste sie ansehen und ihnen Zeit lassen, damit sie aus ihrem Unterbewusstsein anfangen können, etwas Wichtiges zu entwickeln. Sie sind unglaublich. Es gibt so vielseitige Kinder. Persönlichkeit ist eben keine Frage des Alters. Es gibt viele Menschen voller Falten und ohne Persönlichkeit! Aber bei den Kindern erkennt man oft, dass sie irgendwie noch näher an Gott dran sind.

Heidi: Ich empfinde das Kindliche auch als etwas Heiliges. Besonders bemerkenswert finde ich es, wie man den Alltag oder schwierige Situationen durch spielerisches Sein erleichtern kann. Wenn man beispielsweise in einer langen frustrierenden Warteschlange steht und einfach mit den Menschen rundherum zu spaßen beginnt.

Ildiko: Mutig kreativ würde ich das nennen, wie Kinder eben. **Ich habe mein Kindsein erst mit dem Älterwerden entdeckt.** Ich habe meine Kindheit nie so sehr gelebt, wie als Erwachsener, weil mir das als Kind nicht möglich war. Träumen, verrückt werden, Grenzen sprengen.

Heidi: Es berührt mich sehr, wenn Menschen mit wirklicher Herzensbildung Inszenierungen einsetzen, um Situationen positiv zu verwandeln. Mein Partner kann das. Ich habe mich in ihn verliebt, als er beim Fortgehen angestänkert wurde. Er hat den anderen freundlich angesehen und ihn dann umarmt. Der war ganz verblüfft und letztendlich dankbar und plauderte dann lange mit ihm. In unserer Familie haben wir auch Rituale, einfach um das Leben schöner zu machen: Wenn wir Burger essen, setzen wir uns alle (Cowboy-)Hüte auf und hören Country-Musik, einfach so. Das ist auch für meinen Sohn ein Spaß!

Ildiko: Das ist super. Du bist auch so! Du versuchst das Beste aus einer Situation zu machen. Und du siehst, wie es dir gefällt. Dein Vater hat das leider nicht so gemacht, aber jetzt hast du diese Bestärkung mit deinem Partner. Hauptsache du weißt, was gut ist, was bei einem Menschen wirklich zählt. Ein Mensch, der mitinszeniert oder manchmal die Hauptrolle übernimmt oder die Regie und manchmal sogar das ganze Stück.

Heidi: Mein Leben hat sich wirklich durch dich und durch ihn sehr verändert. Auch meine Sicht auf die Welt.

Ildiko: Das ist Heilung. Es ist sehr bereichernd für mich und für dieses Buch, dass du zeigst, wie deine Veränderung durch die Therapie und unsere Beziehung möglich war. Danke! Spürst du jetzt deine Vision, die dir innewohnt?

Heidi: Ja! Aber früher war sie eher störend (für andere).

Ildiko: Weil man so nicht sein darf, wie du bist? Wieso?

Heidi: Von meiner Familie habe ich gehört, dass ich ein sehr aufgewecktes, „anstrengendes" Kind war. Vielleicht hat das meine Mutter als Kriegskind und in Ihrer Mehrfachbelastung auch überfordert (voll berufstätig als Geschäftsfrau, zuhause als Ehefrau und Ersatzmutter für meinen Vater, als Tochter und Betreuerin ihrer Eltern, als Hausfrau ohne halbe-halbe, als Mutter von zwei Töchtern).

Das damalige Ideal bei Kindern war Gehorsam. So ist auch mein Vater erzogen worden. Vielleicht konnte er deshalb meine Lebendigkeit nicht aushalten. Oder er war überfordert immer allen Ansprüchen genügen zu müssen. Ich erinnere mich an eine Schlüsselszene: Bei einer Autofahrt (ich war vielleicht vier oder fünf Jahre alt), zeigte und kommentierte ich ganz begeistert interessante Dinge, die an uns vorbeizogen. Er ließ mich verstummen, indem er sagte: „Sei endlich ruhig. Das interessiert keinen, was du da siehst!" Ich habe offenbar daraus gelernt und mein „inneres Kind" oft unterdrückt.

Ildiko: Es wohnt ein Kind in uns, das gefördert gehört. Das möchte ich verbreiten und da finde ich mich auch genial, selbst wenn das jetzt eingebildet klingt (lacht). Ich habe diese Überzeugung schon als Kind gewonnen: Alle Menschen gehören gefördert! Meine Mutter war sehr angeschlagen, und ich habe sie „angeblödelt", bis sie gelacht hat. Da sieht man, wie aus negativen Dingen positive Fähigkeiten entstehen. Und darum bin ich auch sehr dafür, dass man das Negative wahrnimmt, versteht und kultiviert. Wenn wir diese negativen Einwirkungen nicht hätten, würden wir das Positive nicht erkennen und entwickeln.

Dumm, kindlich und gescheit – das ist „bei mir sein". Dumm, weil ein Verdummungszustand notwendig ist, dass diese Art von Weisheit in uns funktioniert. Das nennt man in der Meditation „alles abschalten". Es schult die höhere Wahrnehmung, weil ich mein Gehirn entspanne und nicht versuche parat zu stehen und alles zu machen, was in diesem Leben „notwendig" ist.

Heidi: Früher habe ich ja immer alles „bewusst" gelöst. Das war extrem anstrengend. Jetzt, wo ich mehr auf meinen Bauch höre, wird es leichter. Ich muss sozusagen „dümmer" sein, damit ich das Wahrnehmen überhaupt zulasse.

Ildiko: Das Gefühl der Entspannung ist immer, dass man zuerst verdummt. Man fragt sich: „Was ist mit mir, ist das richtig?!" Das sind aber kreative Zustände. Wenn man sich das erlaubt und nicht gleich wieder Angst bekommt, fühlt man sich langsam weise. Da fühle ich, ich bin bei mir und da funktioniert etwas, was auf der „normalen" Ebene – der kognitiven – nicht funktioniert. Es ist ein inneres Instrument, bei dem es nicht darum geht, alles zu wissen oder aus irgendeinem Lexikon herauszusuchen, im Sinne von: Das wird so bezeichnet und wenn das so ist, muss ich so und so agieren! So würde der „Peut" arbeiten und der hat es schwer genug. (lacht)

Übers Theater zu sich selbst

Heidi: Du hast auch eine Schauspielausbildung und früher Theater gespielt! Inwiefern hilft dir das in deiner Arbeit?

Ildiko: Inszenierungen und Spiele sind im Mittelpunkt meiner Arbeit – ein Hauptbestandteil. **Ich finde, dass das Leben sich in kleinen und großen Dramen oder Lustspielen oder Kabarettstücken abspielt und nicht in Prosa** –nicht nur erzählt und beschrieben werden kann. Man ist mitten im Stück auf der Bühne, wenn man lebt! Für Kinder ist das so. Kinder sind sehr theatralisch. Je kleiner umso mehr. Am Anfang können sie nur lachen, schreien und weinen. Ein Kind spielt, deshalb wollen sie ja auch immer spielen und nicht damit aufhören, weil das für sie Leben bedeutet. Darum fährt man ganz schlecht mit der Ansage: „Jetzt ist Schluss, jetzt gehen wir schlafen." Das verträgt kein Kind! Man erreicht das Gegenteil, nämlich dass sie überhaupt nicht schlafen gehen wollen!

Ich habe immer das Gefühl, wenn ich mich echt mitteilen will, muss ich mein Drama spielen. Ich möchte, dass jemand mich spürt, erlebt und ebenfalls echt antwortet. Da muss ich im Dramatischen sein – im Drama oder auch im Lustspiel anstatt im Nüchternen, Beschreibenden. Ich habe die Erfahrung gemacht, dass mich mit Nüchternheit oder gar Wissenschaftlichkeit kein Mensch versteht. Mit psychologischen Ausdrücken gespickt geht das Gefühl verloren, um das es aber eigentlich geht. In einer Therapie sowieso und natürlich auch im Leben. Darum habe ich sehr gerne Theater gespielt und darum habe ich auch eine Schauspielausbildung. All das hat mich zu mir gebracht.

Heidi: Das klingt für mich befremdlich, dass man durch eine Schauspielausbildung, bei der man eigentlich lernt, sich in andere Rollen einzufühlen, zu sich selbst kommt.

Ildiko: Wieso? Wirklich gute Schauspieler, wie Gustaf Gründgens, Buster Keaton, Charlie Chaplin, Jack Nicholson, spielen in jeder Rolle im Wesentlichen nur sich selbst – allerdings in verschiedenen Variationen. In meiner Ausbildung habe ich erlebt, dass die Zuschauer, die immer ganze Horden von Kollegen und Auszubildenden waren, nur lachen oder berührt sind, wenn ich ich selbst war. Ich habe neben meiner Arbeit als Reporterin in München Schauspiel studiert und nur schwer Anerkennung bekommen. Die Professoren haben gemeint, ich habe einen Akzent und solle doch in meinem Land Theater spielen und nicht in Deutschland. Als ich bei der Schauspielprüfung gefragt wurde, ob ich Ungarisch oder Deutsch denke, habe ich geantwortet: „Wenn ich bete, denke ich Ungarisch." Ich glaube, das hat ihnen gefallen. Sie haben mich durchgelassen.

Als nach der Prüfung erleichtert am Isarufer entlang gegangen bin, habe ich mir gedacht: „Wunderbar, ich werde niemals Maria Stuart oder Jeanne d' Arc (das waren meine Prüfungsstücke) spielen müssen!", und habe gelacht. Denn eigentlich wollte ich nur Texte spielen, die ich selbst geschrieben habe. Am liebsten Mini-Dramen, denn ich finde, es gibt in jedem Theaterstück vielleicht 15 bis 20 Minuten, die wirklich wichtig sind, egal ob Shakespeare oder etwas Modernes. Und ich wollte diese 20 Minuten schreiben und spielen. Das habe ich dann auch auf verschiedenen Kleinbühnen getan. Ich habe auch Puppentheater mit sehr großen Puppen gespielt, was viel Spaß gemacht hat.

Da habe ich gelernt, dass man sich selbst spielen muss. Und durch meine Mutter, die Schauspielerin war und deren Geschichte wie ein Märchen klingt:

Meine Mutter – Ein wahres Märchen   Ildiko

Meine Mutter war Schauspielerin. Es ist eine besondere Geschichte. Sie wurde von ihrem trinkenden und spielenden Vater viel geschlagen. Ihre Mutter war arbeiten und wenn der Vater kein Geld im Küchenkasten gefunden hat, hat er meine kleine Mutter verdroschen. Sie hat aber eines Tages entdeckt, dass es in der Nähe etwas gab, wo sie jederzeit hin flüchten konnte: das ungarische Nationaltheater, wenige Schritte vom grausamen Zuhause entfernt. Nun saß sie dort Stunden um Stunden am Bühnenrand und schaute hungrig zu. Die Schauspieler gaben ihr zu essen. Später war sie auch bei den Abendvorstellungen dabei.

So wuchs sie auf, mit dem Theater als zweites, eigentliches Zuhause. Eines Tages erkrankte eine alte Schauspielerin und meine 14-jährige Mutter sagte, sie könnte den Text und könnte einspringen. Man hat sie also eingekleidet und maskiert. Nach der Vorstellung wollte der Regisseur die alte Frau kennenlernen, die eingesprungen war. Da kam dieses 14-jährige schüchterne Kind und er hat sie gleich engagiert. Früher ging das so.

Sie war fantastisch, spielte alles. Ich erinnere mich, dass sie uns einmal etwas so gut vortrug, dass es uns kalt den Rücken herunterlief! Sie spielte mit 16 Jahren im Nationaltheater die Julia in Shakespeares „Romeo und Julia". Wir sahen Fotos und Zeitungsartikel, wie sie gefeiert wurde.

Jetzt kommt es noch bunter, aber es ist kein Märchen:

Mein Vater, ein aufstrebender junger Mann, ging regelmäßig ins Theater und betete meine Mutter vom Publikum aus an. Eines Tages war diese kleine dramatisch wirkende Schauspielerin verschwunden. Mein Vater wartete vergeblich beim Theaterausgang. Er fragte nach ihr und erfuhr, dass sie auf der Bühne bei irgendwelchen akrobatischen Übungen von ihrem Partner fallen gelassen worden war und sich ihre Wirbelsäule gebrochen hatte. Mein Vater suchte und fand sie im Krankenhaus. Ab da besuchte er sie jeden Tag mit Blumen und Bonbonniere. Sie lag zwei Jahre eingegipst im Bett! Als sie aufstand (aus diesem Folterbett), frage mein Vater sie, ob sie ihn heiraten wolle. Doch ein Märchen! Sie sagte schließlich zögernd ja.

Nach ihrer Beschreibung war sie unförmig geworden, hatte einen Buckel, ihre Haare waren abgebrochen und sie musste in einem Eisenmieder am Stock gehen. Ein unglaubliches Drama. Aber mein Papa liebte und verehrte sie ein Leben lang!

Sie war nie glücklich, sie wollte nur spielen. Dieses normale Leben konnte sie nicht lieben, aber sie hat alles für uns getan. Wir hatten ein unglaublich schönes Zuhause und Maschen im Haar! Ich spielte abends mit ihr Theater im Bett, Shakespeare natürlich – anstatt einer Märchenstunde!

Mama, ich danke Dir. Ich hoffe Du bist zufrieden, wie Du hier im Buch auftrittst! Ich weiß, Du hast es nicht verkraftet, dass ich geflüchtet bin, aber ich hätte neben dir nicht wachsen können. Ich hätte nur für Dich leben müssen – als Deine Krücke.

Soweit so gut, jetzt kommt die zweite Hälfte der Geschichte:

Als ich meine Tanztherapie-Prüfung in Wien abgelegt hatte, bekam ich unerwartet eine Stelle in Salzburg an der Landesnervenklinik. An Salzburg bin ich bis dahin immer nur mit dem Zug vorbeigefahren und habe diese „Puppenstadt" aus dem Fenster bewundert! Dass es so etwas gibt! Die farbigen Häuser, die kleinen Hausberge, ich war fasziniert! Und jetzt eine Stelle in dieser wundersamen Stadt?

Die Nervenklinik war auch ein Teil des „Märchens". Ich durfte dort ganz „ich" werden und sein. Für die Kranken war ich eine Retterin, für das Personal, wenn ich es freundlich sagen will, ein Unikum, mit langen roten Haaren und Hippie-Röcken. Aber ich! Kein weißer Mantel, kein strenges Gesicht und keine Lügen.

Eines Tages saß ich mit einem Salzburger Freund, den ich aus Wien kannte, in einem Gastgarten. Plötzlich setzte sich ein Mann an unseren Tisch, direkt mir gegenüber. Ich dachte mir: „Wer zum Teufel ist das?" Es war der Bruder meines Freundes Ernst. Ich habe diesem Mann in die Augen geschaut und dachte mir: „Mit dem Mann kann ich leben." Das ist wahr und keine Rosamunde-Pilcher-Story. Später behauptete er, dass er das Gleiche gedacht hatte.

So war es dann auch. Wir lebten viele Jahre zusammen, waren praktisch unzertrennlich und liebten uns sehr. Glücklich waren wir natürlich nicht immer. Aber ich bin dankbar, dass ich ihn je gekannt habe. Er hatte leuchtend blaue, sehr traurige Augen und tolles schwarzes Haar. Und er schwieg, wie Winnetou! Als er mich zum ersten Mal umarmt hat, bebte die Erde, wie in einem Film!

Aber das dicke Ende von meinem Mutter-Märchen kommt noch! Nach zwei Jahren starker Liebe und Zusammen-Leben, wurde mein Mann depressiv. Er lag nur auf unserem großen Liebesbett, die Arme unter seinem Kopf verschränkt und schaute... und sagte kein Wort! Egal wie und was ich ihn auch gefragt habe. Es war schrecklich und ich bekam Angst um ihn! Tagsüber arbeitete ich in der Nervenklinik und er in der Landesregierung. Er mochte diesen schönen, repräsentativen Job nicht.

Nach ein paar Wochen, erzählte er mir, dass er als Kind zwei Jahre lang eingegipst gewesen war, in einem „Folterbett", weil seine Wirbelsäule gebrochen war. Die Welt hat sich für mich in diesem Moment um 360 Grad gedreht.... Wie meine Mutter, vor der ich geflüchtet war! Ich habe nicht geschrien, aber in mir hat etwas „Neiiiin!" geschrien.

Er war und ist meine große Liebe und ich seine. Und manchmal hatten wir die Hölle auf Erden, aber es hat sich ausgezahlt. Ich hoffe für unser gemeinsames Kind auch!

Dieser schwerverletzte, schöne Mann machte 2016 am 25. Jänner die Augen zu und hatte immer noch eine schwarze Mähne.

Das war das wahre Märchen im Ganzen.

Die „große Liebe" ereignet sich immer zwischen Schwerverletzten.

Ildiko: Diese Erfahrungen habe ich dann in meiner therapeutischen Arbeit umgesetzt. Ich inszeniere in den Einzel- und Gruppentherapien mit jedem **die dramatischsten Momente** seiner Kindheit oder seines Lebens. Mit den Eltern oder in ihrer Arbeit, im Leben, wo auch immer sich diese Momente ereignen! Es gibt immer zwei Versionen: Einmal wie es passiert ist und das zweite Mal, wie es hätte laufen sollen, wenn man fähig wäre, seine eigene Wahrheit zu vertreten: Das Korrektionsspiel. Da ist ein tiefer Lernprozess möglich, das Erarbeiten vom eigentlichen Drama bis hin zur Lösung. Damit bin ich sehr zufrieden.

Dadurch sind die Gruppen oft sehr aufregend, teilweise anstrengend und doch sehr lustig. Ein Beispiel, um an einem Suchtproblem, wie einer Essstörung/Bulimie, zu arbeiten: Ein Teilnehmer spielt den Kühlschrank und die süchtige Person spielt sich selbst. Der Kühlschrank spricht natürlich, geht auf und zu, verweigert sich, ist ein lebendiger Partner! Da gibt es viel zu lachen, und die Dramatik wird aufgelockert und durchschaubar, wenn der Kühlschrank gut spielt! So etwas spielen wir in der Gruppe mit allen Leuten, die ein Suchtproblem haben. Jemand spielt die Zigarette, den Wein oder das Marihuana.

Auch zu Ostern gibt es viel zu lachen, wenn wir versuchen den Sinn des Osterfestes zu verstehen: Wir spielen Osterei, Osterschinken und natürlich den Osterhasen als Hauptdarsteller. Von dieser Inszenierung und dem Spieleinsatz der einzelnen Teilnehmer hängt es ab, ob wir zum Sinn des Osterfestes kommen. Denn in diesem Spiel wird sichtbar, dass es nicht ein Fest vom Osterschinken, sondern vom christlichen Mysterium ist. Normalerweise versuchen wir dem zu entkommen, durch Eiersuche und Essgelagen. Wir schwindeln uns damit irgendwie darüber hinweg, sodass wir irgendwann selbst glauben, es geht um den Osterhasen und nicht um Christus.

Sicherlich ist Humor hier wichtig. **Man kann eigentlich die Psychologie meiner Meinung nach nur mit Humor aushalten,** anstatt sich in die fürchterliche Ernsthaftigkeit des Lebens hinein zu wühlen! Denn das Leben macht seine Inszenierungen, die teilweise sehr brutal sind, sowieso selbst.

Heidi: Ich habe vor vielen Jahren einmal ein intensives Theaterstück besucht, das du mit deinen Klienten aufgeführt hast. Hat sich das aus der Gruppenarbeit heraus entwickelt? Waren das real erlebte Szenen?

Ildiko: Das waren lauter Klienten, die unentgeltlich improvisierend ein Theaterstück von mir gespielt haben. Ich selbst habe in der Not auch noch mitgespielt, und wir haben es alle sehr genossen! Der Titel war „Nährwert", was eigentlich blöd klingt. (lacht) Wir haben darin über die Wertigkeit der Ernährung improvisiert, mit Kindern, die einen gewalttätigen Vater hatten, der sich auch noch sexuell von einer Tochter angezogen fühlte. Die Aussage dieses Theaterstücks war, dass man auch in wohlgenährten Familien emotional verhungern kann!

Heidi: Das war sehr eindrucksvoll, aber auch erschreckend.

Ildiko: Es sind auch ein paar Zuschauer während der Aufführung gegangen. Ich habe gemerkt, dass sie diese Direktheit nicht aushalten. Zum Schluss rechnen die Kinder dann mit den Eltern ab, was ich auch in therapeutischer Hinsicht sehr wichtig gefunden habe. Dass so ein Leben, so ein Familienleben nicht damit endet, dass man zu Weihnachten oder zum Muttertag einmal heimkommt und die Eltern besucht, sondern dass die Kinder Gerechtigkeit fordern und ihren Eltern – dem Vater aber auch der Mutter – alles an den Kopf werfen können.

Ich habe mehrere Theaterstücke geschrieben. Mit einem Stück von der Nervenklinik habe ich sogar einen Preis im Landestheater gewonnen und eine erfolgreiche Lesung in den Kammerspielen gemacht. Daraufhin wollten mich zwei im Landestheater tätige Regisseure, die eine Künstleragentur gegründet hatten, unter Vertrag nehmen. Ich war so dumm und vielleicht auch zu feig, denn als sie mir gesagt haben, dass sie 25 Prozent von jedem Stück und jeder Zeile verlangen – was völlig normal ist – bin ich aufgestanden, habe „Nein danke" gesagt und bin mit erhobenem Kopf gegangen. Das habe ich später bereut. Aber ich glaube, ich wäre nicht fähig gewesen, das mit dem Theater auch noch zu verwirklichen, denn damals habe ich schon als Therapeutin gearbeitet.

Heidi: Eigentlich verbindest du deine beiden Karrieren, deine beiden Leidenschaften in der Therapie miteinander.

Ildiko: Ich habe keine Karriere, weder als Therapeut noch als Theatermensch. (lacht) Aber ja, ich verbinde zwei Leidenschaften, zwei wichtige Tätigkeiten. Ich könnte nicht zwischen ihnen wählen. Aber ich bin nicht traurig, um Gottes willen, dass ich nicht Schauspielerin geworden bin. Ich finde es ja stinklangweilig, fremde Stücke spielen zu müssen, um zu leben.

Die eigene Wahrheit finden

Heidi: Wie haben eigentlich deine Eltern deine Entwicklung beeinflusst?

Ildiko: Habe ich schon von meinem Verrücktsein erzählt? Als Kind, wenn es geregnet, gestürmt, gedonnert und geblitzt hat, dann bin ich in den Hof gelaufen. Ich war nicht älter als vier Jahre, es war noch vor dem Krieg. Dort im Regen habe ich getanzt und gesungen. Die Familie hat mir – sicher nicht lange – entsetzt aus dem Küchenfenster zugeschaut. Dann haben sie mich schnell hereingeholt und sich untereinander kopfschüttelnd erklärt: „Das Kind ist verrückt!"

Ich habe öfter erlebt, dass sie mich „verrückt" genannt haben, nämlich immer wenn ich mich gerade sehr gut fühlte! Da habe ich für mich beschlossen, **dass ich lieber verrückt als normal sein will, weil ich mich sehr gut dabei fühle.** Ich fühle mich dann stark. Diese Erkenntnis hat mir sehr geholfen. Ich habe ab diesem Zeitpunkt meine „Verrücktheit", was wahrscheinlich meine Kreativität ist, ungehindert gelebt, weil meine Eltern Gott sei Dank immer schon hinter mir gestanden sind. Es ist die einzige Voraussetzung, wie man so etwas als Kind verkraften kann, dass die Eltern die Verrücktheit bzw. das Kind gut heißen, anstatt es maßregeln, besänftigen oder unterdrücken zu wollen. Sie haben mich zwar verrückt genannt, aber mir zugleich Liebe und Bewunderung gegeben. Ich war damit nicht abgelehnt, sondern eigentlich geschätzt, zumal meine Mutter ja ursprünglich Schauspielerin war.

Nachdem sich ihr seelischer Bruch ohne mich aufgetan hat (da ich sie nicht mehr gestützt habe), war sie in der Nervenklinik in Budapest. Da war ich schon ins Ausland geflüchtet. Ich glaube, sie hat uns Kinder – meine Schwester und mich – sehr vermisst. Meine Schwester ist auch (vor ihr) geflüchtet und hat wirklich Karriere gemacht. Sie war Vizedirektorin im Ethnologischen Museum in München. Sie ist Afrikaforscherin. Ich bin sehr stolz auf sie, leider ist sie vor kurzem gestorben. Ich erinnere mich noch, dass sich meine Schwester und ich früher gegenseitig mit Pantoffeln beworfen haben und dass sie viel Klavier gespielt hat. (lacht)

Meine Mutter hat nicht sehr lange gelebt. Mein Vater ist doch 70 geworden. Sie sind zusammengeblieben. Mein Vater war auch ein sehr künstlerisch interessierter Mensch, sie haben beide Musik geliebt und gelebt. Meine Märchenbücher waren Kunstbücher, die ich dauernd durchgeblättert habe. Und später auf Reisen nach Florenz oder nach Rom habe ich manche Kunstschätze wirklich gesehen! Da hat mich fast der Schlag getroffen vor lauter Freude. Das Bild „Die Geburt der Venus" von Botticelli habe ich in Florenz in den Uffizien wiedergesehen und bin einen Tag lang nur vor diesem Bild gesessen.

Heidi: Du hattest also ein inspirierendes Elternhaus.

Ildiko: Ja und inspirierend war übrigens auch dieser Wahnsinn, den ich rundherum erlebt habe: Krieg, Soldaten und ständige Lebensgefahr. Mein Vater war Halbjude. Deshalb sind wir ja vor dem Krieg mit falschen Papieren aufs

Land gezogen, damit wir nicht deportiert werden. Er hat dann später die Hälfte unseres Hauses zurückgekauft. Alles war enteignet worden inklusive dem Mobiliar, und er hat Stück für Stück alles Mögliche wieder zusammengetragen. Das hat ihm wahrscheinlich in schweren Zeiten über die Runden geholfen. Er war scheinbar nicht verbittert oder enttäuscht. Ich verdanke ihm ganz viel. Ich wollte so sein wie er. Und jetzt sehe ich, dass mir das manchmal sogar gelingt. Er vertrat die Ansicht, man muss, egal wem und wo, die Wahrheit sagen. Das war meine Schule, sodass ich heute damit arbeiten kann.

Die Eltern sind eigentlich Wahrheitsträger im eigenen Leben. Sie tragen die Wahrheit, die uns vom Leben mitgeteilt wird schlecht oder recht, aber das wäre ihre Verantwortung. Statt uns zur Lüge zu erziehen. Wir haben es schwer die Wahrheit zu finden, weil wir in der Schule und zuhause meistens zur Lüge erzogen werden, zu einem Verhalten, das für uns nicht stimmt. Brav sein! **Ich glaube, brav sein ist tot sein.** Ein braves Kind, was sich die meisten Eltern ehrlicherweise wünschen, ist ein Kind, das sich dauernd unterwirft oder grundsätzlich unterworfen hat.

> *Heidi: Ich kenne das gut. Aber es wäre ja vielleicht nichts gegen das brav sein einzuwenden, wenn man es bewusst einsetzt, wenn man es als Inszenierung sieht. Aber wir machen es eben eher unbewusst und von außen gesteuert.*

Ildiko: Ja. Das ist die Frage. Ich glaube, dass jedes Kind, das beim Foto brav lächelt, schon inszeniert. Nur leider **inszeniert man** dann langsam immer **mehr gegen sich selbst, wenn man gegen seine Wahrheit inszeniert.** Anders als es uns die Erziehung eigentlich versucht weiszumachen! Es wird positiv dargestellt, dass man brav lügt!

> *Heidi: Das ist ein ganz zentrales Thema für mich.*

Ildiko: Ja, für mich ist es das auch! Sonst würde mich dieser Beruf gar nicht interessieren. **Ich arbeite praktisch immer für und um die Wahrheit einer Person.** So, dass ich auch meine eigene Wahrheit jedes Mal neu definiere. Weil ich mich immer wieder in Beziehung zu der Person setze. Ich denke, während ich arbeite natürlich immer parallel über meine eigene Geschichte nach und bringe mich selbst ins Spiel, auch wenn ich nichts sage. Ich spiele und inszeniere mit. Im ersten Teil der Therapie, der Detektivarbeit, spiele ich mit dem Klienten in seiner Geschichte mit, sodass er gut auf mich projizieren kann.

Heidi: Du involvierst dich, auch gefühlsmäßig, sodass derjenige etwas mit seinen schwierigen Gefühlen anfangen kann und positiv oder negativ reagiert?

Ildiko: Ja, ich spiele mit. Später werde ich oft gefragt: „Hast du das wirklich absichtlich gemacht?", mit großer Empörung in der Stimme. Und ich gebe dann zu, ja das habe ich absichtlich gemacht. Das ist mein Beruf. Dadurch ist es auch spannend. Sonst wäre es für mich furchtbar langweilig. Ich glaube das macht kein Therapeut gerne – wenn er nur dasitzt und gescheit ist und nichts von sich lebt und halb tot ist, wenn er mit der Arbeit aufhört! Wenn er eben ein Therapeutenautomat wird!

Heidi: Das ist es, was mich an deiner Arbeit anzieht, die Lebendigkeit, und warum ich so ähnlich arbeiten möchte. Es ist eine große Sehnsucht von mir, Menschen zu begleiten.

Ildiko: Das ist schön, dass du diese Sehnsucht hast! Sonst würdest du dir das Theater mit diesem Buch gar nicht antun. Ich spüre dieses echte Interesse, sonst könnte ich auch nicht mitmachen. Es würde mich langweilen, alleine darüber nachzudenken, welche gescheiten Sachen ich in der Therapie mache. (lacht) Ich verstehe auch die Sehnsucht gut. Es hat nur Sinn Therapie zu machen, wenn man sich als Therapeut auch inszeniert, im Ganzen dabei ist, lebt und spürt, dass die eigene Geschichte da ist.

Heidi: Du sagst, dass man sein wirkliches Selbst, seine Gefühle „spielen" kann. Das finde ich ein Konzept, das schwierig zu begreifen ist: Ist es nun Wahrheit oder gespielt? Aber ich glaube, es geht darum, dich dabei selbst auch davon zu überzeugen?

Ildiko: Ja genau! Und sich selbst wirklich gut darzustellen. Man kann nicht alle Gefühle ad hoc aus der Tasche zaubern! Aber man kann sie spielen, wenn man weiß: Das ist meine Wahrheit. **Man muss die eigene Wahrheit inszenieren, spielen was man spürt.** Dafür müssen einem aber die Möglichkeiten zur

Verfügung stehen, die Wahrheit zu erkennen! Das eigene „Drama". Das ist eine tolle Sache, man wächst über sich hinaus! Du kennst das ja – du hast viele Szenen in der Gruppe aus deinem Drama gespielt. Und manchmal kann man die eigene Wahrheit sowieso NUR spielen, weil es viel zu schwierig wäre, diese in dem Moment zu leben und zu fühlen, man würde zusammenbrechen... Manchmal wird es dann auch echt, wenn man öfter gespielt hat. Eigentlich trainiert man sich selbst und überzeugt sich selbst davon!

Heidi: Ich finde das einen schrägen Gedanken. Man bringt sich Dinge über sich selbst bei?

Ildiko: Auch wir beide tun das gerade. Wir spielen zwar nicht, aber wir üben unsere Wahrheit zu finden. Ich bin stolz auf uns! Es geht darum zu erkennen und dann dazu zu stehen: ja das ist wahr, es war so, es ist mir dieses und jenes wirklich passiert. Das können ganz viele nicht glauben. (Missbrauchsopfer gehen beispielsweise oft weg von ihrer Wahrheit und versuchen die Personen noch zu verteidigen, die ihnen etwas angetan haben.) Und um seine Gefühle anderen, aber auch sich selbst, verständlich zu machen, muss man das auf eine Art vorspielen. Deswegen gehen in den Gruppen die Personen, die spielen immer in die Mitte, um sich zu spüren, präsent zu sein und um ihre Wahrheit darstellen zu können. Die Wahrheit kommt dann langsam zu einem.

Ein anderes Kapitel ist hier die Wut, die die meisten Menschen verstecken. **Es wird uns eine natürliche Aggressivität ab-erzogen, buchstäblich abgewöhnt, dass man für sich selbst aufbegehren kann (und muss).** Das ist unheimlich theatralisch, wenn jemand für sich selbst aufbegehrt, dann stellt er sich dar, wie mitten in einer Hauptrolle, **anstatt die Wahrheit der Eltern oder der umliegenden Personen zu erzählen.**

Heidi: Ich denke, dass wir uns leider viel zu oft von der Wahrheit unserer Eltern, unseres Umfelds leiten lassen und damit unglücklich werden.

Ildiko: Ja, aber es ist auch sehr wichtig in den Inszenierungen die Rolle der Eltern einzunehmen. Man kann die Wahrheit dann von verschiedenen Seiten erkennen. Die Wahrheit ist zwischenmenschlich. Die göttliche Wahrheit kenne ich nicht. Zwischenmenschlich heißt immer zumindest zwischen zwei

Menschen. So ist es wichtig, die Rolle des eigenen Vaters oder der eigenen Mutter zu spielen, um die Wahrheit herauszufinden, wie die Person etwas empfunden haben könnte.

Heidi: Ich habe das in der Gruppe immer wieder gemacht, besonders mit meinem verstorbenen Vater, aber auch mit meiner Mutter. Einmal habe ich dann einen Text über meinen Vater verfasst, den ich auch vorgelesen habe:

Wer mein Papa war...   Heidi

Mein Papa war als Kind bei den Wiener Sängerknaben, sogar Solist, und seine Mutter war stolz auf das Vorzeigekind. Er war sehr musikalisch.

Ich glaube mein Papa hatte ein weiches Herz, aber irgendetwas an ihm war gefangen. Gleichzeitig war er aber wirklich beliebt und bewundert, er hatte ein souveränes, gut erzogenes Auftreten, war gesellig und humorvoll. Er war verlässlich und großzügig – ein guter Freund und Kollege.

Mein Papa war intelligent und gebildet und konnte gut reden. Aber er spürte sich nicht. Er wollte nur ungern umarmt werden. Er mochte alles Körperliche/Menschliche nicht besonders. Er mochte keine Tiere und wusch sich oft die Hände. Ich habe ihn nie nackt gesehen.

Ich glaube er war unglücklich, ohne wirklich zu wissen warum. Er hat ein Leben geführt, das von ihm erwartet wurde, aber nicht sein eigenes war. Seinem Vater konnte er nie ganz genügen. Papa war vielleicht im Inneren ein Rebell und lebte doch den Traum vom trauten Zuhause der 50-er/60-er Jahre. Er konnte sich nicht entscheiden. Der Rebell war wohl irgendwann gestorben.

Ich erinnere mich an die Gespräche vor seinem Tod, wo wir wirklich über ihn und seine Träume und Sorgen sprachen. Da ließ er uns ein bisschen an sich heran. Sonst war er ein typisches Beispiel seiner Zeit, mit klarer Rollenverteilung, nur dass unsere Mutter auch selbst ein Unternehmen führte. Er und seine Interessen standen trotzdem über allem. Wir drei ordneten uns unter. Ein- oder zweimal habe ich von ihm eine Ohrfeige bekommen. Ich habe sein Patriarchentum gehasst und mit ihm gekämpft. Warum sollte er als Mann über uns Frauen stehen? Papa hat uns nicht gewickelt, nicht den Kinderwagen geschoben. Das war damals so.

Als wir älter wurden, war er interessiert an unserem Leben, freute sich, wenn er uns weiterhelfen konnte. Aber ich weiß nicht, ob er mich jemals einfach umarmt hat. Hat er das überhaupt? Ich hingegen versuchte es immer wieder. Ich hätte mir mehr Nähe von ihm gewünscht. Die Distanz, das Nichts-Anfangen-Können mit meiner bunten Energie und meinem Überschwang taten mir weh.

Ich war sehr stolz auf meinen Papa, er war engagiert und ein Vorbild, alle waren von ihm beeindruckt. Von der Politik hätte er sich mehr erwartet. Die Realität und die Menschen haben ihn enttäuscht.

Es tut mir wahnsinnig leid, dass ich ihn zu wenig gekannt habe. Dafür ist er zu früh gegangen. Das tut weh. Mir hat nach seinem Tod sehr oft sein Ratschlag gefehlt, seine wohlüberlegte Meinung zu Dingen.

Ich sehe ihn jetzt mit seiner Western-Gitarre in der Hand, die er mir hinterlassen hat. Mit spitzbübischem Lächeln, ein bisschen wie Elvis, der dann doch in das Juristenkorsett gezwungen wurde. Ich sehe ihn, wie er ewig Platten aufgelegt hat und darin aufgegangen ist. Wie er Gäste empfangen und legendäre Partys geschmissen hat (ohne uns!). Ich glaube, in seinem Lebensplan wären keine Kinder vorgesehen gewesen. Ich sehe ihn aber auch, wie er mit uns eine Weihnachtskassette aufnimmt, wie er Filme von uns macht. Er hat uns seine Liebe oft indirekt gezeigt.

Ich weiß, dass er sehr stolz auf mich war – auf meine Erfolge, mein selbstbewusstes Auftreten und mein Engagement. Ich glaube, ich habe viel von meinem Papa. Das macht mir auch Angst, denn ich will nur die guten Sachen! Ich wollte immer an ihn herankommen, so sein wie er. Aber das war so nicht möglich, denn ich bin anders und ich bin eine Frau!

Ildiko: Wenn es möglich ist, lade ich Eltern, Verwandte, Partner auch gerne zu manchen Therapiestunden oder zu ganzen Sequenzen ein. Denn es gibt nichts Spannenderes, als wenn die Eltern wirklich zeigen können, wie es ihnen gegangen ist, während das Kind so oder so gefühlt hat oder dem Kind gewisse Dinge passiert sind. Was haben die Eltern für Motive und Veranlassungen für diese Art der Erziehung gehabt? Ich finde, natürlich ist das nichts Neues, dass **die Motivation eines Menschen erst zeigt, wer er ist.** Welche Motivation er für sein Verhalten hat. Warum bin ich beispielsweise Therapeut geworden? **Mein wichtigstes Motiv, die Wahrheitsforschung, ist aus einem großen Hunger heraus entstanden.**

Verwandte, Geschwister, Kinder – wer bereit ist mitzukommen und daran Spaß hat, ist sehr wertvoll für die Therapie. Meistens kommen die Eltern auch gut davon. Es ist nicht so, dass jemand hier böse behandelt wird. Die Einladung bedeutet, dass man aufgefordert ist, sich mit der eigenen Wahrheit zu konfrontieren. Nicht mit irgendwelchen Beschuldigungen von der Kinderseite. Das ist wertvoll für alle und meistens sind die Betreffenden nachher dankbar. Natürlich brauchen die Eltern oft mehr Zeit, und oft ist es so, dass sie diesen Platz auch nicht einnehmen wollen, nicht dafür zahlen wollen und sich vor ihren Kindern nicht entblößen wollen. Aber ziemlich viele sind zu dieser Auseinandersetzung bereit, wenn sie ihre Kinder lieben. **Ich glaube, dass es auf der Welt niemanden gibt, der uns so genau sieht, wie unsere Kinder**! Wenn man sie nicht total verdirbt, dann sehen sie einem bis in den Bauch hinein: Die Wahrheit bis in die Unterhosen! (lacht)

Heidi: Deshalb fordern sie uns auch so heraus.

Ildiko: Ja genau. Ich finde, man kann froh sein, wenn man überhaupt irgendwelche Eltern hat! Ich habe in 40 bis 50 Jahren Therapiearbeit natürlich viel gesehen und erfahren. Glücklich ist das Kind, das überhaupt Personen um sich hatte, die man Eltern nennen kann. Eine Mutter, die Mutter war und einen Vater, der Vater war und nicht Attrappen. Nur unsere Kinder können beurteilen, ob es so war und wie es war! Wir meinen es alle gut. Jeder Elternteil und jedes Paar glaubt: „Wir haben das Beste gegeben." Ja! Das Beste von dem, was möglich war! Das war für die Eltern, von ihrem Gefühl, von ihren Fähigkeiten und Möglichkeiten her vielleicht wirklich das Beste. Aber die Kinder sehen das oft anders.

Welche Ausbildungen Kinder haben dürfen, ist auch eine Frage der Geldbörse. **Aber welche Ausbildung ein Kind als Mensch bekommt, das hat mit Geld überhaupt nichts zu tun.**

9   Panama & die 10 Gebote des Menschseins

„Jeder lebte schon immer im Paradies,
hat es nur nicht gewusst."
Janosch[iii]

„Wer sich selbst sucht, ist nicht selbstsüchtig.
Es geht darum, die Kunst der Menschlichkeit zu lernen,
zu üben und weiterzugeben.
Ildiko

Therapeutische Kreativwerkstätte

Heidi: Du sprichst oft von deiner Zeit in Panama und dass dich dieses soziale Erlebnis neben Krieg, Revolution und Landesnervenklinik geprägt hat. Was war das und inwiefern hat es dich beeinflusst?

Ildiko: Panama war ein Lebensberatungszentrum mit acht bis zehn Therapeuten, Männern und Frauen. In Panama sind viele neue Formen der psychologischen Arbeit entstanden, die mich bis heute prägen. Wir haben Therapien, psychologische Beratungsarbeit, Theateraufführungen, Feste und Jugendförderung gemacht. Es gab dort z. B. eine „Cola Beratung", wo Jugendliche zum Preis einer Cola eine halbe Stunde Therapie bekommen haben, für zwei Cola eine ganze Stunde.

Heidi: Wie hat sich das Team rund um Panama gefunden?

Ildiko: Es waren verschiedene Lebensberater und Psychologen in Panama. Fast alle waren Klienten von mir, die meine Arbeit gut kannten und mit mir zusammenarbeiten wollten. Wir alle waren der Meinung, dass das keine trockene banal-psychologische Sache sein sollte und dass Erotik eine Bedeutung hat. Man sollte das nicht verstecken, sondern Arbeitsvorgänge daraus machen. Wir wollten alles ausprobieren.

Auszüge aus einem Infofolder zum ehemaligen Lebensberatungszentrum Panama:

Panama: Kunst der Menschlichkeit

Der Schwerpunkt unserer Arbeit liegt darin, uns mit der vom Aussterben bedrohten Art „Mensch" zu beschäftigen. Nach unserer Überzeugung gehören nicht nur Elefanten und Wale geschützt, sondern auch Menschen. Die Kultur, Mensch zu sein, steht auf wackeligen Füßen und muss neu erarbeitet werden. Wer sich selbst sucht, ist bei uns richtig. Es ist uns ein Anliegen „Die Kunst der Menschlichkeit" zu lernen, zu üben und weiterzugeben. Es interessiert uns, die Energie zwischen Frauen und Männern zu erforschen, und wir verstehen Kommunikation als Kunst (der Menschlichkeit) mit Humor.

Es ist für Individuen, denen Menschen wichtiger sind als Ideologie, Macht und Geld. Bei uns geht es um den Wunsch, dorthin gehören zu dürfen, wo niemand durch Ideologien bezwungen wird, wo jeder Glauben entwickeln kann, ohne Zwang und Angst, ohne religiös sein zu müssen, wo „Menschsein" nicht sentimental, zu viel oder nichtig und uninteressant ist, wo Liebe ein Zustand ist. Wir arbeiten gegen psychische Unterernährung und seelische Vertrocknung, gegen körperliche Vernachlässigung und physische Achtlosigkeit. Die Konzentration auf den Menschen muss gelebt und trainiert werden.

Unsere Aufmerksamkeit ist auf die Beziehung gerichtet, denn alles Gute wie auch alles Negative passiert in Beziehungen bzw. in Beziehungslosigkeit. So möchten wir zum Beispiel dazu beitragen, dass **Männer und Frauen einander nicht besiegen, sondern beSeelen**. Erotik ist uns wichtig, denn ohne Erotik gibt es keine echte Persönlichkeit. Echtheit ist uns wichtig, im Gegensatz zu Täuschung und Imagepflege. Wir fragen uns auch, was wir unseren Kindern geben können. Welche Werte – außer Pünktlichkeit, Geschick und Ordnung (pure Verhaltensregeln, die wir selbst nur mit Mühe beherrschen)? Was sind unsere Werte, die wir auch auszusprechen wagen, die wir leben und vorleben und die es "wert" sind, vermittelt zu werden?

Ein wichtiger Grundwert in PANAMA ist die Zusammenführung von Arm und Reich, dies ganz besonders in einer Gesellschaft, in der das Verständnis für diese Thematik allzu oft fehlt. Dass Arme reiche Leute brauchen, ist jedem bewusst, aber dass Reiche auch Arme brauchen, vielleicht weniger. Man kann an Armut erkranken, aber auch an Reichtum. Ohne Einsicht, ohne soziales Engagement verarmen jene seelisch, die vom Schicksal großzügig beschenkt worden sind.

Ildiko: Es ging uns gut, denn wir hatten ein bis zwei reiche Unterstützer. Ein dankbarer Klient hat sogar ein wunderbares Haus für uns zur Verfügung gestellt. Er und seine Frau waren Gründungsmitglieder und haben auch mitgearbeitet. Mit Unterstützung der Panama-Gruppe konnten wir viel ausprobieren. Neben meiner eigenen Kreativität habe ich auch alle Einflüsse, bei denen ich etwas Verwandtes gefühlt habe, aufgegriffen und habe damit gearbeitet. Das war schön und intensiv. Dafür bin ich allen, die dort waren unendlich dankbar. Wir hatten auch Supervisoren, die es nicht leicht mit uns hatten, weil wir eine wilde Gruppe waren, die überzeugt davon war, dass das Individuelle wichtig ist.

So etwas hat es damals auch sonst nicht gegeben. **Panama war ein großartiges soziales Zukunftsprojekt, eine „kleine Zelle der Menschlichkeit"** und es müsste so etwas an vielen Orten geben: Eine unkomplizierte Form der Achtsamkeit oder Liebe für Menschen. Reich oder Arm, krank oder gesund: man muss einfach nur geben, was man hat. Ich habe damals auch eingeführt, dass Einzelne gefördert wurden, wenn sie krank waren oder nicht zahlen konnten. Das ist bei mir übrigens immer noch so.

Heidi: Du hast in Panama ja auch mit deinem Mann zusammenarbeitet?

Ildiko: Ja, er hat Männergruppen geleitet und meist den dramatischen Teil vertreten, die Inszenierungen, weil er da sehr stark war. Er hat auch Psychologie studiert und war Lebensberater. Und er war ein schwer verletzter Mensch, der das ziemlich gut transformieren konnte und damit offen gearbeitet hat. Die Menschen haben sehr auf ihn angesprochen.

Er war davor in der Wirtschaft und ich habe das gerngehabt: Er war sozusagen ein „normaler" Mann, der aus der Arbeit nach Hause kommt. Dann war die Frage, ob er Psychologie studieren sollte oder nicht. Aber es wäre blödsinnig gewesen, wenn er keine Begabung dafür gehabt hätte. Daher habe ich ihm gesagt: „Ich unterstütze dich gerne, aber wir müssen probieren, ob du überhaupt Übertragungen bekommst und welche?" Ich habe dann Klienten gebeten, ob er bei manchen Stunden dabei sein könnte und er hat Bomben-Übertragungen gehabt.

Heidi: Was meinst du damit, ob er Übertragungen bekommt oder nicht? Inwiefern muss man das als Therapeut? Was ist, wenn das nicht der Fall ist? Kann man das beeinflussen?

Ildiko: Wenn ein Mensch so flach ist, dass er die Fantasie der anderen Menschen nicht erweckt, sondern stoppt, dann bekommt er keine Projektionen, dann fantasieren die Menschen nicht über ihn. Diese Fantasien sind aber Gold wert, weil man damit emotional arbeiten kann. Ob jemand in Richtung Vater, Bruder, Liebhaber oder Ähnliches fantasiert ist egal, je nachdem was im Unterbewusstsein bei ihm da ist. Und der Therapeut muss auch Fantasien über den Klienten haben. Über mich wurde oft als Mutter, Hexe oder aus einer Bewunderung heraus fantasiert. Franz, mein Mann bekam beispielsweise als Vater schöne und auch wilde Projektionen, mit denen er gut umgehen konnte. Er hat viele Übungen gemacht und kreiert. (Jetzt darf ich nicht weiter über ihn reden, weil mir die Tränen kommen.)

Ich habe ihn sehr geliebt und liebe ihn heute noch. Es waren manchmal wunderschöne Arbeiten, die wir miteinander machen konnten. Wir haben unter anderem Streitigkeiten für die Gruppen vorbereitet. Das war für die Klienten sehr interessant. Alle haben zu ihm gehalten! Mich sah man als die Leiterin von Panama und die „große Mutter" und alle wollten, dass er bei den Streitigkeiten siegt. Wir haben das dann auch so gemacht und es hat viel Spannung, Lachen und Interessantes gebracht.

Gemeinsam konnten wir auch gut mit den Elterngeschichten arbeiten. „Elternarbeit" haben wir es genannt. Dabei haben wir auch das „Magische Dreieck" eingesetzt, bei dem der Klient uns in der richtigen Distanz zu sich selbst aufgestellt hat – sozusagen Mutter, Vater, Kind. Dann konnten wir wie die zutiefst ersehnten Eltern reagieren. Wir wurden hier oft – für uns selbst auch sehr berührend – „spirituelle Eltern", wie wir es zur damaligen Zeit im „normalen" Leben noch nicht sein konnten. Das zeigt sich auch in einem Text, den einmal ein Klient über meinen Mann geschrieben hat:

Über Franz   Ein Klient

Groß, stark, kräftig, mit intensiven schwarzen Haaren habe ich dich in Erinnerung. Aber ich habe dich nicht wirklich gesehen. Ich habe nur meine Projektionen gesehen. Ich mochte deine Ironie, damit hast du mich gewonnen. Dadurch konnte ich mich auch öffnen, ich fühlte mich verstanden. Außerdem stach deine rationale Betrachtungsweise des Lebens für mich heraus. Du warst stark. Wir fanden uns im gemeinsamen Zorn auf politische und wirtschaftliche Eliten, weil sie eine ungerechte Welt mit so viel Falschheit und Arglistigkeit rechtfertigten. Weil wir das alles als pseudowissenschaftlich, als Täuschung empfanden. Täuschung ist etwas, das dich sehr in Rage brachte. So konnte ich auch gut deine Vorbehalte gegen die Schulmedizin verstehen, auch hier steht Täuschung oft im Vordergrund. Ich bewunderte auch deine Angstlosigkeit. Immer wieder sagtest du: „Vor wem sollte ich noch Angst haben?" Genau das wollte ich auch für mich erreichen. Dieses Vertrauen in dich selbst, das dich so stärkte, war und ist für mich erstrebenswert. Der erste starke Eindruck von dir, war in der Gruppe. Du hast mit Alois über das Verzeihen gearbeitet. Immer wieder hast du gefragt: „Kannst du deinem Vater verzeihen? Kannst du überhaupt verzeihen? Kannst du mir verzeihen?" Dein Einsatz war so groß, deine Präsenz so umfassend. Ich kam aus dem Staunen nicht heraus. Ich war das erste Mal wirklich berührt in meinem Leben. Davon, dass du auch dich selbst, deine Person einsetzt, davon, dass ich merkte, dass Verzeihen wichtig ist im Leben. Ich habe mich nach deinem schweren Schlaganfall emotional zurückgezogen. Etwas, das mich nach wie vor sehr verwirrt. Aber es hängt damit zusammen, dass ich dich so wenig sehen konnte, dass ich so viel von meinen Idealen auf dich projizierte. Ich bin dir dankbar, dass du mich gehalten hast, dass ich in deinen Armen weinen konnte. Dass du mir ein Vorbild warst, darin wie du in der Gruppe vorzugsweise mit den Frauen gestritten hast. Du hast mich zum Sprechen gebracht und so viel bestärkt. Jetzt entdecke ich tote Stellen in mir, anders kann ich mir mein gegenwärtiges Verhalten nicht erklären. Aber eines ist bestimmend: dass ich dich Franz, liebe.

Heidi: *Wie wurde in Panama gearbeitet und was davon hat dich in deiner weiteren Arbeit beeinflusst?*

Ildiko: In Panama haben alle Menschen auch Einzelsitzungen und Gruppen mitgemacht. Das hat sich als sehr hilfreich erwiesen. So arbeite ich auch jetzt noch. Es gab Männer- und Frauengruppen, in denen auch immer der Therapeut dabei war, der mit dem Klienten einzeln gearbeitet hat. Bei großen Gruppen von 20 bis 40 Leuten, die alle ein bis zwei Monate stattfanden, waren oft vier Therapeuten dabei.

Heidi: *Offenbar bist du inzwischen von den geschlechtergetrennten Gruppen abgekommen?*

Ildiko: Ja, ich kann keine Frauengruppen mehr machen. Das langweilt mich. Auch Männergruppen finde ich einseitig langweilig. Aber es war damals die Zeit und es waren genug Therapeuten da. Aber ideal finde ich gemischte Gruppen.

Heidi: *Die Offenheit in der Gruppe von Seiten der Männer und der Frauen war für mich immer sehr spannend. Solche Einsichten zum anderen Geschlecht bekommt man sonst nur in einer Partnerschaft, und dort ist es natürlich mit Emotion gefärbt. In den Gruppen entwickle ich Verständnis für die andere Perspektive und kann dabei auch ganz bei mir bleiben und mich mit dem anderen konfrontieren.*

Ildiko: Aber ich bereue die Frauengruppen nicht und möchte sie nicht klein reden. Es war auch spannend mit den Frauen allein zu arbeiten. Was da für Dinge kommen! Wir hatten Gruppen, wo wir auch Masken und Kostüme gemacht haben, die an der „Wolfsfrau"[iv] orientiert waren. Das ist ein wahnsinnig tolles Psychobuch mit Märchen und dergleichen. In Anlehnung an dieses Buch haben wir in Panama viele Projekte gemacht. Unter anderem haben wir versucht, unsere Verletzungen in Form eines Kostüms, eines „Narbenmantels" darzustellen. Das waren tief berührende Performances. Wir Frauen haben eigene Masken und Kostüme gefertigt. Die Männer haben Schilder gemacht, auf die sie geschrieben haben, welche Verletzungen sie haben und wovor sie sich schützen müssen. Wie sich jede mit den Narbenmänteln gezeigt hat war wunderschön: Tiefstes Psychotheater, aber echt!

Ein Narbenmantel und Ildikos Idiotengesicht

Wir hatten auch Fotos von uns mit unseren „Idiotengesichtern"! **Ich finde, dass wir alle einen verletzten, vernachlässigten Idioten in uns haben. Und das versuchen wir furchtbar zu kaschieren.** Wir beachten dieses verletzte Kind oder Tier oft gar nicht. Denn manchmal wird man im Leben auch als Kind zum Tier degradiert. Man überlebt nicht anders, als dass man sich auf die Instinkte zurückzieht – und mit dem Tier mehr anfängt als mit den Menschen. Diese Fotos mit verzerrtem Gesichtsausdruck waren beeindruckend und geheim. Das haben wir nur für uns im Team gemacht und es hat uns viel gebracht, weil jeder damit zu diesem vernachlässigten Teil gekommen ist und ihn bearbeitet hat.

Manchmal gab es auch große Feste in Panama mit Buffet, Musik und Tanz. Das war einfach gut. Beim „Frühstück mit Gott" konnten alle Klienten und ihre Angehörigen kommen. Später nannten wir dieses Sonntagsfrühstück „Gottesdisco", eine Abwandlung von „Gottesdiskussion". (lacht) Nach dem Frühstück haben wir zu bestimmten Themen diskutiert, was lustig und intensiv war.

> **Angebot „Frühstück in Panama"**
>
> Nahrung für Körper und Seele
>
> In PANAMA wird geübt, gut für sich selbst und auch für andere zu sorgen. Im miteinander -Frühstücken verbinden wir diese beiden Aspekte.
>
> Wir arbeiten gegen psychische Unterernährung und seelische Vertrocknung, gegen körperliche Vernachlässigung und physische Achtlosigkeit.
>
> Ein gesättigtes Herz in einem gut behandelten Körper ist die Basis für die Lebendigkeit, die wir in PANAMA meinen.
>
> „Es ist nicht das Problem, wie und was man isst – sondern ob man alle Gefühle beschaffen kann, die man zum Leben braucht."

Sehr wichtig war, dass wir es uns dabei gut gehen ließen: Psychologie gehört nicht vom Körper getrennt, sondern es soll dabei körperlich gearbeitet und auch gefeiert werden.

Heidi: Das erleben wir ja auch in den Gruppen, wenn wir auf einen Geburtstag anstoßen und dabei weiterarbeiten.

Ildiko: Ich finde, das muss man können. Auch wenn man feiert, muss man normal da sein und sich wirklich einbringen können, anstatt nur Blödsinn zu reden und oberflächlich zu lachen. Irgendwann wird es sonst langweilig, oder man muss zu viel trinken, damit man das überhaupt erträgt. Für intelligente Menschen ist das sonst eine Anstrengung.

Heidi: Wieso eigentlich „Panama"?

Ildiko: Das ist an das Buch von Janosch „Oh wie schön ist Panama" mit Tiger und Bär angelehnt. Damals haben das alle gekannt. **Wir fanden, dass Tiger und Bär so etwas wie eine Therapie machen: Sie machen eine Reise und suchen ihr Traumhaus (Ich-Symbol), sie träumen ihren Lebenstraum. Sie lassen sich viele Wege zeigen und erblicken schließlich ihr altes Haus (Ich) in neuem Licht und aus einer veränderten Perspektive. Sie begreifen auch, wie das Alte und das Neue zusammengehören. Sie reparieren alles (Therapie) und ziehen in einem neuen Bewusstsein ein.**

Jede Therapie ist eine Art Heimfindung und wenn man müde ist, trägt man sich gegenseitig, so wie Tiger und Bär. Das war eigentlich die Grundgeschichte, die wir in Panama verbreitet haben. Panama hat sich nach der Landesnervenklinik entwickelt, weil ich auch sehr überlaufen war. Ich wollte die Arbeit teilen und es gab mir Sicherheit und Ruhe, dass mehrere Menschen da sind. Eigentlich arbeite ich nicht gern allein, Teamarbeit ist meines!

Heidi: Ich kann das gut nachempfinden. Aber bei Therapie oder Coaching arbeitet man natürlich, wenn man nicht gerade in so ein Zentrum integriert ist, meistens allein. Außer du mit deinem Mann…

Ildiko: Ja, und jetzt arbeitet mein Schwiegersohn mit mir, und öfters meine Tochter. Und jetzt auch du… Dass ich nun allein eine Gruppe leite, ist für mich eine ungewollte Leistung. Es war mir viel angenehmer und leichter, mit meinem Mann gemeinsam die Gruppe zu führen oder mit drei anderen wie in Panama, wo wir in sogenannten „Arena Gruppen" gearbeitet haben. Da konnten auch Fremde kommen und jeder konnte spielen, diskutieren oder etwas vortragen. Da ist es abgegangen! Es waren oft 40 bis 60 Leute in unserem großen Saal.

Heidi: Arena klingt nach Löwen…

Ildiko: Ich finde es auch gut, wenn die Angst mitklingt, weil Psychoarbeit einfach kein Honiglecken ist. Wenn die Menschen auspacken, was sie erlebt und mitgemacht haben, frage ich mich manchmal: „Wie kann man solche Schwierigkeiten, solche Schicksale überleben? Und wie kann man trotzdem ein so großartiger Mensch werden?" Das ist wirklich unglaublich. Mit all diesen Lebensgeschichten und Schicksalen, habe ich angefangen die Psychologie zu hinterfragen. Muss man Eltern haben und müssen die lieb sein, damit man ein „richtiger Mensch" wird? Ich habe viele Menschen kennengelernt, die ein halbwegs intaktes Elternhaus hatten, aber unheimlich blöd, korrupt oder gar nicht menschenfreundlich waren, ohne soziales Empfinden. Und dann hat es die anderen Beispiele gegeben, wo ich mir gedacht habe, wie gibt es das, dass so jemand ein wirklich integrer Mensch wird? Jemand, der all diese Entbehrung und diesen Wahnsinn durchgemacht hat.

Heidi: Gerade in der Entwicklungspsychologie wird ja postuliert, dass wenn jemand in der ersten Lebenszeit als Baby oder Kleinkind Grundlegendes nicht erlebt, er das später nur schwer kompensieren kann.

Ildiko: Das ist doch wirklich Blödsinn. Ich höre nicht auf Menschen zu bewundern, denn es gibt oft eigenartige Entwicklungen. Ich bewundere, was für eine geistig-psychische Kreativität möglich ist, um mit dem eigenen Schicksal fertig zu werden. **Es ist meine Leidenschaft das zu begleiten, zu würdigen und den Menschen zu Selbstachtung zu führen.** Nicht dass er sich dafür verdammen muss, sich schämt und dann in der Therapie einmal darüber redet! Das soll ihn heilen? Das kann ihn nicht heilen.

Es ist sehr wichtig, den Sinn einer Handlung zu finden und ihn dem Menschen, dem das passiert, verständlich zu machen, damit er sich nicht selbst verteufelt. **Es geht darum die sogenannten „Mechanismen" zu würdigen. Mechanismen sind eine tolle menschliche Fähigkeit. Aber man muss sie auch auflösen oder daraus austeigen können, wenn sie schädlich sind.**

Heidi: Alle Mechanismen hatten ja einmal einen Sinn, aber vielleicht jetzt nicht mehr...

Ildiko: Sie hatten nicht nur einen Sinn, sondern sie waren lebensrettende Maßnahmen. Nur wenn man sie dann ewig wiederholt, wird es mechanisch und lebenshinderlich.

Heidi: Warum existiert Panama eigentlich heute nicht mehr und was hast du dir davon mitgenommen?

Ildiko: Klarerweise gab es auch in Panama Schwierigkeiten und wir haben uns schließlich verkracht. Wir waren alle nicht sehr versiert darin, zusammenzuarbeiten UND das Miteinander zu organisieren. Organisation ist nicht meine Stärke! Ich kann alles nur aus meinem Gefühl erschaffen, aber genau das war gut daran. Wir haben das ganze Panama Projekt, die **Verwirklichung von einem Traum – „dem Traum vom Mensch sein"** - immerhin zehn Jahre lang wunderbar erlebt. Es war etwas sehr Starkes und Emotionales und hat ganz vielen Menschen geholfen.

Mit einem Sponsor hatte ich am Ende eine große Auseinandersetzung, auch weil das im Sinne seines Weiterkommens war. Ich konnte nicht kneifen, nur weil er ein Sponsor ist. Ich bin immer in solchen komplizierten Verbindungen mit Menschen. Man nennt es Vermischungen und das ist mir oft vorgeworfen worden. **Ich finde aber, dass diese Vermischungen überhaupt erst vieles möglich machen.**

Wenn Paare zu mir kommen, betreue ich sie beispielsweise auch gerne einzeln UND als Paar, was in der Psychotherapie ein „No-Go" ist. Ich mache das deshalb gerne, weil man dann wirklich die Wahrheit erfahren kann. Wenn ich immer nur eine Seite höre und der andere Partner zu einem anderen Therapeuten geht, auch wenn man sich mitunter verständigen kann, erfährt man nicht, was wirklich in der Beziehung läuft. Das gehört auch zu meiner Methode!

Heidi: Panama klingt nach einer einzigartigen Erfahrung. Wenn einen so viele Erlebnisse mit anderen Menschen verbinden und man so kreativ sein kann und neue Wege findet. Das finde ich großartig.

Ildiko: Ja, es war großartig und auch anstrengend. Es war eines der schönsten Erlebnisse in meinem Leben!

*Heidi: In dieser Broschüre über euer Zentrum steht: „**Panama ist eine kleine Zelle der Menschlichkeit**, keine Sekte." Das kommt sonst sofort, nicht wahr?*

Ildiko: Ja. Aber das ist auch egal. Wie man Sekte auslegt, ist ja sehr verschieden.

Etwas was neben den vielen Einflüssen auf mich und meine Arbeit auch von der Zeit in Panama geblieben ist, sind die 10 Gebote des Menschseins:

Die 10 Gebote von Panama

1. Kein Stress!

2. An manchen Tagen bleibt man am besten im Pyjama!

3. Verlasse dich nie!

4. Verdrängen sollte man nur, was man schon verkraftet hat!

5. Gewalt ist immer schlecht (auch in der Psychologie)!

6. Kraft einsetzen ist etwas Anderes! (Gegen die Verblödung!)

7. Feinde sind auch Freunde!

8. Iss nur, was dir geschenkt wird!

9. Berührung ist auch Essen!

10. Verfolge niemanden, nicht einmal den, den du liebst!

1. Kein Stress!

Ildiko: Das ist eines der schwierigsten Gebote, weil man Stress bekommt, wenn man sich nicht zwischen zwei Sachen entscheiden kann. Stress ist praktisch immer Ich oder Du oder diese Tätigkeit oder jene oder muss ich das zuerst machen oder das andere oder vielleicht noch etwas Drittes. Zu entscheiden: „Ich habe keinen Stress und will keinen haben!", ist etwas ganz Wichtiges und da kann man sehr gut an sich selbst arbeiten: **Dass man Entscheidungen trifft, anstatt Stress zu entwickeln.**

2. An manchen Tagen bleibt man am besten im Pyjama!

Ildiko: Ich werde das jetzt in der nächsten Zeit machen, ich werde im Pyjama arbeiten. So etwas ist sehr lustig für mich und auch für die anderen. Ich suche mir natürlich auch einen interessanten Pyjama aus, in dem ich mich wohlfühle.

Das bedeutet, dass man ohne Obligo ist. Den ganzen Tag muss man nichts. Solange man im Pyjama ist, kann man jederzeit ins Bett zurückkehren und Bett bedeutet: Ich muss nichts mehr. Das finde ich so wichtig, gerade in unserem wirklich anspruchsvollen Leben (wenn ich das sehr positiv ausdrücke). Man kann diese Pyjamatage auch nur psychisch machen. Ich bin heute zum Beispiel im Pyjama, du merkst es nur nicht. (lacht) Du arbeitest und ich habe nur das schöne Gefühl, dass wir bei etwas Wichtigem sind.

Ich finde „Pyjamatage" wichtig, oder auch „**Ferkeltage**". Und was ich gerade im letzten Winter erfunden habe: die „**Katastrophentage**". Durch den vielen Schnee waren die Menschen viel mehr aufeinander angewiesen. Ich habe gesehen, wie positiv das ist, dass man sich manchmal nur mit der Familie beschäftigt. Katastrophentage würde ich auch gerne in der Therapie einführen. Man bestimmt einen Tag, an dem alle zuhause bleiben und wir uns nur miteinander beschäftigen. Wir stellen uns dann vor, dass wir eingeschneit oder von irgendetwas bedroht sind und zuhause bleiben müssen! Das ist unsere Rettung. Wie gestalten wir den Tag? Das finde ich eine schöne Aufgabe, das in einer Familie zu lernen. Mit dem Corona-Lock-Down ist es auch schon passiert!

Man müsste dieses Familiengefühl den Kindern schenken! Ich kann mich gut erinnern, dass ich mich als Kind sehr danach gesehnt habe, dass wir alle einmal eingeschneit sind. Diese Sehnsucht, dass wir aufeinander angewiesen sind, kommt von einem kindlichen Gefühl. Das ist eine der schönsten Erfahrungen, die man im Leben machen kann. Die Leute haben das oft im Krieg erfahren. Es gibt diese alten Geschichten, die man manchmal von alten Männern gehört hat, wie das im Schützengraben war. Dass dort Weihnachten gefeiert wurde oder irgendetwas so wunderschön war, dass sie es nicht vergessen haben – in all dem Leid.

Man müsste den Kindern entgegenkommen und das auch gemeinsam ausbauen: Das Außen-Szenario skizzieren und besprechen, was man jetzt miteinander tun oder spielen will, was man essen will. Da spielt sicher niemand alleine mit dem Handy. Da könnten Kinder und Jugendliche erfahren, dass man in wirklich wichtigen Situationen das Handy weglegt.

3. Verlasse dich nie!

Ildiko: Ich habe mit neun Jahren erfahren, dass alles schlecht sein kann. Es waren für mich schrecklich schwere Phasen – ungefähr zwei Jahre nach dem Krieg. Ich habe gemerkt, es kann rundherum alles passieren, man kann böse sein auf mich, aber ICH muss für mich da sein, dann kann ich alles machen. Ich muss sagen: „Ildiko, du bist gut! Ich hab dich lieb und ich bleibe bei dir!" Das habe ich für mein ganzes Leben absolut verstanden, weil ich sonst oft verlassen war, gerade dort, wo ich nicht gut war oder Hilfe gebraucht hätte. Man braucht sich selbst als Unterstützung. Ich kann auch sagen, dass ich mich seitdem nicht mehr verlassen habe.

4. Verdrängen sollte man nur, was man schon verkraftet hat!

Ildiko: Das ist sehr wichtig unter den Geboten, weil **Verdrängung kein Heilmittel ist, sondern eine Notmaßnahme unseres wunderbaren menschlichen Gehirns.** Tiere können das nicht. Die Verdrängung ist etwas hoch Entwickeltes, so wie auch die Spaltung. Das können nur menschliche Nervensysteme. Das war hilfreich in dem Moment, in dem man daran sterben hätte können, um zu überleben und weiter zu leben. Tiere sterben da, sie können nicht „spalten".

Aber: man muss an diese **seelischen Orte zurückgehen** und tatsächlich das Verdrängte ausgraben und finden. Diese Inhalte, die man dann entdeckt, sollten Therapeut und Klient wirklich anschauen, es werten und **neu ins Gehirn und in die Persönlichkeit einordnen.** Aber nicht so, dass wesentliche Verletzungen verdrängt bleiben. Dann kann man nicht gesund sein, dann kommen diese Geschichten leider in der Psychosomatik wieder. Ich habe das oft erlebt. Man sagt dann: Plötzlich hatte ich diese Krankheit oder Krebs. Aber das ist oft gar nicht plötzlich! Es sind teilweise schwer verdrängte Inhalte, die einen dann in dieser Form überfluten, weil man sie nicht mehr unterdrücken kann. Man sollte also besser daran arbeiten. Diese Einflüsse aus der eigenen Geschichte (wie beispielsweise psychische oder physische Gewalt) muss man annehmen und behandeln. Man kann das selbstverständlich nicht mit Absolutheit sagen, aber der Körper ist eben auch gestört, weil in ihm die seelischen Frequenzen arbeiten. Sozusagen als Störfelder, nicht dazugehörende Frequenzen.

5. Gewalt ist immer schlecht (auch in der Psychologie)!

Ildiko: Gewalt in der Psychologie ist jemandem etwas einzureden und eine „Methode" anzuwenden. Obwohl das seit der Psychoanalyse schon sehr gelockert wurde. Trotzdem arbeiten viele Psychologen so, dass sie ein fertiges Konzept auf alle anwenden. Ich frage mich, wie das gehen soll. Natürlich hört man als Therapeut zu und jeder meint es gut, aber mit welchen Ohren? Für mich ist es ein Unding, allen Leuten das gleiche Kleid anziehen zu wollen, und nicht das zu fördern, was sowieso unterdrückt ist. Man könnte es damit fördern, dass man Übungen anbietet, bei denen man den Menschen mit dem, was er auch ausdrückt gelten lässt!

Heidi: Bezieht sich das Gebot nur auf die Psychologie?

Ildiko: Gewalt ist sowieso nicht gut, da zerstückelt man eine Persönlichkeit. Aber **psychische Gewalt** ist auch schrecklich, und diese Aussage ist das Ungewöhnliche. Deshalb steht es auch so in diesen Geboten. Denn in der Psychologie ist es ganz normal zu sagen: Das ist die Methode! Meiner Meinung nach kann man damit Gewalt anwenden. Wer will schon eine Einheitskleidung tragen?

6. Kraft einsetzen ist etwas Anderes (gegen die Verblödung)!

Ildiko: Kraft einsetzen ist nicht Gewalt! Gewalt ist, in meiner Definition, wenn man gegen jemanden vorgeht und seine Kraft, seine Überzeugung, seine Wünsche unterdrückt. Das kann psychische Gewalt sein, Schreien, aber auch Schweigen. Man kann mit Schweigen unheimlich viel Gewalt ausüben. Wenn man dort schweigt, wo jemand ein paar Worte brauchen würde, wie Trost oder Zustimmung und stattdessen eine Mauer aufzieht. Nicht nur Schlagen und Schimpfen ist Gewalt, sondern auch das Gegenteil. Den anderen zu unterdrücken ist psychische Gewalt – auch in der sogenannten Er-ziehung: dieses „Sei still!" oder „Sei nicht, wie du bist" bei Kindern!

Kraft einsetzen für sich selbst, für andere, für ein gutes Leben, das ist nicht Gewalt, weil es FÜR etwas ist. Gewalt ist auch Kraft, aber GEGEN.

Man kann auch gegen sich selbst gewalttätig sein, wie uns alle Essstörungen zeigen. Aber auch mit „gutem Essen" kann man sich vergewaltigen, weil es „soooo gut" ist und man immer mehr möchte. Auch das ist Gewalt. Eigentlich kann man schon lange nicht mehr, aber man überwindet eine Grenze des Körpers, des Magens mit Gewalt.

Kraft einsetzen bedeutet auch andere zu „stellen", Dinge anzusprechen und nicht einfach zu schweigen, wenn es wichtig ist. Ich habe mir als Kind oft gewünscht, dass ich gestellt werde, wenn ich etwas Gefährliches vorhatte. Ich wäre gerne zurückgehalten worden. Eine der eklatantesten Geschichten dazu: Ich war vierzehn Jahre, es war am Nachmittag und ich habe mich sehr schön angezogen. Ich war unterwegs zu meinem ersten sexuellen Abenteuer. Die Eltern von dem Burschen waren nicht zuhause. Ich wollte auf keinen Fall mit ihm schlafen, aber küssen und erste sexuelle Geschichten erleben dürfen.

Ich gehe also die Stiege hinunter und mein Vater kommt mir entgegen. Er sagt: „Wohin gehst du? Bist du aber fesch angezogen!" Ich habe mir so gewünscht, dass er mich mehr fragen würde, warum ich mich so schön gemacht habe, oder ob das notwendig ist. Aber er hat nichts gesagt und hat mich einfach gehen lassen. Ich bin eigentlich wie aufs Schafott gegangen, weil ich den Burschen nicht geliebt habe, sondern nur neugierig war. Wir waren beide neugierig. Ich hätte mir gewünscht, jemand würde mich daran hindern und mir vielleicht erklären, dass alles, auch küssen mit Gefühl viel schöner ist als nur aus einer Neugierde heraus. Das war zum Beispiel Gewalt gegen mich. Es war nicht schön, sondern uninteressant. Ich habe beim Küssen die Gitterstäbe am Fenster gezählt.

Heidi: Ich habe in meiner Jugend auch Momente gehabt, in denen ich die Gefahr gesucht habe – naiv, fast wie in Trance. Im Nachhinein habe ich es nicht verstanden, warum ich mich dem ausgesetzt habe. Zum Glück ist nie etwas passiert.

Ildiko: Das ist wie Magie von der Gefahr angezogen zu sein, weil man spürt, dass das Leben nicht nur schön ist! Es zeigt natürlich auch die Unerfahrenheit auf, wie das Leben wirklich ist.

7. Feinde sind auch Freunde!

Ildiko: Erstens ist es sehr wichtig, dass ich den Feind als Freund sehe, um weniger Schaden zu erleiden. In dem Moment, wo ich einen Menschen, selbst wenn er mich angreift, nicht als Feind wahrnehme, ihn nicht wegstoße oder etwas Böses wünsche, steigen meine Chancen aus diesem Kampf besser herauszukommen.

Zweitens lerne ich etwas über mich: Wie feindlich ich selbst bin, wie weit ich bereit bin sofort Waffen zu zücken und welche Möglichkeiten ich sonst noch habe!

Wenn ich das versuche in einer Freundlichkeit zu lösen, kann es sich, wenn es gut geht, bis hin zu einer Freundschaft entwickeln. Ich kann etwas lernen über mich und über den anderen und über menschliches, negatives Verhalten.

8. Iss nur, was dir geschenkt wird!

Ildiko: Nicht nur, weil man dann nicht so viel frisst, wenn man wartet, ob einem etwas geschenkt wird (lacht). Das ist eines der Probleme in unserer Gesellschaft, dass man alles zur Verfügung hat und nichts mehr als Geschenk wahrnimmt. Auch wenn man als Gast eingeladen ist, nimmt man diese Schenkung nicht mehr wichtig, was aber zwischenmenschliche Ernährung wäre!

Die Speisekarte bitte!   Ildiko

... Ich sitze am Tisch... schön gedeckt... die Vorspeise kommt...

Da sehe ich plötzlich zwei Typen, die unter dem Tisch hervorkriechen, sie schauen fertig aus, überhaupt der Schwarze... große Augen, ... der andere, etwas gelblich...

Sie knien sich neben meinen Tisch und richten ihre Augen auf meinen Teller.

Verdammt, was soll das werden... Leute! So kann ich nicht essen! Nehmt eure Augen von meinem Teller!...

Sie sind ganz still, die zwei... sie schauen auch nicht böse... sie langen auch nicht nach meinem Essen... Wer sind die?

Sie sind stumm... sehr dünn... und schauen mir traurig ins Gesicht... aber vor allem, sie kommen jedes Mal mit mir, wenn ich in ein Restaurant gehe...

Sie sind die „zwei Drittel", die Zweidrittel, die hungern, ich bin ein Drittel... mein Teller ist voll...

Sie haben gar keinen Teller!

Bei der Hauptspeise stehen sie auf... und bei der Nachspeise verschwinden sie plötzlich, sie sind umgefallen vor Hunger...

Ich fühle mich fett... warum ist dieses Abnehmen so schwer?!

9. Berührung ist auch Essen!

Ildiko: Wir versuchen durch das Essen unheimlich viele Bedürfnisse zu befriedigen. Es ist ein Sammelsurium. Unser Essen und unsere Essgewohnheiten sind es wert aufgeschlüsselt zu werden, um zu sehen wonach jemand Sehnsucht hat. „Nudeln", höre ich von vielen Frauen, „Fleisch", höre ich von vielen Männern. Das sind im Grunde auch Zärtlichkeitswünsche, die mit dem Essen befriedigt werden. **Essen kann „anstatt" Berührung benützt werden!** Man möchte sich gut fühlen und noch besser und noch besser und dann isst oder trinkt man noch mehr. Aber es geht dann schon lange nicht mehr ums Essen. Das Verfeinerte, was man auch in Haubenlokalen genießen kann, hat ein unheimliches Ausnützungspotential unserer Sinne. Man fühlt sich verwöhnt, vom Kellner, vom Personal, vom Tisch, vom ewigen Kommen und Gehen und Fragen nach den eigenen Wünschen. Es ist meiner Meinung nach ein versteckter sexueller Akt, der durch die Zunge passieren soll. Es ist eine Art Zungenorgasmus, den man damit hervorrufen möchte und oft kann. Man erinnert sich ja sogar daran: „Mein Gott, war das toll!"

Heidi: Berührung nährt ja unseren Körper und unsere Seele. Aber ist umgekehrt Essen auch Berührung? Ich lege viel Wert auf gutes Essen, koche gern und gehe auch gern in Restaurants. Essen hatte in meiner Familie schon immer einen wichtigen Platz. Bei meinen Großeltern (Kriegsgeneration) im

Sinne von Überleben, es durfte kein Essen verschwendet werden! In meiner Herkunftsfamilie waren es Familienrituale, Anlässe, Feste mit Gästen. Jetzt, mit meinem Sohn im Wachstum, wird Essen und die Essenszeiten außerdem „überlebenswichtig" – auf jeden Fall für den Familienfrieden. (lacht) Aber ersetzt Essen Berührung? Innerhalb meiner Familie würde ich das mit „Nein" beantworten. In Bezug auf mich und meine Selbstliebe war es früher aber wahrscheinlich ein „Manchmal".

Ildiko: Ich habe in meinen sogenannten „besten" Jahren, um die 50, Essen und Sexualität am liebsten zusammen genossen. Zuerst gut essen und nachher oder auch dabei wundervollen Sex haben. Ein sexuelles Essen ist etwas Anderes als Völlerei. Ein Mensch, den man „sexuell" nennen kann, der begrenzt sich. Es gehört einfach dazu, dass man sich selbst mehr in der Hand hat. Ein sexuell noch nicht reifer Mensch rennt in alle Richtungen und vergeudet Kraft auch für ein sexuelles Abenteuer, selbst wenn das ins Essen transformiert ist. Männer versuchen Frauen auf diese Art zu verführen, zu verwöhnen. Das ist legal, man muss es sich nur bewusst machen.

Heidi: Was ist im Gebot mit Berührung gemeint?

Ildiko: Unsere Haut wird viel zu wenig genährt. Sehr viele Menschen wehren sich dagegen, sogar in der Sexualität, viel Hautkontakt zu haben. Darauf wird keine Betonung gelegt. Die Frauen wünschen sich das meist sehr. Die Männer sind vielleicht ungeduldig, oder sie spüren die Wertigkeit gar nicht, weil es ihnen früh abgewöhnt worden ist, dass sie Zärtlichkeit brauchen dürfen. Sie müssen oft immer noch dem Männerbild entsprechen, dass ein Mann in Gefahr funktionieren muss – wie ein Soldat. Er darf dann nicht auf seine Wünsche oder Schwächen achten, sondern einfach nur auf dieses vorgegebene Ziel.

Umarmungsaktion von Panama (Foto-Ausschnitte aus den Salzburger Nachrichten)

Ildiko: Wenn man berührt wird, wird die Haut genährt und durch die Haut wiederum Areale im Gehirn. Die Menschen wirken anders, sie strahlen etwas Anderes aus, wenn ihre Haut gesättigt ist. Das fängt schon bei Kleinkindern an. Es ist nicht unbedingt das Stillen. Ich kenne viele ehemals gestillte Kinder, die dauernd süchtig nach irgendetwas sind, weil sie hautmäßig nie genug bekommen haben. Es ist die Frage, ob die Mutter, die diese „Hautbefriedigung" gibt, selbst satt und zufrieden ist und war. Frauen können die Kinder stillen – auch hautmäßig – und Männer sollten die Frauen „stillen". Das bezieht sich auf die Zuwendung, auf die Umarmungen, auf die Haut. **Man kann jemanden nicht nur körperlich, sondern auch mit Worten berühren, also auch geistig und emotional.** Wenn man jemandem sagt, dass er schön ist oder etwas interessant an ihm ist, ist das auch **Sättigung durch Berührung**. Auch Blicke können das, wenn mich jemand wirklich ansieht, bejaht und gut findet! Für eine Paarbeziehung ist das zentral, ob man den anderen berührt und sättigt, oder ob er hungrig zurückbleibt. Und **es braucht auch eine Bereit-schaft, seinen eigenen Hunger stillen zu lassen!** Es ist wichtig, dass man nicht versucht, sich das alles durch das Essen zu holen.

Satt – satt sein – Sattheit   Ildiko

Kinder sind leicht satt zu kriegen, wenn man gefunden hat, worauf sie Hunger haben. Manchmal werden sie schon satt, wenn man erkennt, WAS sie wollen. Am sattesten wird man, wenn jemand wirklich erkennen will – wenn jemand sich damit beschäftigt, was es sein sollte!

Das ist die beste Nahrung, die man kriegen kann – jeder möchte jeman-dem wichtig sein. Wenn man sich mit den Kindern erst beschäftigt, wenn sie krank sind, dann MÜSSEN sie krank sein, weil sie wissen, dass sie dann das beste Essen kriegen. Sie werden dann wichtig für jemanden. Es ist un-glaublich gut, wenn dieser Jemand auch dem Kind am wichtigsten ist.

Manches schmeckt auf der Zunge, manches auch im tiefsten Bauch. Dann ist man erst zufrieden, dann hat man erst gegessen. Ein Kind kann auch süchtig werden auf etwas, sogar auf das Nicht-Essen. Man wird süchtig, wenn man gerade das nicht bekommt, was oben genannt ist. Man sucht und sucht und muss viel Ketchup essen oder viel von etwas anderem, noch mehr und noch mehr. Der Bauchhunger ist dann schon unbekannt. Es gibt nur noch Zungenhunger. Nutella ist auch gut um süchtig zu werden. Man rennt und rennt hinter jemandem her, der nicht stehenbleiben kann oder will. Viel zu tun, viel zu tun! Vorne rennt der Vater, dahinter die Mutter, dahinter das Kind. Dann bricht der Vater zusammen, dann die Mutter, dann das Kind, aber meistens umgekehrt, weil das Kind noch kurze Beine hat und noch nicht Kaffee oder Red Bull bekommt. Kinder brechen eigent-lich zuerst zusammen und manchmal merkt man das auch nicht. Dann ha-ben sie schon irgendetwas Schweres und die Eltern erschrecken.

Erwachsene werden am allermeisten satt, wenn sie frei sind. Frei satt! „Frei wie ein Ei...", sagt man, obwohl ein Ei gar nicht nach Freiheit aussieht, eher nach Unfreiheit. Frei wie ein Ei, weil man noch alles werden kann! Ei-ne Ente oder ein Schwan, ein Vogelstrauß oder ein Schnabeltier, oder aber eine Eierspeise. Frei sein heißt, dass man alles werden kann. Man muss gar nicht, man darf tun, aber auch lassen – was man will. Dieses Gefühl macht satt. Wenn Erwachsene frei sind, tun sie meistens mehr, als wenn sie müssen! Wie und ob wir frei sind, zeigt sich nicht auf einsamen Bergspitzen, sondern in Beziehungen.

Es gibt auch viele Menschen, die nie genug kriegen. Das sind die, die immer sagen, sie haben nichts. Sie können nicht geben, also werden sie nicht satt! Sie wissen nicht, wie und was sie geben können!? Oder wem sie geben sollten? Und was? Und wie? Dabei wären da die Kinder. Die eigenen sind oft „Fratzen"! Aber es wären da auch noch die fremden....

10. Verfolge niemanden, nicht einmal den, den du liebst!

Ildiko: Das ist das Wichtigste von allen Panama-Geboten – vielleicht neben dem mit dem Pyjama (lacht).

Es drückt sehr gut aus, dass man am meisten die Menschen verfolgt, die einem nah sind und somit den Partner. Das halte ich für eine der häufigsten Verrücktheiten, obwohl ich das natürlich auch gemacht habe, bis mein Mann und ich verstanden haben, dass wir uns und die Liebe mit dieser gegenseitigen (auch versteckten) Verfolgung zerstören. Auch wenn man jemanden nur in Gedanken zuhause verfolgt: Was macht er/sie wieder für einen Fehler? Ich kenne es von Paaren, dass jede Geste, jeder Satz sofort negativ wahrgenommen und verbucht wird. Da hat man praktisch keine Chance miteinander!

10 Männer, Frauen und die Liebe

„Ich bin eine Feministin und eine Maskulinistin!"
Ildiko

Heidi

Ich erinnere mich an ein Gespräch mit einem Kollegen, der mir strahlend erzählte: „Meine Freundin macht mich zur besten Version von mir selbst. Ich habe das Gefühl, ich kann alles erreichen, was ich will." Ich muss sagen, ich war ein bisschen neidisch, denn ich kannte dieses Gefühl bis dahin nicht und ich vermutete die rosarote Brille! Aber der Satz eröffnete mir eine neue Vision der Liebe: Einen Menschen an meiner Seite, bei dem ich wachsen kann.

In meiner Familie war das nicht selbstverständlich, interessanterweise zieht sich für mich ein roter Faden durch die Generationen: Starke Frauen haben sich freiwillig zurückgenommen, um die (schwächeren?) Männer zu unterstützen. Möglicherweise ist dieser Mechanismus auch ein Nachkriegsrelikt, aber es hat auch mich beeinflusst. Mit dem Scheitern meiner langjährigen Beziehung begann ich mir Fragen zu stellen: Was ist der äußere Schein und was die innere Wahrheit? Wieviel Wahrheit hält eine Beziehung aus? Muss man sich denn verbiegen, um glücklich sein zu können – gerade als intelligente Frau?

Ich hatte erfolgreich studiert und strebte im Grund einen Männerweg in einer Männerwelt an, eiferte meinem bemerkenswerten Vater nach. Ich hatte mich also sehr kopf-orientiert entwickelt und meine weibliche Gefühlsseite eher verleugnet. Das „schwächere" Geschlecht wollte ich ganz sicher nicht sein. Eher wies ich Unterschiede zurück und wurde wütend, wenn ich Ungerechtigkeiten wahrnahm. Doch so sehr ich mich auch anstrengte, ich war kein Mann. Aber schwach wollte ich auch nicht sein. Ich hatte gelernt, dass Frauen für die Harmonie in der Beziehung zuständig sind, den Mann strahlen lassen sollen, maximal von hinten herum – mit weiblicher List – den Mann dirigieren können. Das macht mich noch heute wütend! Was soll das? Sind wir Frauen weniger wert? Können Männer starke Frauen nicht aushalten? Müssen Männer vor uns geschützt werden? Und wie können wir unsere weibliche Stärke achten und herzlich aggressiv nutzen, ohne uns in den Hintergrund drängen zu müssen?

Mann und Frau in Beziehung

Heidi: Du hast bereits betont, wie wichtig Beziehungen für die eigene Entwicklung sind. Welche Rolle spielt dabei die erotische Beziehung, die Liebesbeziehung?

Ildiko: Die hochwertigste menschliche Energie ist die erotische Energie! Warum? Weil sie alle Ebenen des Menschseins erfasst und zum Schwingen bringt: Geist, Seele, Körper. Kopf, Herz, Genitalien. Sie erschüttert kathartisch, hebt uns aus, verdirbt und veredelt, lässt uns herabsteigen und schleudert uns hoch. Wir lernen das Schlimmste an uns und aneinander lieben.

Mann und Frau können einander hinunterziehen, ihre Energien neutralisieren, oder wie ein Wunder aufwerten und zum Individuum erheben. Miteinander können wir eine sexuelle Identität entwickeln, die uns erst zu einem vollwertigen Erwachsenen macht. Wir können selbständig werden, durch diese neue rettende Identität als Frau oder Mann, Mutter oder Vater. Durch einen sexuellen Partner, der uns in unseren versteckten Bereichen wahrnimmt und gutheißt, können wir uns von der Kindheit lösen. Es ist eine gegenseitige Initiation: wir weihen einander ein, erlösen einander von der Hilflosigkeit des Kindes – von der Namenlosigkeit, vom sich selbst nicht weitergeben können, vom ewig klein bleiben, vom Gefühl „Niemand hat zu mir wirklich „Du bist gut!" gesagt.

Heidi: Tun Männer und Frauen das wirklich? Glaubst du, ist uns das bewusst?

Ildiko: Die Frage ist, sind wir uns überhaupt dieser Möglichkeit bewusst? Oder werden wir schmucklos, verschämt alt und unsere Kinder sagen auch nicht: „Du warst gut!" zu uns. Wir werden grau, vergehen, lösen uns auf – kein Tod mit Auferstehung. Dann bleibt uns die **tiefste menschliche Verwirklichung** versagt: „**Ich war gut, weil ich Ich war**!"? Ist das überhaupt wichtig?

Wenn der Mensch sich spirituell versteht, ja. Wenn nicht, ist es genug, dass man alle Tätigkeiten ausgeübt hat, Leistungen vollbracht hat (z. B. ein Haus gebaut und einen Baum gepflanzt hat) und mit dem Leben „fertig" geworden ist. Aus. Basta.

„Spirituell" steht hier für alles, was mehr ist als Materie: für Fantasie, für das, was ich sein möchte und nicht bin, für soziales Wünschen – für Liebe, für Kultur und Kunst, für die Kunst des Lebens, für Sehnsucht, für sexuelle Erlösung (also Erotik), für Bücher, für alles, was mehr ist. Jeder kennt den spirituellen Hunger – die Sinnsuche und die „Wer bin ich?"-Frage. Es kommen immer mehr Menschen, auch ganz junge in die Therapie, mit dem Wunsch, sich selbst kennenzulernen. Dieser Wunsch lässt sich erst wirklich auf der „genitalen" Ebene erfüllen.

Heidi: Was bedeutet das?

Ildiko: Wenn man erfasst hat, dass man Mann oder Frau ist und damit zufrieden ist, dann ist man auf genitaler Ebene angekommen. Der „Schlüssel", den man sich in der Therapie, bei der eigenen Entwicklung erarbeitet, indem man sich selbst kennenlernt, gilt auch für Beziehungen. Der Schlüssel ist, dass **alles Lebendige erst durch die Beziehung wirklich lebendig wird**, einem erst in Beziehung gesetzt bewusst wird.

In unserer Kultur haben Frauen den „Schlüssel" zu Beziehungen, auch weil sie Mütter sind. Aber sie können ihn noch nicht entschieden verwenden, weil es ihnen selten bewusst ist. Sie spüren es nur, schreien, tadeln, verlangen, „nicht so", „aber auch nicht so!". Aber wie denn? Männer fühlen sich entmachtet, sie sind keine Patriarchen mehr. Sie können den Schlüssel nicht wirklich nehmen (oder nur ganz verschämt) und trauen sich selten offen danach zu fragen. Beide, Frauen und Männer, meinen, dass sie geben, geben, geben müssen und es ist nie genug. Das ist sicher falsch!

Heidi: Diese Aussage „Frauen haben den Schlüssel zu Beziehungen" irritiert mich, da ich genau diesen Satz zuhause gehört und mich dadurch eingeschränkt gefühlt habe: „Frauen sind für die Beziehung zuständig – sie müssen schauen, dass alles passt." Und wieso nicht auch die Männer?

Ildiko: Hier geht es nicht um Zuständigkeit. Die erste Beziehung ist zu einer Frau: der Mutter. Sie gebärt Kinder und formt sie zumindest von der Geburt bis zur Pubertät stark. Je mehr sie von ihrem Kind lieben kann, umso anmutiger und fähiger wird das Kind. Die grausamen Rituale des Erwachsen-Werdens sollten uns dann von dieser starken, oft überstarken Bindung lösen. Aber warum? Gibt es nichts Anderes als grausame Rituale? Muss man etwas wegwerfen, bevor man etwas Neues findet? Ist die so wichtige, unentbehrliche Mutterschaft etwas Schlechtes? Kommen Mütter auf den Misthaufen durch die Psychologie? Müssen sie bestraft, geächtet, abgeschnitten werden wie eine Geschwulst?

Wirklich lösen kann man sich von etwas, was man geliebt hat, nur in Liebe! Und wer hat seine Mutter nicht geliebt? Selbst die schlagende, sadistische, egoistischste Mutter wurde irgendwann einmal in grauen Zeiten geliebt. Weil Kinder großzügig sind, solange man sie lässt. Und weil jedes Lebewesen am Anfang ein anderes Wesen braucht, dem es hinterhertrottet, wenn es nicht an der Hand genommen wird.

Heidi: Und wie kann man sich in Liebe lösen?

Ildiko: Das heißt die Wahrheit zu finden. Gemeint ist die kleine Wahrheit, die zwischenmenschliche Wahrheit: **Wer warst du für mich und wer war ich für dich? Wer bin ich heute und wer bist du?** Kann ich dich als Mensch achten? Achtest du mich? Zu dieser Lösung braucht man den Partner: Frau oder Mann, um zu erkennen, wer man wirklich ist und um seine Person restlos vom Mütterlichen (und Väterlichen) zu lösen. Wir sind uns leider zu wenig bewusst, was für eine Wichtigkeit unsere Partner für uns haben. Warum sie schön, stark, klug, interessant und lustvoll für uns sein müssen und dass Beziehung eine ziemlich harte Arbeit an uns selbst und am anderen bedeutet.

MUTIER   Gedicht einer Klientin

Zustand ohne Worte, ohne Raum und Zeit. Ohne Körper. Ohne Sein. Ich will nicht.
Ich will nicht hin zu Dir.
Mein Brustkorb so eng. Luft pfeift durch einen schmalen Spalt in meiner Kehle, wie ein letzter Atemzug.
Ich brauche Dich so sehr, und doch will ich Dich nicht.
Will nicht gehalten werden, nicht getröstet, nicht berührt. Will Deine Liebe nicht.
Meine Haut – rohes Fleisch.
Ich brauche Dich nicht, sagt die Lüge.
Ich will Dich nicht hören, will Dich nicht sehen.
Will nicht spüren, dass Du da bist und es doch nicht bist. Dass Du nur nimmst und nicht gibst.
Mich nicht siehst.
Nicht meine Trauer, nicht meinen Hass. Nicht meine Verzweiflung, nicht meine Wut. Nicht meine Angst, nicht meine Not, nicht meine Liebe. Wo bist Du?
Warum hilfst Du mir nicht?
Ich schreie nur noch stumm wie Edward Munch. Ich will nicht mehr auf Dich zugehen.
Immer wieder zurückgestoßen werden.
In die Isolation. In den Kerker. In den Hass.
Ein tödlicher Messerstich mitten in mein Herz.
Das ertrage ich nicht mehr, nicht ein einziges Mal.
Der Wahnsinn winkt mir zu, lädt mich ein, verspricht mir Erlösung, schreckt mich ab.
Ich sterbe – stumm und unbemerkt.
Endlich.

Die Liebe

Heidi: Liebe ist auch Basis deiner therapeutischen Arbeit, wobei das natürlich die Frage aufwirft, was Liebe eigentlich ist? Egal in welcher Beziehung.

Ildiko: Einfach, auf der untersten Stufe formuliert ist Liebe, wenn man jemandem freiwillig etwas geben will. Jemandem, der auf irgendeine Art hungert, jemandem, der bedürftiger ist als ich. Ein Kind, ein alter Mensch, ein junger Mensch, mein Partner, jemand, der von mir etwas brauchen kann, der weniger hat oder weniger fähig ist, für sich selbst etwas zu tun als ich für ihn. Oder einfach jemand, der mein Herz bewegt!

Ab hier wird es etwas komplizierter, beim „Herz bewegen", wenn nicht nur der Andere bedürftig ist, sondern ich auch. Jemand bewegt mein Herz, weil ich auch etwas von diesem Jemanden brauchen kann: er weckt meine Bedürftigkeit, mein Bedürfnis nach mehr. Liebe ist mehr. Mehr als ich habe, wonach ich mich sehne. Etwas, was ich gar nicht beschreiben kann, aber vielleicht geben oder nehmen kann.

Wir kommen hier in ein gefährliches Gebiet: die Liebe zwischen zwei Partnern, die erotische Liebe. Es ist ein Gebiet von bewussten und unbewussten Täuschungen und Enttäuschungen. Denn wir fürchten uns und sind schon ent-täuscht worden (z. B. von unseren Eltern, von unfreiwillig oder freiwillig bösen Menschen, von Dummheit und Blödsinn, von der Werbung, von leeren und schönen Worten)

Heidi: Aber was ist dann die Voraussetzung für wirkliche Liebe?

Ildiko: Lieben kann ein erwachsener Mensch (und nicht ein Ver-wachsener), der geben und nehmen will und kann. „Erwachsen" heißt für mich liebesfähig. Und **Lieben kann man nur zu zweit.** Allein kann man nur verliebt sein. Erst im miteinander und im Austausch kann man lieben. Dieses Miteinander gilt auch in der therapeutischen Liebe! Sie ist ein **Heilmittel in der Therapie** und in der Paarbeziehung! Sie ist vorwiegend gebend, nehmend nur um die Heilung zu bestätigen: Du bist liebesfähig geworden, ich bekomme von dir etwas Wertvolles, ich fühle mich geliebt. Die heilende Liebe gibt es auch in Paarbeziehungen oder Freundschaften und sie löst schwere Traumata.

Allerdings genügt sie nicht, wenn der Traumatisierte nicht bereit ist, selbst seine Wunden in Eigenarbeit oder in einer Therapie heilen zu lassen. Wenn er seine Verletzung wieder spürt, muss er lernen, was er dann machen kann, statt sich immer wieder selbst zu traumatisieren (Re-Traumatisierung). **Der verletzte Teil bleibt, man kann nur lernen, besser damit umzugehen** und leben zu können. Und wenn andere scheinbar die „Macht" haben, (die man ihnen selbst gibt) einen zu verletzen, kann man lernen, künftig anders als bisher zu reagieren. **Niemand hat nämlich die Macht einen tief zu verletzen, wenn man kein Kind mehr ist.** Wenn das noch möglich ist, ist das Kind in uns noch nicht geheilt.

Heilung bringt auch die erotische Liebe. Sie hat aber auch eine eigenartig intensive Kraft, da sie auch den Körper miteinschließt. **Die erotische und sexuelle Liebe bezieht den ganzen Menschen mit ein**, das ist auch das Wunderbare an ihr! Sie weckt in uns die **Sehnsucht nach Ganzheit**: dass wir auch geistige Wesen sind in und mit unserem Körper. Erotik verzaubert, macht viel schöner, begehrenswerter als man sich üblicherweise fühlt. Jemand sieht mich wirklich, berührt mich wirklich. Der erotische Blick von jemandem, den man achtet und gut (ganz) findet, ist eine Neugeburt. Man ist eine Traumfrau oder ein Traummann geworden.

Wenn das nicht so ist, empfindet niemand Sex als unentbehrlich schön und sättigend mit Haut und Haar! Frauen schon gar nicht! Dann ist der Sex wichtig, aber erfüllt nicht den „Traum", den wir haben: Die Liebe als Vision von uns. Sie entsteht im Mutterbauch, wo ein Kind mit seinen größer werdenden Bedürfnissen immer versorgt wird! Das geschieht nie mehr wieder. Aber wir träumen ein Leben lang davon. Und suchen den möglichen Liebesspender, der immer „da" ist oder immer erreichbar ist. Der oder die, die immer wohlwollend ist und uns doch trotz komplizierter, wachsender und wechselnder Wünsche immer versteht! Der Traummann oder die Traumfrau. Sie muss schön und unerreichbar sein und ewig jung, sie altert nicht. Der Traummann aber kann und soll sogar älter sein: Wissend, erfahren, körperlich stark und möglichst gut verdienend. Ein fitter Kraftprotz, aber zart fühlend! Alle diese Kriterien erfüllt selbstverständlich niemand!

Aber es gibt die nachhaltige und große Liebe! **Man lernt lieben. Statt Kompromisse zu machen und auf die eigene Entwicklung und die Entwicklung vom Partner (der Partnerin) zu verzichten!**

Das klingt jetzt vielleicht eingebildet, aber ich wollte immer einen Partner haben, mit dem es mir so gut geht, wie mit mir selbst. Diese Qualität des Zusammenseins habe ich gesucht und Gott sei Dank auch gefunden und bis zum Tod oder Abschied meines Mannes gelebt. Es war sehr schön, trotz aller Herausforderungen.

Heidi: *Wie kann man in einer Beziehung diese heilsame Liebe entwickeln?*

Ildiko: Es ist ein wunderbarer und wundersamer Lernprozess:

1. Sich fragen: Kann ich das? Tue ich das, was ich vom Partner erwarte? Will ich das? Will ich überhaupt lieben? Viele Menschen werden alt und haben nicht oder zu wenig geliebt. Wenn man es nicht riskiert zu lieben, bleibt man hungrig und arm. Aber man kann ohne Liebe leben.

2. Anfangen die „Sprache der Liebe" zu lernen und zu üben: Wie kann ich meine Wahrheit sagen und dabei möglichst nicht verletzen?!

3. Dabei stark bleiben. Beschließen, dass man stark bleibt. Sich nicht unterwerfen, auch dann nicht, wenn man Angst bekommt!

4. Sich trauen gute, persönliche Fragen zu stellen: Hast du dich heute auf irgendetwas gefreut? Wie geht es dir mit mir? Bist du zufrieden mit unserem Leben? Findest du dich gut? Findest du mich gut? Was wollen wir eigentlich vom Leben? Wo wollen wir miteinander hinkommen? Loben und bestätigen, statt alles zu verschlucken: Du bist schön heute! Du gefällst mir! Ich bin froh, dass du zu mir gehörst.

5. Geduldig zuhören lernen! Lang…! Und wesentliche Fragen stellen.

6. (Der sexte Schritt) (lacht) Beim Sex einander auch genießen und froh sein, dass man einander gefunden hat. Überhaupt Sex wollen, als „Boot der Liebe"! Was liebe ich an dir, an deinem Körper. Erzählen und sich dabei nicht fürchten, dass das Begehren und die Erektion dabei verloren gehen! Nackt unter einer Decke liegen und Sex-Gespräche führen, ohne sich zu berühren. Sich einigen, wofür Sex gut ist, warum Er und warum

Sie Sex braucht, wie soll er sein? Was ist überhaupt Sex? Erotische Geschichten erfinden, wie z. B. diese hier, als Inspiration (lacht)

Das Boot   Ildiko

Die Frau sagt: wir sind in einen Sturm geraten, du musst mich retten. (Oder der Mann: Ich muss dich retten!) Ich bin eine fremde Frau, ich muss mich an dich klammern, du ruderst, wir kommen nicht voran, das Boot schaukelt wild, wir legen uns hin und halten und fest. Der Sturm ist da! ...

Solche Geschichten unserer Fantasie helfen gegen einen eintönigen Rhythmus und wir lernen uns dabei auf unsere Sehnsucht zu konzentrieren. Szenen, wo wir einander fremd sind, retten uns vor der Einbildung, unseren Partner, unsere Partnerin durch und durch zu kennen! **Wir sind in Wirklichkeit undurchschaubare geheimnisvolle Wesen**! Das kann ich nach 40 Jahren Therapiearbeit (und 40 Jahren Ehe/Liebe) sagen!

Und jede Beziehung hat einen positiven Anteil (anziehend, zentripetal) und einen negativen Anteil (abstoßend, zentrifugal). Das Schicksal einer Beziehung entscheidet sich daran, wie die Partner mit dem negativen Anteil umgehen lernen.

Man kann nicht leugnen, dass jeder Mensch aus Positivem und Negativem besteht und man muss lernen mit dem negativen Potential umzugehen, statt auf das Wiederkommen des Positiven, „Guten" zu warten. Nicht nur für sich allein, sondern besonders auch in Beziehungen. Wir sind sicher nicht nur sogenannte „gute Menschen". Wir sind auch nicht „böse", wir sind beides! Damit muss man zurechtkommen. Um eine gute Partnerschaft zu führen, muss man die Wildheit leben und in sich selbst ausdrücken können, weil es teilweise auch zu einer guten Kraft und Sexualität beiträgt. Nur wenn man mit seiner ganzen Person in der Beziehung da ist, hat man auch guten Sex. Und jeder möchte eine Beziehung mit gutem Sex, oder?

Aus meiner Sicht gibt es folgende **Phasen einer Beziehung**:

1. Wahrnehmung (oder Projektion = Falsch-nehmung)
2. Anziehung
3. Begegnen, Berühren
4. Nehmen und Geben
5. Negatives auskämpfen, Aggressionsphase (was ist die Wahrheit zwischen uns – Rang, Höhe)
6. Neutralisierung der Wunden (Beruhigung, Heilphase)
7. Vermeidung
8. Trennung oder Verbindung auf einer neuen Ebene (miteinander auf die genitale Stufe aufsteigen): Transformation

Wenn man lieben will, ist das Wichtigste, was man lernen kann und muss, die Krise! Man stellt sich die Liebe natürlich ohne Krisen vor, im Sinn von: „Und sie lebten und liebten sich glücklich bis an ihr Lebensende…" **Aber ohne Krise gibt es keine echte Liebe, schon gar keine große!**

Es kommen die Tage, wo man jeden Fehler, jeden Unterschied kalt und emotionslos mit der Lupe betrachtet. Man sieht nur das Skelett und nicht den lebendigen Menschen. Ich nenne diesen Blick den **„Waran-Blick".** Man schaut regungslos und starr auf seine Beute. Man frisst sie/ihn mit den Augen auf. Dieser Blick tötet die Liebe. Man versteht nicht mehr, wieso man überhaupt mit diesem Menschen zusammen ist! Das ist normal. Aber der ist genau der/die wie früher – mit der Erweiterung seiner/ihrer negativen Seite. Ich sage dazu: mit seinem Rucksack! **Positive, gute, interessante Menschen gibt es nicht ohne eine Rückseite!**

Heidi: Und was kann man tun, wenn diese Krisen kommen?

Ildiko: Wenn die Liebe zerrupft ist, nicht mehr fliegen, springen, lachen kann und wie ein schwerverletzter Vogel am Boden liegt, fängt man am besten bei sich an und wacht langsam aus dem Paradies-Traum des Embryos auf. Man öffnet die Augen und schaut das Leben an, das man leben möchte. Man löst sich aus der sogenannten Symbiose und wird selbständig – mit und durch die

Hilfe des Partners/der Partnerin, von dem/der man diesen wundervollen Traum hatte!

Heidi: *Das heißt, die Lösung liegt im Ich-Bewusstsein?*

Ildiko: Man erkennt etwas. Wenn man sich nicht gerade hasst, sollte man sich bedanken, im Sinne von: „Ich danke dir für diesen Traum, auch wenn ich dich jetzt als Kröte sehe! Ich habe mit dir und durch dich erfahren können, was meine Vision von Liebe ist. Jetzt muss ich mich auf den Weg machen. Kommst du mit?" Diese ehrliche Konfrontation mit dem Partner ist auch wichtig, damit Kinder ungelöste Konflikte nicht übernehmen müssen! Wer weiß, manchmal sind es die Kinder, die die Liebe retten. Wenn man keine Kinder hätte, würde man vielleicht nicht bleiben! Manchmal geht man trotz der Kinder in andere Richtungen. Und das ist dann gut so. Sie stammen trotzdem aus einer Vision der Liebe.

Liebe   Ildiko

Mich aushalten
und nichts verändern
die Worte zu suchen
statt sie zu finden
dort warten wo ich bin
nicht entgegenspringen
weinen unter der Maske
meines Gesichtes

Die Traurigkeit des Kindes
will ich tragen
auf meiner Haut
als Nacktheit
eingehüllt
in dieser kargen Entbehrung
will ich vor dir stehen
um meinen Reichtum mit dir zu genießen.

Das Entscheidende ist die **Selbstliebe**! Lernen, sich zu lieben, nicht sein Ego! Das liebt jeder! Es geht darum, mein „ganzes Ich" zu lieben, mein Ego ist nur ein Teil davon!

Heidi: Aber damit kämpfen wir ja alle. Wie lernt man sein ganzes „Ich" zu lieben?

Ildiko: Indem man sich selbst erkennt und anerkennt – dass es so etwas wie mich gibt (so etwas Verrücktes, Verlogenes, Ehrgeiziges, Kontrollierendes wie mich)! Und indem man anfängt, alles im eigenen Tempo zu machen, sodass man sich noch spürt, anstatt sich von einer Aufgabe zur anderen zu stressen! Die Veränderung ist zuerst beängstigend. Man ist zu langsam, vielleicht uninteressiert an anderen Dingen. Aber verdammt lebendig! Man genießt SICH! Man lebt als unverwechselbares, unerschütterliches Wesen. Mit Bauch (das Instinktwesen-„Tier"), Herz (als emotionaler, sprich „weiblicher" Mensch), Kopf (sprich „männlicher" Mensch).

Beide, Männer und Frauen, haben Würde und Macht in der eigenen Art, wenn man sie lässt! Leider ist hier der ärgste Streitpunkt gegeben. Man bekämpft einander: beide wollen beispielsweise Kopf sein und niemand Herz! Man bekämpft als Mann den weiblichen Gefühls-Vorrang und als Frau die männliche Denkweise. Man streitet, diskutiert ohne Liebe (Herz) und **nimmt einander die Würde (der Freiheit der eigenen Wahrheit)**!

Zur Verdeutlichung nutze ich hier oft die Geschichte des Adlers und der Schlange. Tiere eignen sich sehr gut für verschiedene Übungen, denn es steckt in jedem von uns ein Tier, das wir natürlich in unserer Persönlichkeit eingeschmolzen haben: das Instinkthafte, das Bauchgehirn. Die Tiere haben ganz unterschiedliche Muster. Adler und Schlange verwende ich zusammen, wenn es nur ums Kämpfen geht.

Man löst in Beziehungen das ineinander aus, was tief im Unterbewusstsein versteckt ist. Diese Tiere entwickeln sich in uns miteinander und gegenseitig. Wenn ein Partner in einer Beziehung zum Beispiel brüllt wie ein Löwe, löst das im anderen auch etwas aus. Er wird vielleicht ein Reh, ein Opfer. Man fängt dann an, solche Muster zu entwickeln. Ich finde, solche Vorgänge auf diese Weise zu erleben, anzusehen und darüber zu sprechen viel spannender, als wenn man sagt: „Das sind psychologische Muster!" und das ganze wissenschaftlich erklärt. Das ist weit entfernt von der Realität eines Menschen. Ich überlege mir immer, wie ich meinen Klienten etwas erklären kann. **Sie müssen es ja erfassen und fühlen, nicht nur verstehen**!

Dann hoffe ich, dass sie damit wirklich etwas verändern können. Eine Klientin zum Beispiel, die schwer depressiv ist, kann sich als Tier immer noch gut einbringen, wenn wir spielen. Das ist es, wo man schütteln und rütteln und Spiele anbieten muss, damit man nicht in der Depression hängen bleibt und man noch mehr Medikamente nehmen muss!

Die meisten können hier verstehen, dass sie „verschiedene Tiere" (Mechanismen) in sich bergen, wie den Adler oder die Schlange, die natürlich Feinde sind und sich dadurch reizen. Bei der Übung lernen beide, auf welche Mechanismen sie beim anderen „Tier" achten müssen.

Der Adler und die Schlange   Ildiko

Eine Erzählung für Paare mit sehr unterschiedlichen Mechanismen

Plötzlich – im Gebirge – tobte ein großer Sturm! Ein Orkan schüttelte die Bäume, jagte die Wolken, schrie in die Höhlen hinein und jagte große Felsen den Berghang hinunter.

Eine Schlange wurde von ihm gepackt und in die Tiefe geschleudert, bis sie auf einer Felsbank vor einer Höhle landete. Sie kroch wie betäubt blitzschnell in die Höhle hinein, nicht ahnend, dass dort gerade schon ihr Erzfeind Schutz gesucht hatte! Als ein Blitz alles blau erhellte, sah sie den riesigen schwarzen Adler vor sich. Der schwere Regen, der tobsüchtige Wind ließen ihn keinen Meter weiterfliegen! Er war noch vor der Schlange auf diesen Felsenvorsprung gekommen und war mit nass hängenden Flügeln in die Höhle getaumelt.

Als der Blitz wieder kam, sah der Adler die schöne Kupferschlange zittern und er hackte sofort nach ihr. Die Kupferschlange in ihrer Todesangst richtete sich auf und zischte dem Adler ins Gesicht. Gott sei Dank war es gleich wieder stockdunkel. Im Dunkeln lauerten sie adrenalingefüllt aufeinander.

Das wiederholte sich unzählige Male. Dem Adler brach ein Stück von seinem Schnabel am Felsen ab und die Kupferschlange blutete Schlangenblut aus vielen Wunden.

Bis ... bis sie gelernt hatte, beim hellen Blitz zu erstarren und nicht mehr zu zucken und zu zischen, nicht mehr zu zittern. Sie blieb ausgestreckt und hörte ihren Herzschlag.

Bis... bis der Adler mit abgesplittertem Schnabel nicht mehr hackte, obwohl er die starre schöne Schlange genau aufleuchten sah, und er hörte sein Herz schlagen.

So sind sie davongekommen – von Mord und Tod. Sie blieben ganz lange in der Höhle ... Obwohl der Sturm schon vorbei war ...

Und sie heirateten im Herbst. Es waren alle Tiere eingeladen im Wald, Freunde und Feinde, und sie feierten ein schönes Fest, wie im Paradies.

Die Moral von der Geschichte:

Paare streiten oft sinnlos und mörderisch, weil wir alle verschiedene Tierarten in uns tragen, die von ihrer Natur her Beute oder Jäger füreinander sind. Darum streiten Frauen und Männer sinnlos herum und können nicht aufhören. Aus diesem Grund müssen wir das Tier in uns zähmen!

Heidi: Man kämpft also wie so oft um die Macht oder darum wer Recht hat!?

Ildiko: Ja. Und die Frage ist natürlich blödsinnig. Denn beide haben Recht. Wenn man schon selbständig ist, fühlt man es! Selbständig ist, wer mit beiden Gehirnhälften gleichzeitig denken kann. Die wechselseitige „Ich und Du"-„Du und Ich"-Fähigkeit macht frei und man kann lieben. Das geht nur zu zweit. Deshalb ist es auch wichtig, dass der Therapeut in den Therapiestunden als Person wirklich da ist – mit seinen Schwächen und Fehlern – mit beiden Gehirnhälften fassbar! Wo und wie soll der Klient sonst bitte lieben lernen? Von einer Attrappe oder vom Automaten?

Ich liebe und achte mich und ich liebe und achte dich! Diese Erfahrung macht die große Liebe möglich. Denn für diese Erfahrung ist es einfach NOTwendig, dass ich meine Gefühle lerne wahrhaftig, langsam und in Achtung anderer Gefühle auszudrücken: sagen und zeigen. Das ist die Rettungsaktion in der Krise!

Heidi: Gibt es Dinge, die man für eine gute Beziehung vermeiden sollte?

Ildiko: Kontrolle. Den anderen dauernd zu kontrollieren. Das tut man anstatt der Liebe. **Wenn man nicht lieben kann, fängt man zu kontrollieren an.** Das rettet und heilt gar nichts! Es bleibt der Waranblick!**Und man sollte auch aufhören, Liebe bekommen zu wollen!** „Beweise, dass du mich liebst!" Selbst wenn es einem gelingt auf diese Weise etwas zu bekommen, der Genuss ist viel zu kurz! **Man muss selbst lieben, sich und andere und das Leben…!** Das ist länger möglich und man ist nicht so abhängig wie ein Wintermantel vom Knopf!

Lieben ist etwas, das man auf vielen Ebenen kann und soll: Man kann geistig lieben, im Herzen lieben und im Bauch oder auf der genitalen/körperlichen Ebene. Man kann das aber auch alles zusammen und das ist das große Liebesgefühl, das wir alle suchen. Aber im Lauf einer Beziehung variiert, wie viel man jemanden geistig, im Herzen und auf der genitalen Ebene liebt. Man kann das auch an sich selbst beobachten. Manchmal ist das geistige stärker, manchmal das körperliche, aber es sollte meiner Meinung nach das Gesamtgefühl angestrebt werden. Ich glaube, wenn jemand das nicht erfahren hat, ist er arm.

Heidi: Ist Liebe nicht auch eine Entscheidung? Gerade im Übergang zwischen der ersten Verliebtheit zu einer tieferen Verbindung. Ich glaube, wenn man lieben will, dann entwickelt sich das auch. Aber das ist natürlich sehr neokortex-gedacht. (lacht)

Ildiko: Das ist die Frage. Ob du entscheiden kannst, dass du lieben willst, hängt von vielen Dingen ab. Zum Beispiel, wie du jemanden im Bauch fühlst. Ein Mann, der mir sexuell nicht entspricht oder den ich nicht erotisch finden kann, den kann ich auch im Kopf nicht wirklich lieben. Das kann ich hundert Mal entscheiden. Das tun ja viele. Sie heiraten, haben Kinder, aber du spürst ganz genau den Hunger auf die Liebe, besonders bei den Frauen.

Frauen nehmen sehr stark wahr, wenn ihnen die geistige Bezogenheit vom Mann fehlt. Er ist da, er macht alles, er verdient, er liebt seine Familie, aber es fehlt ihm vielleicht eine gewisse Höhe der Wahrnehmung von Beziehungen. Und das ist eine wirkliche Erziehungsfrage. **Man sollte in den Schulen tatsächlich Beziehungen lehren**, auch bei den Buben. Und nicht sagen: „Ihr müsst irgendwann kämpfen und deshalb dürft ihr nichts fühlen." So wie sie früher und leider auch heute im militärischen Sinn erzogen werden, was im Endeffekt heißt, die eigenen Gefühle zu leugnen.

Wie die Liebe entstand   Ildiko

Liebe ist eine menschliche Erfindung. Den Wunsch nach „Liebe" hat uns sicher Gott eingeimpft. Aber dass wir lieben „müssen", um zu überleben, haben wir selbst finden müssen!

Wahrscheinlich schon in der Höhle, wohin sie sich alle bei eisiger Kälte zurückgezogen haben und die Babys, in Felle gewickelt, geschrien haben wie am Spieß. Und die Männer haben sich mit Lauten verständigt, ob sie sie töten sollten, oder nicht. Wo die Mütter ständig gestillt haben, damit Ruhe ist und ihre Kinder überleben können!

Unsere Urahnen haben auch bei den Tieren gesehen, dass es so etwas wie eine „Instinkt-Liebe" in einem Rudel gibt. Dass wenn sie sich nicht vermehren, das Rudel nicht überlebt.

Das Allerschwierigste war sicher die Liebe zwischen Weibchen und Männchen! Man sieht es in Tierfilmen bei der Paarung, wie es zugeht! Aber in der Höhle, wo wenig Platz war und alle die Nähe wegen der bitteren Kälte brauchten, erfanden die Weibchen das Kuscheln (nach dem Lausen). Sie lausten die Männchen solange, bis diese immer näher rückten und vor lauter Behaglichkeit durch die Berührungen einschliefen. Da atmeten die Weibchen auf und drückten sich mit ihren Babys an der Brust ganz an die Männchen heran, die viel mehr Wärme abgaben als sie selbst. In der Höhle herrschte dann Ruhe und lautes Schnarchen.

Am nächsten Tag ging das Ganze von vorne los und alle gaben Glückslaute von sich, vor allem die Weibchen! Sie wussten: so würden sie am ehesten überleben. Schreien und Zetern wäre lebensbedrohlich gewesen! Das ranghöchste Männchen hätte sofort die Unmutsstifter vor die Höhle geworfen, was der sichere Tod gewesen wäre.

Diese Übung machten unsere Vorfahren, bis das Wetter sich besserte. Im Frühling und Sommer wurde dann im Freien ausgiebig geschrien und gekämpft! So entstand die Liebe im Winter. Heute, obwohl in unseren Höhlen gut geheizt wird, hört das Gezeter nicht auf. Man muss nicht mehr lausen, es gibt die Badewanne. Und wenn die Weibchen-Frauen nicht zärtlich sind, spürt man diesen Unterschied zwischen Männchen-Männern und Weibchen-Frauen, die sich nicht mehr erinnern, dass es ums Überleben ging!

Die Weibchen kreischen: So habe ich mir das nicht vorgestellt! Du siehst mich nicht! Du bist nicht da!

Die Männchen schreien: Was willst du Furie? Du hast eine tolle Höhle mit Kühlschrank und eine warme Toilette! Du hast mich als Versorger für deine Brut und ich massiere dir regelmäßig die Füße. Was zum Henker willst du?

Das Weibchen weint: Aber du liebst mich nicht! Liebst mich nicht!

Er: Ich tue doch alles für dich! Ist das nicht Liebe?

Sie weint: Neihhein! Oder schon, aber nicht genu-hu-hug!

Er: Was zum Teufel ist das mit der blöden Liebe?

Und da verstummt das Weibchen, denn sie kann den Mangel spüren, aber nicht erklären. Und hier müssen wir die Liebe wieder täglich neu erfinden. Männer und Frauen, jeder für sich und gemeinsam, denn lieben kann man nur gemeinsam, und jeden Tag neu.

Er: Heute ist Liebe für mich: Dich lang anzusehen.

Sie: Und für mich: wenn du näherkommst und mich trotzdem siehst und mein Gesicht in die Hände nimmst.

Er: Das kann ich jetzt nicht. Ich glaube ich bin dir immer etwas schuldig!

Sie: Nein, du bist an gar nichts schuld. Das Leben ist einfach manchmal beschissen.

Er: Kann ich dich umarmen? Sind wir in unserer Höhle?

Männlich und weiblich

Heidi: Mir tut es innerlich immer weh und ich werde zornig, wenn ich als Frau das „schwächere" Geschlecht sein soll.

Ildiko: Ja, solange du das glaubst! Frauen sind in vielen Bereichen stärker als Männer, sie sind nur meist körperlich schwächer. Aber wenn wir natürlich in einer gewalttätigen Gesellschaft leben, in der in erster Linie Körperkraft zählt, dann sind sie schwächer. In Wirklichkeit stimmt das nicht. Frauen können führen! Sie haben andere Gesichtspunkte und ich finde, wir haben das noch nicht genug definiert. Unsere Stärke muss hier „transformiert" werden – Frauenstärke wirkt teilweise wie Schwäche. Aber sogar allein mit dieser „Schwäche", kann man praktisch eine Schar von Männern dazu bringen, einen zu beschützen. Vielleicht sind es bessere oder liebesfähigere Männer. Aber Schwäche zu zeigen, führt für eine Frau nicht unbedingt zu ihrer Missachtung, sondern im Gegenteil. Sie hat eine wunderbare spirituelle Qualität.

Heidi: Dass Schwäche zeigen Stärke ist, kann ich aus meiner Erziehung nach männlichen Werten noch nicht ganz fassen. Gerade im wirtschaftlichen Umfeld müht man sich als Frau ab, mit den männlichen Machtgefügen mitzuhalten. Ist dort Schwäche zeigen wirklich akzeptabel?

Ildiko: Ja, wenn wir es kräftig vertreten und „männlich" dazu stehen! Wir Frauen können das noch zu wenig! Wir glauben es selbst nicht, dass wir stark sind oder wir halten es nicht für Stärke, dass wir fühlen. Wir rutschen wieder in das Gefühl von Schwäche ab. Das heißt, es ist noch nicht transformiert.

Heidi: Aber wie kann man das transformieren? Mit der Arbeit an sich selbst?

Ildiko: Ja klar. **Indem man vertritt und lebt, dass Gefühle Kraft und nicht Schwäche bringen!** Wenn wir das kräftig vertreten und „männlich" dazu stehen! Die Frage ist immer, was ist in der Realität brauchbar. Wo kann ich meine **fühlende Kraft** brauchen, zeigen, beweisen, glaubhaft machen, durchhalten? Meiner Meinung nach zum Beispiel in der gewaltfreien Erziehung, oder dass wir Frauen fähig sind, über unsere Gefühle tatsächlich zu reden und sie nicht verschlucken und verschämt hintanhalten.

Klientinnen haben während ihrer Therapie für sich in Worte gefasst, was für sie weiblich ist:

Was ist Frau-Sein? Klientin

Nicht ängstlich möchte ich sein, nicht verzweifelt und nicht klein. Dem Leben begegnen mit voller Kraft und mit allen Sinnen; der Welt mein Ich entgegenstemmen und durch dunkle Ritzen kriechen und scharfe Ecken umrunden und hohe Berge besteigen und tief fallen, beruhigt atmen, den Kern in mir fühlen und getröstet sein. Nicht die Warums erforschen sondern die Wies leben. Das Innerste nach außen stülpen, die Grenzen übersteigen, die Scheiße auskotzen und den neuen Raum mit mir selbst füllen.

Eine Frau möchte ich sein mit einem warmen Körper, einem schönen, einem bewussten, einem, der zum Empfinden fähig ist. Empfinden die Berührungen der Anderen, die Langsamkeit von Bewegungen, die Verbundenheit mit der Seele, die Nähe.

Nicht allein möchte ich sein, aber die Schönheit der Einsamkeit entdecken. Nicht prostituieren möchte ich mich, um dem Alleinsein zu entfliehen. Mich selbst möchte ich bespiegeln, von allen Seiten möchte ich mich betrachten, möchte wissen, wer ich bin, möchte mein Kraftpotential entdecken, meine Energieflüsse finden und zu einem Kern verfestigen, auf dem ich stehen kann, wie ein Fels in der Brandung. Aber kein Fels aus Granit, kein Stein mit glatter Brandung, nein, ein Fels möchte ich sein, wie von einem Vulkan, nicht zerbrechlich, nicht bröselig, aber zerfurcht und mit labyrinthischen Gängen, mit Löchern und Rissen, durch die das Wasser fließt und die Luft strömt, mit Poren und Öffnungen, durch die das Licht flutet.

Ein Gesicht möchte ich haben, in dem das Leben steht. Augen, die das Lesen in ihnen erlauben. Schön möchte ich sein mit Grübchen und Fältchen, nicht makellos möchte ich sein, aber attraktiv. Gefallen möchte ich mir und mich wohl fühlen in meiner Hülle.

Eine Frau mit einem Geheimnis möchte ich sein, nicht gleich durchschaubar. Wer mich will, muss mich erforschen.

Was ist weiblich? Klientin

- Unmittelbarer Zugang zu Gefühlen
- Die Welt durch Gefühle wahrnehmen
- Verbunden sein – sich verbinden können
- Erfahrung von Schwangerschaft und Geburt
- In Beziehungen leben, bezogen sein
- Sich öffnen können, aufnehmen, empfangen, auch sexuell, lieb sein
- Gefühle aufnehmen
- Energie aufnehmen
- Durchlässig sein, empfindsam sein
- Einen empfindsamen Körper haben
- Einatmen (Lustvoll)
- Zuerst im Bauch sein, dann erst Verbindung zum Kopf (männlich ist umgekehrt)
- Schützend sein
- Nährend sein – Stillen
- **Die herzliche Aggression ist eine weibliche Form von Aggression**: verbunden, nicht kämpfen
- Unmittelbarer Zugang zur Schönheit in der Welt (Blumen, Wohnung gestalten..)
- Weibliche Wildheit – Gefühle und Beziehungen
- Schwäche: zu wenig Bewusstsein für weibliche Stärke

Ildiko: Aus meiner Sicht ist der wirklich große Unterschied zwischen Männern und Frauen, dass Männer eher beim Denken anfangen und Frauen eher beim Fühlen. Das ist ein Riesenunterschied. Eine Frau fühlt vordergründig und denkt anschließend. Ein Mann eher umgekehrt – er reagiert erst später mit dem Gefühl.

Heidi: Das klingt in meinen Ohren jetzt sehr plakativ. Und auch irgendwie abwertend für die Frauen.

Ildiko: Deine Reaktion zeigt das Problem unserer Gesellschaft, nämlich dass das Fühlende, das Weibliche oft abgewertet wird. Dagegen kämpfe ich an. Es braucht beides!

Beziehungen haben da eine transformierende Möglichkeit. Nämlich, dass Männer ihr Denken in fühlendes Denken und Frauen ihr Fühlen in ein verstehendes und intellektuelles Fühlen transformieren können! Fühlendes Denken ist etwas ganz Großartiges. **Deswegen arbeite ich als Frau und nicht männlich oder als ein Neutrum.** Ich fühle definitiv zuerst und denke nachher und das halte ich für eine Stärke. Ich glaube verstanden zu haben, was für uns Frauen zu ändern, zu transformieren ist.

> *Heidi: Ich persönlich habe ja eher das „Männer-Problem", dass ich intellektuell angetrieben bin und das Fühlen in der Vergangenheit nicht wahrgenommen oder hintangestellt habe.*

Ildiko: Aber so können sich Männer uns immer überlegen fühlen, wenn Frauen ihre Gefühle abschneiden und das männliche Denken eigentlich für besser halten als das eigene! Ich glaube aber, es gibt nichts Besseres als ein fühlendes Denken oder verstehendes Fühlen und dieses Verständnis versuche ich in meiner Arbeit zu verwirklichen. Teilweise bilde ich viele Theorien und auf Gefühlen basierende Aussagen, die gut formulierbar und verstehbar sind – speziell für Männer. Ich habe viele männliche Klienten unterschiedlichen Alters, derzeit von 23 bis zu 89 Jahren.

Ich finde, dass da die psychologische Arbeit sehr wichtig ist, diese Art von männlich-weiblicher Spaltung zu überwinden und ineinandergreifen zu lassen, damit eine Kommunikation bei Paaren und auch in der Gesellschaft, der Politik entsteht. Das ist die allerschwierigste Aufgabe. Die Frau kommuniziert ihre Gefühle und fühlt sich nicht verstanden. Der Mann kommuniziert seine Gedanken und fühlt sich ebenfalls nicht verstanden. So als wären das zwei feindliche Lager. Dabei leben sie zusammen, haben Kinder und vieles mehr.

> *Heidi: Du sagst also damit, dass man sich über eine Paarbeziehung transformieren kann.*

Ildiko: Ja, **Beziehungen sind transformierend.** Es ist die beste Möglichkeit für uns alle und steht uns auch allen zur Verfügung! Man lernt durch sie zu fühlen und zu denken. Beziehungen haben eine große Bedeutung. Es klingt vielleicht irre, aber wenn diese Selbstmordattentäter eine gute Beziehung hätten, würden sie die Attentate nicht machen können. Sie würden dazu nicht fähig sein, weil sie sich mehr fühlen würden.

Ich liebe und schätze Männer sehr. Ich halte Frauen in keiner Weise für wichtiger, aber umgekehrt auch nicht: Männer sind nicht wichtiger als Frauen, auch wenn sie die Welt momentan noch in der Hand haben. **Ich bin eine Feministin und eine Maskulinistin!**

Wie der ideale Mann NICHT ist   Klient

Er ist fett oder dürr,
hat eine schrille oder schlaffe oder heisere Stimme,
seine Ausstrahlung ist lahm oder hektisch,
in der Kommunikation ist er eher nur zuhörend oder passiv,
in seinem Aussehen ist er steif oder verschmiert,
farblose Kleider,
er hält nichts von Kunst – ein „Musen-Muffel",
im Umgang mit Frauen ist er entweder scharf oder verklemmt,
auf Partnersuche ist er ein ängstlicher Werber schüchtern und verloren,
familiär muss er sich zurückhalten,
beruflich ein erfolgloser Streber oder ein erfolgreicher Besessener, dem der Beruf alles bedeutet,
sexuell ist er entweder ein Erotomane oder ein Frigider,
sozial braucht er nur eine gleichbleibende Kontaktform,
seine Beziehung zum Tod: er lebt in Angst vor seinem Ableben,
sein Händedruck ist feucht,
bezüglich Verantwortung: er weicht aus oder reißt alles an sich.

Ildiko: Diesen Text hat ein Klient während der Therapie verfasst, wobei er dabei noch nicht fähig war positiv zu sagen, wie der ideale Mann sein SOLL!

Ich finde, Männer haben oft wahnsinnig schwere Aufgaben, egal ob Straßenbohren, Bomben entschärfen (oder werfen) oder Flugzeuge fliegen usw. Sie haben dauernd irgendetwas Irdisches zu tun, damit aus ihrer Sicht unser Leben aufrecht bleibt. Was manchmal schon allein durch diese Tätigkeiten nicht mehr gewährleistet ist: zum Beispiel Kriege führen und damit Heimat, Frauen und Kinder beschützen. Das ist absurd! Aber die Männer werden oft dazu erzogen und sehen es als ihre Aufgabe!

Heidi: Ist das nicht eine sehr veraltete Sicht? Es gibt genauso Frauen, die fliegen, Bomben entschärfen usw. Zum Glück lösen sich diese Grenzen – zumindest in unserer Gesellschaft – immer mehr auf und ermöglichen allen Geschlechtern Zugang zu verschiedenen Berufen. Aber natürlich entspricht der Anspruch, den Männer an sich bzw. Frauen an sich stellen oft noch den veralteten Strukturen...

Ildiko: Ja. Aber ist das wirklich etwas Positives, wenn nun auch Frauen Bomben entschärfen und in den Krieg ziehen dürfen?

11 Transformation: Veränderung zum Besseren

„Ehrlichkeit ist eine wunderbare Möglichkeit der Transformation. Damit kann man wirklich etwas verändern."
Ildiko

Heidi: *Du erwähnst immer wieder, dass jemand schon etwas transformiert hat. Was meinst du damit?*

Ildiko: Es klingt geheimnisvoll. Transformation ist eigentlich Umwandlung, Veränderung in etwas Besseres. Man transformiert und findet damit eine **neue, bessere Form** für etwas. Wozu würde man das Ganze sonst machen? Die Transformation eines Menschen wird erst am Ende einer Therapie sichtbar und manchen wird sie gar nicht bewusst. Da stellt sich die Frage: Wer bin ich?

Gesellschaftliche Transformation

Ildiko: Es gibt auch in der Gesellschaft Transformationsprozesse – zum Beispiel verändert sich derzeit unser Freiheitsbegriff. Es wird griffiger, was uns unsere Freiheit in Europa wert ist. Das wird durch die Flüchtlingskrise und andere politische Umwälzungen klarer. Unsere Systeme sind in religiöser, philosophischer und politischer Art nicht wirklich durchleuchtet. Ich glaube wir sind jetzt dabei den Begriff „Freiheit" zu transformieren, weil wir dazu genötigt werden. Für mich ist es sehr spannend, wie und ob unsere Werte standhalten. Gibt es etwas, das die europäische Kultur tatsächlich und nicht nur am Papier oder in Musik und Kunst zu bieten hat? Das ist für mich spannend, weil wir doch so stolz sind und so groß reden, wenn wir in unserem kleinen Europa unsere Zeitungen lesen! Es gibt fast wöchentlich Berichte, in denen es um Gewalt und Terror geht. Das ist haarsträubend und eine große psychische Herausforderung für uns, dass man nicht ebenfalls mit blinder Wut, mit Gegenterrorismus reagiert, was ja leider des Öfteren passiert.

Heidi: *Aber was hat das mit Transformation zu tun?*

Ildiko: Ich meine, eine neue Einstellung zu Gut und Böse ist erforderlich. Unsere Einstellung dazu ist veraltet und hält den momentanen Angriffen von außen und innen nicht stand. Jemand könnte sagen: Gut ist, wenn nichts passiert, wenn unser Europa und unsere Werte geschützt und nicht erschüttert werden von äußeren Einwirkungen. Aber das ist nicht die Realität: Alle hochentwickelten Systeme werden erschüttert! Das klingt wie eine Plattitüde, aber im Zusammenhang ist es doch wichtig: Zum Beispiel während hier tonnenweise Nahrungsmittel weggeschmissen werden, hungern andere oder wissen überhaupt nicht, wie sie überleben sollen – in Gebieten, wo schon lange Kriege toben oder wo Menschen Dürre oder Hunger überwinden müssen. Sie können es aber nicht, weil sie nicht genug Hilfe von uns bekommen. Also kommen sie hier her, logisch, oder?

Gut und Böse zu transformieren heißt, diese Begriffe anders zu verstehen und zu nutzen. Man muss sehen: Wann bin ich gut? Ich bin nicht einfach gut, wenn ich Bettlern ein Stück Brot gebe. Sie wollen das auch nicht. Sie wollen nicht Bettler sein, sie wollen nicht die arme Schicht bleiben. Ich denke in 20 Jahren wird hier in Europa vieles ganz anders sein als jetzt.

> *Heidi: Das, was du jetzt über Gut und Böse gesagt hast, erinnert mich an mein früheres, kindliches Weltbild. Mit der Transformation zum Erwachsenen erkennt man, dass beides und in Schattierungen vorhanden ist. Die Frage für mich ist: Was möchte ich sein, was in mir ist gut, was ist böse und wer bin ich?*

Ildiko: Es ist gut zu sehen, dass man selbst am Transformieren, in Wandlung ist: von einem kindlichen Glauben beschützt zu einem erwachsenen Weltbild! **Erwachsen sein heißt, ob ich fähig bin sozial zu denken, zu urteilen UND zu handeln.** Gut im eigentlichen Sinn wäre für mich nicht dieses „lieb sein", was wir früher gelernt haben, so eine Art katholisches Gutsein: Den Armen helfen und dann ist alles okay.

Wir waren vor dem Krieg auf dem Land, weil unser Vater versucht hat uns zu verstecken. Außer uns hatte niemand ein Auto. Meine Mutter, die eigentlich immer unter ihren inneren Schwierigkeiten gelitten hat, war ein sehr liebevoller Mensch. Wenn sie unterwegs war und sie eine alte Frau langsam gehen sah, hat sie sie nach Hause gefahren. Sie ist dann Stunden später zu uns nach Hause gekommen. Wie soll man beurteilen, ob das gut war? Es war natürlich lieb und gut im (ehemalig) christlichen Sinne, aber für uns als Familie war das nicht gut. Wirklich gut wäre für mich, wenn man beides lösen kann! Wenn man fähig ist, für seine kleinen, beschützten Bereiche – für sein „Ich", seine Familie, seine Freunde da zu sein, also im persönlichen Bereich, aber auch im Großen und Ganzen, wenn man also auch anderen hilft. Und das bedeutet, **dass man das von Mal zu Mal abwägen muss, was gut und was böse ist.** Das ist nicht mehr vorgefertigt, es gibt hier kein Rezept. **Lieb sein ist keine Liebe!**

Es ist eine interessante Transformation, dass es heute langsam ganz normal und gut ist, wenn man auch für SICH SELBST sorgt! Und es ist kein Egoismus! Das war früher nicht wirklich wesentlich, man sagte, du sollst zu anderen gut sein. Obwohl ganz klar beides in der Bibel steht. Liebe deinen Nächsten wie dich selbst. Das hat keiner so verstanden und berücksichtigt. Heutzutage gehört das zum Freiheitsbegriff und ist moderne Psychologie, dass **ein Mensch nicht wirklich frei ist, wenn er nur für andere oder seine Arbeit da ist und für sich persönlich nicht.**

> *Heidi: Da fallen mir bestimmte helfende Berufe ein, wie Ärzte oder Therapeuten, wo man sich im Beruf „aufopfern" kann. Aber gleichzeitig vernachlässigt man vielleicht sich selbst, die Partnerschaft und die Kinder und wertet sie ab – für ein scheinbar „höheres Gut"! Man genießt diese gesellschaftlich anerkannte Rolle als „Gutmensch" und erhöht sich damit über andere. Eine solche Scheinheiligkeit macht mich wütend!*

Ildiko: Im Grunde geht es dabei auch um die narzisstische Selbstdarstellung, wie gut man ist. Letztlich bei uns allen. Heutzutage gibt es auch die andere Seite, dass auch die Kinder etwas zu sagen haben und die Frau bzw. die Familie sagen können: Du bist ein guter Arzt oder eine gute Psychologin, aber ein miserabler Vater/Partner oder eine miserable Mutter/Partnerin.

Beim Transformieren geht es also darum, etwas Altes, wovon man früher überzeugt war, zu überdenken, neu zu fühlen und in eine neue Auffassung zu übersetzen und das zu leben. Transformieren ist nicht nur ein Denkprozess, aber es fängt beim Denken an, deshalb ist es auch spannend und kulturell sehr europäisch.

Psychologisch gesehen ist es wichtig bei den Kindern anzufangen. Die Erziehung transformieren wir mittlerweile. Es gibt viele wichtige psychologische Gesichtspunkte, die langsam verstanden und benützt werden. Ich lese und höre in Berichten manchmal erfreuliche Sätze, die vor zehn Jahren noch niemand gesagt hätte und vor 20 Jahren schon gar nicht. Das ist schon in Transformation begriffen. Beispiele wären die gewaltlose Erziehung von Kindern, oder **dass Gefühle wichtig sind**. Das sind relativ neue Gesichtspunkte, die mit uns Frauen zusammenhängen.

Der Begriff „Frauen" wird zurzeit auch massiv transformiert, zum Beispiel durch die Angriffe bzw. das Aufdeckung von Missbrauch, der scheinbar auch im beruflichen Umfeld überall vorkommt. Interessanterweise diskutiert man in der Psychologie nicht offen darüber. Es gab schon einmal eine Welle vor ca. 15-20 Jahren, wo gewisse Dinge aufgeflogen sind, wie der Missbrauch von Frauen in Therapiepraxen. Aber diese Diskussion war sehr schnell wieder verschwunden. Und es bleibt natürlich die Frage: Was ist wirklich Missbrauch? Heute bestimmen das die Frauen, früher haben das – wenn es aufgeflogen ist – Männer, Psychologen oder Gerichte bestimmt. Heutzutage arbeiten die Frauen an der Transformation ihrer eigenen Frauenbilder, weil wir sehen, dass unsere Persönlichkeit etwas Missbrauchbares und Beschützenswertes ist!

Heidi: Ich denke da natürlich auch an die MeToo-Bewegung und die verstörende Diskussion, ob die Frauen nicht doch auch selbst schuld daran seien, oder auch einen Nutzen davon hätten!

Ildiko: Ja natürlich hatten einige zum Teil auch einen Nutzen daraus, dass sie sich missbrauchen ließen. Aber es ist völlig inakzeptabel und ein Wahnsinn, dass man Unterlegene für sich missbrauchen kann und die sich das gefallen lassen müssen, damit sie beruflich weiterkommen – egal ob das Hollywood, das Musikgeschäft oder irgendein Bereich unseres Leben ist!

In religiöser und gesellschaftlicher Hinsicht gäbe es auch viele Transformationsmöglichkeiten und sinnvolle Aufgaben für uns. Nehmen wir die Kopftuchdebatte: Behalten, abschaffen oder dem Kopftuch eine neue Bedeutung geben, als Möglichkeit der freien Entscheidung? Ein guter Versuch wäre zum

Beispiel, dass einmal ein Politiker mit Kopftuch auftritt oder einmal alle Frauen im Parlament.

Es gilt Freiheit zu definieren, im persönlichen und gesellschaftlichen Sinn. Es wäre nötig zu durchleuchten, was in dieser jetzigen Zeit der Veränderungen – mit großen Migrationsströmen anderer Kulturen nach Europa – Freiheit für uns bedeutet. Welchen Freiheitsbegriff können wir jetzt von den anderen und von unseren Kulturen transformieren, der einander eventuell entspricht? Das ist eine große Herausforderung, hier nicht einfach nein zum Kopftuch zu sagen, nicht entweder diese Kultur oder die andere, sondern das Gemeinsame zu finden. Meiner Meinung nach gibt es nur auf der persönlichen Ebene eine gute Möglichkeit mit der Freiheit zu arbeiten. Es geht darum zu transformieren, was genau persönliche Freiheit bedeutet, anstatt zu sagen, Freiheit ist, wenn man kein Kopftuch trägt. Oder Freiheit ist, wenn man alles haben kann, was man will – vom Kindergarten bis ins hohe Alter.

Persönliche Transformation

Heidi: Wie siehst du Transformation auf persönlicher Ebene?

Ildiko: Man transformiert in einer Entwicklung von Stufe zu Stufe. Wir fangen als Baby oder Embryo im Mutterbauch an, dann werden wir geboren und das ist schon eine Transformation auf Stufe Null von Stufe minus Eins. Dann kommt das Kind ins Leben und fängt an zu wachsen und da passiert schon eine Transformation in ein Kleinkind, in ein größeres Kind und dann in einen Erwachsenen – das sind die natürlichen Transformationsprozesse.

In meinem Fall war der Identifikations- oder Transformationsprozess ein ziemlich freier Prozess, durch die Krankheit, durch den „bedrohlichen Tod" und weil mir sehr viele Leute geholfen haben. Wie die Priester im Krieg, mit denen mir schon als Kind Gespräche möglich, die sonst nie möglich gewesen wären. Mich hat alles interessiert, ich habe offene Kinderfragen gestellt und sie waren bereit wirklich zu antworten. **Worte & Antworten sind auch Liebe!**

Aber wir wissen, dass es intensive Todeserlebnisse im Laufe eines Lebens gibt. Es ist psychologisch gesehen wichtig, in einem „Schicksal", in einem Leben, bei einem Klienten zu erfassen, ob er starke Todeserlebnisse gehabt hat und in welchem Alter. Wenn die Geburt traumatisch war, wenn das Kind krank war, wenn andere gemein oder gewalttätig waren oder wenn jemand in der Schule gemobbt worden ist – es gibt verschiedene Teil-Tode im Leben. Diese Erlebnisse sind natürlich nicht ganz und endgültig tödlich, aber trotzdem töten sie einen Teil, eine Fähigkeit in einem Kind oder die Selbstverständlichkeit, mit der es „Ja" zum Leben sagen kann. Wenn es Glück hat, weil es gute Eltern oder Menschen hat, die das Kind auf einer höheren Ebene, also „psychologisch" verstehen was dem Kind passiert ist, dann kann das Kind das Todeserlebnis transformieren. Das ist ein Glücksfall.

Wenn ich an mich denke, habe ich wirklich Glück gehabt, denn ich war wegen meiner Allergien ständig todkrank. Ich habe gedacht, was ist denn bloß los mit mir, was bin ich für ein Wrack? Oder bin ich vielleicht heilig? Nun hatte ich gute Eltern. Nicht, weil sie einfach „so lieb" waren, das waren sie nicht immer, sondern weil sie ehrlich waren. Sie haben nicht gelogen. **Ehrlichkeit ist eine wunderbare Möglichkeit der Transformation. Dann kann man erst etwas verändern**. Wenn man sich die Dinge wirklich ansieht und sie sich eingesteht.

Das sehe ich als entscheidend. Meine Eltern beispielsweise waren sehr für mich da und haben mir ehrlich gezeigt, wie sie fühlen. Es war nicht einfach für meine Mutter und mit ihr. Es hat sie aufgeregt, dass ich ewig krank war. Sie nörgelte und machte ein Gesicht und ich habe es gesehen und wurde trotzig. Ich habe mir gedacht: „Aber ich bin trotzdem etwas Besonderes." Es war mir möglich, das Kranke ins „Besondere" zu verwandeln, also Krankheit auf einer anderen Ebene in Gesundheit zu transformieren. Und da sind sie mir beigestanden. Sie haben gesagt: „Ja, du bist etwas Besonderes, du bist sehr gut und interessant." Sie haben mich auch in der Schule gestützt und beschützt. Ich konnte immer krank werden, wann ich wollte, was natürlich wunderbar war. (lacht) Sie haben mir alles unterschrieben. Und ich konnte mich oft erholen, was andere Kinder nie konnten, weil sie so gesund waren. Ich habe erst später verstanden, wie wichtig das für meine Entwicklung war.

Ich war zu Hause, lag mit Büchern im Bett und habe mich unheimlich gut gefühlt, obwohl ich krank war. Meine Mutter hat im Haus gearbeitet oder war in der Küche und ich blätterte in interessanten Büchern und Lexika und dachte darüber nach. Ich kann mich erinnern, dass ich immer einen Zusammenhang zwischen den Dingen gesucht habe –zum Beispiel bei den Entwicklungen in Kunst und Geschichte. Ich war schon als Kind erpicht darauf, das zu verstehen. Heute weiß ich, dieser Zusammenhang ist für mich die Psychologie. Und so habe ich auch früh herausgefunden, dass mich manche Kulturen oder Zeitalter besonders anziehen, weil sie etwas anders gemacht haben als alle anderen. Die Ägypter waren mir zum Beispiel als Kind wichtig. Und die Indianer natürlich -wegen Winnetou! (lachen)

Heidi: In der Gruppe hast du einmal deine Beziehung zu Christus und zu Winnetou erwähnt – in einem Atemzug. (lachen) Da waren alle kurz perplex. Das finde ich wirklich super.

Ildiko: Ich musste auch furchtbar lachen, als mir die Geschichte wieder einfiel: Ich war neun Jahre alt und betete abends inständig zum lieben Gott: „Lieber Jesus, ich weiß, ich bin nicht brav genug, dass du mir erscheinst! Aber bitte lass mir nur den Winnetou erscheinen, jetzt am Bettende! Nur kurz! Nur für eine Minute!" Es half nichts, Winnetou erschien nicht. So malte ich ihn mit Farbe neben mein Gesicht an die Wand und meine Eltern tolerierten die „Wandgemälde". Vorm Einschlafen drehte ich mich immer zu ihm. Und er war da, bei mir. (Erfand der Mensch so die Liebe...?)

Abhängigkeit in Liebe transformieren

Ildiko: Die wichtigste und schönste Transformation im Leben ist eigentlich, wenn man die Abhängigkeit transformieren kann. Hier ist die Abhängigkeit in Beziehungen gemeint. Daran arbeiten wir in Gruppen und in Paarbeziehungen. **Ich finde nicht, dass Abhängigkeit schlecht ist**. Sie wird meist sehr verteufelt, weil wir uns sehr davor fürchten. Aber abhängig werden wir auch von Gutem! Wir sind abhängig von der Sonne, von der Schwerkraft, **wir sind unheimlich abhängige Wesen, reden aber dauernd von Freiheit und wie frei wir sein möchten.**

Aber in Beziehungen leidet man unter der Abhängigkeit und das wirft man auch einem Therapeuten vor. Man hat mir relativ oft vorgeworfen, dass die Leute von mir abhängig werden. Das war schon in der Nervenklinik so. In meinen Stunden oder Gruppentherapien saßen oft viel mehr Leute als bei den Kollegen, die gleichzeitig gearbeitet haben. So etwas macht zornig und böse. „Das ist nur, weil du die Leute von dir abhängig machst.", habe ich zu hören bekommen. Ich habe mich dann immer gefragt, wie ich sie denn „abhängig" mache? Ich tue ja gar nichts Besonderes. Ich frage sie maximal, was sie machen möchten.

Ich habe Musik- und Bewegungstherapie gemacht und manchmal sagten 40 Leute: „Wir wollen gar nichts machen, wir wollen nur hier sein, weil man da seine Ruhe haben kann. Wir wollen die Matten holen, uns hinlegen und dabei Musik hören.", haben sie geantwortet und den ganzen Raum mit Matten ausgelegt. Dann habe ich mir gedacht, vielleicht mache ich sie damit abhängig, dass ich ihnen „Ruhe" gönne. Manche haben psychedelische Musik verlangt, die Süchtigen wollten The Who, wir haben Verschiedenes gehört, auch ein bisschen Beethoven und Mozart, das schadet auch nicht! Manche lachten, manche weinten. Manche fingen auch zu stöhnen an, was mich zwar erst erschrocken hat, aber warum nicht. Es wurde ein regelrechtes Inferno, weil die Leute im Liegen, in dieser „Freiheit", so viele Emotionen aus sich herausgebracht haben. Danach ging es ihnen besser, sagten sie. Das war die Zeit von Janov mit der „Urschreitherapie"[IV]. Ich habe diese Bücher auch gelesen und gehofft, dass sie nicht in einen Urschrei ausbrechen! Ich hatte alle Hände voll zu tun, um sie zu beruhigen.

Meine Kolleginnen hatten schon recht damit, dass ich irgendetwas Merkwürdiges machte, weil die Leute so darauf abfuhren! Aber was? Sie durften bei sich sein! Wenn, hat sie DAS abhängig gemacht. Ich habe versucht meinen Kollegen und Kolleginnen zu erklären, was ich tue. **Wenn die Patienten davon abhängig sind, bei sich zu sein, dann ist das nichts Schlimmes!**

Mit 40 Leuten auf der Psychiatrie war das vielleicht auch riskant, aber was sollte ich machen, es war kein anderer da, der mir geholfen hätte. Die Ärzte fühlten sie sich nicht zuständig: „Damit haben wir nichts zu tun. Das ist nicht so wichtig. Dann lassen sie die Leute eben sitzen und nicht liegen.", sagten sie. Aber die Patienten wollten nicht sitzen, sie wollten liegen, stöhnen, schreien. Sie wollten ihre schwierigen Emotionen erfahren und das geht liegend besser. Deswegen wollten sie wohl zu mir kommen. Der ganze Prozess war trotzdem in einem sicheren Rahmen. Wir waren in der Psychiatrie, ich konnte auch jederzeit Pfleger holen. Und manche nahmen viele Medikamente, sodass sie kaum mehr richtig reden konnten. Angst hatte ich trotzdem, aber es war heilsam, auch für mich. Die Leute sagten, dass ihnen das sehr guttut. Ich war dadurch irgendwie beliebt, was natürlich gegenüber den Kollegen wieder blöd war. Sie haben mich auch für verrückter gehalten als sich selbst.

Die Patienten wiederum meinten: „Du kannst überhaupt nicht mitreden, weil du das alles nicht mitgemacht hast, so wie wir. Was ist dir schon passiert? Wir haben so etwas Schweres durchgemacht und du verstehst nichts davon." Sie haben wahrscheinlich fantasiert, dass ich ein verwöhntes Kind aus reichem Hause war. Ich habe gesagt: „**Ich bin genauso verrückt wie ihr** und ich habe mindestens so viel durchgemacht – zum Beispiel im Krieg, die Flucht usw. Der einzige Unterschied zwischen uns ist, dass ich mich niemals anderen Menschen so in die Hände geben würde, wie ihr das tut." Damit habe ich sie provoziert, aber sie haben sich von mir ernst genommen gefühlt. Zu spüren, dass ich genauso verrückt bin, ist etwas sehr Angenehmes für mich. Ich möchte mich nicht besonders von den Menschen unterscheiden, mit denen ich arbeite. Ich habe gewusst, dass ich alle Tassen im Schrank habe und die Situationen dort intellektuell erfassen kann. Aber das Gefühl war gut, **dass wir etwas teilen und zwar „menschliches Leben" und darin ist kein so großer Unterschied**. Die Leute spinnen eben gerade, aber sie sind auch da, und genauso wichtig wie ich. Dieses Gefühl ist für mich zentral. Ob ich damit andere Menschen abhängig mache, ist mir völlig egal. Wir sind sowieso abhängig. Wie abhängig wird man in der Liebe? Und je besser diese Liebe ist und je mehr man sich geliebt fühlt, umso mehr wird man abhängig – zuerst einmal. Soll man also nicht lieben? Viele machen es ja so.

Und was ist die Lösung? Transformation. Der einzige Ausweg ist, dass man die Abhängigkeit in Liebe umwandelt. Es ist nicht die Lösung davonzulaufen oder Zwangsbestimmungen in der Beziehung einzuführen(z. B. mehr auszugehen und die Liebe zu leugnen, die man fühlt), damit man unabhängig wird. **Die Transformation von der Abhängigkeit in Liebe halte ich für Heilung und für die einzige Möglichkeit von guten Beziehungen**. Abhängig ist man sowieso. Die Aufgabe einer Beziehung ist in meinen Augen, dass man fähig ist, in der Liebe die Abhängigkeit zu transformieren. Die Aufgabe ist, natürlich auch einer therapeutischen Beziehung, **zuerst in die Abhängigkeit hineinzurutschen und dann immer mehr und mehr herauszukommen. Weil man immer besser sehen lernt, die eigene Person anfängt zu schätzen und zu**

lieben. Dann sieht man, dass man richtig stehen, sich selbst achten und lieben kann. So wie du es jetzt mit dir tust! Damit wird man immer unabhängiger. Therapie heißt nicht, dass man nicht lieben darf. Auch den Therapeuten kann man lieben und umgekehrt. Therapie ist eine Liebesbeziehung. **Ich liebe meine Klienten.** Und manche mich auch. Es gibt auch welche, die ich nicht liebe, aber die bleiben nicht lang! (lacht)

Das Buchprojekt als Heilungspunkt

Heidi

Dieses Buch handelt ja nicht nur von Ildiko und ihrer Art zu arbeiten, ihren Erkenntnissen, sondern es zeigt auch die Beziehung zwischen uns in der Therapie und die Entwicklung, die ein Klient im Laufe dieser Arbeit mit ihr nehmen kann.

Dieses Buch hat uns beiden genützt. Es war eine Therapie für uns beide.

Ich für meinen Teil konnte meine Entwicklung besser nachvollziehen. Ich konnte verstehen, wie und wieso sie so arbeitet und wieso sie konfrontiert.

Und das Buchprojekt wurde zu einem zentralen Heilungspunkt in meiner Entwicklung, weil ich mir darin wichtig war. Ein Konflikt mit Ildiko führte zu meiner Emanzipation in unserer Beziehung. Ich habe gelernt für mich aufzustehen und meine eigene Größe zu erkennen. Abhängigkeit wurde in Liebe transformiert.

Heidi: Dieses Gespräch führen wir, um einen zentralen Heilungspunkt in meiner Entwicklung aufzuzeigen, der auch beispielhaft für deine Arbeit mit der herzlichen Aggression und die Emanzipation des Klienten am Ende der Therapie ist.

Wir hatten bezüglich unseres Buchprojektes eine massive Auseinandersetzung, bei der ich endlich für mich selbst wütend geworden bin. Du hast mich ein paar Mal so „angeschossen", dass ich gar nicht wusste, wie mir geschieht.

Ildiko: Zu Beginn des Buchprojektes warst du noch klein. Währenddessen bist du aus meiner Sicht gewachsen und hattest daher andere Ansprüche als am Anfang des Prozesses. Ich habe diese Komplikation im Grunde nicht erwartet, obwohl ich mir das hätte denken können. Ich habe mich auf deine Initiative mit dem Buch damals unter anderen Annahmen eingelassen, nämlich dass du - überzeichnet gesagt - mit begeisterten Augen auf mich heraufblickend brave Fragen stellst und alles machst.

Im Lauf dieses Projektes hat sich aber gezeigt, dass du gewachsen bist, dass du selbst groß bist und dieses Buch mit mir gemeinsam schreiben wolltest. Da ich in erster Linie deine Therapeutin bin und war, verstehe ich diesen Impuls. Du willst groß sein, genauso wie ich. Das ist praktisch auch der Konflikt mit den Eltern, mit der Mutter oder mit dem Vater. Es war sehr spannend und forderte mich als narzisstischen Menschen, der natürlich selbst gut dastehen will, wenn schon einmal ein Buch entsteht. Und zugleich hatte ich das Gefühl, dass ich dir gegenüber Verantwortung habe und ich nicht wegen irgendeines Buches, das wir jetzt geschrieben haben, deine Entwicklung verpatzen oder Fehler zum Schluss machen möchte. Die Therapie war mir da wichtiger als das Buch! Also musste ich diesen Konflikt mit dir austragen.

Dieser Prozess ist für mich natürlich auch ein therapeutischer Prozess, auch für meine eigene Entwicklung! Ich finde, dass man sich mit über 80 auch noch entwickeln kann, darf und soll. Es fordert mich heraus, was ich dir für eine Größe zugestehen kann, ohne mich dabei zu leugnen, ohne mich kleiner zu machen oder zu verfälschen.

Ich habe dir auch gesagt, dass du anders angelegt bist, als wie du lebst, weil ich eine ganz andere Bestrebung in dir spüre. Und jetzt ist diese Bestrebung offensichtlich. Du willst authentisch sein, du willst bei dir sein und du willst deine Größe haben. Aber ich kann auch nicht einfach nachgeben. **Hier messen wir uns wirklich!** Natürlich ist uns beiden klar, dass ich dieses Buch alleine nie geschrieben hätte – weder von meinem Gefühl her, noch von meinem Können. Aber es ging bei dem Konflikt nicht darum, wer welche Arbeit gemacht hat, sondern **wer wer ist!**

Heidi: Wahrscheinlich war ich auch naiv, als ich mich zu Beginn so hineingeworfen habe. Getrieben von der Bewunderung für dich. Voller Herzblut und Dankbarkeit, dass du ein solches Projekt mit mir machen wolltest. Das hat mich groß gemacht! Dann hat mich aber deine Größe eingeschüchtert. Ich wurde unsicher bezüglich meiner Rolle und habe meine eigene Größe gesucht. Aufgebrochen ist der Konflikt dann, als du mich – wie es deine Methode ist – extra herausgefordert hast. Begonnen hat es damit, dass wir Fotos für das Buch machen wollten und du meine (vielleicht übertriebenen) Vorbereitungen für die gemeinsamen Fotos angegriffen und ins Lächerliche gezogen hast. (Ich habe ja unterschiedliche Kleidung mitgenommen.) Da bin ich zum ersten Mal richtig wütend geworden.

Ildiko: Als ich dich fertig gemacht habe? Endlich bist du (für dich selbst) wütend geworden – zum ersten Mal. Und das halte ich für eine Großtat, dass uns das gelungen ist. Ich habe am Anfang nie geglaubt, dass du so lange bleibst, dass du wirklich deine echte Größe angehen wirst. Die unechte Größe konntest du immer sehr gut mit deinem Intellekt zelebrieren. Sie hatte aber zu wenig Tiefe. **Um die Tiefe, um die Echtheit, um die Authentizität hast du jetzt und mit mir gekämpft!** Ich habe beim Fotoshooting beschlossen, dass ich das für die Therapie nütze und dich richtig „panieren" muss – wie ich das nenne. Dass ich dir damit zeigen muss, was du da parallel zu mir im Hintergrund inszenierst.

Heidi: Ich bin darüber sehr erschrocken! Ich habe es als unfair empfunden. Es war ja nicht meine Intention irgendwie hervorzustechen, ich wollte nur vorbereitet sein.

Ildiko: Erschrocken, weil du dich von mir in deinen Grundfesten angegriffen gefühlt hast? Aber aus meiner Sicht, hast du aus dem Hintergrund versucht, die Macht für dich zu holen.

Heidi: Wenn, war mir das nicht bewusst. Aber ich weiß, was du meinst. Ich habe das einmal formuliert mit: Jemand „drängt sich in den Hintergrund" (lachen) und zieht damit auch die Aufmerksamkeit auf sich. Ich möchte es richtig machen, entsprechen, aber ich möchte auch nicht zu kurz kommen. Es ist ein Dilemma.

Ildiko: Da steckt die Aussage dahinter: Ich bin nie im Vordergrund. Ich darf das nicht! Ich muss alles aus dem Hintergrund heraus „an mich reißen". Und das ist furchtbar schwer, aber auch hundsgemein, denn wenn du dich unter der Anpassung versteckst, also diese harmlose Gartenzwerg-Geschichte aufziehst, kann man nicht mit dir kämpfen. Wenn jemand immer lieb lächelt und überall hingestellt werden kann. Aber ein Gartenzwerg hat keine Persönlichkeit.

Heidi: Und mit diesem Umweg erreicht man nie, was man eigentlich will. Weil man dann eben nicht gesehen wird, weil man sich nicht hinstellt und sagt: „Ich will das aus diesen Gründen!"

Ildiko: Da gibt es auch in der Gruppe einige Beispiele. Man stellt sich hin als Gartenzwerg, möchte aber gesehen werden. Und man ist ja in Wahrheit auch kein Gartenzwerg und macht tolle Sachen!

Heidi: Mich verunsichern unbekannte Situationen wie das Fotoshooting, wo ich nicht weiß, was mich erwartet oder was von mir erwartet wird. Deshalb die Vorbereitung.

Ildiko: Das verunsichert jeden. Es ist nur die Frage, wie man dem begegnet, **ob man sich selbst zeigen, oder eine aufgemascherlte Person sein will, die jeder Gelegenheit entspricht!** Und das ist die Gefahr gewesen.

Heidi: Ich habe während unserer Arbeit die Angst gehabt, dass ich nicht gesehen werde. Dass ich klein bleibe. Und dann hast du noch nachgelegt und mich und meinen Beitrag in einem zweiten „Überfall" noch in der Gruppe angegriffen. Das hat dieser Angst genau entsprochen und ich bin wirklich wütend geworden. Denn natürlich war es mir wichtig, dass ich in diesem Buch eine Rolle habe!

Ildiko: Eben nicht eine Rolle! Es ist wichtig, dass du du bist! Du solltest deine eigene Größe zeigen! Du brauchst nicht eine andere! Am größten sind Menschen, wenn sie sie selbst sind. Dabei ist es egal, was sie machen, ob sie Klo putzen oder Schwimmrekorde aufstellen. Und davor hast du Angst, wie der Teufel vorm Weihwasser – wegen der Geschichte von deinem Vater: Als wäre echt sein nur im Tod möglich! Man kann nicht zu sich stehen, sondern man muss sich immer irgendwie verstellen. Für Echtheit steht dann der Tod.

Heidi: Ich will mich nicht verstellen – ich will zu meiner Größe stehen.

Ildiko: Das weiß ich, aber es hat auch eine verdammte Automatik. Und da geht es mir nicht um meine Größe. Es ist egal, ob mich andere darin sehen oder nicht. Ich bin mir meiner selbst bewusst. Es geht mir hier wirklich um die Wahrheit. Dass wir beide zu unserem Teil kommen.

Heidi: In der Gruppe bin ich dann so richtig wütend geworden. Ich habe gesagt, dass ich sofort aufhöre, wenn du meinen Anteil nicht siehst. Das hat für mich immerhin den Effekt gehabt, dass du nicht mehr auf einem Podest gestanden bist und dass ich mich nicht mehr so klein oder eingeschüchtert gefühlt habe.

Ildiko: Ich war froh, dass du mit mir gekämpft hast. Das war eine blutige, schwierige Kleinarbeit für mich, dich soweit zu bringen. Das viele Lachen, die Gestik, die Verstellung, für die du nichts kannst. Und trotzdem musste ich dir da wehtun. Das ist verdammt hart, jemandem die Wahrheit zu sagen, jemanden wirklich zu konfrontieren, und diese kindlichen Verstecke aufzumachen!

Ich finde, das Buch ist sehr gut geworden! Es ist wichtig, dass du deine Wahrheit darin hast und ich meine Wahrheit darin habe und dass wir uns darüber verständigen, ob es so ist. Das ist wichtig, weil es zugleich Therapieprozess ist. Dazu ist aber unsere Beziehungsklärung wichtig. Das war früher kaum möglich. Wenn ich frühzeitig diese Art aufgedeckt hätte, wärst du gegangen. Das kam von deiner Familie – vom Politiker-Dasein, in der Öffentlichkeit stehen. Politiker perfektionieren das Verstellen und ähnliche Praktiken, wie wir es auch jetzt auf der Welt sehen.

Du musst es ablegen und als Person auftreten! Mit welcher Größe auch immer. Du hast in unserer gemeinsamen Arbeit deine neue Größe kennen gelernt! Ich wollte weder, dass du kleiner, noch dass du größer bist, sondern du. Du musst dich nur wirklich trauen, dich zu zeigen! Darum geht es. Erst jetzt hat sich entpuppt, dass du das willst. Du hast dich davor lieber unter 1000 Decken versteckt. Aber man kann nicht im Versteck sein und sich zugleich zeigen wollen. So wie du bist, so sollst du dastehen und dafür sollst du auch die Verantwortung tragen.

Und was ist, wenn das Buch den Leuten nicht gefällt? Wenn viele Menschen, Psychologen, Lebensberater sagen: „Das ist ja schrecklich, so kann man das nicht machen! Wie kann man so etwas behaupten!?" Ich hoffe, es ist nicht so, aber es kann sein, dass es nach hinten losgeht. Aber zugleich weiß ich, dass das Menschen anzieht. Du bist auch nicht zu mir gekommen, weil ich DDr. Soundso bin. Da braucht man sich nicht zu fürchten. Ganz viele Menschen suchen eine Geradlinigkeit in diesem Dickicht der Therapeutenszene. Mir war lieber, man erzählt tausend schlechte Sachen von mir, die gar nicht wahr sind, aber ich kann Menschen helfen.

Das war jetzt eigentlich auch ein Beispiel für eine Therapiestunde – in einer fortgeschrittenen Phase, weil du ordentlich gekämpft hast! Du hast jetzt nicht klein beigegeben und bist immer wieder aufgestanden.

Heidi: Weil es mir wichtig ist.

Ildiko: Und genau das will ich in erster Linie, denn sonst würde ich diese Arbeit nicht machen. Was wir jetzt gemacht haben, ist das Beste daran: Ein Mensch steht mir endlich gegenüber und nicht unter mir oder hinter mir oder wird von mir getragen oder auf den Boden fallen gelassen. Er steht mir gegenüber und ich bin nicht allein und muss mich nicht niederbeugen und mit weicher Stimme reden, damit jemand nicht erschrickt. (Lachen) Dafür mache ich das alles. Das ist mein größter Genuss an dieser Arbeit, dass endlich jemand wie du groß ist und mir gegenübersteht!

Eselsgeduld oder „Das Ende der Therapie"

Ildiko: Meine Eselsgeduld hat auch einen Hintergrund. In der Gruppe kommt immer wieder die Diskussion auf, wann man mit der Therapie aufhören soll. Ich finde die Frage spannend, wann die Therapie zu Ende ist. Ich beantworte das meistens mit: **Wenn du so gut zu dir bist, wie ich zu dir bin**. Wenn du das kannst, was du hier lernen wolltest. Das ist emotional formuliert. Anders formuliert ist es, wenn jemand seine Ziele erreicht, die er sich gestellt hat. Wie lange das dauert hängt nicht von mir ab! Mir ist lieber, und das ist ehrlich gemeint, jemand hört auf, als dass ich mit Menschen arbeite, die nicht wirklich an ihrer eigenen Entwicklung dran sind und hier herumsitzen und zahlen. Das ist das Letzte! Das ist langweilig und meine Arbeit wird dann auch schlechter.

> *Heidi: Ich kann das bis zu einem gewissen Grad nachvollziehen. Wenn es mir nicht gut geht, ich oft krank werde, gehe ich hierhin und dahin und bekomme Medikamente oder Vitamine, die ich eine Weile nehme. Wenn es nicht gleich besser ist, gehe ich zum nächsten. Ich kenne dieses sich selbst beruhigen, indem man etwas tut und dafür zahlt und sich dann denkt: „Gut, jetzt habe ich wieder etwas für mich getan!"*

Ildiko: Das ist ja okay, nur man muss sich selbst fragen: Was will ich denn? Wohin will ich? Das ist so entscheidend in meiner Arbeit: Ich frage die Leute, was sie wirklich wollen. Und oft bin ich der erste Mensch, der sie das im Ganzen fragt und damit konfrontiert. Danach fragt man meistens nicht. Es geht darum, sich das bewusst zu machen und sich nicht an sich selbst vorbei zu schmuggeln und zu sagen: „Ich bin eh schon gut", wenn meine Symptome weg sind. Ich will ja nicht einfach Menschen an diese Gesellschaft anpassen, sodass jemand dann große Kohle verdient und damit zufrieden ist, sondern **ich möchte, dass er seine eigene Vision von sich verfolgt und lebt.** Meine Vision entwickle ich über jeden Klienten, der bei mir ist. Eigentlich schon in der ersten Stunde. Wir haben schon darüber geredet. Aber was ist wenn die Vision von dir meiner nicht entspricht? Genau das muss man ausdiskutieren: Wohin gehst du jetzt? **Meine Vision über Menschen muss ich selbst leben und arbeiten.** Ich muss nicht die Vision vom Klienten übernehmen.

> *Heidi: Ich finde, dass es gar nicht so wichtig ist, was du für eine Vision von mir hast! Ich finde es nur wichtig, dass du eine hast. Und ich habe das Gefühl, man müsste sie gar nicht genau kennen. Schon das Wissen, dass jemand etwas Anderes, etwas Besseres in mir sieht als ich selbst, bewegt mich und etwas in mir.*

Ildiko: Und das wäre eigentlich schon von den Eltern her wünschenswert, dass du gut gesehen wirst, auch wohin du dich entwickeln könntest. Nicht, dass beispielsweise bestimmt wird, dass man Jus studieren soll, weil das in die Familie passt, oder dass man das Geschäft übernehmen muss! Sondern, dass jemand wirklich eine Gesamtvision von diesem Menschen hat und erkennt welche Begabungen und Interessen dieses Kind hat. Da waren deine

Eltern sicher gut, denn sie haben dich darin gefördert. Und das ist überhaupt ein Glück. Leider fördern Eltern ihre Kinder oft nicht darin, wie sie ein **ganzer Mensch** werden können, weil sie das Gefühl selbst nicht haben. Es geht da nicht nur um Beruf, Anpassung, Aussehen und dergleichen, sondern tatsächlich um einen individuellen Werdegang. Das ist so spannend und schön, dass man jedes Kind anschauen kann, so wie du jetzt deinen Sohn ansiehst und sich fragen kann: Wie ist er, wohin wird er sich entwickeln wollen und was möchte ich ihm geben?

Heidi: Du meinst, dass das an sich schon ein Wert ist, ein Mensch zu sein und wie man als Mensch ist.

Ildiko: Natürlich, deswegen habe ich diesen Beruf!

Was ist deine Vision, die in unserer Arbeit entstanden ist? Über eine Frau, über dich selbst. Wie musst du denn sein? Und mit welcher Vision bist du in die Therapie gekommen?

Heidi: Als ich zu dir gekommen bin, war mir meine Vision von mir nicht bewusst. Einerseits wollte ich „der Welt um mich herum entsprechen", aber gleichzeitig war auch der Wunsch da „hervorzustechen und etwas Besonderes zu sein!"

Ildiko: Deine Vision war wahrscheinlich, dass du dich so anpassen kannst, dass es dir dann gut geht. Und ich habe gesehen, dass das so nicht möglich ist. Du kannst dich nicht so anpassen! Ich habe wahrgenommen, dass du von der Ausstrahlung her anders bist, als du dich benimmst. Wir haben hier miteinander angefangen zu arbeiten, indem ich dich damit konfrontiert habe. Und das ist angekommen. Du hast angefangen, meine Vision aufzunehmen und zu schauen, was wirklich für dich passt. Dir ist irgendwann einmal wichtig geworden, diesen inneren Konflikt aufzuklären und echt zu sein. Dein Leben hat sich sehr verändert, oder?

Heidi: Nach der Verunsicherung durch den Selbstmord meines Vaters und die Trennung, sehe ich jetzt wieder klarer, wer ich bin und sein möchte. Ich glaube, meine jetzige Vision von mir ist stärker an der aus meiner Jugend orientiert, aber mit mehr Tiefe. Ich sehe mich als eine lebenslustige, ge-

scheite UND tief fühlende Frau, die selbstbestimmt, unkonventionell und spannend ihr Leben lebt. Sie ist gut zu sich und zu den Menschen um sie herum, ohne sich kleiner zu machen. Sie setzt ihre Prioritäten nach ihrem Inneren und nicht nach den Erwartungen von außen. Ich sehe mich als starke Frau, die voll im Leben steht und etwas Positives in dieser Welt beiträgt.

Ildiko: Wenn einem die eigene Vision bewusst ist, dann sind auch die eigenen Kinder dran, in einer anderen Form. Sie werden größer und es ist die Frage, was man seinen Kindern anerziehen will, was sie von einem mitnehmen sollen. Dieses Thema wird allen irgendwann sehr wichtig. Man muss aber deswegen nicht bleiben! (lacht) Ich finde es auch gut, wenn jemand sagt: „Ich will jetzt gehen, aber ich will immer wieder kommen und mit dir einmal eine Stunde über etwas arbeiten."

Heidi: Es geht für mich um eine Lebensentwicklung und die ist einfach schöner und leichter, wenn man daran mit jemandem gemeinsam arbeitet – egal ob in einer Therapie, einem Coaching oder was auch immer. Menschen geben für Wellness oder ein Fitnessstudio viel Geld aus, und für mich gehört das einfach zum Leben dazu, dass ich mich mit mir beschäftige und mir anschaue, wer ich bin und wohin ich will. Ein psychisches Wellness-Programm sozusagen.

Ildiko: Du bist anspruchsvoll geworden. (lacht)

Heidi: Begonnen hat mein Umdenken eigentlich im Alter von ca. 30 Jahren, als ich mich von einem Infekt monatelang nicht erholt habe. Dadurch habe ich zum ersten Mal gemerkt, dass irgendetwas nicht passt. Damals hätte ich noch nicht an eine aktive Selbstentwicklung als Lösung gedacht. Ich war der Meinung, etwas funktioniert nicht, es muss „repariert" werden, dann passt es wieder.

Ildiko: So denken wir auch meistens. Es kommt aber nur selten jemand mit einem klaren Auftrag zu mir. Im Sinne von: Wie viele Stunden brauche ich, damit ich dies und jenes verändern kann? Das ist äußerst selten. Solche Fragen stellen am ehesten reiche Menschen. Einmal war der Sohn von berühmten Salzburger Geschäftsleuten bei mir, der irrsinnige Schlafstörungen hatte und das nicht verstanden hat, weil er ja „alles hat". Er hat mich gefragt: Wie viele Stunden muss ich da sein?

Heidi: Ist so etwas überhaupt möglich? Ein bestimmtes Ziel im Sinne eines Coachings erreichen sicherlich, aber manchmal stolpert man eben immer wieder über die Symptome von tiefer liegenden Wunden...

Ildiko: Natürlich ist es schön, dass Menschen kommen und fragen: Kannst du mir da helfen? Ich habe folgendes Problem. Aber ich konstatiere dann eigentlich nicht, wie ich ihnen helfen kann, sondern **was dieser Mensch in sich lösen oder entwickeln müsste, damit dieses Problem sich löst.** Ich frage mich, wo es ihm denn fehlt, so dass er dieses Thema umkreist und nicht davon wegkommt, so wie bei dir zum Beispiel die Anpassung. Und was ist da im Weg? Und damit kommen wir auf die schweren Geschichten. Ich denke nicht umgekehrt, wie ich diese Schlafstörungen lösen kann, das wäre Blödsinn! Ich denke mir, WARUM schläft er nicht? Was lässt ihn nicht schlafen? Leider wollte dieser reiche Junge, der eh schon Medikamente genommen hat, gar nicht wissen, warum er nicht schläft. Er ist ausgewichen. Ich glaube es war sein Reichtum und das ganze Gefüge, wie er aufgewachsen ist und dass er in Salzburg berühmt ist. Und das wollte er gar nicht hinterfragen. Er hat wahrscheinlich Angst gehabt, dass er dann etwas von diesen Gütern und von dieser Großartigkeit aufgeben muss, die durch das Geld gekommen sind.

Heidi: Das kann ich auch nachvollziehen. Diese Angst hatte ich auch – dass man mit der Suche nach sich selbst auch etwas aufgeben muss. Dass man zum Beispiel auch Freunde hinter sich lässt, die sich dann doch nicht als Freunde herausstellen, wenn man sich selbst weiterentwickelt. Man sieht sie dann vielleicht plötzlich in einem anderen Licht oder sie dich. Oder auch lieb gewonnene Gewohnheiten, die man hinterfragen muss.

Ildiko: Ist das passiert? Was musstest du aufgeben, was dir wehgetan hat oder abgeht? Ich lasse jemanden sowieso in Frieden, wenn ich merke, dass er auf etwas besteht oder ihm etwas existentiell wichtig ist. Zum Beispiel wenn jemand Nägel kaut. **Aber ich sage dazu meine Meinung, denn ich bin nicht zum Lügenschweigen da! (Man kann mit Schweigen nämlich auch sehr gut lügen!)** Ich verforme mich nicht jedes Mal, wenn jemand bei der Tür hereinkommt, wie eine Amöbe. Ich bin eben kein Therapeutenautomat.

(lacht). Am Abend weiß ich sonst nicht, wer ich bin. Hast du denn Freunde verloren?

Heidi: Die waren wahrscheinlich keine echten. Bei manchen früheren „Freunden" sind mir wirklich die Augen aufgegangen. Blindheit hat manchmal auch einen Vorteil. Man fühlt sich wohl, man verbringt Zeit, es ist eine liebe Gewohnheit, auch wenn man dabei an der Oberfläche bleibt.

Ildiko: Ja, so kann man das sehen. Ich sage, **Menschen sind kein Koffer, man kann sie nicht verlieren**. Wenn jemand wirklich da ist mit dir, den verlierst du nicht, egal wieviel Jahre dazwischen liegen und welche Änderungen seither passiert sind. Denn dann käme derjenige und würde fragen: Was ist mit dir passiert? Wieso bist du so anders?

Heidi: Manchmal ist die Maske eben auch bequem und hat scheinbare Vorteile. Die Maske runter zu reißen ist nicht leicht.

Ildiko: Ich finde, eine Maske ist wichtig. Nur **diese Maske, die ich ein Leben lang tragen will und kann, soll mein eigenes Gesicht sein.** Die Maske muss zu mir passen, aber ich muss sie aufsetzen können, wann ich sie will.

Masken aus der Zeit von Panama

Heidi: *Selbstbestimmt.*

Ildiko: Ja. Es soll authentisch sein, nicht ein verformtes, aufgesetztes, geheimnisvolles Irgendetwas. Aber Masken MÜSSEN wir in diesem Leben tragen, weil wir sonst vor die Hunde gehen. Das ist eine Gesellschaft, wo man eine Maske braucht. Am besten auch bei Bedarf eine Ganzkörpermaske. Man muss sich und die eigene Wahrheit beschützen können. Wir leben nicht im Paradies, sondern auf der Erde.

Jetzt noch zur Eselsgeduld, also zur Frage, wie lange man arbeitet: Man braucht eine irrsinnige Geduld, mit sich und mit anderen. Als Therapeut und auch als Klient. Es ist sein Leben, nicht mein Leben. Manche Dinge sind mir fremd und dann denke ich mir: Okay, aber ich liebe diesen Klienten, ich will ihn verstehen. „Eselsgeduld" bedeutet, dass ich nicht vorspringe, wenn der Klient noch steht, und ich wäre in meiner Ungeduld schon irgendwo. Darum dauern Therapien solange, wie jemand sich mit meiner Hilfe entwickeln will. Wenn er sich allein oder mit anderer Hilfe weiterentwickeln will, ist mir das auch absolut recht. Ich bestehe nicht auf eine bestimmte Dauer.

Früher habe ich die Leute nach zwei Jahren hinausgeworfen. Ich habe gesagt: „Mit meiner Methode haben wir jetzt alles durchgearbeitet und jetzt ist die Therapie zu Ende. Möchtest du noch etwas?" Das war relativ am Anfang. Sehr viele waren beleidigt und sauer und ich habe das zuerst nicht verstanden. Dann habe ich kapiert, dass ich etwas gemacht habe, was MIR entsprochen hat, aber dem Klienten nicht! Manche sind natürlich auch zurückgekommen und haben gesagt, dass ich sie nicht hätte rauswerfen dürfen! Ich dachte die „Therapie" ist da zu Ende, dabei waren nur meine damaligen Möglichkeiten zu Ende! (lacht) Bis ich verstanden habe, dass man nicht mit Gewalt bestimmen muss, wann Schluss ist. Es bestimmen Therapeut und Klient zusammen.

Die Frage „Wie lange dauert eine Therapie?", finde ich sehr wertvoll und ich habe auch keinerlei Bedenken diesbezüglich. Jeder muss selbst entscheiden, ob er schon dort ist, wo er sein will. Ich habe es aber nicht gern, wenn jemand einfach aufhört, ohne zu erklären wieso. Dann gibt es sicher eine wohlwollende Konfrontation mit dem Klienten, mit der Frage: Bist du jetzt bei dir angekommen? Ich zeige auch meine Gefühle und was in meiner

Wahrnehmung noch fehlt. Aber es geht mir nicht darum Geld zu verdienen. Nicht in erster Linie. Ich korrumpiere mich nicht selbst, indem ich sage: „Der Klient soll möglichst lange bleiben."

Heidi: Sonst hättest du ja auch lauter Scheinklienten sitzen, Klone vielleicht, die immer zustimmen.

Ildiko: Um Gottes willen. (lacht) Ich möchte auch nicht, dass jemand so ist wie ich! **Meine Arbeit ist, dass jemand hier die Unterstützung bekommt, sich selbst zu finden.** Und dass dafür genug Zeit ist. Die Leute kommen in unterschiedlichen Lebensabschnitten zu mir. Meine jüngste Klientin ist derzeit 23 — mit Themen wie Berufswahl und so weiter. Wie lange sie da sein wird? Keine Ahnung, aber ihre Persönlichkeit formt sich und wenn jemand mit 40 oder erst mit 60 kommt, genauso. Es gibt dann neue Sachen, die man miteinander anfängt auszutauschen, um eine gemeinsame Vision zu basteln.

Man muss sich natürlich immer wieder fragen: Habe ich jetzt genug, bin ich schon so wie ich sein will, oder will ich noch weiterarbeiten? Weil zu tun gibt es ja unendlich viel. Ich bin über 80 und ich habe genug mit mir zu tun — wie ich noch sein möchte, oder was ich nicht sein möchte. **Man arbeitet sowieso ein Leben lang an sich selbst!**

ENDE

12 Grabinschrift

Ildiko: Zum Schluss noch eine Überlegung aus 2000, was auf meinem Grabstein stehen sollte. Sozusagen ein Nachruf...

Hier ruht Ildiko
ohne Familiennamen als Person.
Sie ist von uns gegangen bei ihrer Geburt,
aber sie ist gleich wiedergekommen,
aus Liebe.
Ihre eigentliche Mutter und Helferin
für ihr ganzes Leben war ein Geist,
der Geist der Liebe.
Er hat sie getragen, gewiegt, gestärkt
und ihr immer wieder zum Sieg verholfen,
zum Sieg über sich selbst.
Sie wollte nämlich überhaupt nicht leben,
weil ihr Körper immer wieder abhandengekommen ist.
Doch sie wurde uralt
in geistiger Frische, ohne Kämpfe.
Sie war absolut mittelmäßig
und doch lag in ihrer Kleinheit Größe.
Sie hat in dieser unehrlichen Welt
eine winzige Zelle der Intimität und
inneren Freiheit geschaffen:
sie brachte sich und anderen bei,
wie man mit Störungen und Verrücktheiten
gut und erfolgreich leben kann.
Ob sie selbst verrückt war,
wollte sie gar nicht wissen,
sie war ein glücklicher Mensch,
WEIL
sie gelebt hat.

Anhang - Fotos

Heidi und Ildiko beim Foto-Shooting für dieses Buch

Aus Ildikos Familienalbum:

Ildikos Eltern, Ildiko mit einem Kellner und mit ihrer
Schwester und ihrem Cousin 1941

Ildiko mit ihrem Vater und ihrer Schwester, beim Theaterspielen und als Teenager

Ildiko als Leiterin des Lebensberatungszentrums Panama und ihr Mann Franz

Ildiko mit Tochter Nina, Schwiegersohn Alois und
Enkelin Amelie 2017

Aus Heidis Familienalbum:

Heidi als Kleinkind mit ihrer Mutter und ihrer Schwester Margit

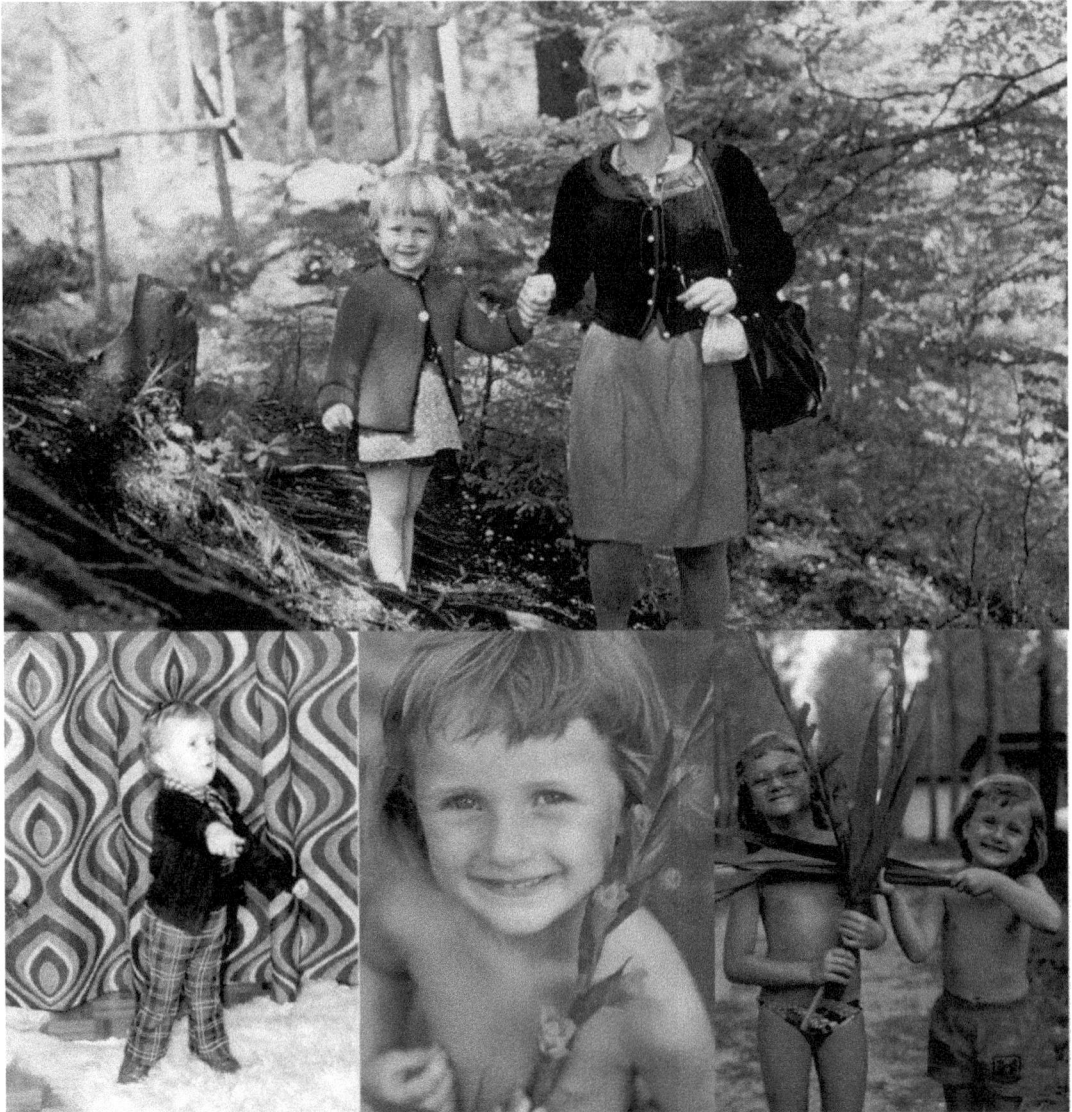

Heidis Vater als Wiener Sängerknabe, Heidi mit Mutter, Vater und Schwester

Heidi mit ihrer Familie: ihren liebsten Männern Sohn
Thomas und Partner Karl

Anhang - Übungen: Der Körper lügt nicht!

„Es geht darum, dass man endlich etwas von sich selbst zu sehen bekommt, aus dem eigenen Unterbewusstsein. Man lernt zu sich zu stehen und sich auch mit seinem Unterbewusstsein anzufreunden."
Ildiko

Kreativdiagnose: Statuen-Übung

Heidi: Eine Übung ist mir noch in besonderer Erinnerung, die du am Anfang mit mir gemacht hast: Die Statue. Es war für mich selbst auch sehr erleuchtend, was mein Unterbewusstsein darin gezeigt hat.

Ildiko: Die Statue nutze ich für eine Kreativdiagnose am Anfang der Therapie. Aber es ist eine Kreativdiagnose und keine psychiatrische Diagnose! Das ist sehr wichtig zu unterscheiden. Ich kann damit erkennen, woran der Klient und ich arbeiten müssen, damit seine Problematik lösbar wird. Bei allen Übungen, die ich mit Klienten mache, gibt es auch eine Deutung, ich sage dann ehrlich, was die Übung zeigt.

Heidi: Was bedeutet Kreativdiagnose?

Ildiko: Kreativität ist veränderbar, beweglich, nicht erschreckend. Man könnte sagen, es ist keine wirkliche Diagnose, weil es nicht festnagelt, nicht verletzt. Es ist die **Diagnose einer möglichen Veränderung in Liebe, in Verrücktheit,** was jeder von sich gibt. Mir gefällt dabei, dass diese Übungen viel bringen! Sie decken unbewusstes Material sehr schnell auf.

Diese Übung habe ich in der Landesnervenklinik konstruiert, als ich gemerkt habe, dass die Patienten nicht sagen können, wie es ihnen geht! Sie können über sich selbst wenig aussagen. Auf die Frage „Wie geht es Ihnen denn?", sagen sie nur Sachen wie: „Ich habe Kopfweh, es geht mir nicht gut, die Medikamente sind zu stark.", also Dinge, durch die man nichts von dem Menschen erfährt.

Heidi: Ich hätte auch nicht sagen können, wie es mir wirklich geht. Ich habe es schwer ausgehalten so lange bei mir zu bleiben, bis ich es weiß. Ich erinnere mich an meine Statue, bei der ich aus Holz gemacht war und mit erhobenen Händen dagestanden bin.

Ildiko: Bei der Übung mit der Statue wird etwas nach außen projiziert. Unterbewusste Bilder von sich werden in die verschiedenen Zustände projiziert. Zuerst die Statue, die man sein möchte und dann der Zielzustand in den man sich verwandeln möchte. Das ist auch Transformation, mitunter nach unten. Viele verwandeln sich in ein Tier und das finde ich toll, denn damit kann man sehen, welche Kraft jemandem fehlt. Wenn man in einer Statue (also in der eigenen Störung) erstarrt ist, hilft einem oft ein Tier.

Die dritte Verwandlung zeigt, wer ich dann wirklich bin und sein will. Die Arbeit in diesen verschiedenen Stufen ist ein kreativer und halbbewusster Prozess. Das macht es spannend. Da mischt sich Bewusstsein mit Unterbewusstsein. Man arbeitet mit Bildern und das ist sehr belebend, weil es teilweise wie ein Traum ist, der viel von einem spiegelt. Es ist eine Möglichkeit zur Selbstwahrnehmung.

Ich stelle dem Klienten dabei drei Fragen:

1. Statue, zeigt die Störung

Die erste Frage an den Klienten lautet: „**Welche Statue möchtest du sein, wenn du eine sein müsstest?**

Diese Frage bezieht sich im Unterbewusstsein auf den Zustand: Was ist deine Störung? **Weil jede Krankheit oder Störung, ist eigentlich ein Zustand, eine Erstarrung.** In der Statuen-Form drückt jeder die eigene Störung, die innere, erstarrte Emotion und die Fixierung aus. **Eine Störung bedeutet, dass jemand in seinem Leben, in seiner Entwicklung gestört worden ist. Man** stört die Kinder zum Beispiel sehr in ihren Identifikationsprozessen. Oder man hilft ihnen, man lenkt sie dorthin, wo es ihnen gut geht, was ihnen gut tut, aber das ist nicht sehr häufig.

Zum Beispiel deine Statue: Sie steht in bequemer Lage, ist aus Holz, der Ansatz einer Person, hat keine Ecken, ist wie ein Kegel. Sie wendet sich nach oben, Augen und Hände sind nach oben offen, ihre Arme offen, wie für eine Umarmung. Sie wirkt modern und hat eine friedliche Mission, ist wahrscheinlich eine Frau. Sie steht auf einem Marmorsockel, 20-30 cm hoch, bei einem See. Kinder, Leute kommen und genießen den Anblick, kleine Vögel setzen sich auf sie.

Die Statue kann hören, sehen und spüren, sie hat auch einen Tastsinn, aber sie kann nicht schmecken und riechen. Sie hört von den Leuten, dass sie schön ist. Es ist sonnig, ein Bach plätschert und die Leute setzen sich auf eine Bank in ihrer Nähe und genießen den Ort. Sie sieht gerne Wolken, wenn sie nach oben schaut. Es regnet nicht, es ist nicht heiß, sondern mild. Ihre Arme sind weit offen, eigentlich keine richtige Form, nur die Augen sind lebendig: sie sehen.

Ich sah darin den Ansatz einer Frau, die keine Ecken (das heißt nicht anecken will), aber eine große Sehnsucht hat. Wie aus einem positiven Traum: Alle sollen wahrnehmen, was sie wahrnimmt: Naturverbundenheit, ein Garten rundherum und sie kann nur ein Wort sagen und das Wort ist „Liebe." Ich habe eine Notiz dazu gemacht, dass die „Sehnsucht nach diesem unerreichten Vater" da ist. Und keine Ecken haben bedeutet für mich, sich immer anpassen, gut sein, nichts verursachen, aber auch nichts wirklich spüren.

2. Verwandlung, zeigt was helfen würde

Die zweite Frage an den Klienten lautet: „**Um Mitternacht gibt es die Möglichkeit einer Verwandlung. Was wünschst du dir?** Möchtest du diese Statue bleiben oder möchtest du dich verwandeln?"

Diese Frage bedeutet eigentlich: **Was würde dir helfen?** Und dann wählen die meisten die Verwandlung und es kommt etwas ganz Konträres und das ist es, was hilft. Meistens ein Tier oder irgendeine neue Form, mit viel mehr Leben und viel mehr Aggressivität! Das ist ganz natürlich nach diesem starren Statuen-Zustand!

Nachdem jemand diese tiefe, erstarrte Sehnsucht und die erstarrte Emotion ausgedrückt hat, zeigt die Verwandlung, was die Störung eigentlich bedeutet. Und es ist unglaublich, was damit aus dem Unterbewusstsein erscheinen darf, wie treffend und wie tief es ist. Ich staune immer, weil es nie jemanden gab, der in allen drei Bildern das gleiche wie jemand anderer hatte. Obwohl ich diese Übung tausende Male gemacht habe. Es ist immer anders. Selbst wenn jemand am Anfang die gleiche Statue wählt (zum Beispiel die Freiheitsstatue in New York), ist das Ergebnis nach der Verwandlung immer etwas ganz anderes.

Bei deinem Beispiel bekommt die Frau im zweiten Bild Flügel. Sie fliegt, sie wird ein Vogel. Sie fliegt sehr hoch ohne Gefahr. Da sind die Sterne. Ein bisschen erinnert sie an eine kleine Fee. Eine Fee, fröhlich, nicht größer als 30 Zentimenter, sie hat totalen Spaß, sieht wohlmeinend positiv auf die Menschen, bringt schöne Träume und eigentlich passt sie auf wie ein Schutzengel. Das ist die Funktion dieses Vogelwesens.

Es war so, dass sich diese nicht ausgeprägte Frauenfigur, nach oben verwandelt hat. Das war auch die Schwierigkeit, hier eine Therapieform zu finden, da Aggression für dich gar nicht in Frage gekommen ist- Nur davon und hoch fliegen! Du wolltest eine Schutzfunktion ausüben – wie ein Schutzengel. Die Schwierigkeit war für mich, dass hier keine klare, irdische Form von dir gezeigt wurde, was helfen würde, sondern es wurde noch mehr ausgestiegen – aufgrund von Verletzungen und Angst. Ich habe es akzeptiert und verstanden, dass ich hier nicht die Möglichkeit habe, so wie ich es gerne an dem Punkt tue, Aggressionsarbeit zu machen. Du hast den Kontakt zu dir aber auch zu mir mehr und mehr verloren, wenn ich es versucht habe!

Aber diese Arbeit mit dir war sehr schön, sie hat mich sehr berührt, obwohl es für mich nicht hilfreich war! Aber nicht der Klient muss dem Therapeuten helfen, sondern umgekehrt. (lacht) Du hast dich nicht für deine Aggression, also für die starken tierischen Energien entschlossen, sondern zum weiteren spirituellen Wandel. Ich musste sozusagen mit diesem Schlüssel, den ich in der Übung von dir bekommen habe, zurechtkommen. Und das war nicht wenig! Als Therapeut muss man verstehen, dass es keinen anderen Schlüssel gibt. **Du kannst den Klienten nicht zu irgendwelchen Sachen zwingen, die**

man selbst gelernt hat oder die man glaubt, dass hilfreich wären, auch wenn er brav folgt! Deine Aggression kam dann nach und nach und punktuell bei gewissen schweren Erinnerungen in der Gruppe. Es war dann explosiv, authentisch und sehr hilfreich für uns beide!

3. Ergebnis, zeigt das Ziel

Die dritte Frage an den Klienten lautet: „**Wenn die Sonne aufgeht musst du dich noch einmal verwandeln. Was möchtest du sein?** Du kannst in die Statue zurück oder etwas ganz Anderes werden." Das dritte Bild beantwortet dann die Frage, was nach der Therapie ist. Was ist das Ziel oder das **Ergebnis,** wohin möchtest du mit der Therapie. **Wer bist du dann?**

Heidi: Du hast einmal gesagt, dass jemand in einer tiefen Depression unter Umständen nur stehen bleibt und sich gar nicht entwickeln will.

Ildiko: Ja, sehr schlimm ist es, wenn jemand wieder zur Statue wird. Es gibt Menschen, die vielleicht in jedem Bild die Statue bleiben. Das ist verheerend und es ist schwierig, jemanden aus diesem Zustand herauszureißen. Aber es ist mir auch schon mal gelungen, leider nicht in jedem Fall. Diese Menschen sehen oft gar keine andere Lebenschance für sich selbst.

Diese Statuen-Arbeit ist ziemlich treffsicher. Ich kann damit ganz genau sehen, wo die Schwierigkeit liegt, woran wir arbeiten müssen. Und es zeigt auch, was sich der Mensch selbst für Veränderungschancen gibt. Alles ist möglich, falls er in Ruhe wachsen will. In deinem Beispiel war erst das dritte Bild der Statue richtig hilfreich für mich.

Du bist auf gesunde Weise, was mich sehr gefreut hat, nach einem anfänglichen Zögern du selbst geworden. Du hast gesagt, du wirst du selbst, nur schlanker, intelligenter und hübscher. Und du hast etwas ganz Wichtiges gesagt, was mir in der Arbeit viel Unterstützung gegeben hat. Du hast gesagt: „Und ich weiß, wer ich bin!" Damit habe ich deine große Unsicherheit verstanden: Du wusstest nicht, wer du bist!

> Auf Nachfrage nach einer Definition hast du gesagt, in dem Bild kannst du fühlen, wer du bist. Du weißt, du bist die Mutter deines Sohnes! Du hast eine Familie und du hast einen Mann, der noch kein Gesicht hat. Der Vater deines Sohnes ist er nicht. Und du machst Reisen mit deiner Familie, du hast einen Beruf, in dem du etwas positiv verändern und näher auf die Menschen schauen kannst. Und du begreifst, dass du nicht mehr flehen musst: „Lieb mich, lieb mich, lieb mich!"

Die ersten Zustände der Statue haben keine Identität gezeigt, außer ein „helfendes, höheres Wesen". Die eigene Identität war dann im letzten Bild da. Damit hast du das Ergebnis vorweggenommen und gezeigt, worauf wir hinarbeiten sollen: Dass du fühlen kannst, wer du bist!

Heidi: Das ist sehr berührend, das jetzt zu hören. Zu sehen, wo ich gestartet bin. Es wird mir damit meine Veränderung bewusst.

Ildiko: Ich verwende die Statue als Übung, weil eben jede **Störung**, egal ob das ein Schnupfen oder eine schwere Psychose ist, **eine Fixierung auf eine Situation bedeutet, auf eine Form zu leben**. Wenn man einen Schnupfen hat, ist man auch hauptsächlich nur „Schnupfen". Deswegen nutze ich eine Statue, damit jemand in **die Starre** hineinkommt, die seine Störung ihm eigentlich innerlich verursacht. Die meisten suchen deshalb bei der Verwandlung etwas, was sie von dieser Statue befreit.

Zur Veranschaulichung habe ich noch weitere Beispiele gesammelt:

Beispiel A Mann: Christusstatue über Rio

Ad 1. Statue (Was ist deine Störung?)

Seine Christusstatue hat in seiner Vorstellung ein Licht, das von innen kommt, sie leuchtet von innen. Meine Frage lautet: „Stell dir vor du bist in der Statue. Was für Sinne willst du haben?" Er will alle Sinne haben, aber die Menschen nimmt er nur von weitem wahr. Er hört sie von weitem und das Leben braust unter ihm vorbei, und irgendwie ist ihm das ganz recht. Er will es gar nicht anders. Er beobachtet die Menschen und sie gefallen ihm. Frauen, Kinder, Tiere, Männer auch (sagt er wörtlich)! Er schaut auf die Autos hinunter und die Natur. Er ist groß, stark, unabhängig und er sagt: „Ich bin hier und keiner merkt, dass ich da bin." Die Menschen kapieren es nicht, warum er da ist. Er weiß auch nicht warum. (lacht)

Ad 2. Verwandlung (Was würde dir helfen?)

Dann sage ich: „Es ist Mitternacht! Du musst dich verwandeln oder du bleibst die Statue oder du wirst als Statue lebendig." Der Mann verwandelt sich in einen Hund. Er ist ein mittelgroßer, mittelalter Hund, ein Cockerspaniel. Er lebt in einer Familie mit Kindern. Er ist sehr geliebt und glücklich, kann spazieren gehen, die Welt entdecken, mit den Kindern kuscheln. Er liebt das Spazieren ohne Leine, er mag es auszureißen und wiederzukommen. Er möchte die Kinder beschützen, auf das Haus aufpassen und laut bellen.

Ad 3. Zielzustand (Was ist, wenn die Therapie vorbei ist? Was ist dir gelungen?)

Ich sage dann: „Wenn die Sonne aufgeht, musst du dich noch einmal verwandeln. Was möchtest du? Du kannst in die Statue zurück, als Statue lebendig werden, oder ganz etwas anderes werden." Er überlegt: Die Statue ist ihm zu gefährlich: „Dann wissen sie schon, dass ich gehen kann, ich bin dann ausgeliefert." Ein Hund zu bleiben ist auch nicht das Beste. Er kommt auf das Sinnvollste für ihn: Er möchte ein Kind sein, in einer Familie, dem es so gut geht wie dem Hund, der so geliebt wird und Welpen-Schutz hat. Er wünscht sich eine Familie, damit er wachsen darf.

Deutung:

- Die Fixierung/Störung ist, dass er aufs Geben fixiert ist, dass er nicht nehmen kann. Dadurch ist er auf andere und ein gewisses Einsiedler-/Beobachtertum fixiert.
- In der Verwandlung zum Hund wünscht er sich Geborgenheit UND Freiheit. Das ist sehr gesund!)
- Es ist eine gute Lösung, dass er schließlich ein Kind sein will. Daran sieht man, dass er sein Leben/seine Kindheit eigentlich wiederholen möchte. Man sieht, dass er viel Angst hat und er sein Leben ohne diese Angst wie-

derholen möchte. Seine Mutter war depressiv, er lernte nur Angst und Angst vorm Verlassen werden kennen. Darum lebte er auch sehr lange allein. Jetzt Gott sei Dank nicht mehr.

Daran sehe ich ganz genau, woran ich arbeiten muss, nämlich dass er lernt Freiheit und Geborgenheit zu verbinden. Aber nicht durch die Anpassung, sondern durch **soziale Fähigkeiten**, die er entwickeln kann und muss. Die sind sicher da, schon allein dadurch, dass er die gebende Christusstatue wählt. Aber wenn jemand sich selbst nicht beschützen kann und nicht von anderen nehmen kann, dann ist er verloren. Christus war auch nicht gerade gut beschützt. Ich finde die Entschlossenheit des Klienten sehr gesund, dass er an dem Ganzen wachsen will.

Beispiel B: Frau, gutaussehend, tough, berufstätig mit Kindern

Ad 1. Statue (Was ist deine Störung?)

Diese Statue ist halb Frau halb Baum. Die Hände sind die Äste und aus Glas. Sie leuchten wie Leuchtstäbchen. Der Stamm ist aus Leder und die Beine aus Holz. Der ganze Statuen-Baum wird vom Wind herumgeweht, andauernd bewegt, ist nicht ruhig. Kopf und Gesicht sind aus Elfenbein, Porzellan oder Perlmutt. Also sehr schön. Ich verstehe dadurch, dass das Gesicht schon transformiert ist, weil es so schön und entfremdet in einem ganz anderen Material dargestellt wird. Sie steht in einem schönen Wald auf einer Lichtung. Kein Podest. Die Wurzeln von anderen Bäumen berühren ihre Wurzeln unter der Erde – sie „fußeln" sozusagen. Auf diese Lichtung kommen Tiere und Menschen, die selbstverständlich vorbeigehen. Sinne möchte sie nur haben, damit sie riechen kann, andere Sinne will sie nicht. Sie hat dauernd Angst, dass sie gefällt wird. Sie kann riechen, wer zu ihr kommt, sie hat etwas Tierisches. Wenn der Mensch sympathisch ist, darf er sie beim Lederteil, beim Stamm berühren.

Ad 2. Verwandlung (Was würde dir helfen?)

Sie ist ein Adler, ein Vogel mit großen Flügeln, oder ein Habicht. Sie lebt in einer Vogelkommune. Ihre Aufgabe ist die Freiheit zu genießen, in der Luft herumsegeln. Sie ist ein männlicher Adler. Damit meint sie, es würde ihr helfen, wenn sie ein Mann ist, und wenn sie einen Überblick bekommt und frei ist und nicht mehr so leicht zu erwischen! Außerdem sind Adler geschützte Lebewesen! Es spricht schon für eine gewisse Transformation, dass jemand aus dieser Existenz die Flucht ergriffen hat, die hier ja sehr fragil beschrieben worden ist. Perlmuttgesicht, Glashände: Sehr schön aber sehr gefährdet. Es wird mir hier klar, dass die Klientin eine Todeserfahrung hat.

Ad 3. Zielzustand (Was ist, wenn die Therapie vorbei ist? Was ist dir gelungen?)

Zu meiner nicht so großen Freude, sagt sie, dass sie der Leuchtbaum bleibt, zurück in die ursprüngliche Existenz geht. Das bedeutet zurück in die dreifache Spaltung – Hände (sind schon transformiert), Kopf/Gesicht auch. Sie hat auch einen Beruf, in dem sie ihre Hände heilend benützt. Warum will sie die Statue bleiben? Weil ihr das Vernetzt-Sein mit anderen, mit und in der Erde so wichtig ist. Sie ist nicht allein! Die Bäume gehören zusammen, das ist ihr Grund, warum sie zurückkehren will, sagt sie. Das deute ich als ihre Familie und so ist es auch. Trotz schwierigen Grundsituationen – psychisch und körperlich gewalttätigen Situationen – empfindet sie Liebe und möchte sich nicht von ihrer Familie trennen.

Deutung:

Die Statue drückt große Angst aus: ihre Angst ist, die eigene Existenz anzunehmen. Das erkenne ich an den verschiedenen Materialien, die sie hier in einer Statue vereint. Sie ist noch nicht fähig in eine Statue hineinzugehen und das als ihre tiefe innere Existenz zu erkennen. Das spricht für eine ersehnte Spiritualität, aber auch für eine noch nicht ganz gelungene Transformation. Das zeigt sich auch in ihrer Angst vor Geistern, über die sie mir erzählt hat. Eine gute Transformation bedeutet, dass man sich mit Geistern, Engeln oder wie man sie auch nennt, verbinden kann und nicht Angst vor ihnen haben muss.

Warum ist ihr diese Verbundenheit mit der Familie und der Erde so wichtig? Warum will sie auf keinen Fall Adler bleiben? Der Adler drückt den Wunsch nach Freiheit aus. Das bedeutet, dass sie zumindest weiß, was Freiheit ist und sie dieses Gefühl kennt – das ist eine Teiltransformation. Aber sie traut sich noch nicht ihre eigene Existenz anzunehmen. Auf der Erde ist ihr das noch nicht gelungen, sonst wäre sie in dieser Übung einfach ein Baum.

Ich diagnostiziere an dieser Stelle bewusst keine bestimmte psychologische **Störung**, auch wenn ich das könnte, denn die **Festlegung auf diese ist nicht so wichtig wie die Befreiung von ihr**!

Heidi: Woran wäre es nun für dich wichtig zu arbeiten?

Ildiko: Das Wichtigste ist, ihr so viel Mut und Fertigkeit in die Hand zu geben, dass sie mit ihren Problemen umgehen kann und sich in der Erde verwurzelt fühlen kann. Ihre Transformation durch ihre Hände und durch ihr Gesicht – sozusagen ihre zweite Existenz – annehmen lassen. Dass sie sich langsam an diese tiefe geistige Existenz herantastet, was sie noch nicht ganz leben kann!

Beispiel C: Frau, Freiheitsstatue

Ad 1. Statue (Was ist deine Störung?)

Die Freiheitsstatue steht am Boden auf einer Klippe. Ein „bisschen" überlebensgroß, barfuß. Lächelt nicht, aber ist wohlwollend. Sie möchte sehen und hören, aber nicht fühlen und riechen. Das hat auch eine Bedeutung. Das sind die atavistischen Sinne, also der Geruchssinn und die Hautgefühle aus der Babyzeit. Das war scheinbar nicht sehr rosig für sie, sonst könnte sie sie in Anspruch nehmen. Die Leute sagen, dass sie schön ist, und rundherum ist auch alles schön. Ihre innere Tätigkeit ist zufrieden sein wie ein Baum. Ich frage dann: „Du bist in der Statue drin, was machst da? Was ist deine innere Tätigkeit?" Ihre Tätigkeit ist, dass sie gute Energie abgibt. In ihrer Nähe lösen die Menschen ihre Probleme und Fragen.

Ad 2. Verwandlung (Was würde dir helfen?)

Sie wird ein Reh, ein scheues Tier, geht in den Wald, genießt, frisst, begegnet anderen Rehen. Eigentlich waren alle Statuen, jetzt sind es Rehe und sie sind sich nahe, wie eine verzauberte Rehfamilie. In dem Bild gibt es auch ein kleines Mädchen (es ist ganz klar, dass das auch sie ist).

Ad 3. Zielzustand (Was ist, wenn die Therapie vorbei ist? Was ist dir gelungen?)

Kurz bevor die Sonne aufgeht, verwandelt sie sich. Sie wird sie selbst. Sie hat aber viel Geld, wohnt im Winter am Meer, im Sommer an einem See in Österreich. Sie hat Kinder (hat sie tatsächlich), aber sie sieht einen Mann, der jetzt in ihr Leben kommen wird. Den sieht sie aber vorerst nur ganz kurz.

Deutung:

Die Störung ist kurzgefasst die Sehnsucht nach Freiheit, die sie sich nicht erfüllt. Hier hilft Aggressionsarbeit und Tiefenentspannung, damit sie sich mehr mit sich einigen kann und nicht so scheu ist. Das Scheue bedeutet, dass sie sich wenig beschützen kann. Sie fürchtet sich vor sexuellen Übergriffen. Woran man hier arbeiten muss ist, dass sie sich mehr traut, sich mehr Klarheit verschafft und die verzauberte Reh-Existenz aufgibt. Die verzauberte Existenz kann vieles bedeuten, es kann eine psychische Krankheit sein oder eine Isolation, die sie aufgeben müsste, um klar genug und herzlich aggressiv zu sein, damit sie eine tatsächliche Existenz zwischen Freiheitswünschen und scheuem Reh finden kann.

Märchen-Übungen

Heidi: Ich erinnere mich auch an eine andere Übung, die wir zu Beginn gemacht haben. Ich sollte ein Märchen schreiben (zumindest den Beginn), in dem ich eine Hauptrolle einnehme. Dieses Märchen mit der kleinen Fee ist richtig aus mir herausgeflossen.

Ildiko: Ja, das Märchen macht das eigene Drama deutlich. Was ist passiert oder wovor flieht man?

Das Märchen von der kleinen Fee (Auszüge)   Heidi

Es war einmal eine kleine Fee, die lebte mit ihrem Vater, dem großen Zauberer und ihrer Mutter der guten Fee und ihren Geschwistern in einem hohlen, alten Baum auf einer großen Lichtung mitten im dichten Zauberwald. Auf diese Lichtung verirrten sich keine Menschen, keine Jäger, nur ein paar Vögel und Eichhörnchen und hin und wieder ein Fuchs oder ein Reh.

Die kleine Fee genoss es im Gras zu liegen, die bauschigen Wolken am blauen Himmel zu beobachten und dabei den Vögeln zuzuhören. Das konnte sie stundenlang machen, wenn sie nicht von ihren Geschwistern, den Feen und Kobolden gestört wurde, oder von Vater oder Mutter gerufen wurde.

Die kleine Fee war auch eine lustige Fee, die gern mit den anderen Feen und Kobolden spielte und Schabernack trieb. Oft hörte man ihr ausgelassenes Lachen bis tief in den dunklen Zauberwald hinein und über so manche düster starre und knorrige Rinde huschte ein unerwartetes Lächeln, einen Flügelschlag lang, kaum wahrnehmbar. Sie hatte ein sonniges Herz und die Fähigkeit Freude zu verbreiten.

Der Vater der kleinen Fee, der große Zauberer wusste nichts von alledem. Vom Lächeln, dass die kleine Fee auslöste. Er war ein großer und wichtiger Mann und hatte nichts am Hut mit Kindereien.

Schon seine Eltern, auch beides große Zauberer, hatten ihm früh gelernt, worauf es im Leben ankommt und er war ein Zauber-Musterschüler gewesen. Genauso erwartete er es nun auch von der kleinen Fee und ihren Geschwistern. Besonders aber von der kleinen Fee, in die er insgeheim große Hoffnungen setzte.

Sie hatte viel von ihm. Sie war innerlich stark und eigensinnig, sie war offen und gern unter Menschen und sie übernahm meistens die Führung oder Initiative. (Das war ihm dann doch manchmal zu viel.) Wieviel sie von ihm hatte, verängstigte ihn auch. Manchmal fühlte er sich bedroht, dass sie ihm seinen Platz streitig macht könnte. Er war trotzdem stolz auf sie und liebte sie, auch wenn er es ihr oft nicht zeigen konnte. Schließlich war er viel zu viel damit beschäftigt, ein großer Zauberer zu sein und er hatte nichts am Hut mit Kindereien.

Die Mutter der kleinen Fee ahnte nichts davon, was im großen Zauberer vorging. Sie war ihm eine gute Fee, aber schon lange erreichte sie ihn nicht mehr. Er war viel zu sehr damit beschäftigt ein großer Zauberer zu sein, sodass er sich selbst nicht mehr erreichte.

Sie war viel zu sehr damit beschäftigt, als gute Fee anderen mit Zaubersprüchen und –tränken zu helfen und ihre Kinder zu braven Feen und Kobolden zu erziehen. Damit war sie sehr erfolgreich, nur manchmal fragte sie sich, wo sie selbst dabei geblieben war. Aber das fragte sie sich immer weniger. Eigentlich schon lange nicht mehr.

So wuchs die kleine Fee auf, in einer idyllischen Umgebung mit idyllischen Eltern und idyllischen Geschwistern. Die anderen Feenfamilien waren manchmal neidisch, schließlich war der Zauberwald ein Dorf und man kannte die Familie des großen Zauberers und seiner guten Fee und die schöne Lichtung, wo sie wohnten.

Der große Zauberer war wenig daheim und wenn er daheim war, war er nicht anwesend. Schließlich musste er sich davon erholen, ein großer Zauberer zu sein. Und wenn er daheim und anwesend war, war er nicht er selbst und für die kleine Fee wieder nicht erreichbar, schließlich hatte er nichts am Hut mit Kindereien.

So kam es, dass eines Tages der große Zauberer nicht daheim, nicht anwesend, nicht er selbst und nicht erreichbar war, als jemand aufgeregt an den hohlen Baum klopfte: „Hallo, hallo! Ist da jemand? Ich brauche dringend den großen Zauberer! Hallo! Dringend!"

Die kleine Fee war allein zu Hause, die gute Fee war im Geschäft für Zaubertränke und ihre Geschwister waren unten am Bach, um Steine für das große Mondfest zu suchen. Die kleine Fee lugte vorsichtig durch das Astloch gleich neben der großen Eingangstür und sah einen sehr aufgeregten und etwas pummeligen Wichtel, jetzt wieder lautstark an die Tür klopfen.

Da von ihm offensichtlich keine Gefahr auszugehen schien, lief die kleine Fee zur Tür und sah kurz darauf in überraschte grüne Augen in einem rotwangigen Gesicht. „Mein Vater ist nicht da!", sagte die kleine Fee gleich vorweg, „aber vielleicht kann ich dir helfen?"

> „Aber, aber…", brachte der Wichtel nur hervor, bis er seinen innerlichen Konflikt beendet hatte, sich sammelte und mit einer Mischung aus Unsicherheit und Dankbarkeit erzählte, was passiert war…
>
> Die kleine Fee wusste, dass sie das allein schaffen musste. Also nahm sie allen Mut zusammen und lief mit dem Wichtel zu ihren Geschwistern. Endlich konnte sie ihrem Vater beweisen, dass sie auch wusste, was wichtig war, endlich würde er stolz auf sie sein!

Ildiko: Was ist der Sinn und die Lösung von diesem Märchen? Für mich bedeutet es, dass du sehr bereitwillig eine falsche Identität angenommen hast, um dem (Zauberer-)Vater nah zu sein. Der Vaterkonflikt ist ungelöst, aber von deinen wahren Emotionen ist nirgends die Rede! Wie zornig und traurig du bist, weil er unerreichbar ist und bleibt. Seinen „Zauberer-Hut" konnte dein Vater leider erst mit seinem Tod ablegen. Wie schade!

In einem anderen Beispiel war der Klient ein Zwerg. Dann lasse ich ihn diese Kleinheit oder Verlorenheit auch spielen, so wie sich ein Zwerg fühlt. Mit diesem Bild zeigt er, dass er keine erwachsene Identität hat, denn ein Zwerg ist keine Identität für einen Menschen, der erwachsen und nicht ver-wachsen ist.

Ich verwende verschiede Märchen für Übungen und spiele manche Rollen auch selbst. Ich habe das in der Transaktionsanalyse kennengelernt und dann mit meinen eigenen Ideen versehen.

Das **Froschkönigspiel** wende ich zum Beispiel bei einer tiefen Depression an, wenn ich das Gefühl habe, dass derjenige seine eigene Tiefe nicht erreicht: Der Klient spielt dabei erst den Froschkönig und ich die Prinzessin und dann umgekehrt – ich bin die Froschkönigin und er der Prinz. Das ist natürlich nicht nur sehr witzig, was und wie die einzelnen spielen, man sieht auch sehr viel daraus. Der Brunnen bedeutet tiefenpsychologisch Uterus. Der Froschkönig sitzt praktisch im Uterus – im Brunnen. Die Depression ist in dem Fall sehr tief und eine Herausforderung. Man sieht wie sich jemand benimmt, ob er sich aus der Hilflosigkeit herausholen kann oder ob er gegen sich selbst arbeitet und niemals herauskommen will. Manche Froschkönige beschimpfen dann die Prinzessin und werden sauer und natürlich hilft ihnen die Prinzessin dann nicht. Es ist eben Psychoarbeit. Man redet miteinander und erarbeitet Lösungen so wie es einem passt und nicht wie es im Märchen war. Da ist gute Kreativität erforderlich!

Heidi: In welchen Fällen setzt du solche Spiele ein?

Ildiko: Immer, wenn jemand gerne spielt und es kann, wenn ich Lust habe oder wenn mit jemandem andere Mittel notwendig sind, als nur zu reden und sich auseinanderzusetzen. Im Spiel kann man wunderbar viele Facetten erfahren. Eindrucksvoll war für mich eine Situation: Einmal ist jemand als Frosch ohne irgendwelche Hilfen plötzlich aus dem Brunnen gesprungen. Normalerweise bespricht man ja, wie ich als Prinzessin den Froschkönig heraushole – mit einer Leiter oder so. Er sprang plötzlich heraus, hat sich mir auf den Schoß gesetzt und mich ganz fest gehalten wie ein kleines Kind. Er war dabei sehr siegreich und entschlossen mich nicht loszulassen, egal was ich tun würde. Wir haben dann sein Verhalten, seine Gefühle analysiert und auch viel dabei gelacht.

Das Märchen **Rotkäppchen** ist zum Beispiel als sexuelles Initiationsmärchen interessant. Woher ich die Deutungen und die Wahrnehmung habe, weiß ich nicht genau. Ich habe viel gelesen und letztendlich finde ich die eigenen Deutungen in der Situation. Im ursprünglichen Märchen ist Rotkäppchen älter, also schon 16 Jahre, und die Mutter schickt sie mehr oder weniger zum Wolf. Ursprünglich hatte sie auch rohes Fleisch mit im Körbchen, nicht Kuchen und Wein. Welche Mutter würde ihr Kind allein in den Wald schicken und ihr noch dazu eine rote Kappe aufsetzen, wenn sie möchte, dass es nicht bemerkt wird? Die rote Kappe heißt im übertragenen Sinn: „Ich bin so weit, ich möchte jetzt entjungfert werden." Meinem Wissen nach, ist es im ursprünglichen Märchen auch so, dass die Mutter und die Großmutter dem Wolf auch schon auf diese Art begegnet sind. Sie sind auch so initiiert worden, durch diesen Wolfsmann. Die Rolle entspricht einem Mann, der bedrohlich ist, weil er sexuell ist: Fressen oder entführen. Im jetzigen Märchen ist alles verharmlost und es wird nicht alles erzählt. Wir spielen es aber im ursprünglichen Sinn und ich kann dabei auch den Mann/Wolf spielen. Ich erzähle dann die dazugehörigen Details, dann bekommt das Märchen einen ganz anderen, tieferen Hintergrund.

Das ist alles spannend, weil die Märchen tief ins Unterbewusstsein reichen und wie wir wissen haben sie die damalige Psychologie dargestellt. Sie wurden von Generation zu Generation weitergegeben.

Identitätsübungen

Spiegel-Übung

Ildiko: Bei einer Übung mit dem Spiegel stelle ich mich neben den Klienten und wir schauen uns selbst und auch gegenseitig an. Jeder redet über sich und über den anderen, was man eben im Spiegel sieht. Es stellt sich meistens heraus, dass mein Spiegel viel besser ist, als die Spiegel, in die die Klienten normalerweise schauen. **In meinem Spiegel ist man einfach schöner. Meine Augen sehen die meisten Menschen schöner als sie sich selbst sehen.** Und das hilft! Das ist kein Trick von mir, das ist einfach so. Dieses Anschauen wird ein Akt der Liebe. Das ist das, was die meisten Paare in ihren Beziehungen nach einer gewissen Zeit vermissen, dass sie **trotz der täglichen Nähe das Interessante, das Besondere, das Größere ineinander sehen.**

Der Spiegel ist in meiner Arbeit wichtig, damit jemand an seiner Identität arbeiten kann. Manche arbeiten sehr ungern mit dem Spiegel, aber man lernt auf diese Art auch Gesichter und Menschen besser wahrzunehmen und auch seine eigenen Stimmungen. Es hilft auch in einer Depression, wie ich es selbst erfahren habe. Ich konnte mich nicht wirklich sehen, hatte aber ein Gefühl, dass mir etwas schmerzhaft fehlt. Daher habe ich mich so lang im Spiegel angesehen, bis ich begonnen habe, mein WIRKLICHES Gesicht zu sehen, mir selbst in die Augen zu schauen. Das hat mir sehr geholfen. Es war wichtig, mich trotz Depression wahrzunehmen.

Nun gibt es in der Therapie einen wichtigen Spiegel, **den Spiegel des Therapeuten** und wie dieser den Klienten spiegelt. Das ist wichtig, weil viele Menschen in ihrer Kindheit falsch gespiegelt worden sind. Sie hatten oder bekamen von der Familie, die ja einen Spiegel rund um das Kind bildet, kein Bild oder ein falsches Bild von sich selbst. Damit lernten sie zu „leben". Und nun kommen sie in die Therapie. Wenn sie jetzt wieder keinen wirklichen Spiegel bekommen, in dem sie sich erkennen und sagen können: „ja du siehst mich richtig", dann ist das katastrophal! **Deshalb sind die Ehrlichkeit und das Wohlwollen des Therapeuten wichtig. Er sollte seine Spiegelungen wohlwollend, aber wirklich dem Klienten zur Verfügung stellen**: „So sehe ich dich, das finde ich interessant und gut." Er hinterfragt, warum sich der Klient nur teilweise wahrnimmt.

Spiegel bedeutet für mich **Bewusstsein**, zuerst ein Familienbewusstsein, dann ein eigenes und dann ein Therapiebewusstsein, wo ein Mensch anfängt sich zu sehen. Wenn wir einander nicht wahrnehmen, ist das sehr schädlich für uns. Es tut weh, wir fühlen uns nicht lebendig, wir werden krank. Wenn uns ein Partner nicht wohlwollend wahrnimmt oder manches gar nicht sieht, ist das sehr schmerzhaft und führt zu psychosomatischen und anderen Krankheiten. Deswegen ist es auch wichtig, das Spiegeln so zu lernen, damit man einander hilft, statt Energien zu saugen oder sich gegenseitig kaputt zu machen.

Augenübungen

Ildiko: Natürlich ist hier auch einzubinden, wie wichtig die **erotische Wahrnehmung** ist. Es geht darum mit der **eigenen** Sinnlichkeit, jemanden in **seiner** Sinnlichkeit wahrzunehmen. Das ist eine unheimlich heilsame Kraft und nicht zu unterschätzen.

Augenübungen sind dafür gut und unentbehrlich, es zu wagen, einander länger an- und in die Augen zu sehen. Das macht man normalerweise nur in der Liebe, wenn man jemandem sehr nahesteht. In der Therapie einander in die Augen zu schauen bildet Vertrauen, wenn man richtig vom Therapeuten gespiegelt wird, wenn man sich wirklich gesehen fühlt. Nicht nur blöd, kritisch, abweisend, was sonst sein könnte, sondern tatsächlich mit den guten wunderbaren Eigenschaften, die man hat und die vielleicht noch nie jemand wahrgenommen hat! Aber auch mit kritischem Blick: **Was fehlt eigentlich zu deiner Selbstwahrnehmung? Warum siehst du dich selbst nicht so? Warum kannst du dich so nicht wahrnehmen und an dich glauben?**

Ich erinnere mich, dass ich als Kind einmal von einem fremden Menschen im Kino eine knallende Ohrfeige bekommen habe, weil ich ihn angestarrt habe und nicht den Film! Ich fand ihn so interessant. Ob er erotisch war, weiß ich nicht, aber eben echt und somit sinnlicher und erotischer als der Film. Auf einmal hat er sich zu mir gedreht und mir eine geknallt. Scheinbar habe ich ihn so fixiert, dass er sich durch mich gestört gefühlt hat. Ich kann mich noch an sein Gesicht erinnern. Ich war in dem Moment wahrscheinlich in einem Wahrnehmungs- und Transformationsprozess, um den Unterschied zwischen der Leinwand und dem tatsächlichen Leben neben mir zu verstehen. Er hat das dann mit einem Knall unterbrochen, aber das hat mich nicht sehr erschüttert. Ich verstand es nicht, so wie vieles von den Erwachsenen! Ich war sehr neugierig und bin es auch heute noch.

Wahrnehmungsübung

Ildiko: Für die einfache und die erotische Wahrnehmung habe ich diese Übung erfunden. Man steht einander gegenüber (ein Paar oder ich und ein Klient) und sagt, was man am anderen sieht. Bei Paaren geht es darum zu klären, ob sie sich überhaupt sehen und dass sie einander sehen lernen. Ich ermuntere die Menschen, dass sie wie in der Volksschule versuchen alles zu sagen, was sie sehen. Wirklich alles. Ob sie einen langen Rock sehen oder Haare, Farben, was auch immer sie sehen – wie ein Kind. Dann wird die Geschichte immer tiefer. Es fängt bei der simplen Wahrnehmung an.

Die Begegnung erfolgt dabei auf drei Ebenen:
- Kopf (geistig, intellektuell)
- Herz (emotional)
- Bauch (sexuell, unterbewusst, Aggression)

Man nimmt im Kopf wahr (gut/böse), aber auch im Herzen (warm/kalt) und im Bauch (anziehend/abstoßend). Es ist sehr spannend, wenn man wahrnimmt, WIE man wahrnimmt.

Was die einzelnen als ERSTES wahrnehmen ist auch interessant. Wenn ich merke, sie sagen ihre Wahrheit, dann können sie einen Schritt näher gehen. Wenn es ihnen zu nah ist, können sie auch wieder einen Schritt zurückgehen. Ich frage immer nach der Befindlichkeit, beide können agieren. Es ist eine sehr diffizile Beobachtungsübung. Ich versuche nicht im Vorhinein zu interpretieren, denn grundsätzlich machen SIE die Übung. Es kommt dabei viel an die Oberfläche. Manche sind so hart in der Wahrnehmung, dass sie den anderen gleich beleidigen oder sie nehmen wenig wahr oder so vereinfacht, dass der andere sich anfängt kleiner und schlechter zu fühlen. Jeder darf reagieren. Sinn ist, dass man real wahrnimmt, wie nah man ist und wie es einem damit geht und dass man darüber spricht, ob es notwendig wäre, die Distanz zu ändern. Manche sind dazu nicht fähig, aber das ist in einer guten Beziehung sehr wichtig. Es geht darum die Entfernung zu suchen, wo es einem gut geht und dabei immer zu sagen, was man beim anderen sieht.

Auf fortgeschrittener Ebene (bei Menschen, die schon länger an sich arbeiten) stehe ich bei dieser Übung dem Klienten gegenüber. Wenn man dem Therapeuten gegenübersteht, dann projiziert man sehr stark. Zuerst kommen alle Ängste hoch – zum Beispiel, dass man abgelehnt werden könnte – man schreitet die ganzen kindlichen **Elternprojektionen** durch, bis man tatsächlich da steht. Währenddessen reden wir. Man sagt, was man vom Anderen wahrnimmt: Was siehst du, wenn wir einander gegenüberstehen, wenn du mich siehst? Was sehe ich, wenn ich dich anschaue? Wenn man das Gefühl hat, dass die Wahrheit gesagt wurde, darf man auch hier einen Schritt machen. Und so kommt man einander immer näher. Distanzwechsel sind möglich, von der angenehmsten Distanz zur schönsten Nähe. Man sucht Schritt für Schritt. Man fragt die Impulse ab. Es ist ein wunderbares Experiment. Ob eine Umarmung zustande kommt (was ich hoffe!), ist eine freie Entscheidung. Dieses Buch ist übrigens genau diese Übung zwischen uns!

Gesichtsanalyse und Körperzeichnung

Ildiko: Als ich in der Nervenklinik gearbeitet habe, konnte ich viele Menschen beobachten. Ich habe gestaunt, welche Vielfalt jemand im Ausdruck haben kann. Nachdem ich jeden Tag viele Menschen auch einzeln in meinem kleinen Therapiezimmer im Keller angehört hatte, habe ich entdeckt, dass der Mund und die Sexualität offenbar noch tiefer zusammenhängen, als wir es wissen. Ich habe bemerkt, dass alle Frauen, die über sexuelle Probleme ge-klagt haben, etwas Merkwürdiges mit dem Mund machen. Da gibt es einen verzwickten Ausdruck, bei dem man merkt, dass zu viel Zurückhaltung da ist. Die Frauen verzwicken sich sozusagen ihre Sinnlichkeit, oft gepaart mit inne-rem Zorn und äußerem „Keppeln". Bei Männern ist es nicht anders, aber bei Frauen habe ich es besser beobachten können.

Ich habe weiter beobachtet und über die Zusammenhänge nachgedacht. Si-cher gibt es diese Überlegungen öfter, auch in der Psychologie, aber ich habe das bis jetzt nirgends gelesen. Es gibt zwar Gesichtsdiagnostik, aber so ver-wende ich es nicht. Mir war wichtig zu sehen, dass ein ganzes Gesicht die Identität eines Menschen aufdeckt. Am meisten zeigen wir über das Gesicht von uns her – es ist eine Visitenkarte. Man merkt es auch im Gesicht, wenn jemand keine Identität hat, wenn er sich mit sich selbst nicht identifizieren kann. Ich bin dann zu der Theorie gekommen, dass das Gesicht, der Kopf ein kleiner Körper ist und der Körper ein großes Gesicht. Da steht ein kleiner Mensch (Kopf) auf dem Körper, den Schultern. Das empfinde und sehe ich so und ich benütze das auch zur Diagnose.

Das Kiefer entspricht sozusagen dem Becken und der Mund funktioniert als Ausdruck für Sinnlichkeit/Sexualität, aber auch anal. Es gibt Menschen, die ihren Mund wie einen Popo benutzen. Sie machen einen kleinen Mund, sie ziehen alles so zusammen – rund und klein. Sie reden dann auch so: zwang-haft, nicht frei.

Der Hals sind die Beine, der Kopf steht mit dem Hals auf dem Körper. Alle Störungen im Nackenbereich zeigen, ob jemand verhindert ist, in seinen Kör-per zu kommen und sich mit seiner ganzen Identität – auch schon als Baby – richtig zu verbinden. Die ärgste und meist genutzte Spaltungsstelle ist zwi-schen Körper und Kopf – auch bio-energetisch.

Die Gesichtsbacken entsprechen dem Brustbereich, da sieht man auch Emo-tionales, ob jemand flach, ausgemergelt oder vollwangig ist. Die Nase und die Wangen gehören zum Brustbereich, weil man durch die Atmung mit der Lunge, mit dem Herzen verbunden ist.

Die Augen und das Gehör sind unsere weitest reichenden Sinnesorgane. Auch dieser Bereich gehört zusammen. Er gehört teilweise schon zur Stirn, zum geistigen Bereich, aber auch zum emotionalen. Von einer geistigen, emotionalen Einstellung kann man sehr viel in den Augen sehen. Die Augen sind sprichwörtlich die Fenster zur Seele. Die Stirn entspricht der geistigen Fähigkeit. Es ist interessant, wenn man ein Gesicht analysiert, welches Gewicht die Stirn hat. Es gibt Gesichter, wo das horizontale, andere wo das vertikale mehr betont ist.

Bei der Analyse sitzen die einzelnen Klienten dann vorm Spiegel. Manchmal analysieren wir in den Gruppen oder paarweise das Gesicht von jemandem oder auch den ganzen Körper, oder wie Körper und Gesicht zusammenpassen. Ich lasse den Klienten vor dem Spiegel auch wahrnehmen, wem er ähnlich sieht – Vater oder Mutter. Er deckt mit den Händen Segmente vom Gesicht ab und sieht sich so an. Wie nehme ich meinen Mund wahr? Wem schaut das ähnlich? Wie geht es mir damit? Dann schaut man sich den mittleren Bereich an und schließlich Augen und Stirn. Und dann lasse ich die rechte bzw. linke Gesichtshälfte abdecken. Die zwei Hälften, wie auch die Gehirnhälften, die anders funktionieren, sind oft sehr verschieden und drücken verschiedene Emotionen aus. Zum Beispiel eine Seite Zorn, die andere Trauer.

Zu dieser Analyse gehören auch die **Körperzeichnungen**: Man nutzt vier verschiedene Blätter für vier Zeichnungen: Körper von vorne und von hinten und Kopf von vorne und von hinten. Dann wird selbst abgetastet, wie sich die verschiedenen Körperbereiche anfühlen – sozusagen welche Emotionen man wo hat. Hinten am Rücken muss natürlich jemand helfen. Es wird mit selbst gewählten Farben eingezeichnet und schattiert, was angenehm, was unangenehm ist und wo man nichts empfindet. Diese Stellen sind am interessantesten denn es sind verdrängte oder tote Emotionen.

Diese Arbeit ist in der Therapie sehr wichtig und aufschlussreich. Ich schaue mir die Zeichnungen an und viele wählen für das ungute Empfinden die Farbe Blau. Wenn ich sehr viele blaue Zonen sehe, sagt das natürlich etwas. Oft sind es Stellen, an denen man wirklich die Geschichte des Kindes ablesen kann, wie ein Kind gehalten oder berührt worden ist.

Beziehungs-Übungen

Beziehungstraining

Heidi: Viele Menschen tun sich schwer, in gute Beziehungen zu leben oder überhaupt Beziehungen einzugehen. Wie arbeitest du mit diesen Menschen?

Ildiko: Ich schlage dann oft Beziehungstraining vor. Das ist etwas sehr Wichtiges in meiner Arbeit geworden. Ich habe irgendwann gesehen, dass es möglich ist, Menschen eine Zeit lang miteinander zu trainieren, sogar, wenn sie einander fremd sind. Wenn zwei Klienten, eine Frau und ein Mann, Beziehungen wollen, aber große Schwierigkeiten haben, weil sie keine Übung darin haben, dann können diese zwei, ein Beziehungstraining anfangen. Das geht dann über drei Monate, in denen sie Wochenenden miteinander verbringen. Sie müssen nicht ins Bett gehen (lacht), es beinhaltet nicht unbedingt Erotik und Sexualität. Es geht darum herauszufinden, wie ihnen eine Beziehung überhaupt gefallen würde. Es soll ihnen bewusst werden, was sie an einem Wochenende machen möchten, oder wie oft sie miteinander telefonieren wollen, wie der Kontakt sein sollte und was fehlt. Da tut man sich bei einem fremden Menschen leichter. Ich sehe da sehr gute Erfolge. Die Klienten, die dieses Training gemacht haben, hatten danach bald eine Beziehung, bis hin zum Heiraten. Nicht miteinander, sondern mit jemand anderem.

Ich habe das dann auf Paare ausgeweitet, die schon zusammenleben, weil ich wahrgenommen habe, dass sich viele nicht bewusst sind, was sie eigentlich unter „Beziehung" verstehen. Da gibt es kein Rezept. Es gibt zwar Ähnlichkeiten, aber letztendlich ist jede Beziehung so unterschiedlich wie ein Fingerabdruck! Jeder braucht etwas Anderes und das müsste man herausfinden. Aber eine Erziehung in diese Richtung gibt es leider nirgendwo. **Man müsste eigentlich in den Schulen Beziehungen trainieren: Wann bin ich in Beziehung? Wann nicht? Mit mir auch?**

Heidi: Und auch das richtige Maß an Ich und Du und Wir.

Ildiko: Ja, was ist überhaupt **Beziehungsfähigkeit** – der Zusammenhang zwischen Ich und Du. Das Ich ist genauso wichtig wie das Du und umgekehrt. Das muss man erfahren und das kann man üben. Wir machen das zum Beispiel in den Gruppen. Das müsste man auch in den Schulen mit den Kindern üben. Man könnte sehr interessante, witzige Rollenspiele kreieren, damit sie lachen können und es ihnen dabei gut geht.

Beziehungshaus

Ildiko: Das „Beziehungshaus" ist eine Übung, die eine grafische Darstellung eines Hauses nutzt, um damit sinnvoll über eine Beziehung sprechen und arbeiten zu können. In Panama hatten wir einen Vordruck dafür: Ein Haus mit Erdgeschoß, erstem Stock, einem Dachstuhl und einem Keller. Dieses Haus ist in der Mitte auch noch geteilt. Bei einer Paar-Stunde bekommt jeder ein leeres Haus, das die gemeinsame Beziehung darstellt, in die Hand und kann einzeichnen, wo es ihm darin gut geht, wo er sich am liebsten aufhält, wo er hauptsächlich lebt und wieviel Platz er hat. Und wie das der Partner sieht. Es wird verglichen, besprochen und Wünsche werden geäußert.

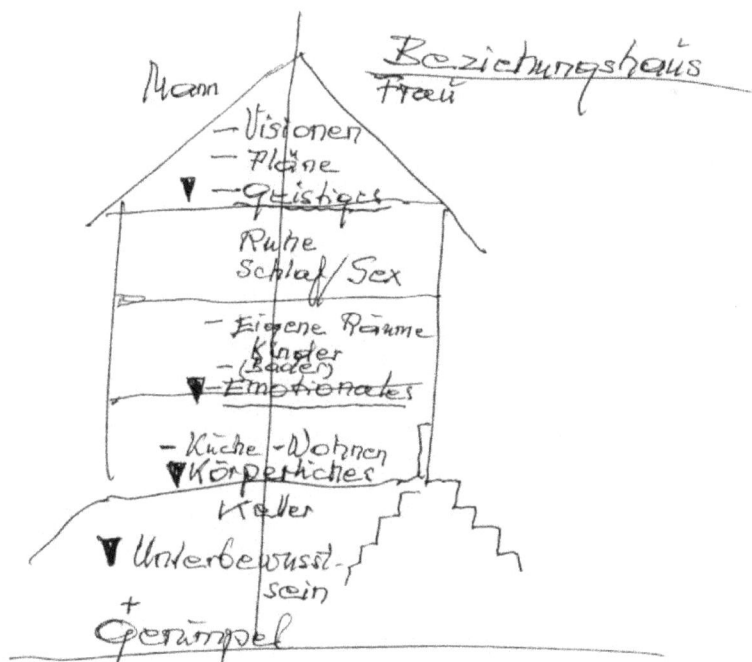

- Das Erdgeschoß ist, wo man lebt, kocht und isst, also der „Bauch" der Beziehung. Dort ist man existent, dort ist Wärme und Sinnlichkeit.
- Im ersten Stock sind dann die höheren Emotionen, die mit dem Herzen zusammenhängen.
- Im Dachgeschoß sind die geistigen Möglichkeiten, Diskussionen, der Überblick und die Visionen.
- Und im Keller sind alle tiefen, schwierigen Sachen versteckt und gelagert. Das ist das Unterbewusstsein.

Man teilt das Haus in der Mitte. Jeder sollte in jedem Stockwerk genauso viel Platz haben wie sein Partner. Die Arbeit ist nun, dass jeder mit verschiedenen Farben einzeichnet, wieviel er/sie glaubt wirklich Platz zu haben. Auf welcher Ebene lebt man gut, wo nicht und wo möchte man mehr Zuhause sein?

- Das Erdgeschoß (Körper) ist mit Wohnzimmer und Küche am breitesten. Wieviel Platz habe ich da, wieviel mein Partner. Welche Farbe nehme ich dafür? Ist es freudig oder eher traurig? Wo bin ich, wo halte ich mich am liebsten auf?
- Im ersten Stock (Herz) sind dann die Emotionen: Wie weit fühle ich mich bestimmt, wie weit erdrückt mich der andere emotional, wie weit bekomme ich **zu wenig Platz**?
- Das kann man alles mit einer einfachen Darstellung zeigen. Und von oben, vom Dachgeschoß (Kopf) schaue ich das gemeinsame Beziehungshaus an: Habe ich überhaupt dieses Gefühl, dass ich einen Überblick habe oder ein geistiges Konzept für die Beziehung. Was möchte ich? Das sind Zukunft, Träume, Planungen usw.
- Wieviel „Gerümpel" ist von ihm/ihr im Keller gelagert – zu viel? Oder ist er fast leer? Im Keller (Unterbewusstsein) sind verborgene Wünsche, nicht bewusste Dinge, begrabene Geschichten, verborgene Charaktereigenschaften, tief verdrängte Emotionen wie Zorn, Trauer, Angst oder Wahnsinn. Dort ist alles, was ich verstecken muss oder von dem ich glaube, es nicht zu erreichen.

Das Beziehungshaus macht anschaulich, worüber man diskutieren kann.

Heidi: *Können die Paare das so zuordnen?*

Ildiko: Ich bin ja dabei und sie bekommen eine leere Skizze. Sie können es allein zuhause vorbereiten oder wir machen es zusammen in der Stunde. Dann kann man darüber diskutieren, was dieser Beziehung fehlt. Was wollen die Leute und was ist von meiner Seite dazu zu sagen. Fehlt Körperlichkeit, Sinnlichkeit, Geistiges, Zukunftsplanungen, Konzepte usw.?

Heidi: Das erinnert mich ein bisschen an die Diagnoseübung mit der Statue. So wie eine Beziehungsdiagnose.

Ildiko: Ja, allerdings ist es nicht so tiefgründig, denn die Statue dient mir zum Verstehen der gesamten Person. Aber man weiß dann auf jeden Fall, woran man arbeiten sollte.

Ich bin sicher, dass ich nicht die Einzige auf der Welt bin, die mit solchen Bildern arbeitet. Ich bin deshalb darauf gekommen, weil ich gesehen habe, dass manche Leute ein Haus miteinander bauen, planen, schuften, Geld ausgeben und in einer Art Trance leben. Dann ziehen sie ein und es geht ihnen ganz miserabel, weil das eigene Beziehungshaus nicht fertig ist! Man kann natürlich in ein Haus einziehen, aber wenn die innere Beziehungsgeschichte nicht klar ist, dann bricht man einmal zusammen. Es wäre gut, wenn man vorbereitet ist. Deshalb habe ich angefangen darüber nachzudenken, wie man ein Beziehungshaus darstellen könnte. (Auch wenn man in einer Wohnung lebt.) (lacht)

*Heidi: Darin steckt auch wieder die wichtige Unterscheidung zwischen dem Äußeren, dem gebauten Haus, der nach außen „tollen" Beziehung und dem was letztlich wirklich innen da ist. **Man lenkt sich oft mit den Äußerlichkeiten vom Wesentlichen ab!***

Ildiko: Zum Beziehungshaus gehört der Wunsch, sich innerlich nicht abzulenken und auf einem neuen Grund zu bauen. Mit trockengelegtem, repariertem und geputztem Keller, was normalerweise in der Therapie „Aufarbeitung der Verletzungen und Traumata" genannt wird.

Heidi: Ich mag diese Bilder und Metaphern, die du benützt.

Ildiko: Gott sei Dank, sonst hätten wir gar nicht gemeinsam arbeiten können, denn ich lebe in diesen Bildern. Das kommt auch von meiner ungarischen Muttersprache! Sie ist voller Bilder. Deshalb sind die Lieder auch so schön, es wird alles in ein Bild gekleidet. Ich habe viele Bilder für die Psychoarbeit, die ich von meiner Muttersprache übersetzt habe.

Ein Ort zum Bleiben   Klientin

Die Wände meines Hauses
sind eingestürzt, als du gekommen bist

Du bist gekommen und wieder gegangen,
es gab keinen Ort zum Bleiben,
nur eine leere Stelle, keine Wände, keine Fenster und Türen
Bewirtung notdürftig herbeigebracht,
ich war nicht eingerichtet auf einen Besuch,

Du bist gegangen, leichtfüßig, eher verschwunden,
es gab keine Tür, an der ich
hätte leb wohl sagen können.
Wenn du da warst, war die verödete Stätte ein Haus und ein Garten
mit Blumen und Bäumen und Vögeln darin
Hast du das auch gesehen oder waren's nur Spiegel der Wünsche,
Trugbilder?

Und als du gegangen bist, hab ich versucht,
dir zu folgen in dein Haus, den Eingang
zu finden, das Zauberwort, dass Sesam sich öffnet.
Und manchmal öffnete er sich auch,
und manchmal nicht, scheinbar ohne mein Zutun,
und alles Rätseln und Raten umsonst.

Dein Haus, das gab es doch? Und es hatte doch Fenster und Türen?
An die man hätte klopfen können wie bei einem richtigen Besuch.

Es gab Zeiten, da hätte ich alles versprochen,
mein Haus dir zu bauen, nach deinen Wünschen,
um dich zum Bleiben zu bringen
oder wenigstens dich hätte einladen können
und du wärst gerne gekommen,
hätte den Tisch gedeckt für dich, den nicht vorhandenen,
und Blumen ins Fenster gestellt, das doch fehlte

aber ich hatte die Blumen und das Gedeck
Aber vielleicht hast du gewusst, leere Versprechungen,
es gab nichts zu bauen,
es gab nur zu wünschen.

Und es gab Zeiten, wo ich versucht hab,
mich an dein Fehlen zu gewöhnen.
wo ich Wände bauen wollte, ohne Fenster und Türen,
dass du nicht einfach kommen und gehen konntest
wie es dir beliebt,
und ich von einem Augenblick zum anderen
wieder dem Abgrund nahe.

Und irgendwann bist du nicht wiedergekommen.

Und jetzt bau ich mein Haus, soll es Fenster haben und Türen,
und einen Boden und ein Dach über dem Kopf?

Die Trauer wurde ein fester Boden,
fest genug, um ein Haus drauf zu bauen,
und aus der Sehnsucht bau ich Fenster und Türen,
und prüfend messe ich
die Größe der Zimmer.
Und da wohne ich.

Beziehungs-Schemen

Ildiko: Das ist auch eine lustige Übung, die ich einsetze. In dieser Übung werden gemeinsam drei typische Beziehungsmuster dargestellt und gemeinsam gespürt.

Die Fußbeziehung (sehr beliebt):

Eine tiefe Symbiose, die eigene verdrängte Lähmung: Man steht auf den Füßen des Partners/der Partnerin. Zugleich ermuntert oder schimpft man ihn/sie doch zu gehen, sich endlich zu bewegen! (Oder zu verschwinden, aber wie?) Diese Konstellation ist sehr häufig. Es gibt viel Intimität aber keine Freiheit.

Die Rücken-Beziehung (sehr häufig):

Typisch für Kämpfer-Beziehungen. Gemeinsam gegen andere!

Die Partner stehen Rücken an Rücken und kämpfen andauernd gegen die Welt. Dieser Kampf hält sie zusammen. Es gibt viel Power, aber es ist keine gute Intimität möglich.

Der Reiter bzw. die Oben-oder-unten-Beziehung:

Einer der Partner sitzt oben und dirigiert: rechts, links, vor, zurück, schneller usw. Verschärft wird das noch, wenn der Reiter dem Pferd die Augen zuhält, um alles bestimmen zu können und er das Pferd zugleich schimpft, weil es herumirrt. In diesen Beziehungen ist Intimität häufig nur beim Sex möglich und niemand kann frei und selbstbestimmt sein. Außer beide lieben diese Lösung und tauschen immer wieder die Position.

Wir spielen alle Positionen durch, was sehr lustig ist. Man findet für die eigene Beziehung die typische Beziehungsform oder auch Mischungen. Erfinderisch zu sein ist hier sehr erwünscht! Natürlich gibt es auch noch andere Beziehungsformen, die man aufzeichnen oder spielen kann. Viel Spaß!

Beziehungsband

Ildiko: Zu Nähe und Distanz habe ich verschiedene Übungen erfunden. Wir arbeiten z. B. mit einem „Beziehungsband" – einem starken Gummiband (das die Beziehung darstellt), wo möglichst das Paar (oder ich am anderen Ende) Nähe und Belastbarkeit austesten. Dann sehe ich, wie sich jemand verhält, wie die Kreativität in der Beziehung ist. Manche wickeln den Partner nur in das Band ein. Manche ziehen wie verrückt und können nur kämpfen. Es ist eine interessante Möglichkeit auszuprobieren, was so ein „Beziehungsband" aushält.

Was fällt dem Einzelnen zu Entfernung und Nähe ein: Das Band/Die Beziehung muss belastbar sein, darf (einen selbst) nicht zerreißen. Was ist aber, wenn einer die Beziehung immer belastet? Und so weiter. Man kann damit die Dynamik und teilweise die Aggressivität in der Beziehung sehen und darüber sprechen.

Magisches Dreieck

Ildiko: Das ist eine Übung, bei der es um die Beziehung Kind – Mutter – Vater geht. Das magische Dreieck gestaltet sich je nach Intensität der Beziehung und Nähe. Auch wenn es mehr Kinder gibt, wachsen sie alle im Energiefeld von Mutter und Vater auf. Warum „magisch"? Weil man später dieselbe Konstellation wiederholt!

Man braucht insgesamt drei Personen. Man stellt sich in einem Dreieck hin: Der Klient stellt die anderen beiden in die richtige Distanz zu sich selbst – stellvertretend für Mutter – Vater – Kind.

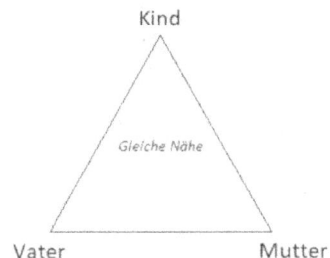

Kind

Gleiche Nähe

Vater   Mutter

Die Theorie ist, dass sich Vater – Mutter – Kind immer in dieser Formation befinden, mit verschiedenen Distanzen zum einen oder zum anderen. Hier gibt es unzählige Variationen, wie im Leben!

Kind

Vater näher

Vater   Mutter

Kind

Mutter näher

Vater   Mutter

Vater   Mutter

Das Kind bekommt von oben jeden Mist!

Kind

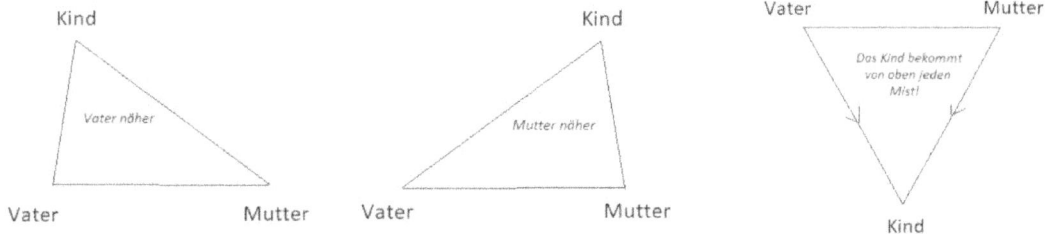

Ich lasse die alte Situation oder die Partnerschaft aufgrund der Kindheit aufstellen. Spannend. Dabei findet man die alten Kinder-Mechanismen. Der Klient redet zur Mutter, zum Vater das was kommt und wie es ihm in der Situation geht. Er kann seine persönlichen Gefühle (anders als in der Aufstellungsarbeit nach Hellinger[vi]) ausdrücken und die Eltern reagieren zuerst, wie die in der Therapie beschriebenen Eltern. Dann aber spielt man wie „die guten", zutiefst ersehnten Eltern reagieren sollten! Diese zwei Varianten können viele tiefe, emotionale Lösungen ergeben.

Wir suchen aber nicht in der Ur-Ur-Ur-Familie nach Toten oder spirituellen Zusammenhängen. Obwohl das auch hilfreich sein kann. Mir genügen die Fragen: Was tue ich und hat das etwas mit meiner Kindheit zu tun? Und womit? Und die wichtigste Frage: Was will ich?

Aggressionsübungen

Übung „Jäger oder Beute"

Ildiko: Eine der wichtigsten Aggressions- und Beziehungsübungen ist „Jäger oder Beute". Es ist ein Standardspiel und auch eines der Aufregendsten. Zwei Leute, am besten ein Paar, stehen sich als Jäger und Beute gegenüber. Die Beute wählt, welche Beute sie sein will. Danach richtet sich der Jäger (wenn einer eine Mücke als Beute ist, hilft ein Gewehr wenig). Dann wechselt man. Interessant ist auch was jemand wählt und wie er sich dann benimmt (möglicherweise wählt man eine Mücke und benimmt sich dann wie ein Löwe). Man erkennt damit das eigene Wesen oder kann die Schwierigkeiten in der Beziehung sehen. Es ist spannend, weil die kreative Vielfalt in der Aggression bei einem Paar, sichtbar wird. Mit diesen Erkenntnissen kann man in einer Beziehung weiterarbeiten.

Ich erzähle ein Beispiel: Ein Paar ist neu bei mir. Ich frage, ob sie gleich arbeiten möchten – auch körperlich – oder nicht. Sie nicken, daraufhin schlage ich vor, wir könnten Jäger oder Beute spielen und einer sollte die Beute, der andere der Jäger sein. Die Beute entscheidet zuerst. Die Frau, die die Beute ist, sagt sofort, sie ist ein schwarzer Panther. Sie ist also eine große, wilde Beute! Ich sage, sie könnte sich am Boden wie ein Panther bewegen. Sie entscheidet sich jedoch anders und streckt sich auf der Couch genüsslich aus, was zu einem Panther auch gut passt. Daraufhin steht der Mann etwas unentschlossen herum und sagt, dass er ein großer Bär ist. Ganz eindeutig führt der Panther das Spiel an und ist nicht wirklich in der Beuteposition. In dem Moment wird klar, dass SIE die Beziehung und auch den Anfang der Therapie, den Therapieablauf bestimmen will. Zugleich sehe ich auch, welche Schwierigkeiten die beiden auch mit ihrem Körper haben. Sie tun sich beim Spielen schwer und sind nicht so locker, wie ich es von ihnen gedacht hätte, sondern haben ziemliche Hemmungen, was ihren Körper anbelangt.

> **Heidi:** *Kann man das so sagen? Es könnte ja auch einfach an der fremden Situation liegen bzw. dass du ihnen fremd bist.*

Ildiko: Ja, aber sie hätten auch nein sagen, oder das Spiel hinterfragen können: „Warum Tiere?" oder „Nein, das wollen wir nicht." Sie hätten für sich selbst da sein können. Stattdessen springen sie in alles hinein und imponieren damit auch. Dann fühlen sie sich aber nicht gut, sind aufgeschmissen, können das Spiel aber auch nicht abbrechen oder nachfragen. Ich sehe damit, dass sie sich nicht gegen etwas wehren, auch wenn sie sich unbehaglich fühlen. Das hätte man danach, was sie arbeiten und wie sie sich geben aber annehmen können **Ich erwarte nicht, dass jemand sofort alles macht, was ich sage, sondern ich schaue, ob er reagieren kann.**

Interessant ist es, dass sie sich dann gemeinsam eine Beute aussuchen. Sie sagen, sie könnten ein Gürteltier erlegen (es ist schwer zu erlegen, gepanzert, nicht appetitlich, gibt nicht viel Fleisch her). Sie machen es sich damit eigentlich unnötig schwer. Sie haben also eine gemeinsame andere Beute. Sie spielen nicht wirklich das Spiel, sondern etwas Anderes. Ich bin als Gürteltier eingesprungen, um zu sehen was sie jetzt tun. Der Panther bleibt im Hintergrund, schickt den Bären vor und der Bär macht sehr aggressive, aber sehr kurze Bewegungen. Er geht nicht wirklich gegen das Tier vor (was auch sehr schwierig war, denn das war ja ich). Wir haben dabei auch viel gelacht. Er hat dann das Gürteltier mit einem großen Messer erlegt. Aber sie waren bei allem ziemlich hilflos.

Heidi: Das mit der gemeinsamen Beute ist wirklich interessant. Eigentlich weichen sie aus.

Ildiko: Ja, sie weichen aus und machen etwas Schwereres. Sie hätten alles machen können, auch reden oder sich einigen. Es ist ein Psycho-Spiel. Es mag sein, dass das jemanden überfordert. Aber **eine Therapie ist an und für sich immer eine Überforderung, sonst kommt man keinen Schritt weiter.** Man muss fordern können. Überfordert ist da fast jeder, aber es geht um die Reaktionen! **Es geht darum, dass man endlich etwas von sich selbst zu sehen bekommt – aus dem eigenen Unterbewusstsein. Darauf zielen alle meine Übungen ab, dass jemand lernt auch im größeren Format zu sich zu stehen**, sich auch mit seinem Unterbewusstsein zu befreunden und zu sagen: „Das mache ich jetzt nicht."

Übung „Schlimmzettel"

Ildiko: Eine andere, auch zur Aggressionsarbeit gehörende Übung ist der „Schlimmzettel". Jemand schreibt geheim auf, was er für böse Sachen anstellen würde und wem gegenüber – falls er alles machen könnte und nicht erwischt werden würde. Man kann darin wirklich alles, wie Städte zerstören, Chefs niedermachen usw. Es ist reine Fantasie. Der Zettel wird dann zerrissen oder verbrannt oder man kann es auch aufheben, wenn man möchte. Es ist geheim, aber ich erfahre es natürlich schon (lacht), denn ich arbeite ja damit.

Ziel ist es, dass sich jemand in seiner Wut und seinen versteckten Aggressionen zurechtfindet: Um sich mit all seinen Facetten kennenzulernen und um zu wissen, was in einem steckt und wie man damit umgehen kann. Sonst ist dieses versteckte Potential an Aggression sehr leicht zu mobilisieren. **Wenigstens ein paar Menschen sollten wissen, zu welchen Aggressionen sie selbst fähig sind, anstatt andere dafür zu verurteilen!** Hier ist auch wieder die **Verbindung zur Sexualität** sehr wichtig. Es ist kein Zufall, dass die Porno-industrie in unserer Gesellschaft so blüht und dass viele Gewalttaten auf se-xueller Basis passieren. Das ist etwas, das wohl versteckt sehr existent ist — auch bei uns. Oft sehr harmlos aussehende Menschen haben unglaublich wilde und gewalttätige Fantasien in der Sexualität. Man würde es nicht ver-muten.

Löwenschrei

Ildiko: Die Urschreitherapie ist natürlich nicht von mir, sondern von Janov. Eine Zeit lang war das sehr populär und man hat es geübt und gelebt, dass man einfach schreien darf. Ich finde, dass es wichtig ist, diese unterdrückte tierische Stimme in sich zu finden. Es geht nicht darum, verbale Aggressionen auszutauschen oder zu „schlägern. In den Gruppen schlägern wir nicht, aber wir machen eine Art Kräftemessen. Es ist sehr wichtig die eigenen Aggressio-nen im Körper zu spüren und zu erkennen, dass man seine Kraft benützen kann, ohne jemanden zu schädigen. Man kann einfach zeigen und fühlen, wie kräftig man ist. Man muss das fühlen, um es von sich zu wissen! Eine wichtige Möglichkeit ist das Schreien. Ich würde das nicht Urschrei nennen, denn das ist eine bestimmte Art und dauert Minuten oder sogar eine halbe Stunde lang. Ich habe das sehr strapaziös gefunden, so wie das früher einmal geübt worden ist. Es geht vielmehr darum, dass jemand überhaupt einmal wagt, einen solchen Schrei loszulassen. Dass man fähig ist, die tiefe, unter-drückte, tierische Stimme zu hören, die in einem wohnt. Das ist sehr bein-druckend und schön und es macht stark. Es macht uns das Instinkthafte, Tierische in uns bewusst.

> *Heidi: Ich kann mich erinnern, dass mir diese Aggressionsübungen oder auch das Schreien sehr gut getan haben. Ich kann die Wirkung nachvollzie-hen, denn es gab in der Gruppe immer wieder Menschen, die anfangs nicht schreien konnten. Die zurückgezogen waren und deren Stimme nicht her-ausgekommen ist.*

Ildiko: Zum Löwenschrei gehört auch noch die Dunkelheit. Wenn man sich gesehen hat, macht man das Licht aus und arbeitet für 15/20 Minuten im Dunkeln–. Das ist auch eine gute Erfahrung. Man spürt anders, man nimmt anders wahr, man hat mehr Angst und hört die Stimmen anders. Ich finde das fantastisch gut, wenn alle in der Gruppe einverstanden sind. Dafür muss eine Gruppe gut zusammengearbeitet sein, damit nicht jemand fürchterlich Angst bekommt und hinausrennt. Aggressionsarbeit geht übrigens am besten in der Gruppe!

Übung „Böse Schlange"

Ildiko: Diese Übung kann am Anfang einer guten Aggressionsarbeit stehen. Man versucht dabei mit einer gehäkelten, harmlos aussehenden Schlange (die mir meine Tochter mit neun Jahren in verschiedenen Grünfarben gehäkelt hat) in Kontakt zu treten. Man sieht sie an und sagt alle Fantasien, die man dabei hat oder bekommt. Die Schlange liegt in einer bestimmten Entfernung, die der Klient selbst bestimmt, vor ihm. Sie ist so gedreht, dass sie auch den Klienten „anschaut". Ich sage: „Das ist eine sehr böse Schlange und es ist das Beste, du gibst alle Fantasien preis. Und sie hört alles." Ich stehe bei der Schlange. Das Ziel ist, dass jemand seine Fantasien über „das Böse" ausdrückt. Die Schlange steht dabei in vielen Mythologien für das Böse. Darüber hat man Fantasien, die man aber nicht wirklich kennt. Was könnte das Böse sein, das die Schlange machen würde? Jeder projiziert die eigenen verborgenen Aggressionen auf die Schlange. Ich frage: „Ist sie eine Giftschlange oder eine Würgeschlange? Wie schnell wirkt ihr Gift? Ist es tödlich? Hat man Zeit ins Krankenhaus zu kommen? Wo könnte sie dich erwischen? Wo fürchtest du den Biss?" Aus diesen Fragen ergibt sich dann die Handlung: ich fange an die harmlose, gehäkelte, wirklich lächerliche Schlange zu bewegen und versuche die beschriebenen Befürchtungen zu inszenieren.

Die Reaktionen sind verblüffend! Das Unterbewusstsein arbeitet. Manche fliehen durch den Raum und steigen auf den Tisch. Andere versuchen beherzt die Schlange zu erwürgen. Manchmal gelingt es sogar. Aber niemand spricht mich hinter der Schlange an! Obwohl ich rede und ausschaue wie immer. So stark ist die Magie der Spiele! Wenn ich merke, dass jemand zu viel Angst hat, höre ich natürlich auf. Aber was zeigt diese Übung wirklich? **Die Angst** und die dementsprechende **Aggressionsbereitschaft**! Und das ist wertvoll für die Therapie, und zeigt, wie und woran man arbeiten muss. Damit jemand zu den natürlich-aggressiven Fähigkeiten zurückfindet, die zu ihm und seinem Niveau passen.

Anhang - Fußnoten

[i] Jon Kabat-Zinn, amerikanischer Universitätsprofessor, hat sich dafür engagiert, die Achtsamkeitspraxis zu etablieren. Buch u.a. „Gesund durch Meditation"

[ii] Die bioenergetische Analyse ist ein sogenanntes körperpsychotherapeutisches Verfahren, das von Dr. Alexander Lowen ab 1947 entwickelt wurde.

[iii] Buch von Janosch: „Oh, wie schön ist Panama"

[iv] Buch „Die Wolfsfrau" von Clarissa Pinkola Estés

[v] Siehe u.a. Buch „Der Urschrei" von Arthur Janov

[vi] Bert Hellinger war ein deutscher Psychoanalytiker und Familientherapeut, der eine Familienaufstellungsmethode entwickelt hat. Buch u.a. "Ordnungen der Liebe".

Lightning Source UK Ltd.
Milton Keynes UK
UKHW030623100921
390347UK00012B/903

9 783752 674989